44 jours
The Damned United

Du même auteur
chez le même éditeur

1974
1977
1980
1983
GB 84
Tokyo année zéro

David Peace

44 jours
The Damned United

Traduit de l'anglais
par Daniel Lemoine

Collection dirigée par
François Guérif

Rivages/Thriller

Titre original : *The Damned Utd*
(Faber and Faber, Londres, 2006)

106, boulevard Saint-Germain – 75006 Paris
ISBN : 978-2-7436-1835-3

Pour Jon Riley, avec mon affection et mes remerciements.

« J'ai abandonné ma maison, j'ai délaissé mon héritage ; j'ai livré l'objet de mon amour aux mains de mes ennemis.

Mon héritage est pour moi comme un lion dans la forêt ; il a poussé contre moi ses rugissements, c'est pourquoi je l'ai pris en haine.

Mon héritage est pour moi comme un oiseau de proie, une hyène ; aussi les oiseaux de proie viendront de tous côtés contre lui.

Allez, rassemblez tous les animaux des champs, faites-les venir pour qu'ils le dévorent. »

Jérémie 12, versets 7-9

Argument II

Répétition. Répétition...
Terrains de chagrin et terrains de haine, terrains de sang et champs de bataille...
Leur sport sur les murs, leur sport sur le sol.
Milton! Tu devrais vivre aujourd'hui : l'Angleterre a besoin de toi...
Dans l'ombre de son temps.
Sur nos terrasses, dans nos cages, depuis le Purgatoire, nous regardons,
Avec nos ailes incapables de voler, nos langues incapables de parler :
« Détruisez sa politique! Détruisez sa culture! Détruisez-la! »
Mais le goudron paralyse nos ailes, son argent notre langue,
Sur nos dos brisés, sur nos cœurs brisés, elle dînera encore ce soir.
Dans l'ombre de sa tanière...
Nous sommes des hommes égoïstes : Ô Blake! Orwell! Élevez-nous, revenez-nous.
Guerres civiles de cœurs incivils, opposés et maintenant damnés...
Le vieux meurt et le nouveau ne peut naître...
Près d'Elland Road, je me suis assis et j'ai pleuré; D.U.F.C.[1]

---

1. Damned United Football Club. (*N.d.T.*)

44 JOURS

Conte de fées anglais

Mercredi 31 juillet - Jeudi 12 septembre 1974

PREMIER TABLEAU

Classement de la première division, 1973-74

	Domicile						Extérieur					Total		
	M	V	N	D	Bp	Bc	V	N	D	Bp	Bc	Bp	Bc	Pts
1 Leeds United	**42**	**12**	**8**	**1**	**38**	**18**	**12**	**6**	**3**	**28**	**13**	**66**	**31**	**62**
2 Liverpool	42	18	2	1	34	11	4	11	6	18	20	52	31	57
3 Derby County	42	13	7	1	40	16	4	7	10	12	26	52	42	48
4 Ipswich Town	42	10	7	4	38	21	8	4	9	29	37	67	58	47
5 Stoke City	42	13	6	2	39	15	2	10	9	15	27	54	42	46
6 Burnley	42	10	9	2	29	16	6	5	10	27	37	56	53	46
7 Everton	42	12	7	2	29	14	4	5	12	21	34	50	48	44
8 QPR	42	8	10	3	30	17	5	7	9	26	35	56	52	43
9 Leicester City	42	10	7	4	35	17	3	9	9	16	24	51	41	42
10 Arsenal	42	9	7	5	23	16	5	7	9	26	35	49	51	42
11 Tottenham H.	42	9	4	8	26	27	5	10	6	19	23	45	50	42
12 Wolves	42	11	6	4	30	18	2	9	10	19	31	49	49	41
13 Sheffield Utd	42	7	7	7	25	22	7	5	9	19	27	44	49	40
14 Man. City	42	10	7	4	25	17	4	5	12	14	29	39	46	40
15 Newcastle Utd	42	9	6	6	28	21	4	6	11	21	27	49	48	38
16 Coventry City	42	10	5	6	25	18	4	5	12	18	36	43	54	38
17 Chelsea	42	9	4	8	36	29	3	9	9	20	31	56	60	37
18 West Ham Utd	42	7	7	7	36	32	4	8	9	19	28	55	60	37
19 Birmingham City	42	10	7	4	30	21	2	6	13	22	43	52	64	37
20 Southampton	42	8	10	3	30	20	3	4	14	17	48	47	68	36
21 Man. Utd	42	7	7	7	23	20	3	5	13	15	28	38	48	32
22 Norwich City	42	6	9	6	25	27	1	6	14	12	35	37	62	29

Les trois derniers clubs sont relégués.

Je suis un Homme du Yorkshire et je suis un Homme Rusé...
Et je te maudis !
Par ce qui est donné, puis ce qui est perdu...
Je te maudis !
Perdre puis recevoir, recevoir puis reperdre...
Jusqu'à ce que tu perdes. Jusqu'à ce que tu partes...
Je te maudirai !

Premier jour

Je le vois depuis l'autoroute. À travers le pare-brise. Les gamins à l'arrière. Dégringolé du sommet de Beeston Hill. *Est-ce qu'on arrive bientôt ?* disent-ils. *Papa, est-ce qu'on arrive bientôt ?* Mal foutu, entre la ligne de chemin de fer et le talus de l'autoroute. Ils m'interrogent sur Billy Bremner et Johnny Giles. Les projecteurs et les tribunes, les doigts et les poings levés, la violence. *Le voilà*, dit mon aîné à mon cadet. *Le voilà.* Depuis l'autoroute. À travers le pare-brise...

Plein de haine, cet endroit, plein de haine ; plein de colère, cet endroit, plein de colère...

Elland Road, *Leeds, Leeds, Leeds...*

Je l'ai déjà vu. J'y suis déjà allé. J'y ai été joueur et manager, six ou sept fois en six ou sept ans. Toujours côté visiteurs, toujours à l'extérieur...

Plein de haine, cet endroit, plein de colère, éclaboussé par leur morve...

Mais pas aujourd'hui ; mercredi 31 juillet 1974...

Arthur Seaton. Colin Smith. Arthur Machin et Joe Lampton...

Aujourd'hui, je ne suis plus un visiteur. Plus à l'extérieur...

Plus de zombies, soufflent-ils. *Plus de putains de zombies, Brian...*

Aujourd'hui, je vais y travailler.

Le pire hiver du vingtième siècle commence le lendemain de Noël 1962. La glaciation. Matchs reportés. Naissance du Pools Panel[1]. *Finale de la Coupe reportée de trois semaines. Des gens vont*

1. Dans le cadre des paris sur les matchs de football, commission de spécialistes chargée d'attribuer un résultat aux matchs reportés. (*N.d.T.*)

mourir, aujourd'hui, avec ce temps. Mais pas à Roker Park, Sunderland. Pas contre Bury. À une heure et demie, l'arbitre parcourt le terrain. Middlesbrough a annulé son match. Mais pas votre arbitre. Votre arbitre décide que le match peut avoir lieu...

« Bien joué, monsieur l'arbitre, tu lui dis. Ceux d'à côté font n'importe quoi. »

Dix minutes avant le coup d'envoi, lorsque tu arrives à la sortie du tunnel, vêtu de ton maillot à manches courtes, à bandes verticales rouges et blanches, de ton short blanc, de tes chaussettes rouge et blanc, un torrent de grêlons s'abat pendant dix minutes sur le terrain. Tu es impatient d'y aller. Foutrement impatient...

Neige fondue sur ton visage, glace sous tes pieds et le froid dans tes os. Une passe imprécise à la hauteur de leur point de pénalty et un sprint dans la boue, tes yeux sur la balle et ton esprit sur un but ; déjà vingt-huit cette saison. Vingt-huit. Leur gardien avance, leur gardien avance, tes yeux sur la balle, ton esprit sur ce but, le vingt-neuvième...

Leur gardien est là, ton esprit toujours sur ce but, son épaule contre ton genou...

Craaaaaaaaaaaaaaaaaaaaaaaaaaaaaaac...

Rugissement et sifflet. Silence et extinction des feux...

Tu es sur le sol, dans la boue, les yeux ouverts, et tu as perdu le ballon. Vingt-neuf. Tu tentes de te relever, mais tu ne peux pas. Vingt-neuf. Alors tu rampes...

« Debout, Clough, crie quelqu'un. Debout ! »

Dans la boue, à quatre pattes...

« Allez monsieur l'arbitre, dit en riant Bob Stokoe, le milieu de terrain de Bury. C'est une putain de simulation. »

À quatre pattes dans la boue lourde, si lourde...

« Pas lui, répond l'arbitre. Clough ne simule jamais. »

Tu cesses d'avancer. Tu te retournes. Ta bouche est ouverte. Tes yeux dilatés. Tu vois le visage du soigneur, Johnny Watters, lune inquiète dans un ciel effrayant. Du sang coule sur ta joue, avec la sueur et avec les larmes, ton genou droit te fait mal, mal, mal et tu te mords, mords, mords l'intérieur de la bouche pour étouffer les hurlements, repousser la peur...

Premier goût de métal sur la langue, ce premier goût de peur...

Un par un, les 30 000 spectateurs partiront. Les ordures tourbillonneront sur le terrain. La neige et la nuit tomberont, le sol durcira et le monde oubliera...

T'abandonnera, allongé sur le dos près du point de penalty, un zombie...

Johnny Watters se penche, l'éponge à la main, la langue dans ton oreille, et murmure : « Comment allons-nous vivre, Brian ? Comment allons-nous vivre ? »

On te pose sur une civière. On t'emporte sur la civière...

« Lui ôtez pas ses putains de chaussures, dit le patron. Il va peut-être rejouer. »

Le tunnel puis le vestiaire...

On te pose sur un banc et un drap blanc. Il y a du sang partout, sur le drap, sur le banc, sur le dallage...

Odeur de sang. Odeur de sueur. Odeur des larmes. Odeur d'Algipan. Tu as envie de sentir ces odeurs jusqu'à la fin de tes jours.

« Il faut qu'il aille à l'hôpital, dit Johnny Watters. Et tout de suite.

– Mais lui ôte pas ses putains de chaussures », répète le patron.

On te soulève. Sang sur le drap. Une autre civière. Un autre tunnel...

L'ambulance. L'hôpital. Le bistouri.

On t'opère et on te plâtre la jambe de la cheville à l'aine. On te fait des points de suture sur le crâne. Pas de visites. Ni famille ni amis...

Seulement les médecins et les infirmières. Johnny Watters et le patron...

Mais personne ne te dit quoi que ce soit, rien que tu ne saches déjà...

Que c'est grave, nom de Dieu. Que c'est grave, bordel de merde...

La pire journée de ta vie.

Sortie de l'autoroute, du périphérique sud. Les courbes. Les carrefours. Le croisement de Lowfields Road. Elland Road. Virage serré à droite et le portail. Le parking de la tribune ouest. Les gamins sautent sur la banquette arrière. Pas de place de stationnement. Pas d'emplacement réservé. Les journalistes. Les caméras et les projecteurs. Les supporteurs. Les carnets d'autographes et les stylos. J'ouvre la portière. Je tire sur les poignets de ma chemise. Pluie sur nos cheveux. Je prends ma veste sur la banquette arrière. Je l'enfile. Mon aîné et mon cadet se cachent derrière moi. Pluie sur nos visages. Collines derrière nous. Maisons et immeubles. Le terrain devant nous. Tribunes et projecteurs. Je traverse le parking. Trous et flaques d'eau. Un colosse se fraie un chemin parmi les journalistes. Les caméras et les projecteurs. Les supporteurs...

Cheveux noirs et peau blanche. Yeux rouges et dents affûtées...

« Vous êtes en retard, nom de Dieu », crie-t-il. Index braqué sur mon visage.

Je regarde les journalistes. Les caméras et les projecteurs. Les supporteurs. Les carnets d'autographes et les stylos. Mes garçons derrière moi. Pluie sur nos cheveux. Sur tous les visages...

Nos visages resplendissants et bronzés, leurs visages pâles et ternes...

Je fixe le colosse dans les yeux. J'éloigne l'index de mon visage et je lui dis : « En retard ou pas, ça ne te regarde pas. »

Ils m'aiment à cause de ce que je ne suis pas. Ils me haïssent à cause de ce que je suis.

L'escalier et la porte. À l'abri de la pluie et à l'abri des journalistes. Des caméras et des projecteurs. Des supporteurs. De leurs carnets et de leurs stylos. Le hall d'entrée du club. Les réceptionnistes et les secrétaires. Les photos aux murs. Les trophées dans les vitrines. Les fantômes d'Elland Road. Le couloir puis un coude. Syd Owen, entraîneur du centre de formation depuis quinze ans, à la tête de ses apprentis...

Je tends la main. Je lui adresse un clin d'œil. « Bonjour, Syd.

– Bonjour, monsieur Clough », répond-il sans me serrer la main.

Je pose les mains sur la tête de mes fils. Je lui demande : « Vous croyez que vous pourriez charger un de vos jeunes gars de veiller sur mes deux garçons pendant que je me présente ?

– Tout le monde vous connaît, répond Syd Owen. Et ces jeunes gens sont là pour développer leurs aptitudes de footballeurs professionnels. Pas pour distraire vos enfants. »

J'ôte les mains de la tête de mes fils. Je les pose sur leurs épaules. Le cadet se crispe, mon étreinte est trop forte...

« Dans ce cas, je ne vous retiens pas davantage », dis-je à ce fidèle serviteur, le laissant sur place.

Syd Owen hoche la tête. Syd Owen répète : « Pas là pour distraire vos enfants. »

Puis une pendule qui sonne, des rires dans une autre pièce. Dans le couloir, passé l'angle. Bruits secs des crampons s'éloignant à l'unisson.

Mon aîné lève la tête et me regarde. Il sourit. Il dit : « Qui c'était, papa ? »

J'ébouriffe ses cheveux. Je lui rends son sourire. Je réponds : « Le méchant Oncle Syd. »

Le long du couloir. Devant les photos. L'angle du couloir. Devant les plaques. Dans le vestiaire. Le vestiaire de l'équipe. *Combattre toujours* inscrit au-dessus de la porte. On a laissé une tenue de déplacement à mon intention; maillot jaune, short jaune et chaussettes jaunes. Les gamins me regardent me changer. J'enfile mon haut de survêtement bleu. Ils me suivent dans le couloir. Passé l'angle. Dans la réception et dehors sous la pluie. Le parking. Les caméras et les projecteurs. Les carnets d'autographes et les stylos. Je trotte parmi les trous et les flaques. Devant les huttes sur pilotis. Sur le talus. J'entre sur le terrain d'entraînement...

Les journalistes m'interpellent. Les supporteurs m'acclament. Les flashes des appareils photo lancent des éclairs et mes gamins rentrent la tête dans les épaules.

« Bonjour, les gars », je crie...

Ils se tiennent par groupes. En survêtement violet. Il y a des taches sur leurs genoux, des taches sur leur cul. *Leeds la tricheuse.* Cheveux longs, leur nom dans le dos...

Fils de pute, fils de pute, fils de pute...

Hunter. Les frères Gray. Lorimer. Giles. Bates. Clarke. Bremner. McQueen. Jordan. Reaney. Cooper. Madeley. Cherry. Yorath. Harvey et Stewart.

Ses fils, tous, ses fils de pute. Leur papa mort, leur papa parti...

Par groupes, en survêtement. Avec leurs taches et leur nom sur le dos. Leurs yeux rivés aux miens...

Je les emmerde. Je n'en ai rien à faire d'eux. Je les encule, tous autant qu'ils sont.

Je fais la tournée pour les journalistes. Pour les caméras et les projecteurs. Pour les supporteurs. Pour les carnets d'autographes et les stylos. Une poignée de main par-ci, un mot de présentation par là. Rien de plus. *Tiens ta langue, Brian. Tiens ta langue*. Regarde et apprends. Regarde et attends...

Il ne faut pas se laisser abattre par les fils de pute, soufflent-ils...

La tournée terminée, je m'écarte. Le soleil apparaît, mais la pluie reste. Pas d'arc-en-ciel aujourd'hui. Pas ici. Mains sur mes hanches. Pluie sur mon visage. Soleil sur ma nuque. Les nuages vont vite, par ici. Je tourne la tête. Mon aîné sur le parking. Un ballon sur son pied. Son genou. Sa tête. Parmi les trous et les flaques, sous la pluie et le soleil...

Un jeune garçon avec un ballon. Un jeune garçon avec un rêve.

Ça a commencé le premier matin de ton séjour à l'hôpital, le surlendemain de Noël et, depuis, c'est arrivé absolument tous les jours. Tu te réveilles et, pendant quelques secondes, minutes, tu oublies ; tu oublies que tu es blessé, que tu es fini...

Tu oublies que tu ne sentiras plus l'odeur du vestiaire. Que tu n'enfileras plus une tenue propre et neuve. Que tu ne laceras plus ces chaussures luisantes, que tu n'entendras plus le rugissement de la foule...

Son rugissement quand la balle heurte le filet, son rugissement quand tu marques...

Les applaudissements. L'adoration. L'amour.

Tu voudrais voir ta femme. Il y a des jours que tu ne l'as pas vue...

Depuis le lendemain de Noël. Depuis qu'on t'a conduit ici.

On ne te dit rien. Absolument rien...

Tu as envie de te lever et d'aller la retrouver, mais tu ne peux pas.

Puis, cinq jours plus tard, la porte s'ouvre et c'est ta femme...

« J'ai dû rester au lit, dit-elle. J'ai fait une fausse couche. »

On nous fait visiter les lieux, moi, mes enfants et les journalistes. D'autres couloirs. D'autres coins. Les salons et les loges. Les suites et les clubs. Les salles de soins et les vestiaires. Puis on nous conduit sur le terrain...

On me plante, au milieu du rond central...

Vert des brins d'herbe. Blanc des lignes de craie...

Mes bras levés, une écharpe dans les mains...

Je hais cet endroit, cet endroit de colère.

Ce couloir. Ce coin. Le couloir suivant. Le coin suivant. Les garçons sur mes talons. Le bureau. La table de travail vide. Le fauteuil vide. *Le bureau de Don. La table de Don. Le fauteuil de Don.* Quatre murs avec une porte mais pas de fenêtre, quatre murs entre lesquels il polissait ses complots et ses rêves, ses espoirs et ses peurs. Dans ses livres noirs. Ses dossiers secrets. Ses listes d'ennemis...

Don ne faisait pas confiance aux gens. N'aimait pas les gens. Faisait pression sur les gens. Haïssait les gens. Il les inscrivait dans ses livres noirs. Ses dossiers secrets.

Ses listes d'ennemis. Brian Clough sur cette liste.

Moi. En tête de cette liste...

Ce bureau. Cette table de travail. Ce fauteuil. Où il complotait et où il rêvait, avec ses espoirs et ses peurs. Ses registres. Ses dossiers. Ses listes. *Pour exorciser les doutes*. Les codes et les atlas routiers. Jusqu'à l'obsession. Jusqu'à la folie. Jusqu'ici...

Ici, dans son bureau, où ils s'asseyaient sur ses genoux.

Madame Jean Reid se tient dans l'encadrement de la porte. Mes garçons regardent leurs pieds.

« On pourrait avoir une tasse de thé, chérie ? » je lui demande.

Madame Jean Reid répond : « La direction vous attend à l'étage.
– Elle m'attend ? Pourquoi ?
– Pour la réunion du conseil des dirigeants. »

J'ôte ma veste. Je sors mon mouchoir. Je le pose sur le fauteuil. *Son fauteuil.* Je m'assieds sur le fauteuil, derrière la table de travail. *Sa table de travail.* Je pose les pieds sur la table de travail...

Son fauteuil. Sa table de travail. Son bureau. Sa secrétaire...

« On vous attend, répète madame Jean Reid.
– Qu'on m'attende, je réponds. Alors, mon petit, cette tasse de thé ? »

Madame Jean Reid demeure immobile, les yeux fixés sur les semelles de mes chaussures.

Je frappe sur la table de travail. *La table de travail de Don.* Je demande : « À qui appartient cette table, chérie ?
– À vous, maintenant, souffle madame Jean Reid.
– À qui appartenait cette table ?
– À monsieur Revie.
– Dans ce cas, il faut la brûler.
– Pardon ? s'écrie madame Reid.
– Il faut brûler cette table de travail, je répète. Les fauteuils et le reste. Tout ce putain de bazar.
– Mais...
– De qui êtes-vous la secrétaire, mon petit ?
– La vôtre, maintenant, monsieur Clough.
– De qui étiez-vous la secrétaire ? »

Madame Jean Reid se ronge les ongles et retient ses larmes, sa lettre de démission, déjà rédigée, n'attend plus que d'être tapée et signée. Sur mon bureau lundi...

Il me hait et je le hais, mais je le hais davantage, de plus en plus...

« Changez aussi les serrures », dis-je tandis que nous sortons, les garçons les yeux baissés et les mains dans les poches. « Il ne faudrait pas que le fantôme de Don entre maintenant, n'est-ce pas ? Qu'il secoue ses chaînes et fasse peur à mes petits. »

Le paysage change. La souffrance reste. Des machinistes apportent les meubles dans des cartons. Te ramènent chez toi en ambulance. Sur une civière. Tu as subi une déchirure totale des ligaments croisé et collatéral interne. Plus grave qu'une jambe cassée. Il n'existe pas d'intervention chirurgicale satisfaisante. Pendant trois mois, tu restes allongé chez toi sur ton canapé rouge G-Plan, le genou plâtré et fléchi, la jambe sur un coussin, et tu fumes, tu bois, tu cries, tu pleures...

Tu as peur, peur de tes rêves ; tes rêves, qui étaient naguère tes amis, tes meilleurs amis, sont maintenant tes ennemis, tes pires ennemis...

C'est là qu'ils te trouvent, dans tes rêves. C'est là qu'ils se jettent sur toi...

Les oiseaux et les blaireaux. Les renards et les belettes. Les chiens et les démons.

Maintenant tu as peur. Maintenant tu fuis...

Tours de terrain, escalier du Spion Kop[1]*. Les cinquante-sept marches. Trente fois. Sept jours par semaine à partir de neuf heures du matin. Mais tu restes à l'écart du vestiaire. Les cinquante-sept marches. Tu préfères la plage de Seaburn. Trente fois. La plage et le bar. Sept jours par semaine à partir de neuf heures du matin. Tu cours...*

Tu es terrifié. Tu as peur...

Peur des ombres. Des silhouettes sans visage. Sans nom...

Tu as peur de l'avenir. De ton avenir. Pas d'avenir.

Mais, jour après jour, tu retrouves tes jambes. Tu ne peux pas jouer. Pas encore. Tu ne peux pas jouer, donc tu entraînes. Provisoirement. Les juniors de Sunderland. Ça te tient éloigné des bars et des boîtes, du lit et du canapé. Et ça te calme. Entraîner. Enseigner. Cinq contre cinq. Six contre six. Centres et tirs. Tu adores ça et ils t'adorent. Ils te respectent. Des gars comme John O'Hare et Colin Todd. Des jeunes garçons qui boivent tes paroles, toutes, absolument toutes. Tu emmènes les juniors de Sunderland en demi-finale de la Youth Cup. Tu obtiens le diplôme d'entraîneur de la Fédération. Tu adores ça...

Mais ça ne remplace pas. Ça reste un choix par défaut.

Ton avenir : un choix par défaut.

L'angle. Le couloir. L'escalier. Puis la salle du conseil des dirigeants. Le champ de bataille. La porte en bois à double battant. Il y a des fenêtres, ici, derrière cette porte, mais seulement ici. Rideaux et tapis assortis. Blazers et fric assortis :

Manny Cussins. Sam Bolton. Bob Roberts. Sydney Simon. Percy Woodward; Percy Woodward le *conseiller municipal*, vice-président...

---

1. Dans de nombreux stades, les tribunes les plus animées, situées derrière les buts, se nomment *Spion Kop*, ou *The Kop*, allusion à la colline abrupte proche de Ladyhill, en Afrique du Sud, où s'est déroulée, en 1900, la bataille de Spion Kop lors de la guerre des Boers. (*N.d.T.*)

Mi-goy, mi-juif ; la dernière tribu perdue de self-made-men israélites du Yorkshire. En quête de terre promise ; de reconnaissance populaire, d'acceptation et de gratitude. Casquette à la main, genoux fléchis et goût de leur cul sur les lèvres de la foule...

La populace les applaudit – pas l'équipe, seulement eux –, eux et leur fric.

Keith Archer, secrétaire du club, danse d'un pied sur l'autre, bat des mains. Tapote la tête de mes fils, leur ébouriffe les cheveux.

Cussins et Roberts, sourires et cigares, et voulez-vous un verre ?

« Je m'en jetterais bien un », je réponds, et je me pose en tête de la table, la table des pontes.

Sam Bolton s'assied en face de moi. Bolton est conseiller au sein de la Fédération et vice-président de la Ligue de football. Il dit ce qu'il pense, il est sorti du rang, il en est fier, en plus...

« Vous vous demandez sûrement où est votre entraîneur ?

– Les Cocker ? je fais en secouant la tête. Les mauvais sont toujours en retard.

– Pas lui, dit Bolton. Il va rejoindre monsieur Revie au sein de l'équipe nationale.

– Bon débarras, c'est un bon à rien.

– Pourquoi dites-vous ça, monsieur Clough ?

– C'est un sale petit con agressif comme il y en a à la pelle.

– Mais vous aurez besoin d'un entraîneur, dit Bolton.

– Jimmy Gordon fera l'affaire.

– Derby le laissera partir, vous croyez ?

– Si je le leur demande.

– Bon, dans ce cas il faut que vous le fassiez, n'est-ce pas ?

– C'est déjà fait, je réponds.

– Vraiment ? demande Bolton. Et qu'avez-vous entrepris d'autre pendant la matinée ?

– Je me suis contenté de regarder et d'écouter, de regarder, d'écouter et d'apprendre.

– Bien, monsieur Clough, il faut aussi que vous voyiez huit contrats.

– Quoi ? Revie m'a laissé huit foutus contrats ?

– Exactement, répond Bolton avec un sourire. Dont celui de monsieur John Giles. »

Tous s'asseyent alors ; Cussins, Roberts, Simon et Woodward.

Woodward se penche. « Il faut que vous sachiez quelque chose à propos de Giles...

– Quoi ?

– Il voulait votre boulot, répond Woodward. Et Revie lui a promis qu'il l'aurait.

– Ah bon ?

– La grosse tête, dit Woodward. Les deux ; lui *et* Revie.

– Pourquoi ne le lui avez-vous pas donné ? je demande. Il a fait du bon travail avec les Irlandais.

– Bremner n'aurait pas accepté, dit Cussins.

– Je croyais qu'ils étaient potes ? Comme cul et chemise, tout ça. »

Tous secouent la tête ; Cussins, Roberts, Simon et Woodward...

« Bon, vous savez ce que c'est entre les potes, blague Bolton.

– Bremner est capitaine de l'équipe, ajoute Cussins. Il a des ambitions personnelles, aucun doute. »

Je me sers un deuxième cognac. Je me retourne vers la table...

Je m'éclaircis la gorge. Je lève mon verre et je dis :

« Aux putains de familles unies. »

C'est le dernier but que tu marqueras. Septembre 1964. Dix-huit mois depuis le précédent. Sunderland est désormais en première division. À domicile contre Leeds United. Tu fais passer le ballon entre les jambes de Jackie Charlton et tu marques...

Le seul but de ta carrière en première division...

Le dernier but que tu marqueras.

Ta lucidité a disparu. Tu ne peux pas revenir en arrière. C'est terminé. Le rideau est tombé. Tu as vingt-neuf ans et tu as marqué 251 buts au sein de la ligue au cours de 274 matchs pour Middlesbrough et Sunderland. Un record. Un putain de record en deuxième division. Deux sélections en équipe d'Angleterre. En putain de deuxième division...

Mais c'est fini. C'est fini et tu le sais...

Pas de championnat d'Angleterre. Pas de Coupe d'Angleterre. Pas de Coupes européennes...

Le rugissement et le sifflet. Les applaudissements et l'adoration...

Fini à jamais. La deuxième place. Pour toujours.

Le club de Sunderland reçoit une indemnité de 40 000 livres en raison de ta blessure. Tu obtiens 1 500 livres, tu es viré de ton poste d'entraîneur des juniors et tu reçois une leçon qui te servira toute ta vie...

Tu as une femme. Deux fils. Pas de métier. Pas de fric...

Voilà ce que tu as eu, pour Noël, en 1962. Tu as tout perdu...

Fini et lessivé avant ton heure...

Mais tu ne dirigeras jamais un pub. Tu ne tiendras pas une boutique de journaux...

Tu auras ta revanche...

C'est ainsi que tu vivras...
À la place de la vie, la revanche.

Les studios de la télévision du Yorkshire. De *Calendar*. De son émission spéciale :

Clough à Leeds.

Austin Mitchell est en costume bleu. Je porte toujours mon costume gris, mais j'ai mis une chemise violette et changé de cravate ; toujours avoir une chemise de rechange, son Brylcreem et du dentifrice. La télévision m'a appris ça.

S'adressant à la caméra, Austin dit : « Cette semaine, nous recevons Brian Clough, manager de Leeds United. Comment cette personnalité qui n'a pas sa langue dans la poche s'adaptera-t-elle à Leeds et que peut-elle apporter à cette équipe, cette équipe qui a pratiquement tout gagné ?

– Leeds United a remporté le championnat », je lui réponds, ainsi qu'à tous les foyers du Yorkshire. « Mais il n'a pas bien gagné, dans le sens où il ne porte pas bien la couronne. Je crois qu'il aurait pu être un peu plus aimé, un peu plus apprécié, et je veux que cela change. Je veux apporter à l'ensemble un peu plus de chaleur, un peu plus d'honnêteté et un peu plus de moi.

– Donc nous pouvons espérer un peu plus de chaleur, un peu plus d'honnêteté et un peu plus de Brian Clough de la part du champion d'Angleterre, répète Mitchell.

– Beaucoup plus de Brian Clough. Beaucoup plus.

– Et, probablement, remporter beaucoup plus de coupes et gagner un autre championnat ?

– Et le gagner mieux, Austin, je dis. Je peux le gagner mieux. Vous verrez.

– Et l'organisation de Leeds ? La légendaire équipe de l'ombre ? L'héritage de Don ?

– Je vais vous dire une chose : quand je suis entré dans le bureau, j'avais très peur d'y trouver son fichu costume fétiche. Vous savez, celui qu'il porte depuis treize ans. Je me disais que, s'il y était, il irait tout droit à la poubelle, pas seulement parce qu'il serait vieux, mais aussi parce qu'il sentirait mauvais...

– Donc, Brian, vous n'êtes pas superstitieux ?

– Non, Austin je réponds, je suis socialiste. »

Deuxième jour

Septembre 1965. L'hôtel Chase, à York. Cinq pintes et cinq whiskies jouent à cache-cache dans ton estomac. Chômeur et bourré, gras et détruit, tu es en enfer. Tu joueras encore un match pour Sunderland. Ton jubilé devant un public record de 31 000 supporteurs. Dix mille livres dans ta poche. Mais ça ne durera pas. Chômeur et bourré. Pas à ce rythme. Gras et détruit. Sauf si Peter dit oui...

Peter Taylor. Ton seul ami. Peter Taylor...

Il était un « probable » et tu étais un « possible » à Middlesbrough en 1955. Dans l'ordre de leurs préférences, le deuxième gardien et le quatrième buteur...

Mais il t'aimait bien, à cette époque. Il croyait en toi, à cette époque. Il te parlait football. Matin, midi et soir. Il faisait ressortir ce qu'il y avait de meilleur en toi. Le courage moral. La bravoure physique. La force de franchir des murs de brique. Il faisait ressortir ce qu'il y avait de pire. L'arrogance. L'égoïsme. La grossièreté. Mais il n'a pas cessé de bien t'aimer quand tu es devenu capitaine de l'équipe. Il a cru en toi quand les autres te méprisaient, quand ils complotaient et demandaient au club de se débarrasser de toi...

Et tu as besoin de lui maintenant. De cette confiance. De cette foi. Plus que jamais...

« On m'a proposé le poste de manager de Hartlepools United, tu annonces à Peter. L'endroit, le club et l'homme qui m'a proposé le boulot ne me plaisent pas tellement, mais si tu viens, j'accepterai. »

Mais Peter est manager du Burton Albion. Burton Albion est en tête de la Ligue du Sud. Peter a un pavillon neuf. Sa femme et ses mômes sont installés. Peter gagne 41 livres par semaine et a un contrat de trois ans. Sa femme secoue la tête. Ses mômes secouent la tête...

Mais Peter te regarde. Peter te fixe droit dans les yeux...

Le désir et l'ambition. La détermination et l'arrogance...

Peter voit ce qu'il veut voir. Peter entend ce qu'il veut entendre...

« Tu seras mon bras droit, ma main droite. Pas manager assistant, plutôt manager adjoint. Mais Hartlepools ne joue pas pour les titres, donc il faudra qu'on te déguise en entraîneur.

– Entraîneur ? demande-t-il. Je vais descendre de manager à entraîneur ?

– Oui. Et l'autre mauvaise nouvelle, c'est qu'ils ne peuvent pas se permettre de te payer plus de vingt-quatre livres par semaine.

– Vingt-quatre livres par semaine, répète-t-il. Donc je vais perdre dix-sept livres par semaine.

– Mais tu seras au sein de la ligue, je dis. Et tu travailleras avec moi.

– Mais dix-sept livres, c'est dix-sept livres. »

Les cinq pintes et les cinq whiskies. Les cinq pintes attrapent les cinq whiskies...

Tu poses 200 livres sur la table et tu dis : « J'ai besoin de toi. Je ne veux pas être seul. »

Tu vas vomir s'il refuse. Tu vas mourir si Peter répond non.

« Bon, je viendrai, dit-il. Mais seulement parce que c'est toi. »

Peter Taylor. Le seul homme qui t'ait jamais apprécié. Qui se soit jamais entendu avec toi...

Ton seul ami. Ton bras droit. Ton ombre.

Ils nous attendent à nouveau. Mon cadet et moi. Corbeaux autour des projecteurs. Chiens autour du portail. Ils nous attendent parce que nous sommes à nouveau en retard, mon cadet et moi...

Jeudi 1er août 1974.

Mauvaise nuit, rêves sur le matin ; hommes sans visage et sans nom ; yeux rouges et dents affûtées.

Dispute d'une demi-heure avec mes fils pendant le petit déjeuner ; ils ne veulent pas aller au travail avec moi aujourd'hui. La veille ne leur a pas plu. Mais mon cadet a pitié de moi. Mon cadet cède. Ma femme conduit l'aîné et ma fille à Derby pour leur acheter des chaussures. Je mange un toast et ne décroche pas le téléphone. Puis nous montons en voiture, mon cadet et moi, nous prenons l'autoroute...

Les bottes et les épées qui ont parcouru cette route dans un sens et dans l'autre...

Jusqu'aux corbeaux autour des projecteurs. Aux chiens devant le portail...

Légions romaines et hordes viking. Salopes normandes et putains royalistes...

Journalistes. Supporteurs. Pluie régulière et grise. Ciel immense et gris...

Empereurs et rois. Oliver Cromwell et Brian Clough.

Je gare la voiture. Je descends. Je tire sur les poignets de ma chemise. Je ne regarde pas ma montre. Je prends ma veste sur la banquette arrière. Je l'enfile et j'ébouriffe les cheveux de mon cadet. Il regarde de l'autre côté du parking...

Le talus. Le terrain d'entraînement...

Les mains sur les hanches, en survêtement violet, ils attendent. Leur nom sur le dos, ils murmurent, murmurent, murmurent...

Salauds. Salauds. Salauds.

Jimmy Gordon descend les marches. Jimmy demande : « Puis-je te dire un mot, patron ? »

Je connais Jimmy Gordon depuis l'époque où il jouait à Middlesbrough. *Ne fait pas le maximum sur le terrain*, avait-il écrit dans un rapport me concernant. Jimmy ne m'aimait pas beaucoup, alors. Il me haïssait. Me prenait pour un putain de crâneur. Croyait que j'avais la grosse tête. Que j'étais égoïste. Il m'a dit un jour : « *Au lieu de marquer trente buts par saison, pourquoi n'en marques-tu pas vingt-cinq et n'aides-tu pas quelqu'un à en marquer quinze ? Ainsi, l'équipe aurait dix buts de plus dans son escarcelle.* » Je n'écoutais pas. Ça ne m'intéressait pas. Mais ça a changé quand je suis allé à Hartlepools. Quand j'ai eu mon premier poste, j'ai tenté de convaincre Jimmy de nous entraîner. Mais ça ne l'intéressait pas. Ça a changé quand on est allés à Derby. Je suis resté cinq heures chez lui...

Il a dit : « Pourquoi moi ? On se dispute sans arrêt.

– C'est pour ça que je te veux », j'ai répondu.

Cinq heures plus tard, Jimmy ne m'aimait toujours pas. Mais il avait un prix. Tout le monde en a un. Alors je lui ai trouvé une maison et j'ai convaincu le président de payer la caution de 1 000 livres sans intérêt...

Mais après ça Jimmy ne m'aimait toujours pas beaucoup.

Jimmy ne m'aime toujours pas beaucoup. Jimmy jette un regard circulaire dans la pièce...

« Nom de Dieu, qu'est-ce qu'on fiche ici ? » demande-t-il.

Je suis assis dans ce bureau. *Le bureau de Don.* Dans ce foutu fauteuil. *Le fauteuil de Don.* Derrière cette putain de table de travail.

La table de travail de Don. Mon cadet sur les genoux. *Pour me remonter le moral.* Un cognac à la main. *Pour me réchauffer...*

« Ils ne te pardonneront jamais, dit Jimmy. À cause de tout ce que tu as dit. Ils n'oublient jamais. Pas par ici.

– C'est vrai, hein ? Dans ce cas, pourquoi as-tu accepté de m'y rejoindre ?

– Même si je ne t'aime pas, répond-il avec un sourire, je n'aime pas te savoir dans le pétrin. »

Je termine mon cognac. Je demande : « Tu veux que je passe te prendre demain matin ? Pour pouvoir te raccompagner ? »

Je soulève mon cadet de mon genou. Je le pose par terre. J'adresse un clin d'œil à Jimmy...

« Il vaut mieux ne pas les faire attendre plus longtemps », je leur dis.

Bienvenue à la lisière du monde. À Hartlepools...

À Hartlepools, on peut tomber hors du monde. Sur la plage de Seaton Carew. Le tréfonds de la Ligue de football et une fois de plus en position de relégable...

Nombreux sont ceux qui ne sauront jamais. Nombreux sont ceux qui ne comprendront jamais.

Le paradis est ici. Ici où Victoria Ground a été bombardé par un Zeppelin, ici où les toits fuient et ou des seaux, dans la salle du conseil des dirigeants, recueillent la pluie, où la tribune est en bois et les terrasses couvertes de plumes de poulet, où le président est un millionnaire d'un mètre cinquante qui a fait fortune dans le textile et fait poser des micros dans ton bureau et chez toi, où les joueurs sont des coureurs de jupons, des ivrognes, des voleurs et jouent avec leurs chaussettes de tous les jours. C'est le paradis, ici...

Pour toi et Pete, ensemble à nouveau, au travail à nouveau...

Le plus jeune manager de la Ligue de football...

Toi à 40 livres par semaine, Pete à 24...

Le responsable du seau et de l'éponge...

« On est dans le merdier jusqu'au cou, ne te fais pas d'illusions, dit Pete. On sera reléguables à la fin de la saison. On finira forcément derniers. Plus bas si c'est possible. Il faut faire quelque chose, et en quatrième vitesse. »

Mais c'est toi qui repeins la tribune. Qui débouches les évacuations. Qui tonds l'herbe. Qui vides les seaux d'eau de pluie. Qui fais la tournée des clubs de mineurs. Qui participes à des commissions et prends la parole en public pour solliciter des dons. Qui empruntes des tenues d'entraînement à Sheffield Wednesday. Dont la femme tape à la machine. Toi qui passes ton permis de transport en commun afin de pouvoir conduire l'autocar de l'équipe. Qui organises le transfert en voiture quand il n'y a pas de quoi louer un autocar pour aller à Barnsley. Toi qui achètes des fish and chips *à l'équipe. Qui restes deux mois sans toucher de salaire...*

Journaux, photographes et caméras de télévision, tous là pour assister à ce foutu spectacle et l'enregistrer. Stylos, magnétophones et micros, tous là à cause de ta grande gueule :

« L'âge ne compte pas. C'est ce qu'on sait sur le football qui compte. Je sais que je suis meilleur que les cinq cents et quelque managers qui se sont fait virer depuis la guerre. S'ils avaient connu le jeu, ils n'auraient pas perdu leur boulot. Dans ce métier, il faut être un dictateur, sinon on n'a aucune chance, parce qu'un petit club n'a qu'une solution : de bons résultats et encore de bons résultats...

« Rares sont ceux qui sauront un jour combien il est difficile d'obtenir ces résultats. »

Devrais-je parler comme vous voulez que je parle ?

Ces foutus micros et ta foutue grande gueule...

Dire ce que vous avez envie d'entendre ?

Manipuler la presse. Motiver les joueurs. Mettre le président en rogne...

C'est le début de tout. C'est là que tout commence...

Ce nouvel accent. Cette façon nouvelle de traîner sur les mots...

Hartlepools, 1965.

Avant-saison. Distractions et matchs. La saison 1974-75 débute véritablement dans seize jours. Avant, Leeds United, champion d'Angleterre, jouera trois matchs amicaux et le Charity Shield, à Wembley, contre Liverpool, tenant de la Coupe d'Angleterre. Le premier match amical aura lieu samedi, contre Huddersfield Town, après-demain...

« Fini les conneries, leur dis-je. Faisons quelques parties. Sept de chaque côté. »

Les mains sur les hanches, les membres de l'équipe première dansent d'un pied sur l'autre.

« On y va, nom de Dieu, je leur dis. Allez, bordel de merde, bougez-vous. »

L'équipe se tourne vers Syd Owen, debout au fond, les mains sur les hanches...

Syd hausse les épaules. Syd crache. Syd dit : « J'espère que personne se blessera.

– Merci, Sydney, je réponds. Maintenant, on y va ! Deux équipes. »

Ils écartent leurs mains de leurs hanches, mais ne bougent pas.

« Bordel de Dieu ! je crie. Harvey là, Stewart ici. Reaney là, Cooper ici. McQueen là, Hunter ici. Bremner là, Cherry ici. Lorimer là, Giles ici. Bates là, Clarke ici. Madeley là-bas et je serai ici. Jimmy, va chercher le sifflet. Maintenant, putain, c'est parti... »

Ils vont et viennent, tapent dans les ballons, se grattent les couilles.

Jimmy pose le ballon au milieu du rond central du terrain d'entraînement.

« On va engager », je lui dis, je leur dis à tous.

Jimmy siffle et c'est parti...

Pendant des heures et des heures, je cours et je crie, mais personne ne parle et personne ne passe, jusqu'au moment où j'ai enfin le ballon et suis sur le point de me retourner, sur le point de pivoter sur la gauche, la balle sur le pied droit, sur le pied droit, quand quelqu'un me projette sur le cul...

Sur le cul comme un sac de patates, gémissant et grognant dans la boue.

Je lève la tête et vois mon cadet, mon cadet qui regarde, inquiet. Je me redresse et m'aperçois qu'ils m'observent, m'observent et murmurent...

« Je vous ai dit que quelqu'un se blesserait, dit Syd en souriant. Je vous l'ai dit, bordel. »

Personne ne rit. Mais ce sera pour plus tard, au vestiaire et sous la douche. Dans leur voiture et chez eux, quand je ne serai pas là.

Tu commences par éviter d'encaisser. Tu commences à construire en partant de l'arrière. Tu gagnes même en déplacement. Tu termines à sept places du dernier de la quatrième division au terme de ta première saison, 1965-66, et voici comment le président te remercie...

« Je ne peux plus me permettre de payer deux personnes pour faire le même travail. »

Tu ouvres l'autobiographie de Len Shackleton [1], Clown Prince of Soccer, *à la page 78. Tu montres la page blanche à monsieur Ernest Ord, millionnaire, président du Hartlepools United :*

Connaissances footballistiques du directeur moyen.

---

1. Joueur exceptionnellement adroit de la fin des années 1940 et de l'après-guerre, également célèbre pour son sens de l'humour. « Clown Prince of Soccer » était également son surnom. (*N.d.T.*)

« Allez vous faire foutre, tu lui dis. Pete ne part pas.

– On parle trop de vous, dit Ord. Il va falloir que ça cesse.

– Allez vous faire foutre, tu répètes. La ville nous adore. La ville m'adore.

– Mon fils se chargera de la publicité, dit Ord. Vous vous contenterez de diriger l'équipe. Vous la dirigerez seul.

– Pete ne bouge pas, tu répètes. Et je dirai ce que j'ai envie de dire, quand j'aurai envie de le dire.

– Très bien, dit Ord. Vous êtes virés tous les deux.

– On ne part pas », tu répliques.

C'est ta première bataille. La première d'une longue succession...

Tu vas voir Curry, conseiller municipal conservateur. Tu fais le tour des clubs. Tu persuades les chantiers navals et les brasseries de payer les salaires des joueurs. Tu réunis les 7 000 livres que le club doit au président. Tu es tous les jours dans les journaux locaux. Continuellement à la télé locale...

« C'est lui ou moi », dis-tu au conseil des dirigeants. Aux journalistes. Aux supporteurs. « Lui ou moi. »

Monsieur Ernest Ord, millionnaire, président de Hartlepools United, démissionne...

Ton premier coup d'éclat. Ton premier sang...

1-0.

Je me douche, prends un bain et m'habille seul. Hormis la présence de mon cadet. Puis les couloirs, les coins et le retour au bureau, *son bureau*, où j'attends Jimmy ; Jimmy qui prend tout son putain de temps. Je regarde ma montre. Elle n'est pas là. Je fouille dans mes poches. Mais elle a disparu...

Maurice Lindley passe la tête dans l'encadrement de la porte. Sans frapper...

Maurice Lindley, manager assistant de Leeds United, bras droit de Don, un des hommes de l'équipe de l'ombre de Don, au même titre que Les Cocker et Syd Owen, Bob English et Cyril Partridge, un de ceux que Don a laissés au bord de la route...

Maurice Lindley pose sur la table, *sa table*, une épaisse chemise portant la mention *Top Secret*. Maurice dit : « Il m'a semblé que vous voudriez voir ça. »

Maurice Lindley, maître espion du football, avec son trench-coat et ses déguisements.

Je regarde la chemise posée sur la table de travail. *Top Secret*. Je lui demande : « Qu'est-ce que c'est que ce truc ?

– Le dossier de Huddersfield Town, répond Maurice. La putain de totale.

– Vous blaguez ? Ce n'est qu'un foutu match de préparation. Un putain de match amical.

– Ça n'existe pas, dit Maurice. Pas par ici. Don ne croyait pas aux matchs amicaux. Don croyait qu'on devait gagner chaque fois qu'on jouait. Don estimait... »

On frappe à la porte du bureau. Mon cadet, qui dessine, lève la tête...

« Qui c'est ? je crie.

– C'est moi, patron, dit Jimmy. Je l'ai. »

Je me lève. Je contourne cette putain de table.

Jimmy entre, un paquet brun entre les mains. Il me le donne.

« Voilà.

– Et l'essence ? je demande.

– Elle est dans le coffre de la voiture.

– Parfait », dis-je en ouvrant le paquet brun...

J'ouvre le paquet et j'en sors une hache...

« Reculez, je leur dis. Attention, Maurice ! »

Et j'abats la hache sur cette table de travail, *sa table de travail. La table de travail de Don...*

Je l'abats puis la lève et l'abats à nouveau...

Sur sa table et son fauteuil. Sur ses photos et ses dossiers...

Encore, encore et encore.

Puis je cesse et m'immobilise au centre de ce qui reste de ce bureau, le souffle court et en sueur comme un putain de gros chien noir. Maurice Lindley est parti. Jean Reid aussi. Ce con de Jimmy Gordon et mon cadet sont adossés à un mur...

Je suis un marchand de dynamite sur le point de tout faire péter...

Puis Jimmy et mon cadet m'aident à rassembler les morceaux de la table de travail et du fauteuil, les photos et les dossiers, tous les foutus dossiers et toutes les putains de saloperies qui se trouvent dans ce bureau, puis on emporte tout dehors, on l'entasse dans un coin du parking, et je vais chercher le Castrol dans le coffre de la voiture de Jimmy, le verse sur le tas, allume une cigarette, en tire deux bouffées avant de la lancer sur la pile et de regarder toutes ces saloperies brûler...

Disparaître...

Brûler. Brûler. Brûler.

Tu as sauvé Hartlepools de la relégation lors de ta première saison. Tu le hisses à la huitième place pendant la deuxième. Tu as également eu un troisième enfant, une fille...

Mais ce ne sont pas les souvenirs que tu garderas de Hartlepools United.

Tu n'as appris l'histoire que dix ans plus tard, mais elle te hante ; elle te hante ici et elle te hante maintenant...

Ernest Ord est arrivé chez Peter Taylor au volant de sa Rolls-Royce et a dit à Peter : « Je viens vous avertir. Votre pote s'est débarrassé de moi et, un jour, il vous fera la même chose. Vous verrez, Taylor. Vous verrez. »

Te hante ici. Te hante maintenant.

Troisième jour

J'ai été dans les ombres, ici, dans les couloirs et au-delà des coins. J'ai été dans les tribunes avec les corbeaux et avec les chiens. Cœur cognant et jambes tremblantes. Langue immobile et bouche fermée. Oreilles baissées et yeux ouverts. Sous des cieux gris...

Je me suis forgé mes opinions...

Pas d'enfants avec moi aujourd'hui. Pas aujourd'hui. Aujourd'hui, il y a des choses à faire. Des choses à dire. Pas des choses que des enfants peuvent entendre. Que des enfants peuvent voir. Sous des cieux gris...

Jusqu'à aujourd'hui ; vendredi 2 août 1974.

L'équipe première descend le talus du terrain d'entraînement jusqu'au parking, crampons sur le goudron. L'équipe s'immobilise autour des restes noirs, calcinés, dans le coin du parking. Les mains sur les hanches, leur nom sur le dos, ils passent leurs chaussures dans les cendres blanches. Sous des cieux gris...

« Le salon des joueurs, leur dis-je. Dans dix minutes. »

Deux familles au bord de la mer. L'hôtel Royal, Scarborough. Oh, tu aimes le bord de mer. Tu y es heureux, avec ta glace et ton transat. Ta femme et tes trois enfants. Tu es un père de famille, désormais, et un père de famille heureux. La peur du chômage et le besoin d'alcool ont disparu. Le méchant Ernest Ord a été vaincu et Hartlepools a terminé la saison à la huitième place...

Il y a un toit neuf sur la tribune. Grâce à toi. Des projecteurs modernes, aussi...

On est en 1967 et les choses avancent. Tu es heureux, ici, mais Peter ne l'est pas...

Ton meilleur pote. Ton bras droit. Ton ombre...

Agité et jaloux, l'oreille au sol et les lèvres au téléphone...

Le responsable du seau et de l'éponge, à 24 livres par semaine...

« Écoute, on a amené Hartlepools à deux doigts de quelque chose de meilleur et, maintenant, ce quelque chose est arrivé. Tu sais que le boulot a été dur à Hartlepools et, personnellement, j'en ai plein le dos. Je sais qu'on ne peut pas choisir le moment parfait pour partir, mais je crois que c'est ce qu'on doit faire. »

Le soleil passe derrière un nuage et la pluie se met à tomber, à seaux, à verse, à seaux, à verse...

Transats pliés et glaces fondues...

« Vois-le, dit Pete. Écoute ce qu'il a à dire. Qu'est-ce que tu risques, hein ? »

Le salon des joueurs, Elland Road. Dans les profondeurs de la tribune ouest, donnant sur le couloir principal. Encore un angle. Porte à double battant et bar bien fourni. Plafond bas et moquette poisseuse. Fauteuils et pas de fenêtre, seulement des miroirs. Des miroirs, des miroirs aux murs. Odeur de shampooing et d'after-shave quand ils arrivent du vestiaire avec leurs jeans et leurs cuirs, leurs chaînes en or et leurs cheveux mouillés, se taquinent et se touchent, se bousculent et se pincent, une bande de singes qui viennent de baiser, et ils forment un cercle, la tête à la hauteur de leurs genoux dans les fauteuils, ils écartent les jambes et se grattent les couilles, s'efforcent de ne pas regarder dans ma direction...

Effectivement, c'est moi qui *dirige*.

Ce sont des internationaux, tous autant qu'ils sont. Des tas de médailles et de trophées, tous autant qu'ils sont...

Ces hommes puissants et endurcis, dans leurs vêtements neufs moulants...

Ces hommes puissants, endurcis et *pourris*. Ces hommes puissants, endurcis, pourris, *vieux*...

Ces hommes vieux et *nerveux*. Leurs meilleures années désormais derrière eux...

Ce sont des hommes soucieux. Des hommes qui ont peur. Exactement comme moi.

Je prends une chaise. Je la retourne. Je m'assieds à califourchon, les bras sur le dossier, et je fais une petite prière...

La prière qu'on récite avant une bataille navale contre un ennemi, quel qu'il soit...

Je prie puis je commence, commence par ce que j'ai à dire :

« Vous vous demandez peut-être pourquoi je ne me suis pas beaucoup exprimé durant cette semaine. La raison en est que je me suis fait mon opinion. C'est ainsi que je procède. Je n'ai pas l'habitude d'écouter les autres. Mais, maintenant, je me suis forgé mon opinion et, avant de débuter le travail avec vous, il y a plusieurs choses qu'il faut dire sur chacun d'entre vous... »

Ô, Seigneur glorieux et tout-puissant...

« Harvey, tu es un international et meilleur que Gary Sprake, je lui dis. Mais pas de beaucoup. Les meilleures équipes n'encaissent pas. On n'encaisse pas quand on a un bon gardien. Un bon gardien a des mains sûres. Donc, j'attends de toi que tes mains soient sûres, sinon j'irai en chercher de plus sûres ailleurs. »

Seigneur des multitudes, qui diriges et commandes toutes choses...

Je me tourne vers les deux Paul, Madeley et Reaney. Je leur dis : « Monsieur Madeley, tu as joué à tous les putains de postes, sauf celui de gardien. De toute évidence, Don était incapable de prendre une décision. Mais, selon moi, il est temps que tu t'appropries un poste, sinon je le ferai pour toi et ça risque d'être le putain de banc ou la liste des transferts. Monsieur Reaney, tu t'es cassé une jambe, tu as manqué une finale de coupe et une Coupe du monde... tu ne rajeunis pas, donc prends soin de toi, parce que tu mérites davantage de sélections que celles que tu as eues, putain. »

Assis sur le trône, tu dis le bien...

« Dans le milieu, personne ne t'aime, je dis à Hunter. Et je crois que tu as envie qu'on t'apprécie. »

Bites Yer Legs[1] hausse les épaules et secoue la tête. « J'en ai rien à cirer.

– Je n'y crois pas.

– Je suis un international anglais à part entière, répond-il. J'en ai vraiment rien à foutre. »

Par conséquent, nous nous adressons à Ta Divine Majesté, car nous sommes dans le besoin...

« Monsieur William Bremner... tu es capitaine et tu es bon, je lui dis. Mais tu n'es pas utile à l'équipe et tu ne me sers à rien si tu es suspendu. Je veux que mes équipes soient disciplinées et, en tant que capitaine, j'attends de toi que tu donnes l'exemple. »

Afin que tu acceptes de prendre la cause entre tes mains...

---

1. Littéralement : « Te mord les jambes. » (*N.d.T.*)

« Et tu as intérêt à suivre cet exemple, je dis à Lorimer. Parce que tu sais ce que je pense de toi. Que tu t'en prends aux arbitres. Que tu tombes alors que tu n'as pas été touché. Que tu profites de tous les tacles pour tenter d'obtenir que l'autre joueur prenne un carton. Que tu protestes quand tu n'as pas la moindre putain de raison de protester...

– Pas de raison de protester ? dit-il. Avec les tacles de quelques-uns de vos gars de Derby ? Vous croyiez que j'allais supporter ça pendant tout le putain de match ? »

Et arbitres entre nous et nos ennemis...

« En ce qui te concerne toi, avec le nombre de blessures que tu as eues, je dis à Eddie Gray, si tu étais un foutu cheval de course, on t'aurait abattu. »

Eddie Gray lève la tête et me regarde, les yeux pleins de larmes. Eddie Gray dit : « Ce n'est pas une blessure qui a mis fin à votre carrière ?

– Oui. Absolument.

– Dans ce cas, vous devriez comprendre ce que je ressens. »

Mobilise ta puissance, ô Seigneur, et viens-nous en aide...

Je me tourne vers Michael Jones. Je lui dis : « Il en va de même pour toi, jeune homme. »

Car tu n'accordes pas toujours la bataille au fort, mais tu peux sauver largement ou de justesse...

« L'Irlandais, tu as toi aussi une foutue réputation, je dis à John Giles. Dieu t'a accordé l'intelligence, la compétence, l'agilité et une aptitude inégalée à faire des passes. Ces qualités t'ont permis de devenir un jeune homme très riche. Mais Dieu ne t'a pas donné six crampons pour frapper les genoux des autres.

– Et alors ? On me donne des coups de pied, je les rends, bordel.

– N'oublie pas, dis-je, que ce n'est pas ma faute si tu n'as pas eu ce boulot.

– Relax, dit-il. Je ne voulais pas de ce boulot et je n'en veux toujours pas. »

Ô, ne laisse pas nos péchés exiger vengeance...

Je montre du doigt McQueen et Jordan. Je leur dis : « Vous avez participé tous les deux à la Coupe du monde et, McQueen, tu as été bon. Ce que j'ai vu m'a plu et je veux le revoir. »

Mais entends-nous, tes malheureux serviteurs, te supplier d'avoir pitié de nous et implorer ton aide...

« Monsieur Cooper et monsieur Bates, il paraît que vous êtes enfin à nouveau en forme. Dieu merci ! Vous aurez l'occasion de m'en convaincre demain. Vous avez intérêt à réussir ! »

Afin que tu nous défendes face à l'ennemi...

« Sniffer[1], dis-je à Allan Clarke. Tu as marqué dix-huit buts la saison dernière. J'en veux dix-neuf cette saison. Au moins dix-neuf, nom de Dieu. Pigé ? »

Sniffer sourit. Sniffer acquiesce. Sniffer Clarke salue.

Montre que tu es notre sauveur et notre puissant protecteur...

Je me tourne vers les trois derniers. Je leur dis : « Cherry, Gray le jeune, Taff Yorath... une longue saison nous attend, de nombreux matchs nous attendent... entraînez-vous dur, occupez-vous de vos affaires, faites les choses à ma façon et vous aurez votre chance. À vous de saisir cette putain de chance quand elle se présentera. »

C'est moi qui dirige...

« Messieurs, autant que je vous le dise tout de suite. Vous avez peut-être remporté tous les titres nationaux et quelques-uns au niveau européen, mais, de mon point de vue, vous pouvez commencer par foutre toutes vos médailles, vos sélections, toute votre quincaillerie dans la plus grande putain de poubelle la plus proche, parce que vous n'avez rien gagné honnêtement. Vous êtes arrivé à tout ça en trichant. »

Par Jésus-Christ, Notre Seigneur...

« Et il y a autre chose », je leur dis, à tous autant qu'ils sont. « Je ne veux plus entendre le putain de nom de ce con de Don Revie. Plus jamais. Donc le joueur qui mentionnera à nouveau cette saloperie de nom passera la semaine avec les putains de juniors. Ça lui servira de leçon, qui que ce soit, bordel de merde...

« Maintenant rentrez chez vous. »

Amen.

Tu vois le président de Derby County dans un hôtel de Scotch Corner. Peter attend dans la voiture. Len Shackleton fait les présentations. Sam Longson est, lui aussi, un millionnaire parti de rien, lui aussi un homme rude et brutal qui a une Rolls-Royce. Fortune dans le transport. Fier de ça. Fier aussi de Derby County. Mais Derby County est en deuxième division et n'a pas d'avenir. N'a gagné qu'une coupe en 1946. Champion de la troisième division du Nord en 1957. Rien depuis. Aucun progrès. Il a terminé dix-septième de la deuxième division et Sam Longson vient de virer le manager, Tim Ward. Longson reçoit des lettres de menace. Longson se chie dessus...

« Ce sera bientôt du passé, tu lui dis. Et grâce à moi... »

1. Sniffer : « pif, flair ». Surnom donné à ce joueur parce qu'il a marqué vingt-six buts pendant sa première saison à Leeds. (*N.d.T.*)

Puis tu lui expliques pourquoi. Inlassablement, tu lui expliques pourquoi. Tu ne cesses pas de parler.

Trois heures plus tard, Longson est si excité qu'il ne dormira pas de la nuit.

Tu regagnes la voiture. Peter a baissé la vitre. Peter demande : « Comment ça a marché ?

– J'ai le boulot, tu réponds. Je l'ai, nom de Dieu ! »

Il est heureux comme un pape. Content comme pas deux. Puis il dit : « Et moi ? »

Le long des couloirs. Passé les coins. Couloirs vides. Coins sombres. Le bureau est vide ; seulement *son* vieux téléphone et la lettre de démission de Jean Reid par terre, près de la porte. Je tire mon sac jusqu'à moi, sur la moquette, et j'en sors une bouteille neuve de Martell. J'allume une cigarette et j'arrache le prix du cognac...

3,79 livres, Wineways.

Demain, c'est samedi. Déplacement à Huddersfield. Mon premier match là-bas...

Merde, merde, merde...

Je n'ai aucune idée de qui choisir. Je n'ai aucune idée de ce que je dois dire...

Pas la queue de la moindre putain d'idée.

Il y a des voix derrière la porte. Des rires, puis le silence...

Dans les couloirs. Passé les coins...

Je me lève. J'ouvre la porte.

Rien. Personne.

Je ne crois pas en Dieu. Mais je crois au doute. Je crois à la peur.

Quatrième jour

Tu vas en voiture à une réunion des dirigeants de Derby County, au Baseball Ground. Tu as le boulot, mais d'après Sam, il faut encore que ce soit confirmé et ratifié par le conseil au grand complet. Ta femme est avec toi, les trois marmots à l'arrière de la Rover. Tu les laisses près des balançoires de Normanton Park. Tu dis à ta femme que tu seras de retour dans une heure. Tu vas au Baseball Ground.

Sam Longson t'attend en compagnie du conseil des dirigeants : Sidney Bradley, Harry Paine, Bob Kirkland et trois autres qui ne disent rien, dont tu ne saisis pas le nom. Il apparaît que le conseil a été inondé de candidatures, c'est du moins ce qu'on te dit. Il apparaît qu'il en a retenu quatre...

Alan Ashman, Billy Bingham, Tommy Cummings et toi...

Il apparaît que tu n'as pas vraiment le boulot...

Le conseil des dirigeants de Derby ne t'offre même pas un verre, alors tu te sers.

« Ma blessure a mis un terme à ma carrière de joueur et m'a dépouillé de ce que j'aimais le plus au monde, leur expliques-tu. Mais elle m'a permis d'exercer très tôt la responsabilité de manager, à Hartlepools. Ils risquaient tous les ans la relégation, mais j'ai changé ça. J'ai réduit le nombre de joueurs. Je me suis débarrassé de ceux qui ne valaient pas un clou. J'en ai fait venir un ou deux qui valaient un peu mieux. Hartlepools a fini cette saison à la huitième place. J'ai aussi construit une nouvelle tribune ainsi qu'une nouvelle équipe dirigeante et le budget était équilibré quand je suis parti. Mais je n'ai pas fait ça seul. Je n'y serais pas parvenu sans Peter Taylor et je veux l'avoir à mes côtés, ici, à Derby. On vient tous les deux ou pas du tout. »

Ils feuillettent leurs documents et tripotent leurs stylos, ces hommes riches et soucieux.

« Moi et Peter Taylor, on peut transformer ce club. On peut vous assurer que vous ne terminerez pas aussi loin dans le classement que cette saison et, surtout, on peut vous débarrasser de la pression du public. Mais on ne peut le faire qu'ensemble...

« Moi et Peter Taylor ! »

Ils sont intéressés, maintenant, ces hommes riches et soucieux, ils envisagent l'idée de passer dans les rues de Derby sans se faire insulter, envisagent de pouvoir à nouveau marcher la tête haute, leur femme à leur bras, envisagent d'obtenir enfin la reconnaissance qu'ils méritent. Ils hochent la tête à l'intention du président, ces hommes riches et soucieux...

Tu les as mis dans ta poche, ta candidature est la seule qui soit encore retenue...

« Je me souviens du jour où vous avez joué ici avec Sunderland, dit Sam Longson. Vous étiez sur le terrain à montrer un endroit, un autre, à héler un gars, un autre. Vous disiez à tout le monde ce qu'il fallait faire. Beaucoup de gens affirmaient que vous étiez arrogant, mais j'ai dit que vous étiez un meneur d'hommes. C'est ce qu'il nous faut, ici : un meneur d'hommes.

– Et c'est ce que vous aurez, tu réponds. Je vous le promets. Mais il me faut un contrat, parce que vous êtes sept dirigeants et que, dans un mois, au moins un d'entre vous voudra qu'on s'en aille. Ça aussi, je vous le promets.

– Monsieur Clough, dit Longson, votre salaire sera de cinq mille livres par an et celui de votre assistant de deux mille cinq cents. En outre, vous disposerez de soixante-dix mille livres pour obtenir de nouveaux joueurs et vous signerez tous les deux un contrat, ne vous inquiétez pas. »

Huit heures plus tard, tu regagnes Normanton Park ; tes garçons dorment sur les balançoires, ta femme et ta fille sur un banc.

Samedi arrive, avec la puanteur du samedi. La sueur et la boue, l'embrocation et la graisse. La vapeur d'eau et le savon, les relents d'égout et le shampooing. La bière et le vin, les alcools et les cigares...

Ce n'est qu'une rencontre amicale, un match de préparation. Mais c'est tout de même un match, tout de même mon premier.

Je les regarde gravir les marches du car avec leurs livres de poche, leurs jeux de cartes, et je compte les cœurs...

Pas un seul.

Personne ne parle et personne ne sourit. Mais le trajet jusqu'à Leeds Road, Huddersfield, est théoriquement court.

Je m'assieds près de Bremner. Je lui demande : « Tu as eu mon télégramme, hein ?

– Quel télégramme ? demande-t-il.

– Celui que j'ai envoyé de Majorque. Celui où je t'invitais, avec ta famille, à te joindre à moi et à la mienne pour quelques jours au soleil. Celui où je disais à quel point j'étais fier d'être le nouveau manager de Leeds United.

– Non », répond-il avant de se replonger dans son livre.

Le Beau Couple.

Je descends le premier du car et l'accueil est chaleureux. Je signe des autographes pour les enfants et serre la main des pères...

Ce n'est qu'une rencontre amicale, un match de préparation.

Passé les portes. Le long des couloirs. Après les coins. En haut de l'escalier. Dans la salle du conseil. Au bar. Les alcools...

Les poignées de main et les claques dans le dos...

Puis Jimmy, à mon oreille...

« Ils attendent, souffle-t-il. Ils veulent savoir qui jouera.

– Fais-les monter, je blague. Donne-leur quelques pintes.

– Allons, patron », supplie-t-il, les yeux dilatés et les mains ouvertes...

Je vide mon verre. J'allume une nouvelle cigarette. Je sors de la salle du conseil à sa suite. L'escalier. L'angle. Le couloir...

La porte du vestiaire des visiteurs. Le bruit du silence...

J'éteins ma cigarette. Je prends une profonde inspiration. J'ouvre la porte...

Le vestiaire des visiteurs. La puanteur du samedi...

« Stewart, Reaney, Cooper, Bremner, McQueen, Hunter, Lorimer, Bates, Clarke, Giles et Madeley », dis-je avant de les laisser, de les laisser à leur vestiaire. Leur silence. La puanteur du samedi.

« Monsieur Clough ? »

Je me retourne ; Bates dans le couloir, devant le vestiaire.

« Tu es sourd, jeune homme, c'est ça ? je demande. Tu joues. Maintenant va mettre tes putains de crampons.

– Je sais, dit Mick Bates. Mais où voulez-vous que je joue ? En général, je suis en milieu de terrain, mais comme on joue tous les deux, aujourd'hui, Paul Madeley et moi, je me demande s'il ne faudrait pas que je sois un peu plus haut, devant Johnny Giles et Billy Bremner ?

– Écoute, bordel, tu feras ce que je te dirai de faire et tu joueras où je te dirai de jouer. Maintenant retourne dans ce putain de vestiaire et enfile tes putains de crampons avant que je change d'avis et te fasse nettoyer ceux de toute l'équipe la semaine prochaine, nom de Dieu ! »

Je suis le couloir. Tourne à l'angle. Prends l'escalier.

Je m'assieds dans la tribune pour regarder le match. Mon premier match en tant que manager de Leeds United. Les champions d'Angleterre. Mais ce n'est pas mon équipe. Ce ne sont pas mes gars...

Ils prennent un but. L'Irlandais égalise...

Je regarde ma montre. Elle n'est pas là. Toujours disparue.

À la mi-temps, je ferai sortir Norman Hunter, garderai Trevor Cherry, alors les passes seront meilleures et ils marqueront le but de la victoire, mais je feuillette déjà mon carnet d'adresses...

Parce que ce n'est pas mon équipe. Ce ne sont pas mes gars. Pas cette équipe, jamais...

C'est son équipe. *Son Leeds*. Son putain de sale Leeds et ça ne changera jamais.

Pas mon équipe. Jamais. Pas mes gars. Jamais. Pas cette équipe. Jamais...

Ce n'est pas Derby County. Jamais Derby County.

Peter a de la barbe et une odeur forte quand il ouvre la porte, des cercles bistres autour des yeux et une haleine qui sent le whisky.

« Lillian ne t'a pas quitté, hein ? tu demandes.

– Tu n'as pas appelé. J'ai cru que tu nous avais oubliés.

– Oubliés ? Tu blagues. Il était minuit quand je suis rentré chez moi.

– Alors ? dit-il.

– Alors quoi ? »

Il s'essuie la bouche et dit : « Ne m'oblige pas à supplier, Brian. S'il te plaît...

– Supplier ? tu demandes en riant. Tu ne supplieras plus jamais. C'est bon ! C'est bon, bordel !

– Tous les deux ? Ils ont accepté de me prendre ?

– Évidemment, tu réponds. Moi et toi. »

Il sourit toujours, mais il demande : « Combien ?

– Deux mille cinq cents livres par an et soixante-dix mille livres pour de nouveaux joueurs.

– Deux mille cinq cents livres chacun ?

– Et soixante-dix mille livres pour de nouveaux joueurs », tu répètes ; et il sautille sur le perron, te serre dans ses bras comme si vous aviez tous les deux gagné le putain de gros lot, puis tu ouvres le sac que tu tiens à la main, tu en sors les deux bouteilles de champagne et les boîtes de cigares...

« On est en route pour le sommet, crie-t-il. Toi et moi ; Clough et Taylor ! »

Cinquième jour

Pour le manager d'un club de football, le dimanche est le putain de jour de la semaine où on se sent le plus foutrement seul. Le bureau du manager, cette saloperie de dimanche matin, est l'endroit le plus isolé de la terre si on a perdu la veille...

Leeds a gagné hier – de justesse, grâce à Michael Bates –, mais je suis seul, ici, aujourd'hui, dans ce bureau vide, dans ce couloir vide, sous cette tribune vide...

Personne, ici, aujourd'hui, sauf moi. Personne, ici, sauf moi. Personne, sauf moi...

Dans ce stade vide, dans cette ville vide, ce pays vide...

Pas de femme. Pas d'enfants. Pas de Peter Taylor...

Pas de putain de Peter Taylor. Pas de Judas...

Seulement moi et le fantôme troublé de Don...

Derrière toutes les portes. Dans tous les couloirs. Dans tous les coins.

Je sors du bureau. *Son bureau.* Je suis les couloirs. *Ses couloirs.* Je tourne aux coins. *Ses coins.* Je prends le tunnel. *Son tunnel.* Je sors dans la lumière et sur le terrain...

Je prends mes clopes, je prends mon verre. Sur les brins d'herbe, sur les lignes...

Cette cigarette qui arrache la peau de mes lèvres. Ce verre qui estompe l'angoisse. Chaque brin d'herbe lourd de conséquences, chaque ligne de craie une autorité...

Sur le terrain vide, désert, au pied des tribunes vides, désertes...

Le terrain où j'ai joué et toujours gagné, où j'ai dirigé et toujours perdu, au pied de ces tribunes où je les ai entendus railler, entendus jurer, entendus siffler et entendus huer.

Il se met à flotter. Encore, comme vache qui pisse. Je ramasse mes clopes. Je ramasse mon verre. Je quitte le terrain. Je quitte les tribunes. Je reprends les couloirs. Je tourne aux coins et je franchis les portes. Jusqu'au bureau...

Son putain de bureau.

Je devrais être chez moi avec ma femme et mes mômes, à couper le rôti, biner le jardin, promener le chien et laver la voiture...

Pas dans ce bureau, dans mon fauteuil flambant neuf, derrière ma table de travail flambant neuve, à me lever puis me rasseoir, décrocher le téléphone puis le raccrocher, réfléchir à la semaine écoulée et à celle qui vient, projeter et manigancer, comploter et rêver ; dans tous les stades du pays, tous les managers dans le même cas...

Pas à la maison avec l'épouse. Pas à la maison avec les mômes...

Car lorsque tu y es, tu n'as pas envie d'y être...

Pas de rôti du dimanche. Pas de jardin anglais...

Quand tu n'y es pas, tu as envie d'y être...

Juste un chien gras et une voiture sale...

Parce que je ne suis jamais là-bas. Je suis toujours ici...

Ici, dans mon fauteuil flambant neuf, derrière la table de travail flambant neuve, au téléphone avec Des Anderson, manager assistant de Derby County. Je sais qu'ils sont toujours contrariés, les joueurs. Depuis qu'on est partis. Je sais qu'ils vont tous sauter sur l'occasion de jouer à nouveau pour moi...

D'abord John McGovern. Puis toute l'équipe première, si je pouvais décider...

Décider, vraiment...

« Combien ? je demande à Des.

– Cent cinquante mille livres.

– Va te faire foutre. Tu l'as inscrit sur la liste des transferts et tu le fais jouer dans la putain de réserve.

– Dave a besoin de l'argent, dit-il. C'est tout simple.

– Pour quoi faire ? je demande. Je lui ai laissé la meilleure putain d'équipe de toute l'Europe, merde. »

Des soupire. Des dit : « Il veut Duncan McKenzie.

– Qui ?

– Le gars de Forest. Vingt-huit buts la saison dernière. En grève pour le moment.

– Pour obtenir quoi ?

– Un meilleur club », répond Des en riant.

Je raccroche...

Qui, bordel de merde, est Duncan McKenzie ? Taylor saurait, n'ignorerait rien de lui. Surtout un gars de Nottingham. L'air et les paroles. Mais il n'est pas là.

Putain de Taylor. Putain de Judas.

Et il ne sera pas non plus au Goldstone Ground. Pas un dimanche. Pas Taylor. Donc j'appelle chez lui, son putain d'appartement tout neuf en bord de mer. Pas de réponse...

Putain de Taylor. Putain de Judas.

Mike Bamber les a sûrement tous invités à déjeuner dans son hôtel. L'hôtel Courtlands. Taylor et sa famille. Bamber et la sienne.

Huîtres et saumon fumé. Champagne et caviar...

Dora Bryan à la table voisine. Ce crétin de Bruce Forsyth.

Je me sers une nouvelle grosse rasade de Martell. Le nom sur mon paquet de clopes...

Duncan McKenzie.

Qui que soit ce McKenzie, Dave Mackay veut le faire venir à Derby County, et si Dave Mackay veut le faire venir à Derby County, je veux le faire venir à Leeds...

Mon Leeds. Mon Leeds nouveau.

Je sors mon carnet d'adresses. Je me sers un autre Martell, j'allume une autre cigarette, je décroche une nouvelle fois le téléphone. Je passe plusieurs coups de fil. Arrache des gens à leur rôti et leur jardin...

Leur chien et leur voiture.

C'est un garçon populaire, ce Duncan McKenzie. Tottenham le veut aussi. Pour remplacer Martin Chivers. Birmingham également. Très populaire, pour un gars qui a abandonné le football il y a un mois et ne s'est entraîné qu'avec son équipe amateur locale. Si populaire que Dave Mackay a déjà proposé 200 000 livres à Alan Brown pour l'obtenir. Si populaire qu'Alan Brown a refusé...

Assez populaire pour Brian Clough et son Leeds United nouveau.

Je vais à Derby l'estomac vide, sur une autoroute vide. Je passe à l'hôtel Midland, puis au Kedleston Hall, où une chose en entraîne une autre, un verre un autre, et je comprends que je rentrerai une fois de plus en retard chez moi, où je trouverai encore un rôti brûlé, un jardin en friche et un chien gras dans une voiture sale...

Pas un fils pour mes parents. Pas un mari pour ma femme. Pas un père pour mes enfants...

Mais on ne peut pas rapporter ça chez soi...

Jamais. Jamais. Jamais...

Rapporter ça chez soi...

Au grand jamais.

Sixième jour

Derby County affirme avoir une tradition. Mais limitée à pas grand-chose ; une tradition de spectacle, pas de succès, hormis l'équipe de Jack Nicholas, Raich Carter et Peter Doherty, qui a gagné la Coupe d'Angleterre en 1946. Derby County affirme avoir une histoire ; mais limitée à pas grand-chose : relégué de la première division en 1953 ; relégué de la deuxième en 1955. De retour maintenant en deuxième division. Mais de justesse. Derby County affirme aussi être victime d'une malédiction ; mais limitée à pas grand-chose : seulement une vieille croyance selon laquelle le club aurait été maudit par les gitans chassés du site du Baseball Ground, lui et tous les autres clubs...

Malédictions. Histoire. Tradition...

Derby County ne connaît pas le sens de ces foutus mots, pas dans ces foutus Midlands. Middlesbrough, Sunderland et Newcastle, voilà des endroits où les malédictions, la tradition et l'histoire ont un sens ; le Nord-Est. Tu crois déjà que tu as commis une erreur en quittant ton pays pour venir ici.

Ton premier match en tant que manager de Derby County se joue pendant la tournée en Allemagne de l'Ouest précédant la saison 1967. Derby County est à chier. Totalement à chier. Foutrement à chier...

Tu comprends que tu as commis une erreur, tu comprends que tu aurais dû rester à Hartlepools, que tu aurais dû rester chez toi.

Sam Longson est près de toi et Peter sur la ligne de touche...

« Qu'est-ce que vous voulez que je fasse de cette équipe à la con, monsieur le président ? »

Sam Longson allume un nouveau cigare. Sam Longson dit : « C'est entre vos mains.

– Bien, tu réponds. Dans ce cas je les vire, tous autant qu'ils sont. »

Je ne peux pas sortir du lit. Pas avec cette tête. Ce boulot. J'entends ma femme et mes mômes au rez-de-chaussée. Le chien qui aboie à cause de la radio. Mais je ne peux pas sortir du lit. Je tends la main vers ma montre, mais elle n'est pas là. Et merde. Je me lève, je fais ma toilette et je m'habille. Je descends...

« À quelle heure es-tu rentré ? demande ma femme.

– Trop tard », je réponds.

Elle lève les yeux au ciel et demande : « Tu veux un petit déjeuner ? »

Je secoue la tête. Je dis : « Il faut que j'y aille.

– Sois prudent au volant, dit-elle. Et téléphone si tu rentres tard. »

J'acquiesce et me tourne vers les garçons. « Qui veut venir au travail avec son papa, aujourd'hui ? »

Les garçons fixent leurs mains. Leurs doigts et leurs ongles.

Ma femme s'immobilise derrière moi. Ma femme m'embrasse sur la joue. Ma femme dit : « Ne les force pas, mon chéri. Pas s'ils n'en ont pas envie.

– Et si c'était moi qui n'en avais pas envie ? »

Elle me dévisage. Elle secoue la tête. Elle ouvre la bouche...

« Je blaguais, je dis en ouvrant la porte. Je blaguais, c'est tout. »

Le manager est toujours en position de force dans ses trois premiers mois au sein du club. Il faut se débarrasser à ce moment-là de tous les trucs désagréables, parce qu'on n'est jamais plus fort que dans les trois premiers mois. Les autres managers trouvent ces choses-là difficiles, mais pas toi. Les choses telles que la discipline, le coaching, l'entraînement. Ton esprit est concentré sur le football et tu sais exactement comment t'y prendre. Peu importe que ce soit Manchester United ou Liverpool. Leeds United ou Derby County...

Tu dis aux joueurs qu'ils ont trois semaines pour te convaincre ou qu'ils prendront la porte. Trois semaines plus tard, tu vires seize membres de l'équipe, le recruteur en chef, quatre jardiniers, la secrétaire, l'assistante de la secrétaire, deux employés et les femmes qui servent le thé. Tu décroches les photos de Jack Nicholas, Raich Carter et Peter Doherty...

Plus de tradition. Plus d'histoire. Plus de malédictions...

Tu veux une putain de révolution. Tu veux un avenir. Tu le veux tout de suite.

Devant les membres du Rotary Club de Derby, ainsi que les journalistes et les caméras de télévision, tu dis : « Sous ma direction, Derby County ne terminera pas aussi loin dans le classement que la saison passée...

« Je vous promets que nous finirons toujours avant la dix-septième place. »

Le bureau du manager un lundi matin et tout recommence. Construire, construire, construire. Jusqu'au samedi. Comme disait Taylor, si on se trompe le lundi, on se trompe le samedi. Mais Taylor n'est pas là. Pas aujourd'hui. Aujourd'hui, il n'y a qu'une pile de merdes sur ma table de travail toute neuve. Une pile de merdes et pas de secrétaire. Une pile de merdes comprenant des lettres de menace, des menaces de mort et une plainte déposée par Don Revie...

À cause de ce que j'ai dit, de tout ce que j'ai dit en public...

« Dans cette émission que tu as faite vendredi dernier ? demande Jimmy Gordon.

– Oui. Je ne savais pas qu'on peut capter *Calendar* à Lancaster Gate.

– Don habite près d'ici, dit Jimmy. Il revient tout le temps.

– À ton avis, pourquoi j'ai fait changer les putains de serrures ? »

« J'en ai vu un », annonce Peter et tu pars sans poser de questions parce que c'est comme ça que ça marche, toi et Peter, que c'est l'alchimie, la magie...

Observer. Conclure. Remplacer...

C'est le talent de Peter ; repérer les joueurs. C'est la tâche difficile de Peter, de cette façon qu'il gagne du fric ; descendre dans le Devon un samedi d'août pour voir Torquay United contre Tranmere Rovers ; pour voir un avant-centre contre un milieu central ; pour voir Jim Fryatt contre Roy McFarland ; pour sortir discrètement du stade, trouver une cabine téléphonique et t'appeler – au club, dans un pub, chez toi – et dire : « J'en ai trouvé un. »

Parce qu'ils suffisent, ces quatre petits mots, pour que tu partes...

Derby-Liverpool. Liverpool-Tranmere.

La loge des dirigeants de Prenton Park déborde de managers et de recruteurs. Ils te demandent : « Tu t'intéresses à qui, Brian ? »

Le manager de Tranmere comprend au moment où il vous voit tous les deux. Dave Russell dit : « Tournez pas autour du pot, les gars, c'est mon jeune milieu central qui vous a amenés jusqu'ici, hein, les gars ? »

Vous acquiescez. Vous dites : « On n'apprend pas à un vieux singe à faire la grimace.

– Bon, vous serez heureux d'apprendre qu'il est disponible au juste prix. Combien pouvez-vous mettre, les gars ? »

Tu tousses. Tu sors ton mouchoir. Tu réponds : « Neuf mille livres.

– Va te faire foutre », se moque-t-il...

C'est ainsi que ça commence. Que ça commence toujours...

Quand tu arrives à 20 000 livres, tu demandes à Dave Russell si tu peux téléphoner, « parce que ça devient si foutrement cher que j'aurai besoin de l'aval du président ».

Tu t'approches de son bureau. Tu décroches son téléphone. Tu composes le numéro d'un bureau vide. Tu plaides ta cause pendant que la sonnerie retentit. « Je vous en prie, monsieur Longson. Vingt-quatre mille livres. C'est ce qu'ils demandent...

« Ils pourraient vouloir davantage... C'est notre limite, je comprends... Bien, je le lui dirai. Vingt-quatre mille livres et pas un sou de plus... »

Tu raccroches alors que la sonnerie retentit toujours. Tu te tournes vers Dave Russell...

Tu sais que Dave veut davantage. Tu sais que tu pourrais aller jusqu'à 50 000 livres...

Mais lui ne le sait pas et ne le saura jamais.

Tu dis à Dave : « Tu as entendu le président. Vingt-quatre mille livres. Pas un sou de plus. »

Dave Russell soupire. Dave Russell hausse les épaules...

Tu serres la main de Dave. Mais Dave dit alors...

« Enfin, s'il veut aller à Derby.

– Bien sûr qu'il veut, tu réponds. T'en fais pas, bordel. »

Il est plus de minuit quand tu franchis le tunnel de la Mersey. Tu te gares devant une petite maison de cité ouvrière et tu tambourines à la porte. Mais Roy n'est pas là. Son père te dit d'aller voir dans telle ou telle boîte où il va de temps en temps. Roy n'y est pas davantage. Tu retournes à la petite maison de cité ouvrière et tu tambourines une nouvelle fois à la porte. Roy y est, mais Roy est au lit. Tu persuades son père de le faire descendre dans son pyjama blanc à rayures rouges.

« Ces messieurs sont de Derby County, annonce Dave Russell au jeune homme ensommeillé. Je me suis entendu avec eux sur un prix, Roy. Donc si tu veux y aller – et rien ne t'y oblige –, mais si tu veux y aller, tu pourras devenir un joueur de Derby County. »

Mais il ne veut pas jouer à Derby. Il veut jouer à Liverpool...

Pour Bill Shankly.

Roy a passé son enfance au Kop ; son adolescence à attendre le coup de téléphone...

Mais Bill n'est pas venu. Peter Taylor et Brian Howard Clough l'ont fait.

« Peu importe combien de temps il te faut et combien de questions tu as envie de poser. Nous allons créer une des meilleures équipes d'Angleterre et je ne bougerai pas tant que tu n'auras pas décidé de faire partie de cette équipe. »

Le père de Roy se souvient de toi ; se souvient d'un des buts que tu as marqués...

« Il était magnifique, dit-il à son fils. Le Kop lui-même a psalmodié son nom et si Brian Clough veut à ce point que tu joues à Derby County, je crois que tu devrais y aller. »

Tu sors un contrat. Tu sors un stylo. Tu le mets dans la main de Roy...

Peter a les yeux et les oreilles, mais c'est toi qui as l'estomac et les couilles...

Pas Peter et pas Bill Shankly...

Brian Howard Clough.

*Tu rentres chez toi à l'aube. Tu appelles l'*Evening Telegraph...

Tu obtiens le numéro personnel du chef de la rubrique sports. Tu le sors du lit...

« J'ai un scoop, tu annonces. Je viens de signer Roy McFarland.

– Qui est Roy McFarland ? demande-t-il. Et, putain, il est quelle heure ? »

Personne ne dit bonjour. Personne ne dit salut. Debout au bord du terrain d'entraînement, je regarde Jimmy diriger leur routine...

Courir. Courir. Courir.

J'appelle Frank Gray. Je lui dis : « Faut qu'on parle de ton contrat.

– Heureux de t'avoir rencontré », crie un joueur...

Courir. Courir. Courir.

Mais personne ne rit. Personne ne pipe mot.

Tu as acheté Roy McFarland et tu as acheté John O'Hare à Sunderland. Tu t'es débarrassé d'une partie du bois mort et tu gagnes le premier match de la saison 1967-68 contre une équipe dirigée par Bob Stokoe, qui comprend Charlton...

« Allez », Stokoe s'est moqué de toi un jour, s'est moqué de toi dans la boue, dans la boue et alors que tu étais à genoux, sur tes genoux disloqués et fichus, foutus et définitivement finis...

Bob Stokoe qui a dit à l'arbitre : « C'est une putain de simulation. »

Tu gagnes ce match, mais tu perds le suivant. Tu gagnes le suivant et le suivant...

Tu perds celui qui suit, mais tu gagnes celui d'après et encore celui d'après...

C'est comme ça que ça marche, ta vie...

Tu gagnes, tu perds. Tu gagnes à nouveau...

Les performances s'améliorent et le public augmente, mais si les performances se détériorent, les entrées font de même...

Ensuite ce sera ton tour, tu le sais...

Ton tour d'être foutu et définitivement fini.

Je ne frappe pas et ils ne m'offrent pas à boire, donc je me sers. Puis je m'assieds, j'allume une clope et je leur annonce : « J'en ai vu un.

– Un quoi ?

– Un joueur. Il s'appelle Duncan McKenzie. Et, demain, je l'achèterai deux cent cinquante mille livres à Nottingham Forest.

– Une petite minute, dit Bolton.

– On ne l'a pas.

– Qu'est-ce qu'on n'a pas ?

– Une minute. Et, en fait, on n'a pas non plus d'avant-centre.

– Mais une...

– Allan Clarke est suspendu, nom de Dieu, et Jones est blessé, bordel de merde, je leur explique. Donc je ne vois pas qui va marquer les buts dont vous avez besoin pour garder le titre ou gagner la Coupe d'Europe.

– Il faudra discuter, dit Bolton. Nous ignorons tout de ce Duncan McKenzie et vous nous demandez de verser un quart de million de livres.

– Vingt-huit buts la saison dernière, je réponds. Qu'est-ce que vous avez besoin de savoir de plus ?

– Je voudrais savoir qui d'autre vous avez l'intention d'acheter, demande Percy Woodward.

– Un gardien de but et un milieu. Il faut reconstruire notre équipe en partant de l'arrière. Notre équipe a besoin d'une nouvelle colonne vertébrale.

– Et qui composerait cette nouvelle colonne vertébrale ?

– Peter Shilton et Colin Todd.

– Et Harvey et Hunter ? Demande Bolton. Ce sont tous les deux des internationaux à part entière.

– Shilton et Todd aussi.

– Mais sont-ils à vendre ? » demande Cussins.

Je ris. Je réponds : « Tout le monde est à vendre, monsieur Cussins. Vous êtes sûrement au courant.

– Vous avez une longue liste, dit Bolton. D'après les journaux, vous vous intéressez aussi à John McGovern, de Derby.

– Il ne faut pas croire tout ce que vous lisez, je réponds. Mais c'est un bon joueur. Je le connais depuis ses débuts.

– Nous avons Billy Bremner, dit Bolton. Nous n'avons pas besoin de John McGovern.

– Vous avez peut-être raison, je reconnais. Vous avez peut-être tort. Mais vous me payez pour avoir raison tous les samedis et je vous dis que vous avez besoin de nouveaux joueurs, parce que plusieurs, parmi ceux que vous avez, sont finis.

– Ce sont les champions d'Angleterre, dit Woodward.

– La saison dernière. La saison dernière.

– Écoutez, dit Cussins, la première priorité, ce sont les contrats des joueurs que nous avons. De ceux que nous voulons garder. Il y en a huit qui ne sont pas encore signés.

– Ces contrats ? je m'étonne. Pourquoi n'ont-ils pas été finalisés avant mon arrivée ?

– C'était difficile, dit Cussins. À cause de la Coupe du monde et de la fin de la saison.

– Connerie, dit Percy Woodward en riant. Foutue connerie. Revie avait trop peur. Il ne voulait pas disperser la famille.

– Ce n'est pas une famille très heureuse, je leur dis. Il y a des hommes très inquiets.

– Et votre ami John Giles ?

– Ce n'est pas mon ami.

– Mais avez-vous...

– Ai-je fait votre sale boulot ? dis-je en riant. C'est ce que vous voulez savoir ?

– Brian, Brian, dit Cussins. Ce n'est pas ça. John Giles a fidèlement servi notre club et joué un rôle important dans notre réussite. Mais...

– Mais vous voudriez que je vous aide à vous débarrasser de lui. »

Ils ne disent pas oui. Ils ne disent pas non...

Ils n'osent pas.

Vingt ans auparavant, cette bande aurait constitué l'équipe et viré le manager en cas de défaite. Les choses n'ont pas changé ; ils ne se sentent pas responsables de ce qui ne va pas et ne remercient jamais quand quelque chose va bien...

Les dirigeants.

Peter referme son petit carnet noir. Peter éteint sa clope. Peter dit : « Je sais exactement quel joueur. Je sais exactement quel club. »

Cette fois, Peter et toi, vous allez faire vos courses à Nottingham Forest...

Peter y passe la moitié de sa putain de vie. Ne quitte jamais ce putain d'endroit. Un gars du pays ; il a même joué deux fois, alors qu'il était amateur, dans l'équipe première de Forest contre Notts County, un derby local en championnat, pendant la guerre.

Il y a deux noms appartenant à Nottingham en tête de la liste de Peter.

Alan Hinton et Terry Hennessey.

Forest ne veut pas vendre Hennessey. Pas encore. Mais Forest ne regrette pas vraiment de voir partir Hinton ; lâché par l'équipe d'Angleterre, sur le déclin, il se fait huer toutes les semaines par les supporteurs...

Gladys, *crient-ils,* où est ton putain de sac à main ?

Tu t'en fous totalement ; d'après Peter, il a du rythme, un pied gauche capable de tirer et de passer avec la même précision, et il est capable de faire les deux sous pression...

C'est tout ce que tu as besoin de savoir, tout ce que tu as besoin d'entendre.

Tu demandes à Hinton de venir te voir au Baseball Ground, puis tu marches très longtemps avec lui sur la piste en cendrée, tandis que la nuit tombe et que les projecteurs s'allument...

« Ton destin est de jouer pour nous, tu lui dis. Donc ne rate pas cette occasion. »

Il est nettement plus de minuit quand tu réussis à joindre le président de Forest à l'hôtel Bridgford. Il veut vendre Hinton 30 000 livres. Tu mens et tu dis que Hinton veut en toucher mille. Le président de Forest accepte 29 000 livres et tu éclates de rire quand tu raccroches ; c'est le principe de la chose...

Ne jamais donner ce qu'ils veulent à ces salauds.

Tu paies 29 000 livres et Forest se vante auprès de tes dirigeants, raconte qu'ils t'ont eu, qu'ils se sont débarrassés d'un passager...

De quelle couleur est ton putain de sac à main, Gladys ?

Tu t'en fous complètement ; dans quatre ans, tu verras qui rira.

Mais, trois mois plus tard, tu gagnes et tu perds, tu gagnes et tu perds, et tu reçois toujours de lettres de menace...

Sydney Bradley, le vice-président, vous convoque, Peter et toi, sur la moquette de son bureau. Sydney Bradley dit : « La façon dont vous fonctionnez ne me satisfait pas. »

Tu es en poste depuis cinq putains de minutes et ils veulent déjà se débarrasser de toi. Vous virer tous les deux. Tu vas voir Sam Longson et tu lui dis : « Vous êtes le seul président avec qui je puisse travailler. Vous êtes le sauveur de Derby County. »

L'Oncle Sam te serre dans ses bras. Fort. L'Oncle Sam te prend sous son aile...

Puis l'Oncle Sam t'embrasse. Désormais, l'Oncle Sam te protégera...

Le fils qu'il n'a pas eu.

La conférence de presse du lundi. L'autopsie. La longue corde...

« Je ne rencontre pas de difficultés et, à mon avis, il n'y aura pas de problème car je n'ai jamais eu de soucis avec les contrats par le passé ; ça ne m'empêche pas de penser qu'ils doivent toujours être signés, cachetés et remis bien avant l'arrivée d'un nouveau manager, et assurément ils devraient l'être avant le 5 août. Je n'avais pas la moindre envie, à mon arrivée, de discuter contrats avec des hommes que je ne connaissais pas.

– Quel est votre avis sur les informations selon lesquelles monsieur Revie a vu un avocat en raison des remarques que vous avez faites, vendredi dernier, dans l'émission *Calendar* ?

– Écoutez-moi, je réponds. Avez-vous vu l'émission ? »

Le représentant de la presse acquiesce.

« Et ? »

Le représentant bredouille. Il bégaie et se chie dessus.

« Tous ceux qui ont vu l'émission, lui dis-je ainsi qu'à toute la putain de bande, peuvent se faire leur opinion personnelle et, de mon point de vue, Revie peut avoir cinquante transcriptions de l'interview si ça lui chante. Avez-vous tout noté ? »

Le représentant de la presse acquiesce.

« Et vous autres ? »

Les autres représentants de la presse acquiescent également.

« Vous ne voulez pas que je répète ? Un peu plus lentement ? »

Les représentants de la presse secouent la tête.

« Parfait, dis-je. Maintenant, si vous voulez bien m'excuser, ma femme m'attend pour le dîner. »

Tu es passé de la cinquième place à la treizième et tu as vu tous les espoirs de promotion s'envoler. La seule bonne nouvelle est la Coupe de la ligue. Tu bats Hartlepools, ton ancien club, puis Birmingham City, Lincoln City et Darlington, et tu parviens en demi-finale, où tu affronteras Leeds United à domicile et à l'extérieur. Leeds United que tu rencontreras, à la suite du tirage au sort, lors du troisième tour de la Coupe d'Angleterre. Donc, entre le 17 janvier et le 7 février 1968, tu joueras trois fois contre Leeds United...

Leeds United et Don Revie, une source d'inspiration pour toi et Peter...

Leeds United et Don Revie qui sont passés de la deuxième division à la première, après avoir remporté le championnat, en 1964, ont terminé deuxièmes de la première division et de la Coupe d'Angleterre en 1965, à nouveau deuxièmes de la première division en 1966 et ont été finalistes de la Coupe Inter-Cities Fairs en 1967...

United et County, géants endormis dans des villes ne comportant qu'un club ; Leeds baignant dans le rugby et Derby dans le cricket ; des géants endormis réveillés par des hommes qui comptaient au nombre des joueurs les plus remarquables, les plus compétents et les plus négligés de leur génération...

Don Revie lui aussi est né à Middlesbrough. Comme toi...

Des petits pois dans la même cosse, toi et Don. Des petits pois dans la même cosse...

Nés à sept ans et quelques rues de distance.

La perspective de ces matchs enthousiasme le club et toute la ville...

Et toi aussi. Tu ne peux pas dormir. Tu ne peux pas manger. Tu es de retour au stade à l'aube, tu balaies les couloirs, tu nettoies les douches, tu astiques les portemanteaux...

Tu es le premier à la porte quand le car de l'équipe de Leeds arrive et que les joueurs descendent un par un, Don étroitement entouré par Les Cocker, Maurice Lindley et Syd Owen.

« Bienvenue à Derby, Don, tu dis. Je suis heureux de faire votre connaissance. Je suis Brian Clough. »

Mais Don ne réagit pas, ne se présente pas, ne te salue même pas...

Don ne se rend pas dans la salle du conseil, ne va pas au bar. Don prend immédiatement le couloir qui conduit au vestiaire, au vestiaire des visiteurs...

Et il fixe le miroir, le miroir, le miroir du mur du vestiaire, se peigne et récite ses prières, se peigne et récite ses prières, se peigne et récite ses prières...

Don ne te voit pas dans le tunnel. Don ne te voit pas sur ton banc...

Don se balance d'avant en arrière sur le banc des visiteurs, à la place des visiteurs, se balance d'avant en arrière, vêtu de son costume bleu fétiche et de son vieux manteau trois-quarts...

Du premier coup de sifflet de la partie au dernier...

Il se balance d'avant en arrière pendant que son équipe marche sur les talons de tes joueurs, tire sur leurs maillots, frappe leurs chevilles et leurs cuisses, joue des coudes et des genoux alors que la tienne accumule les maladresses...

Les maladresses et une main superflue de Bobby Saxton entraînant un penalty que Johnny Giles met au fond de tes filets...

Bobby Saxton ne jouera plus dans l'équipe de Derby County. Ne jouera plus pour toi. Ne jouera plus jamais, jamais, jamais.

Mais, au coup de sifflet final, tu tends la main et tu dis à Don Revie : « Bien joué, Don. À la semaine prochaine. »

Et, cette fois, Don prend cette main tendue, mais ne te voit pas lorsqu'il la serre, la serre et la serre, regarde le miroir, miroir, miroir du mur du vestiaire, un peigne à la main et une prière aux lèvres, un peigne à la main et une prière aux lèvres, un peigne à la main et une prière aux lèvres...

Pour que tu perdes et qu'il gagne. Pour qu'il gagne et que tu perdes...

Si les rituels sont accomplis, les superstitions respectées, toutes les prières de Don sont exaucées.

Tu vas à Elland Road deux fois en deux semaines, deux fois en deux semaines tu es nettement battu et tu rentres à Derby sans rien...

Rien que des ambitions grandies ; des cœurs endurcis et des leçons apprises...

Tu perds 2-0 en Coupe d'Angleterre grâce à des buts de Lorimer et Charlton, puis tu perds 3-2 au match retour de la demi-finale de la Coupe de la ligue...

Deux buts de Derby qui, tu le sais au plus profond de ton cœur endurci, te flattent et flattent Derby County devant le public d'Elland Road...

Devant Leeds United, devant Don Revie...

« Vous avez eu un peu de chance, dit Don. Je me suis dit que Dieu devait vous sourire.

– Je ne crois pas à la chance, tu réponds à Don. Et je ne crois pas en Dieu.

– Dans ce cas vous croyez en quoi ? demande Don Revie.

– En moi. Brian Howard Clough. »

Il n'y a plus que nous trois : moi, *son* ombre et *son* écho...

Dans le stade vide, sous la tribune vide, dans le couloir vide, nous trois dans *son* foutu bureau, dans mon fauteuil tout neuf, derrière ma table toute neuve, pendu à *son* putain de vieux téléphone...

La salive de ses lèvres. Sa langue. Le souffle de sa bouche. Son estomac...

Mon cognac. Ma cigarette. Mon appel...

Bill Nicholson, au bout du fil, s'en prend à Martin Chivers, aux footballeurs modernes, à Mammon et à la cupidité...

« John Giles est peut-être exactement l'homme qu'il te faut, je lui dis. Tu pourrais l'affiner. Le modeler. Il a fait du bon boulot avec la République d'Irlande. Exactement ce dont les Spurs ont besoin... »

Bill Nick n'est pas enthousiaste, mais Bill accepte de rencontrer Giles. De s'entretenir avec lui.

Je raccroche, me sers un nouveau cognac, allume une nouvelle clope, dans mon fauteuil tout neuf, derrière ma table toute neuve, dans *son* ancien bureau vide, dans *son* ancien couloir vide, sous *son* ancienne tribune vide, dans *son* ancien stade vide...

Rien que nous trois : moi, *son* ombre et *son* écho...

Je sors dans le couloir. Je tourne à l'angle...

Le tunnel puis le terrain...

Mon cognac dans une main, ma cigarette dans l'autre, je m'immobilise une nouvelle fois au milieu du rond central, je regarde une nouvelle fois la nuit noire, vide, du Yorkshire...

N'en rends pas le monde responsable...

Cette nuit a mille yeux, mais une seule chanson.

« C'est facile d'être un bon manager, disait Harry Storer[1]*. Il suffit de signer de bons joueurs. »*

Harry Storer avait raison. Harry Storer avait toujours foutrement raison...

Ce sont les joueurs qui perdent les matchs. Les joueurs qui gagnent les matchs...

Pas les théories. Pas les tactiques. Pas la chance. Pas la superstition. Pas Dieu. Les joueurs...

On les choisit, mais ils jouent. Ils gagnent, ils perdent ou font match nul...

Pas toi. Pas le manager. Eux. Les joueurs...

Tu as gardé des gars comme Kevin Hector et Alan Durban. Tu as acheté des gars comme John O'Hare, Roy McFarland et Alan Hinton...

Tu as goûté à Elland Road. Tu as goûté à la cour des grands. Mais c'est le retour à la deuxième division. Le retour à Portsmouth, Millwall, Huddersfield et Carlisle.

Derby County gagne quelques matchs. Derby County en perd quelques-uns...

Hauts et bas. Retour des lettres de menace. Bas et haut. Disparition des lettres de menace...

---

1. Joueur de football et de cricket, manager de Derby County de 1955 à 1962. (*N.d.T.*)

Mais il y a des hommes comme Fred Wallace ; il y a toujours des hommes comme Fred Wallace, debout sur les gradins derrière le banc, devant le vestiaire, dans les couloirs et aux bars...

« Vous avez encore perdu une place, dit-il. Vous êtes à cinq de la dernière, maintenant. »

Des hommes qui ont envie que tu échoues. Des hommes qui ont envie que tu perdes. Des hommes qui ont envie que tu meures. Des hommes comme Fred Wallace. Il y a toujours des hommes comme Fred et il y a toujours des doutes...

Il y a des doutes en 1968 et il y aura des doutes en 1978...

Des doutes et des promesses non tenues :

Derby County ne gagne pas un de ses six derniers matchs. Derby County perd son dernier match à domicile contre Blackpool. Tu as perdu dix-neuf matchs au cours de la saison 1967-68, tu as marqué soixante et onze buts, mais tu en as concédé soixante-dix-huit et tu termines la saison à la dix-huitième place de la deuxième division ; une place plus bas que la saison précédente, la saison où Derby a viré Tim Ward ; deux places plus bas que ce que tu as promis au Rotary Club de Derby...

Promis aux journaux et à la télévision, à la ville et aux supporteurs...

Promesses non tenues et cœurs brisés...

Pendant ce temps, Hartlepools est monté en troisième division...

Cœur brisé et sel sur les plaies...

Ton verre explose contre le mur de son séjour, tu es saoul et tu pleures, tu cries : « Au moins, putain, on aurait gagné quelque chose.

– Mais on serait toujours dans cette putain de troisième division », dit Peter.

Tu secoues la tête. « À ce rythme, putain, on va les croiser en descendant.

– Brian, écoute, dit-il. Hartlepools n'était qu'une foutue marche, elle l'a toujours été et le sera toujours. L'année prochaine à la même époque, putain, on sera champions et on sera promus. Et ça sera que le début. Tu verras. »

Tu lèves la tête. Tu essuies tes larmes. Tu lui demandes : « Tu me le promets, Pete ?

– Croix de bois, croix de fer, répond-il en hochant la tête. Croix de bois, croix de fer, Brian.

– Si tu le promets, je dis, je te crois... »

Promesses et cœurs guéris...

Peter te prend par les épaules et vos épouses ramassent les morceaux.

Septième jour

Destitution de Nixon, destitution de Nixon, destitution de Nixon et retour de cet abruti de George Best. *Bestie*. À Dunstable Town, qui bat Manchester United 3-2. Au volant, je souris en écoutant la radio ; je souris jusqu'au moment où je le vois, vois Bestie au bord de la route, énorme, gigantesque...

La tête pleine de démons ; la gorge tranchée...

Pour vendre du Brylcreem. De la bière Double Diamond et des saucisses de porc.

On hait la mode, ici. On la hait et on la déteste. On la traîne dans la rue et on lui donne des coups de pied dans le ventre, on la tue et on la suspend à des poteaux pour que tout le monde puisse se moquer d'elle et la voir depuis l'autoroute et la voie de chemin de fer, depuis les usines et les champs, les maisons et les collines...

Elland Road, Leeds, Leeds, Leeds...

Yorkshire. Mille neuf cent soixante-quatorze...

La gorge tranchée...

Il y a toujours une guerre qui arrive et l'Angleterre est toujours endormie.

Tu as une putain de chance de ne pas avoir été viré. Une putain de chance. Sauf que tu ne crois pas à la chance. Le talent et le travail. Voilà ce à quoi tu crois. L'aptitude et l'application. La discipline et la détermination. C'est ce qui t'a fait passer de Clairville Common à Great Broughton. De remplaçant à l'ICI à avant-centre du Middlesbrough Football Club, puis à capitaine de Sunderland. C'est ce qui t'a permis de marquer tes 251 buts au sein de la ligue en 274 matchs, ce qui t'a permis d'obtenir tes dix-huit coups du chapeau, de marquer à cinq reprises quatre buts en un match, et c'est ce qui va vous sauver, Derby County et toi...

C'est ce qui va te permettre d'obtenir ce que tu veux...

Aptitude et application. Discipline et détermination...

La chance n'existe pas. Dieu n'existe pas. Il n'y a que toi, toi et les joueurs...

Peter lit la liste des joueurs de l'avant-saison ; des noms tels que McFarland, O'Hare, Hector et Hinton. Peter pose la liste. Pete dit : « Il ne manque que deux choses, maintenant : un bon putain de gardien et un peu d'expérience.

– Et où va-t-on les trouver ? tu demandes. Pas par ici.

– Ne t'en fais pas, dit Peter. Je connais le gardien et l'homme d'expérience qu'il nous faut. »

Il y a un nouveau match amical demain, une nouvelle fois à l'extérieur, le deuxième match dont je suis responsable. Debout au bord du terrain d'entraînement, je les regarde répéter leurs coups de pied arrêtés, leurs corners, leurs coups francs...

Comme un mouvement d'horlogerie.

Jimmy Gordon me rejoint. Il dit : « Je pense qu'on pourrait raccrocher, si tu es d'accord, patron ? »

Je regarde ma montre. Je ne l'ai pas.

« Onze heures et demie, dit Jimmy. Tu veux leur dire quelque chose avant qu'on termine ? »

Je secoue la tête. Je réponds : « Qu'est-ce qu'il y a à dire ? »

Jimmy hausse les épaules. Il se dirige à nouveau vers l'équipe.

« Jimmy, je dis, demande à Eddie Gray de venir me voir, tu veux ? »

Eddie n'a joué qu'une fois au cours des quarante-quatre derniers matchs disputés par Leeds. Il porte son survêtement violet, il transpire et il est essoufflé. Il dit : « Monsieur Clough ?

– Patron », je réponds, puis je lui demande : « Tu es en forme ?

– Je crois, dit-il.

– Croire ne suffit pas. Il faut savoir.

– Dans ce cas je sais, répond-il en riant. Je le sais, patron.

– Bien. Dans ce cas on te donnera une chance demain soir. »

Eddie rejoint ses potes en courant tandis que quelqu'un crie : « Alors, tu es viré ? »

« Aller signer Dave Mackay ? Tu blagues ou tu es complètement bourré ? tu as demandé à Peter.

– Tu as fait des choses plus difficiles, a menti Peter. Vas-y, ça te tente.

– Il fait partie des dirigeants, maintenant. Il a raccroché les crampons.

– Ce n'est sûr qu'à quatre-vingt-dix-neuf pour cent », a menti à nouveau Peter.

Donc tu es parti. Seul. Sans Pete...

Toi, en voiture, pour signer Dave Mackay...

Dave Mackay, milieu latéral écossais légendaire de Tottenham Hotspur...

Tottenham Hotspur, les Spurs légendaires, vainqueurs de la Coupe et du championnat en 1960-61...

Les Spurs, vainqueurs de la Coupe et du championnat du légendaire Bill Nicholson.

Donc te voilà à White Hart Lane, à Londres. Tu y es depuis sept heures et demie du matin. Tu veux voir Bill Nicholson, mais personne ne sait qui tu es. On n'a jamais entendu parler de toi. Personne ne t'adresse la parole. Donc tu restes assis dans ta voiture sur le parking, tu écoutes le cricket à la radio et tu attends ; tu attends, attends et attends, sur le parking, avec ton costume du dimanche, tu attends, attends et attends jusqu'au moment où tu vois Bill Nicholson...

Bill Nick, manager de Tottenham Hotspur, source d'inspiration et idole.

« Je viens signer Dave Mackay, tu lui annonces.

– À ma connaissance, dit Bill Nick, Dave retourne à Edimbourg demain. Il rejoint les Hearts en tant que manager assistant.

– Puis-je le voir ? »

Le téléphone sonne dans le bureau de Bill Nick. Bill te tourne le dos et, en s'éloignant, dit : « Mackay s'entraîne, mais vous pouvez attendre. »

Donc tu attends à nouveau, dans le passage, devant le bureau, tu attends et attends jusqu'au moment où tu entends les crampons puis les voix.

Dave Mackay est plus vieux que toi et fait son âge. Il se dirige droit sur toi. Main tendue. Étreinte ferme...

« Dave Mackay, dit-il. Et vous êtes qui ?

– Je m'appelle Brian Clough et j'ai eu une fois le plaisir de jouer pour l'Angleterre contre vous dans un match de joueurs de moins de vingt-trois ans.

– Je me souviens de vous, maintenant, dit Dave Mackay en riant. Vous aviez un œil au beurre noir, un vrai putain de coquard.

– Je suis maintenant manager de Derby County et je construis une équipe qui sera promue cette saison et sera championne de première division dans trois ans.

– Félicitations, répond Mackay en riant à nouveau. Et qu'est-ce que je peux faire pour vous ?

– Vous pouvez signer à Derby County, tu réponds. Voilà ce que vous pouvez faire.

– Pas question, dit-il. Je rentre chez moi demain en tant que manager assistant des Hearts.

– Je vais vous dire, tu proposes avec un sourire. Allez prendre une bonne douche bien chaude et on en parlera tranquillement après. Vous ne connaissez pas votre chance. »

Mais la chance n'a rien à voir. La chance n'existe pas...

Dave Mackay prend sa douche, puis Dave Mackay te conduit au foyer des joueurs de White Hart Lane, Londres. Il est d'une propreté exemplaire. Des dames en tablier vous servent du thé et des sandwichs dans des tasses en porcelaine et des assiettes en porcelaine. Puis Dave Mackay te conduit sur le terrain de White Hart Lane et te fait asseoir sur la pelouse, près d'un fanion de corner...

Tribunes et sièges d'une propreté exemplaire. Soleil sur le terrain...

C'est un bel endroit. Une belle journée.

« Derby est un géant endormi, tu expliques à Dave Mackay. Mais, depuis mon arrivée, le public est monté à vingt mille spectateurs. La ville me soutient, les supporteurs me soutiennent et, surtout, le conseil des dirigeants me soutient à cent pour cent. Il y a de quoi payer la classe et la compétence et des salaires dignes des joueurs qui ont les deux ; des joueurs tels que vous et des joueurs tels que Roy McFarland.

– Roy qui ? demande Dave Mackay.

– McFarland. C'est le prochain milieu central de l'équipe nationale, c'est moi qui vous le dis. Oubliez Jack Charlton. Oubliez Norman Hunter. Leurs jours sont comptés, vous verrez. Alan Hinton fait également partie de mon équipe. Un grand ailier, qui est maintenant avec nous et qui fera à nouveau partie de l'équipe d'Angleterre, Ramsey ou pas. Et Kevin Hector ? Vous avez sûrement entendu parler de Kevin Hector ?

– Vaguement, reconnaît Dave Mackay. Il n'a pas joué à Bradford Park Avenue ?

– Effectivement. Mais il est maintenant avec nous et on ne peut pas empêcher ce garçon de marquer. C'est absolument impossible.

– À quelle place avez-vous fini la saison ? demande Dave Mackay.

– La dix-huitième.

– La dix-huitième ? répète-t-il en riant. Je regrette beaucoup, Brian. Mais je ne viendrai pas chez vous. Même pas pour dix mille livres. Désolé.

– Je vous donnerai dix mille livres sur-le-champ, en liquide.

– Pas question, répond-il en riant à nouveau. Je rejoins les Hearts demain. Point final.

– Dans ce cas, qu'est-ce qui pourrait vous convaincre de venir ? tu demandes, si dix mille livres en sont incapables ?

– Je pourrais envisager quinze mille.

– Je ne peux pas obtenir quinze mille.

– Dans ce cas, vous perdez votre temps, dit-il. Vous feriez aussi bien de rentrer chez vous. »

Tu regardes Dave Mackay assis au soleil sur le stade de White Hart Lane, avec son foyer des joueurs, ses tasses en porcelaine et ses assiettes en porcelaine ; Dave Mackay, le plus grand milieu latéral de sa génération ; Dave Mackay, sur le point de raccrocher les crampons en échange d'une place sur le banc de touche et d'un costume de manager...

Tu fixes Dave Mackay et tu lui dis : « Je peux obtenir quatorze mille livres et, surtout, je peux vous permettre de continuer à jouer. »

Dave Mackay regarde le gazon du stade de White Hart Lane, puis les tribunes et les sièges, puis Dave Mackay tend la main et dit : « Marché conclu. »

Dans *ses* couloirs, dans *ses* ombres, ils attendent à nouveau : Maurice Lindley et Syd Owen...

Derrière mon dos. À voix basse. Derrière leur main. Entre leurs dents serrées, ils murmurent :

« Il ne va pas vraiment acheter ce McKenzie, hein ?

– Transformer notre club en un putain de cirque, marmonnent-ils...

– Une connerie de comédie burlesque », crachent-ils.

Je claque *sa* porte, je tourne ma clé. Dans *son* bureau, à ma table de travail...

Je décroche *son* téléphone, je compose un numéro...

« C'est Duncan McKenzie ?

– Oui.

– Brian Clough à l'appareil, dis-je. Écoute-moi bien : prends ton manteau et grouille-toi, parce que tu vas me rejoindre à l'hôtel Victoria, à Sheffield. Dans une demi-heure, et tu n'as pas intérêt à être en retard. Et, Duncan ?

– Oui, monsieur Clough ?

– Apporte un putain de stylo, parce que tu signes à Leeds United aujourd'hui. »

Tu quittes Londres. Tant mieux. *Tu rentres directement au Baseball Ground.* Home, sweet home. *Tu chantes et tu cries pendant tout le trajet...*

Réglé. Réglé. Réglé.

Peter attend. Peter s'interroge. « La chance t'a souri ?

– J'emmerde la chance, tu réponds. Il viendra demain signer notre contrat.

– Putain, j'en reviens pas, s'écrie Peter. Je croyais que c'était perdu d'avance.

– Ce n'est jamais perdu d'avance. Contente-toi de croire en moi. Brian Clough.

– C'est ce que je fais, dit Pete. Tu sais que c'est ce que je fais. »

Duncan McKenzie m'attend dans le hall élégant de l'hôtel Victoria, à Sheffield. Il regarde sa montre, se ronge les ongles et fume à la chaîne. Je traverse le hall et je lui dis : « Oublie Derby County. Oublie les Spurs. Tu viens à Leeds pour deux cents livres par semaine. »

Sans lui laisser le temps de répondre ou d'allumer une nouvelle clope, tu le prends par la main et l'entraînes jusqu'au bar. Duncan ne boit pas, mais il fera une exception aujourd'hui...

Champagne...

« Félicitations, tu lui dis. Tu es le premier que je fais signer à Leeds United. *Mon* Leeds United ; honnête et sincère, jouant avec inspiration et humour, gagnant avec panache, mais gagnant comme il faut, et forçant l'admiration des supporteurs de Liverpool, des supporteurs d'Arsenal, des supporteurs de Derby, des supporteurs de Tottenham et de Birmingham...

« À cause de NOTRE FAÇON DE JOUER », je lui dis une fois, deux fois, trois fois.

Duncan McKenzie allume une deuxième cigarette et répond : « Oui, monsieur Clough.

– Fini d'embobiner les arbitres. Fini d'engueuler les arbitres. Fini de menacer les arbitres. Et fini, aussi, d'acheter les arbitres », je dis.

Nouvelle cigarette, nouveau « Oui, monsieur Clough ».

« Fini la putain de triche à Leeds !

– Oui, monsieur Clough.

– Et, Duncan...

– Oui, monsieur Clough ?
– Maintenant tu m'appelles patron.
– Oui, patron. »
Je commande une deuxième bouteille de champagne. Je vais aux toilettes. Je reviens et change de place. Je contourne la table et m'assieds près de Duncan. Je le prends par les épaules. Je lui dis : « Tu seras mes yeux et mes oreilles dans le vestiaire.
– Oui, patron.
– Mes yeux et mes oreilles.
– Oui, patron.
– Ils me haïssent. Ils me méprisent. Et ils te haïront, toi aussi. Ils te mépriseront. Mais on sera encore là quand ils seront tous partis.
– Oui, patron.
– Tu sais pourquoi ils me haïssent ? Pourquoi ils te haïront ?
– Non, patron. Pourquoi ?
– Parce qu'on n'est pas comme eux. Parce qu'on ne triche pas, nom de Dieu. Parce qu'on joue honnêtement et qu'on gagne honnêtement.
– Oui, patron.
– Tu sais combien de putains de buts j'ai marqués quand je jouais ?
– Non, patron, je regrette.
– Deux cent cinquante et un.
– C'est formidable, patron.
– Tu sais combien de putains de matchs il m'a fallu ? De matchs au sein de la ligue ?
– Non, patron, je regrette.
– Dis un nombre.
– Je regrette, patron, je...
– Allez, bon sang, dis un nombre.
– Trois cents ?
– Deux cent soixante-quatorze. Seulement deux cent soixante-quatorze. Alors, qu'est-ce que tu en penses ?
– C'est un record, patron ?
– Évidemment, nom de Dieu. Tu connais quelqu'un d'autre qui a marqué 251 buts en 274 matchs au sein de la ligue ? Ce connard de Bobby Charlton ? Ce con de Jimmy Greaves ? Est-ce qu'ils ont marqué autant de buts en aussi peu de matchs ? Hein, bordel de merde ? C'est un putain de record, évidemment, et ça restera toujours un putain de record parce qu'il n'y aura plus jamais quelqu'un comme moi. Jamais. Plus jamais. Ni toi. Ni personne. Maintenant vide ton verre parce qu'on va voir la presse...

– Mais je ne bois pas, patron... »

Je remets le verre de champagne dans sa main et je lui dis : « Maintenant si. »

« Dave, dit Peter à Mackay, le patron te réserve une petite surprise. »

Mackay est dans notre bureau en compagnie de son comptable et de son avocat...

Les contrats signés sont dans notre tiroir. Il a remis le stylo dans sa poche...

On sourit. Il sourit...

250 livres par semaine, plus les bonus de promotion...

Dave Mackay touchera 16 000 livres par an...

Plus que George Best et Dennis Law. Plus que Bobby Moore...

Tu as le joueur le plus cher de la Ligue de football...

Maintenant, tu vas faire de lui le meilleur.

Peter ferme la porte à clé. Il décroche le téléphone...

Dave Mackay cesse de sourire. Dave Mackay demande : « Quelle surprise ?

– Il veut que tu joues un rôle différent, ici, répond Peter.

– Quel rôle ?

– Le patron veut que tu joues libero. »

Dave Mackay te dévisage par-dessus le bureau. Dave dit : « Je ne peux pas.

– Écoute-moi. On a un jeune gars qui s'appelle Roy McFarland. C'est le meilleur milieu central de la ligue. Il est si rapide que ton rythme ne sera pas nécessaire. Donc il faut que tu le laisses faire. Tu pourras ainsi tout voir....

– Sers-toi de ta cervelle et de ta langue, intervient Pete. Laisse les jeunes gars courir.

– Ils ont besoin d'un capitaine, d'un joueur d'expérience, de quelqu'un qui leur dise quand garder la balle et quand la passer. C'est toi, Dave. »

Dave Mackay doute. Dave Mackay a peur. Dave Mackay secoue la tête.

« Tu contrôleras le jeu, tu lui expliques. On gagnera le championnat. On te le promet.

– Écoutez, dit-il, je couvre tout le terrain.

– Tu pèses sept kilos de trop et tu as un an de plus que moi.

– Tout le terrain, répète Dave Mackay. C'est comme ça que je fonctionne.

– C'était avant, tu lui annonces. Ça a changé. »

« Hormis Leeds United, dit Duncan McKenzie à la presse, à l'hôtel Victoria, j'ai eu des contacts avec les Spurs et Birmingham City. Mais quand monsieur Clough, que je ne connaissais pas, est venu me voir, j'ai été très flatté et j'ai naturellement choisi Leeds United. Je crois que cette décision augmentera également mes chances de jouer pour l'Angleterre.

– Quel est votre position à propos des deux cent cinquante mille livres que Leeds United paie pour vous faire venir ?

– Il y a une certaine inflation dans le marché du football, en ce moment, et il faut faire avec l'importance des montants. Mais cela ne me pose pas de problème.

– Que pensez-vous de vos rivaux au sein de l'équipe première ? Notamment Allan Clarke, Mick Jones et Joe Jordan ?

– Je sais que je devrai me battre pour me faire une place à Leeds United. Je n'espère pas de cadeau ni que tout me sera servi sur un plateau. Ce n'est pas mon genre.

– Brian ? me demandent-ils. Voulez-vous ajouter quelque chose ?

– Duncan est une magnifique acquisition pour l'équipe de Leeds. C'est un jeune homme très intelligent et ce sont notamment son approche du jeu et son désir de marquer des buts qui, chez lui, m'ont attiré. Je suis ravi qu'il ait rejoint Leeds, mais, naturellement, je connaissais sa réputation depuis quelque temps. Après tout, j'étais son voisin, pour ainsi dire, quand je dirigeais Derby.

– Y a-t-il eu des problèmes ? demandent-ils. Des problèmes pour le faire venir ?

– Aucun, parce qu'il n'y a jamais de problèmes lorsque quelqu'un a l'occasion de rejoindre Leeds United et Brian Clough.

– Fera-t-il partie de l'équipe qui jouera demain soir contre Villa ?

– J'en doute. Il fera la connaissance des autres joueurs demain matin.

– Duncan, demandent-ils encore, quels sont vos sentiments sur le reste de l'équipe et la Ligue des champions ? Êtes-vous nerveux ?

– Ils ont démontré qu'ils sont la meilleure équipe de Grande-Bretagne depuis cinq ou six ans. »

Je lui donne un coup de coude dans les côtes. Un clin d'œil, puis : « Enfin, sauf lorsque j'étais à Derby County. »

Duncan bat des paupières. Duncan sourit. Duncan dit : « Oui, à part Derby County. »

La presse prend des notes. La presse prend des photos...

Les journalistes vident leurs verres et j'en commande d'autres...

Je regarde ma montre. Elle n'est pas là...

« Quelle heure est-il, petit ? je demande à McKenzie.

– Huit heures et demie, patron.

– Bordel de merde, je lui dis, ainsi qu'à tout le bar de l'hôtel Victoria. Le dîner !

– Quel dîner, patron ? demande McKenzie.

– Ce ne sont pas tes oignons. Rentre chez toi et couche-toi. Je te vois demain matin à huit heures à Elland Road. Et, Duncan ?

– Oui, patron ?

– Tu n'as pas intérêt à être en retard. »

Tu fais visiter le Baseball Ground à Dave Mackay. Les vestiaires et le terrain d'entraînement, au bord de la rocade, avec le vieux wagon de chemin de fer où les joueurs se changent avant les matchs d'entraînement. Dave Mackay pense à White Hart Lane, aux tasses en porcelaine et aux assiettes en porcelaine, aux coupes qu'il a remportées et aux médailles qu'il possède...

Dave Mackay doute à nouveau. A peur. Dave secoue une nouvelle fois la tête...

« Vous gagnerez le championnat ? demande-t-il. Vous me le promettez, n'est-ce pas ?

– Croix de bois, croix de fer, tu réponds. Croix de bois, croix de fer. »

« Vous êtes en retard, nom de Dieu », crache Sam Bolton quand je prends place à la table. La table d'honneur. Les Harewood Rooms. L'hôtel Queen's.

Les dirigeants, les joueurs, le personnel d'entraînement, le personnel administratif, jusqu'aux bonnes femmes qui servent le thé ; la famille du Leeds United au grand complet, avec les épouses et les maris, pour la Grande Réception.

« J'ai perdu ma montre, j'explique. Ou on me l'a piquée.

– Le repas est terminé, dit Sam Bolton. Les invités vous attendaient. »

Je me lève. Je tire sur les poignets de ma chemise et je dis : « J'ai l'impression d'être un intrus au sein d'une fête pour laquelle vous avez tous travaillé pendant l'année écoulée. Il est très regrettable que Don Revie et Les Cocker ne soient pas présents, parce que ce sont eux qui ont remporté le championnat avec vous. Pas moi. Mais ce sera mon tour l'année prochaine. C'est moi qui vous le dis. »

Je m'assieds. J'allume une nouvelle clope. Je me sers un nouveau verre...

On pourrait entendre une mouche voler.

Huitième jour

Tu as acheté Dave Mackay, qui sera ton libero. Tu as fait venir de la Ligue sud Les Green, le vieux pote de Pete, qui sera ton gardien de but. Tu sais que, cette fois, les dernières pièces sont en place. Tu sais que, cette fois, l'optimisme traditionnel de l'avant-saison est fondé, repose sur du roc, du roc, du roc...

Des rocs comme Dave Mackay et Les Green.

Tu es impatient de jouer le premier match de la saison, foutrement impatient...

À l'extérieur contre les Blackburn Rovers. Roy McFarland marque. Mais eux aussi...

Match nul, 1-1. Un point. À l'extérieur. Pas mal.

À domicile, tu joues contre Blackpool. John O'Hare marque. Mais eux aussi...

Match nul encore, 1-1. Encore un point. Mais à domicile. Pas bon.

Tu joues à Bramall Lane. Contre Sheffield United. Tu ne marques pas. Mais eux si...

Tu perds 2-0. Pas de points. Mauvais, mauvais, mauvais ; tu es dix-huitième de la deuxième division. Encore dix-huitième et sur du putain de sable, sable, sable, mou, instable...

Il y a de nouveau des larmes et des verres brisés. Puis Peter écrase sa clope, Peter sort son petit carnet noir et Peter dit :

« Je connais le joueur. Le club. »

Rien n'est jamais comme ils disent. Rien n'est jamais comme tu voudrais. John Giles frappe à *sa* porte. John Giles s'assied face à ma table de travail. Il garde le silence. Il reste immobile. Il attend...

« J'ai eu Bill Nick au téléphone ce matin », je lui annonce.

L'Irlandais sourit, époussette les jambes de son pantalon et demande : « Vous êtes sûr que vous ne l'avez pas appelé ?

– Pourquoi l'aurais-je fait ?

– Parce que vous voulez que je parte, répond-il en souriant.

– Pourquoi voudrais-je que tu partes, John ?

– Parce que vous me haïssez. Parce que vous ne me supportez pas.

– Écoute, ce qui a été dit a été dit. Mais, de mon point de vue, le passé est le passé. C'est terminé.

– Ce serait très pratique pour vous. Très anglais, aussi. Mais, pour moi, il n'y a pas de présent et il n'y a pas d'avenir. Il n'y a que le passé, qui se reproduit sans cesse, inlassablement, ici et maintenant, sous vos yeux.

– Écoute, je te l'ai déjà dit, j'insiste. Tu es intelligent, compétent, agile et tu es le meilleur passeur que je connaisse.

– Mais vous seriez tout de même content de me voir partir, n'est-ce pas ?

– Écoute, il y a des choses qui ne me plaisent pas dans ta façon de jouer, et je t'ai dit lesquelles en face, mais je n'ai rien contre toi en tant que personne. J'admire ce que tu as fait avec l'Irlande et Bill Nicholson aussi. C'est pour cette raison qu'il a téléphoné.

– Et qu'a dit monsieur Nicholson ?

– Qu'il voulait te proposer de rejoindre les Spurs en tant que manager assistant.

– Sans cesser de jouer ?

– Oui.

– Il est agréable de constater que quelqu'un croit encore qu'il y a de la vie dans mes vieilles jambes.

– Je n'ai jamais dit que tu étais fini. Je n'ai jamais dit ça.

– C'est écrit sur votre visage, mon vieux.

– Veux-tu voir Bill Nicholson, oui ou non ?

– Évidemment, répond-il en souriant. Pourquoi est-ce que je ne le verrais pas ?

– Bien. Voilà ce que je te propose. Inutile que tu ailles ce soir à Villa avec l'équipe. Reste ici et appelle Bill Nicholson. Discute avec lui et avec ta famille. Prends rendez-vous avec lui là-bas, vois comment les choses se présentent.

– C'est très gentil de votre part, dit-il, cependant j'irai tout de même avec vous ce soir. »

Tu es sur le banc de Leeds Road, à Huddersfield. Tu perds une nouvelle fois 2-0. Tu n'auras marqué que deux points sur huit pos-

sibles. Tu es en plein doute. Tenaillé par la peur. Puis il se passe quelque chose ; quelque chose de foutrement spécial se produit...

Ton équipe est sous pression dans ses six mètres. Elle semble sur le point de concéder un troisième but. Le ballon arrive à Mackay et Mackay pose le pied dessus...

« Frappe ! Dégage ! crie Jack Burkitt près de toi. Débarrasse-t'en, bordel !

– Ta gueule, Jack, dit Peter. C'est pour ça qu'on l'a acheté. C'est ce qu'on attend de lui. Qu'il pose le pied dessus. Qu'il passe. Qu'il dirige et enseigne par l'exemple... »

Mackay joue et la défense se mue en attaque...

La défense se mue en attaque. La défense se mue en attaque...

« On achètera Carlin demain, souffle Peter. Ensuite, ce sera bon. »

Je monte une nouvelle fois le dernier dans l'autocar et je demande à Allan Clarke de changer de place afin de m'asseoir à nouveau près de Billy Bremner. Je tente de bavarder. De briser la glace. Mais Billy Bremner se fout du président Nixon et de George Best. Frank Sinatra et Mohamed Ali ne l'intéressent pas. Il ne veut pas parler de la Coupe du monde, du match contre le Brésil. Il n'a pas envie d'évoquer ses vacances. Sa famille, pas question. Billy Bremner se contente de regarder par la vitre et de fumer jusqu'à Birmingham. Puis, lorsque le car arrive à Villa Park, il se tourne vers moi et dit : « Si vous cherchez un pote, monsieur Clough, ne comptez pas sur moi. »

Quand tu es allé à Bramall Lane la semaine précédente, quand tu as joué contre Sheffield United et été battu 2-0, tu en as rendu Willie Carlin responsable. Tu en as marre de jouer contre des clubs comme cette connerie de Sheffield United et de perdre 2-0 à cause de putains de joueurs comme Willie Carlin.

Tu en as marre de l'échec. Des doutes. Marre de la déception...

Tu en as marre de ce Willie Carlin de mes deux, marre de cette foutue petite frappe de Liverpool...

Cette espèce de sale petit enculé, tu en as marre, marre, marre...

« Mais tu pourrais me servir, tu lui annonces, si tu fais ce qu'on te dit.

– J'aimerais mieux jouer à Leeds, répond-il.

– Et tu y serais foutrement à ta place, je dis en rigolant. Mais ils ne veulent pas de toi, hein, Willie ?

– Ça pourrait arriver. Vous n'en savez rien.

– Ah ouais, je ne vois pas Don Revie dans ce bureau, hein ?

– Je ne sais pas ce que je vois.

– Moi, je sais ce que je vois. Je vois un sale petit con d'un mètre soixante-deux qui passe la moitié des putains de matchs à s'engueuler avec l'arbitre, qui a écopé de dix-huit cartons jaunes et a été expulsé trois fois. Ça ne fera pas mon affaire parce que tu ne me serviras à rien si tu es suspendu. Mais si tu te tiens tranquille et si tu fermes ta putain de grande gueule de voyou de Liverpool, je t'offrirai une médaille de champion en plus de tes cartons jaunes et de tes expulsions.

– Et si je peux pas me tenir tranquille ? Si j'en ai pas envie ?

– Tu le feras, tu rigoles. Parce que je ne te le demande pas, je te l'ordonne. »

Je suis sur le banc pour ce match. Ce jubilé. Ce match du centenaire de Villa Park. Jimmy et moi, en compagnie de Stewart, Cherry et de Johnny Giles de mes deux...

Mon seul et unique plan avant le match pour m'assurer que ce foutu Johnny Giles ne se fera pas éjecter, mais ensuite Madeley doit sortir et John entre...

Grâce à Allan Clarke, deux buts formidables : un de la tête sur une passe de Reaney, l'autre sur un centre à ras de terre de l'Irlandais. Le reste de la partie est conforme à cette *pourriture* de Leeds : McQueen prend un carton jaune, Cooper concède un penalty – sauvé par Harvey – puis Hunter en concède un autre, mais le gars de Villa le rate. À la mi-temps, je dis à Jimmy de faire sortir Harvey et Hunter, de laisser Stewart et Cherry, puis je vais chercher un verre et monte en haut des tribunes pour bavarder avec Jimmy Bloomfield, manager de Leicester...

On parle de Shilton, d'échanges et de transferts. On parle d'argent...

« Il n'est pas mauvais, le tien, dit Jimmy Bloomfield.

– Harvey ? Tu blagues ? Il est merdique.

– Il a bien sauvé ce penalty.

– Prends-le. S'il te plaît tellement, ajoute deux cent mille livres et je te débarrasse de Peter Shilton.

– Il te fera virer, Shilton, dit Jimmy. C'est un emmerdeur.

– Dans ce cas, c'est un putain d'emmerdeur comme je les aime. »

Cette *pourriture* de Leeds concède un but, mais gagne néanmoins 2-1...

Pas un mauvais début ; deux matchs, deux victoires...

« Pas du tout un mauvais début, merde alors », dit Jimmy Bloomfield quand on se serre la main et se dit au revoir, puis je descends l'escalier, suis les coins et les couloirs.

Au cours de chaque saison, il y a un match, un moment de ce match, le moment de ce match de cette saison, où tout peut changer, où les choses peuvent se cristalliser ou voler en éclats pour le reste de la saison, un instant où on comprend qu'on gagnera ce match, le suivant et le suivant, où on comprend qu'on vivra une saison dont on se souviendra, une saison qu'on n'oubliera jamais...

Coupe de la ligue, troisième tour retour, mercredi 2 octobre 1968...

Derby. Derby. Derby. Derby. Derby. Derby...

C'est l'une de ces soirées que tu n'oublieras jamais. C'est l'une de ces soirées où tout arrive à la fois et demeure, une de ces soirées où tout bascule, tout change...

Derby. Derby. Derby. Derby. Derby. Derby...

Tu es allé la semaine précédente à Stamford Bridge, où Chelsea a gagné vingt fois de suite à domicile. Tu es allé à Stamford Bridge, tu as contré toutes les attaques de Chelsea, et tu as obtenu 0-0, tenu en échec les Bonetti, Hollins et Osgood...

Maintenant ils viennent au Baseball Ground, où il n'y a pas de piste en cendrée autour du stade, où on entend les acclamations et les huées des 34 000 spectateurs, où on est très exposé...

Derby. Derby. Derby. Derby. Derby. Derby...

« Pas de putain de moyen de se planquer, tu dis vestiaire de Derby. Pas ce soir ; ce soir, nom de Dieu, on verra qui est qui sur le terrain. »

Derby. Derby. Derby. Derby. Derby. Derby...

Green. Webster. Robson. Durban. McFarland. Mackay. Walker. Carlin. O'Hare. Hinton. Hector...

Derby. Derby. Derby. Derby. Derby. Derby...

L'instant où tout peut changer, où les choses peuvent se cristalliser ou voler en éclats pour le reste de la saison, cet instant arrive à la vingt-sixième minute de la première mi-temps, arrive quand Houseman esquive un tacle de Carlin et passe le ballon à Birchenall, qui tire de trente mètres dans le coin et marque...

Derby. Derby. Derby. Derby. Derby. Derby...

C'est cet instant précis, cet instant où tu regardes dans les yeux les joueurs qui sont sur le terrain, tu les regardes dans les yeux, tu regardes au fond de leur cœur et tu écoutes le public, le tonnerre de 34 000 cœurs, dans ces tribunes, de tous ces cœurs qui battent à l'unisson, et tu comprends que c'est l'instant que tu attends, cet instant où tout bascule, où personne ne renonce, où personne ne tourne les talons, où personne ne cherche à se planquer...

Derby. Derby. Derby. Derby. Derby. Derby...

De cette vingt-sixième minute à la mi-temps, de la mi-temps à la soixante-dix-septième minute, personne ne tourne les talons et personne ne renonce, ni les joueurs ni le public, et à cette soixante-dix-septième minute, Carlin franchit la défense, talonne la balle à l'intention de Mackay qui tire de trente mètres, et tout le monde comprend, à cet instant tout le monde comprend...

Derby. Derby. Derby. Derby. Derby. Derby...

Tout le monde comprend à cet instant qu'au moment où Hutchinson démarrera pour Chelsea, Walker sera là, pas une fois mais deux, et que Walker avancera à gauche, passera à Durban pour progresser au-delà de Bonetti...

Derby. Derby. Derby. Derby. Derby. Derby...

Et tout le monde comprend à cet instant que ce n'est pas terminé, que lorsque Bonetti et Hector courent sur la même balle, Hector arrivera le premier et portera le score à 3-1 à la quatre-vingt et unième minute, parce que tout le monde sait que tout a basculé, que tout s'est transformé, que tout s'est cristallisé...

Derby. Derby. Derby. Derby. Derby. Derby...

Ce que tu as fait et ce que tu as dit ; les poings que tu as levés et les bleus que tu as embrassés. Tout s'est enfin cristallisé et le restera...

Derby. Derby. Derby. Derby. Derby. Derby...

Ce sera une saison mémorable, une saison inoubliable...

Derby. Derby. Derby. Derby. Derby. Derby...

« Quel magnifique spectacle l'équipe a donné et comme nos supporteurs ont été formidables ! déclare le président. C'est une soirée dont je me souviendrai jusqu'à la fin de mes jours. »

Derby. Derby. Derby. Derby. Derby. Derby...

« J'étais ravi pour les joueurs, tu dis aux journalistes, aux caméras, au monde entier. C'était de loin le meilleur match depuis mon arrivée à Derby. »

Je suis dans le couloir de Villa Park. Je termine ma clope et je prends une profonde inspiration. Puis j'ouvre la porte du vestiaire des visiteurs...

Silence de mort. Les joueurs regardent les étiquettes de leurs chaussettes, ces fichues étiquettes voyantes comportant leur numéro, ces foutues étiquettes qu'ils lancent au public après chaque match à domicile, comme des putains de gladiateurs romains. Puis Norman

Hunter l'ouvre : « Une passe brillante, Gilesy. Belle balle pour Clarkey. Servi sur un plateau. Joli.

– Laisse tomber cette putain de passe, je dis. Qu'est-ce que tu penses de la façon dont Clarkey l'a mise au fond ? »

Bites Yer Legs secoue la tête. L'Irlandais sourit. Sniffer boit du petit lait...

« C'était la classe, je dis. Et n'oublie pas que l'Irlandais ne serait pas entré sur ce foutu terrain si Madeley se maintenait en forme, putain.

– Mais il a fait un super coup, dit Bites Yer Legs. Un putain de super coup.

– Dans ce cas, on a intérêt à tirer le meilleur parti de lui, hein ? je dis. Tu es destiné à de plus grandes choses, hein, l'Irlandais ?

– Rien n'est plus grand que le jeu, répond Giles. Vous le savez, monsieur Clough. »

Les joueurs nous regardent, maintenant, murmurent et s'interrogent.

Je les laisse. Je m'arrête dans le couloir. J'allume une clope. J'écoute...

« Aucun respect, dit l'un d'eux, pour les traditions de Leeds United. »

Duncan McKenzie passe près de moi dans son luxueux costume neuf. McKenzie se tourne vers moi. « Ils n'ont pas été mauvais, hein ? J'ai trouvé Johnny Giles génial.

– Va te faire foutre, je réponds. Tu mériterais de rentrer à Leeds à pied. »

Le match contre Chelsea a rendu confiance à ton équipe. À tout le club. À toute la foutue ville. Mais tu sais, dans ton for intérieur, que c'est Dave Mackay qui a donné cette confiance à l'équipe. À tout le club. À toute la putain de ville. Pas toi...

Dans ton for intérieur.

Tu fixes les entraînements au mardi afin que Dave puisse avoir le dimanche et le lundi pour s'occuper de sa boutique de cravates, à Londres. Tu l'installes à l'hôtel Midland pendant le reste de la semaine, tu y fais emménager Roy McFarland, chargé de lui tenir compagnie pendant que Dave boit tout son saoul du lundi soir au jeudi soir. Mais, ensuite, Dave ne boit pas une goutte d'alcool du vendredi matin au dîner du samedi...

Cet homme est *Derby County. Les fondations, la clé de voûte...*

Et tu es le premier à l'admettre ; le premier à le traiter en tant que tel...

Tu bavardes avec lui tandis que les autres membres de l'équipe font leurs tours de piste. Tu l'attires dans les conversations qui concernent l'équipe en lançant sur un ton léger : « Qu'est-ce que tu en penses, capitaine ? »

Ensemble, toi, Peter et Dave Mackay, vous transformez cette équipe de joueurs à mi-temps en équipe de joueurs à plein temps ; plus de golf dans l'après-midi, plus de vente d'assurances au porte à porte...

Chaque matin, inlassablement, tu leur serines les bases...

« Gardez la balle au sol. Jouez vers l'avant. Au sol. Dans les pieds. Gardez-la. Passez-la. Marquez ! Reprenez la balle. Gardez la balle au sol. Jouez vers l'avant. Au sol. Dans les pieds. Gardez-la. Passez-la. Marquez ! Reprenez la balle... »

Et tu ne te contentes pas de leur dire comment faire, tu le leur montres, nom de Dieu, tu marques dans tous les six contre six, puis tu te changes avec tes *gars, tu te douches avec* tes *gars, tu blagues avec* tes *gars...*

C'est de la foutrement bonne direction. C'est toi et Pete à leur meilleur...

Repérer le talent, acheter le talent, puis gérer ce putain de talent...

Insulter ce talent. Humilier ce talent. Menacer ce talent...

Blesser ce talent, puis l'embrasser pour qu'il devienne foutrement meilleur...

Inlassablement, tirer des gens ce qu'il y a de meilleur en eux...

C'est toi et c'est Pete qui ont ce putain de talent.

Neuvième jour

Je n'y crois pas. Je descends de voiture. *Putain, je n'y crois pas.* Je claque la portière. *Salauds.* Je la ferme à clé. *Pour qui ils se prennent, bordel de merde ?* J'enfile ma veste. *Salauds. Salauds. Salauds.* Je traverse le parking. *Des putains de sales cossards, tous autant qu'ils sont.* Je gravis le talus du terrain d'entraînement et je demande à Jimmy Gordon, Jimmy qui ramasse les ballons et les range dans les sacs, je demande à Jimmy : « Où ils sont, bordel de merde ?

– Ils ont fini. Ils sont allés à la douche et au massage.

– Fais-les revenir. C'est moi le putain de manager. C'est moi qui décide...

– Mais tu n'étais pas...

– Je n'étais pas quoi ?

– Rien, dit Jimmy. Tu as raison, patron. Tu as raison.

– Je sais. Maintenant fais-les revenir, nom de Dieu, et dis-leur de ma part qu'ils ont fini quand je l'ai décidé. Pas avant.

– Patron, il vaudrait peut-être mieux arriver...

– Exécution, j'ordonne. Sinon je te vire, nom de Dieu. »

Jimmy s'exécute et, dix minutes plus tard, seize visages très penauds, en survêtement violet sale, sont rassemblés sur le terrain ; seize visages très penauds jusqu'au moment où Duncan McKenzie, le nouveau, s'empare de la balle et court avec elle en direction de Bites Yer Legs...

« Petit pont, Norman ! » crie-t-il en faisant passer la balle entre les jambes de Hunter...

Tout le monde rit, maintenant, même Hunter. Même Bremner. Même Giles...

Je frappe dans mes mains. Jimmy siffle. Les rires cessent.

« Maintenant, dis-je, avant d'aller prendre votre bonne douche chaude, avant de vous barrer dans vos jolis costumes neufs et vos jolies voitures voyantes pour rejoindre vos jolies maisons et vos jolies épouses, mettez-vous à quatre pattes, nom de Dieu, et cherchez ma putain de montre ! »

Vous prenez, toi et l'équipe, trois jours de repos à votre QG de Marlow. Vous allez à Londres, toi et l'équipe, en autocar de luxe. Vous passez la nuit, toi et l'équipe, dans un des meilleurs hôtels de la capitale. Vous prenez, toi et l'équipe, le petit déjeuner au lit. Vous recevez un accueil magnifique, toi et l'équipe, à Selhurst Park, de la part des supporteurs qui ont fait le déplacement. Puis vous entrez, toi et l'équipe, sur le terrain et battez Crystal Palace 2-1 grâce à des buts de Roy McFarland et Willie Carlin...

Vous battez le prestigieux Crystal Palace et vous atteignez le sommet, le sommet, le sommet...

C'est le jour, c'est le jour, c'est le jour...

Le jour où Derby atteint le sommet de la deuxième division...

Le samedi 30 novembre 1968.

Tout ce qui concerne Derby County est estampillé première division : votre autocar de luxe, les hôtels que vous choisissez, le style de votre jeu et la manière de vos victoires...

Vous n'avez perdu qu'un match depuis votre déplacement à Leeds Road et votre défaite face à Huddersfield Town. Un seul, au sein de la ligue, depuis ce jour...

Un seul match depuis l'arrivée de Willie Carlin.

Après cette victoire sur Chelsea, vous avez fait 0-0 face à Everton, qui était en première division, lors du quatrième tour de la Coupe de la ligue. Puis, au Baseball Ground, au match retour, vous les avez battus 1-0 ; encore une soirée mémorable dans une saison inoubliable. Ensuite, au cinquième tour, vous êtes tombés contre Swindon, mais vous n'avez pu faire que match nul au Baseball Ground. Swindon vous a ensuite battus à domicile et vous êtes maintenant éliminés de la Coupe de la ligue...

Vous avez quitté le ballon des yeux. Quitté le ballon des yeux. Le ballon des yeux...

Tu étais furieux, sur le moment, foutrement furieux sur le moment, mais plus maintenant...

Plus maintenant que tout, chez vous, est estampillé première division. Plus maintenant que vous êtes favoris pour la montée. Plus maintenant que vous êtes favoris pour la montée en tant que champions...

Plus maintenant que vous êtes passés de la onzième place à la première en trois mois seulement...

Plus maintenant que tu as été nommé Manager du mois...

Plus maintenant que tu es au sommet, au sommet, au sommet de la deuxième division.

Sous la tribune. Derrière les portes. Passé le coin. Je prends le couloir et vais à la rencontre de Syd Owen. Il me croise sans un mot, sans un regard. Puis il parle dans mon dos. Marmonne. Derrière sa main. Les dents serrées, Syd dit quelque chose qui ressemble à : « *Tout ce qui a quelque chose à voir avec les paons est fatal...* »

Je m'arrête. Je me retourne. Je demande : « Quoi ?

– Il y a eu un coup de téléphone pour vous. »

Je demande : « Quand ? »

Syd s'est immobilisé, maintenant, et me fait face dans le couloir. « Hier. »

Je demande : « Où étais-je ?

– Comment voulez-vous que je le sache ? ironise-t-il. Probablement en train de vendre ou d'acheter quelqu'un.

– À quelle heure ?

– Le matin, l'après-midi, répond-il en haussant les épaules. Je ne sais plus au juste.

– Qui était-ce ?

– Je ne m'en souviens pas.

– Mais vous avez décroché.

– Oh, oui.

– Où ? Quel téléphone ?

– Celui du bureau.

– De *mon* bureau ?

– Maintenant c'est le vôtre, ironise-t-il.

– Qu'est-ce que vous faisiez dans *mon* bureau ?

– Je cherchais le dossier Matthewson. En prévision de samedi.

– Le dossier *qui* ?

– Le dossier de Bob Matthewson, répond-il, hésitant.

– Et qui c'est, Bob Matthewson, putain de bordel ?

– Vous ne savez vraiment pas ?

– Bien sûr que non, Syd. C'est pour ça que je vous demande qui c'est.

– Personne d'important, ironise-t-il. Seulement l'arbitre de samedi.

– Vous avez des putains de dossiers sur les arbitres ?

– Évidemment, répond-il. Vous nous prenez pour quoi, des amateurs ?

– Pourquoi ?

– L'arbitre peut faire basculer un match. Surtout si on est en mesure de l'aider.

– Je vous ai dit que j'avais brûlé tous ces putains de dossiers en même temps que son bureau.

– Heureusement qu'on avait des doubles, hein ? »

Je m'avance vers lui dans le couloir, l'index braqué sur lui. « Je n'ai pas besoin de dossiers sur les arbitres, je n'ai pas besoin de dossiers sur les autres équipes, vous n'avez rien à faire dans mon bureau et vous n'avez pas à décrocher mon téléphone. C'est bien clair ? »

« Leur cri annonçait la pluie et même la mort... »

« Alors ? j'insiste. C'est bien clair ?

– Limpide, répond Syd. Limpide. »

« Vous êtes des putains de minables », tu leur dis...

Tu le dis à Green. Tu le dis à Webster. Tu le dis à Robson. Tu le dis à Durban. Tu le dis à McFarland. Tu le dis à McGovern. Tu le dis à Carlin. Tu le dis à O'Hare. Tu le dis à Hector. Tu le dis à Hinton...

Tu le leur dis à chacun, tous autant qu'ils sont, sauf à Dave Mackay...

« Des foutus putains de minables. Et, pire, vous êtes des putains de lâches. La seule putain de fois où vous êtes sortis de votre putain de trou, c'était pour en trouver un putain d'autre où vous planquer. Donc vous êtes des putains de lâches, lâches vis-à-vis de vous-mêmes, de vos coéquipiers, de moi et du personnel, du club et des supporteurs qui paient vos putains de salaires, et de votre putain de sens des responsabilités. Donc vous êtes des putains de lâches et vous êtes finis, bande de cons ! »

Tu claques la porte du vestiaire. Bang ! *Tu prends le couloir au pas de charge...*

« Cons et lâches ! Cons et lâches ! Cons et lâches ! »

Peter les prend un par un par les épaules. Peter leur dit : « Le patron n'était pas sérieux. »

Le dit à Green. Le dit à Webster. Le dit à Robson. Le dit à Durban. Le dit à McFarland. Le dit à McGovern. Le dit à Carlin. Le dit à O'Hare. Le dit à Hector. Le dit à Hinton...

Il le dit à chacun, tous autant qu'ils sont, sauf à Dave Mackay...

« Il n'en pensait pas un mot, tu le sais bien. Le patron est simplement déçu parce qu'il espérait beaucoup, croyait beaucoup en toi. Il

sait que tu peux être le meilleur joueur sur le terrain et il est contrarié parce que tu ne l'as pas été aujourd'hui, parce que tu t'es trahi et que tu l'as trahi. C'est pour ça qu'il est en colère, parce qu'il a de l'affection pour toi, parce qu'il t'aime, parce qu'il fonde de grands espoirs sur toi. Tu le sais bien, n'est-ce pas ? »

Et Green acquiesce. Webster acquiesce. Robson acquiesce. Durban acquiesce. McFarland acquiesce. McGovern acquiesce. Carlin acquiesce. O'Hare acquiesce. Hector acquiesce. Hinton acquiesce...

Tous acquiescent, tous autant qu'ils sont, sauf Dave Mackay...

C'est le 18 janvier 1969 et vous avez perdu 2-0 à Charlton...

C'est votre première défaite en quatorze matchs au sein de la ligue...

Vous avez hissé le jeu au rang d'un art, toi et Peter...

Et vous êtes toujours premiers de la deuxième division.

Il y a d'autres pas devant le bureau, un autre coup frappé à la porte...

« Quoi ? » je crie.

Terry Yorath pousse lentement le battant. Terry Yorath passe la tête à l'intérieur.

« Qu'est-ce que tu veux, Taffy ? »

Yorath dit : « Serait-il possible de vous parler, s'il vous plaît, monsieur Clough ?

– Appelle-moi patron, Taff. »

Yorath répète : « Serait-il possible de vous parler, s'il vous plaît, patron ?

– Oui, si tu sors tes mains de tes foutues poches. »

Yorath sort les mains de ses poches. « C'est à propos de mon contrat.

– Et alors ? »

Yorath remet ses mains dans ses poches, les sort à nouveau et dit : « Il est arrivé à son terme, patron. Mon contrat...

– Et ? »

Yorath dit : « Et j'espérais en avoir un nouveau.

– As-tu discuté de ce contrat avec mon prédécesseur ? »

Yorath acquiesce. Yorath répond : « Oui.

– Qu'est-ce qu'il a dit ? »

Yorath s'essuie la bouche. « Il a promis de doubler mon salaire, patron.

– À savoir ? »

Yorath s'essuie une nouvelle fois la bouche. « Deux cent cinquante livres par semaine.

– Deux cent cinquante livres par semaine, putain ! Pourquoi, nom de Dieu, t'aurait-il promis ça ? »

Yorath hausse les épaules. Yorath répond : « Parce que j'ai joué plus de trente matchs avec l'équipe première la saison dernière, je suppose. Et parce que nous avons remporté le titre.

– Qui d'autre est au courant de cette promesse ? »

Yorath hausse les épaules. Yorath répond : « Seulement le président, je crois.

– Très bien. Je te fais confiance. Tu auras le nouveau contrat lundi. »

Yorath hoche la tête. Yorath marmonne ses remerciements. Mais Yorath ne bouge pas.

« Quelque chose d'autre te tracasse, hein, Taff ? je demande.

– Wembley, patron.

– Pourquoi ?

– Est-ce que je jouerai ?

– Non, je dis.

– Est-ce que je ferai partie de l'équipe ?

– Non, je dis à nouveau.

– Donc je n'irai pas à Londres ?

– Non, je dis une troisième fois. »

Yorath lève la tête et me regarde. Yorath demande : « Dans ce cas, qu'est-ce que je ferai samedi, patron ?

– Tu joueras avec la réserve à Witton Albion, Taff. »

Vous êtes sur le chemin du succès. Toi, Peter, Dave Mackay et Derby County...

Ce sont les plus belles heures de ta vie...

Ce vieux petit club de province, discret, ordinaire, banal, est en pleine ascension. Le conseil et Sam Longson sont prêts à tout pour te faire plaisir...

Les plus belles heures et les plus beaux jours de ta vie...

Les clés de ses voitures. Ses résidences secondaires et ses alcools. Son portefeuille et son coffre-fort. Longson t'a logé au York, quand tu es arrivé à Derby ; puis il t'a installé au Midland, l'hôtel où tu as plus tard loué des chambres pour Dave et Roy, l'hôtel qui est devenu le deuxième foyer de toute cette foutue équipe ; puis Longson vous a aidés, toi, ta femme et tes enfants, à trouver une maison à la lisière de Derby, une maison à vous...

Les plus belles heures de ta vie, les plus beaux jours, les plus belles semaines...

Tu balaies les gradins et tu recrutes des joueurs. Tu te charges de l'entraînement et du courrier. Tu nettoies les douches et tu arroses le gazon. Tu parles aux journalistes et tu passes à la télé. Tu arpentes le terrain tous les dimanches matin et tu réfléchis, réfléchis, réfléchis...

Les plus belles heures de ta vie, les plus beaux jours, les plus belles semaines, les plus beaux mois...

Tu réfléchis pour rester au sommet. Réfléchis pour monter plus haut. Réfléchis pour rester plus haut. Réfléchis...

La plus belle période de ta vie.

J'ai fermé la porte du bureau à clé. Placé une chaise contre la poignée. J'ai débouché une nouvelle bouteille de Martell. Allumé une nouvelle cigarette. Demain, Leeds ira à Londres. Pour le Charity Shield ; les champions de la première division contre les vainqueurs de la Coupe d'Angleterre ; Leeds United contre Liverpool. La première fois que le Charity Shield se déroulera à Wembley ; la première fois qu'il sera retransmis à la télévision. Le nouveau lever de rideau de la nouvelle saison. L'idée de Ted Croker, nouveau secrétaire et président autoproclamé de la Football Association, malgré les protestations de Leeds United et de Liverpool...

Il y a deux ans, quand Derby a remporté le titre, j'ai refusé de prendre part au Charity Shield ; ça les a foutus en rogne, la Fédération, le conseil d'administration de Derby, tous autant qu'ils étaient. Il y a deux ans, à la place, j'ai maintenu la tournée d'avant-saison prévue de Derby en Allemagne...

Cette année, je ne peux pas y échapper. En aucun cas...

Aux environs de quinze heures, samedi après-midi, je vais devoir conduire cette équipe sur le terrain de Wembley. *Son* équipe. Pas la mienne. À quinze heures, je vais devoir me tenir au côté du grand Bill Shankly. Ce sera la dernière apparition de Shankly, qui a pris sa retraite en juillet. Sa dernière occasion de faire jouer son équipe à Wembley...

Wembley Way. Les tours jumelles [1]. L'Empire Stadium. Le tunnel. L'hymne national. Les poignées de main. Les présentations. Le public. Le coup d'envoi...

Quinze heures. Quinze heures...

Et je n'ai pas envie d'y être, je n'en ai aucune envie.

---

1. Il s'agit des deux tours qui encadraient l'entrée de l'ancien Empire Stadium, démoli en 2003. (*N.d.T.*)

Dixième jour

Il y a eu des alertes et il y a eu des instants de terreur. Il y a eu des injures et il y a eu des menaces. Des tasses cassées et des portes claquées. Des doutes et des craintes. Mais tu étais au sommet en février, tu étais au sommet en mars et tu es toujours au sommet en avril...

Tu bats Fulham 1-0 et tu bats Bolton 5-1...

Tu es sûr d'être promu alors qu'il reste quatre matchs à jouer, quatre matchs qui peuvent te permettre d'être promu en tant que champion de la deuxième division, quatre matchs qui commencent par une victoire 1-0 contre Sheffield United, une victoire 1-0 qui te donne sept points d'avance sur Crystal Palace et contraint Palace à gagner ses quatre derniers matchs alors qu'il te suffit de deux points, lors de tes trois derniers matchs, pour être champion, deux points lors de tes trois derniers matchs, à compter d'aujourd'hui...

Le samedi 12 avril 1969.

Vous êtes de retour à Londres, toi et l'équipe. De retour, en autocar de luxe, dans un des meilleurs hôtels de la capitale, vous prenez à nouveau le petit déjeuner au lit et vous êtes une nouvelle fois magnifiquement accueillis par les supporteurs qui ont fait le déplacement, cette fois à Cold Blow Lane, cette fois devant le Den...

Il y a un instant de panique, un instant de doute, quand il apparaît que vous avez apporté les mauvaises tenues, quand il apparaît que vous devrez jouer avec le maillot que Millwall porte à l'extérieur...

« C'est un présage, dit Jack Burkitt. Un putain de mauvais présage.

– Conneries, tu réponds. Tu racontes des putains de conneries. »

Tu entres sur le terrain, au Den, avec le maillot que Millwall porte à l'extérieur, et les joueurs de Millwall forment une haie puis vous applaudissent, applaudissent votre promotion...

Mais, ce jour-là, tu ne penses pas à la promotion...

Deux foutus points et ce putain de titre, tu ne penses qu'à ça, ce jour-là, et tu prends le contrôle du match dès le coup d'envoi, tu prends ce putain de match au collet et tu ne lâches pas prise, tu ne laisses rien à Millwall, ni à leurs supporteurs, ni aux putains d'acrobaties de King, leur gardien, ni à la putain de poussière soulevée par le vent qui tournoie sur Cold Blow Lane...

Rien ne t'arrêtera. Pas question. Pas ce jour-là. Rien, bordel...

Ni Millwall. Ni leurs supporteurs. Ni leur gardien.

Ni la poussière ni le vent. Pas ce jour-là :

Mackay passe un court coup franc à Webster. Webster prend le couloir de droite. Webster centre pour McFarland. McFarland passe, devant leur but, à Carlin, qui marque de la tête le seul but de la partie...

Du football simple, limpide, beau, et vous êtes champions...

Champions de la deuxième division...

Vous êtes les champions.

Leeds passera la nuit à l'hôtel Royal Garden de Kensington et nous devons donc quitter Elland Road cet après-midi. Mais, ce matin, l'équipe s'entraîne tandis que je m'occupe des contrats : Madeley, Allan Clarke et Frankie Gray. Les deux seuls contrats non encore signés sont ceux de Giles et Yorath. Puis il y a la conférence de presse...

Cette longue corde avec laquelle tu te pends. Ce poignard. Ce pistolet...

« Il n'y a pas eu le moindre contact avec Shilton, je dis aux stylos et aux blocs. Je n'ai pas fait de proposition, je ne me suis pas renseigné et, même si j'ai envisagé un million de fois d'acheter Shilton, je ne l'ai pas fait depuis que je suis à Leeds. »

Ils mordillent l'extrémité de leur stylo à bille et demandent : « Qu'en est-il de toutes les rumeurs qui courent ?

– Personne ne quittera notre club dans le cadre d'un échange, ou dans tout autre cadre, tant que je n'y serai pas resté très longtemps. Personne ne m'a demandé de transfert, personne ne veut partir et personne ne partira. J'ai deux gardiens de but dont je suis ravi. »

Ils se grattent le menton et demandent : « Pourquoi Giles n'a-t-il pas encore signé son contrat ?

– Je ne l'ai pas encore vu à ce propos, je réponds. C'est tout. »

Ils se mouchent et demandent : « Que pensez-vous de demain ?

– Le match nous donne une occasion formidable de prendre un bon départ. Il n'y a pas d'adversaires plus difficiles que Bill Shankly et Liverpool, et tout le monde donnera le maximum. Nous nous sommes entraînés dur pendant toute la semaine, nous avons fait notre boulot, nous nous sommes occupés des signatures et nous attendons tous désormais le match avec impatience. »

Menteur, menteur, je pense. Ils pensent aussi. *Ton corps tout entier est en feu.*

Après la conférence de presse, je passe voir les dirigeants, puis je me change, prends ma valise dans mon bureau et rejoins l'autocar. Ils y sont tous, dans leur costume du dimanche, fument et font la gueule, murmurent et m'attendent avec leurs livres de poche et leurs jeux de cartes. Je demande une nouvelle fois à Sniffer de changer de place afin de pouvoir m'asseoir près de Bremner. Billy lève les yeux au ciel et allume une nouvelle clope...

« Putain, vous renoncez jamais ? constate-t-il.

– Jamais », je réponds.

C'est l'homme que j'ai regardé et dont j'ai commenté les matchs pour ITV, cet été, pendant la Coupe du monde, cet homme, qui était capitaine de son équipe, a battu le Zaïre 2-0, a fait match nul contre le Brésil, match nul contre la Yougoslavie, à la surprise de la presse ; c'est l'homme qui *était* l'Écosse, cet homme qui est maintenant assis à côté de moi, regarde par la vitre la pluie et l'autoroute, cet homme que Revie considérait comme un deuxième fils, cet homme qui se jetterait au feu pour Don, qui marche sur l'eau pour le peuple de Leeds, le peuple d'Écosse, cet homme qui est maintenant près de moi, allume une nouvelle putain de cigarette et feint de lire un putain de livre de poche jusqu'au moment où il se tourne vers moi, jusqu'au moment où il se tourne enfin vers moi et demande : « Vous avez joué à Wembley, hein, monsieur Clough ? »

Enculé. Enculé. Enculé...

À mi-chemin, sur la M1, le car s'arrête sur une aire de service. Tout le monde descend boire un café et pisser. Il pleut et je traverse le parking, entre dans le hall...

Foutu enculé. Enculé. Enculé...

Je sors des toilettes et ils sont rassemblés autour des bandits manchots, signent des autographes, se font embrasser par les serveuses...

Enculés. Enculés. Enculés...

« Allez, je leur dis. On va faire le tour du parking, se promener un peu.

– Se promener ? crache Bremner. J'ai jamais fait de putain de promenade de ma vie.

– En avant, leur dis-je. Dégourdissez-vous les jambes, bandes de fainéants ! »

Ils me dévisagent et, pendant un instant, il semble qu'ils ne vont pas obéir. Mais Bremner, le capitaine, ouvre la porte et les entraîne dehors, sous la pluie et sur le parking, fait le tour du parking de la station service en tête des champions de la ligue...

Sous la pluie. Dans leur costume du dimanche. Sous la pluie. Avec leurs chaussures cirées...

« C'est bien, Billy, dis-je quand je le rejoins. Faut se dégourdir les jambes.

– Je vous emmerde, crache-t-il. Je vais être trempé, bordel.

– Je croyais que vous aimiez ce type d'activité en commun, je réponds. Parcours de golf. Bingo. Carpet bowling. Je croyais que tout ça faisait partie de la séduction de Don. La solidarité. Un pour tous et tous pour un. Une grande famille heureuse.

– Vous avez raison, dit Bremner. Une grande famille heureuse ; jusqu'au jour où vous avez débarqué. »

Dernier match de la saison. Dernier match en deuxième division...

Samedi 19 avril 1969...

À domicile contre Bristol City. À domicile devant 31 644 spectateurs. À domicile en tant que champions.

Tu t'es fait couper les cheveux, tu as fait repasser ton costume et cirer tes chaussures...

Les joueurs, tes *joueurs, font un tour d'honneur tandis que Bristol attend sur le terrain que la partie commence, que la destruction commence...*

Le milieu de terrain, composé de John McGovern, Alan Durban et Willie Carlin, est dans son élément avec un coup du chapeau de Durban en première mi-temps, puis un de Kevin Hector et un autre d'Alan Hinton, le plus beau des cinq...

Dave Mackay passe la balle vers l'avant à Willie Carlin. Carlin entre dans la boîte avec le ballon, puis le talonne à l'intention d'Alan Hinton. Hinton court sur la balle, ne s'arrête pas, ne change pas de rythme, la propulse simplement du pied gauche dans le coin inférieur droit du filet...

Imparable. Imparable. Absolument imparable...

Green. Webster. Robson. Durban. McFarland. Mackay. McGovern. Carlin. O'Hare. Hector et Hinton.

Dave Mackay monte les marches. Dave Mackay prend la coupe...
La coupe du championnat de deuxième division...
Mackay la lève dans sa main droite...
Le public rugit. Le public psalmodie :
« Derby ! Derby ! Derby ! »

Tu te tiens devant le président, les dirigeants et le conseil, tu te tiens devant eux avec tes joueurs et ta coupe ; les acclamations du public retentissent dans le Baseball Ground, retentissent dans toute la foutue ville...

L'année précédente, à la même époque, 20 000 spectateurs étaient venus vous voir perdre contre Blackpool. L'année précédente, ils étaient 11 000. L'année précédente, à la même époque, Dave Mackay croyait avoir joué son dernier match. Aujourd'hui, ils sont 32 000. Aujourd'hui, vous êtes champions...

Tu serres la main de Dave. Peter tapote les épaules de Dave...

Dave Mackay a un an de plus que toi ; il pèse beaucoup plus de médailles, de coupes et de sélections que toi, il sera couronné footballeur de l'année à la suite de cette saison...

Mais tu souris tout de même d'une oreille à l'autre...
Putain, tu souris d'une oreille à l'autre...
Le président aussi. Le conseil...
Toute la putain de ville.

Ce n'est pas mon équipe. Ce ne sont pas mes gars. Pas cette équipe, et elle ne le sera jamais. C'est son équipe. *Son Leeds.* Sa putain de Leeds la tricheuse, et ça sera toujours comme ça. Pas mon équipe. Jamais. Pas mes gars. Jamais. Pas mes gars. Jamais. Pas cette équipe. Jamais...

Il est plus de minuit et je ne peux pas dormir. J'ai encore une fois foutrement trop bu et j'ai une putain de migraine. Il fait trop chaud dans la chambre d'hôtel, les oreillers sont trop fermes et ma femme me manque, mes enfants me manquent et je voudrais ne pas être moi, Brian Howard Clough. Pas ce soir et pas demain. Je sors mon carnet d'adresses. Je décroche le téléphone. Je compose son numéro et je le réveille.

« Qui est-ce ?

– C'est Brian Clough.

– Putain, Brian, qu'est-ce que vous voulez ? Il est plus de minuit.

– Je sais. Je suis désolé de vous réveiller comme ça.

– Vous êtes saoul ? Qu'est-ce qui vous arrive ?

– C'est votre équipe, je dis. Je veux que vous la conduisiez sur le terrain de Wembley.

– Pardon ?

– C'est vous qui avez remporté le championnat. Conduisez-la demain sur le terrain.

– C'est votre boulot, maintenant, Brian, dit Don Revie. C'est votre privilège. »

Le ciel est noir mais clair, les tribunes vides hormis les échos et les déchets. Le public est rentré chez lui ou bien est allé au pub fêter la victoire dans le championnat de deuxième division, le début de l'Âge d'or. Mais pas toi...

Debout à l'entrée du tunnel du Baseball Ground, tu regardes Dave Mackay s'entraîner avec ton aîné et ton cadet, envoyer ballon après ballon dans la petite boîte en bois, cible située sous l'ancienne tribune principale...

Mets-le dans une boîte, cache-le dans un arbre, le plus haut que tu puisses trouver...

Ballon après ballon après ballon, ballon après ballon après ballon...

Parce que c'est le plus beau jour de ta vie...

Puisque c'est la première chose que tu as gagnée, comme ta première paire de chaussures à crampons, ton premier baiser et ta première voiture, tu n'oublieras jamais les heures de cette journée...

Le samedi 19 avril 1969.

Onzième jour

Bill Shankly sort seul du tunnel de Wembley, entre sur le terrain sous une ovation massive du public du stade, les supporteurs de Leeds aussi bien que ceux de Liverpool...

You'll never walk alone[1].

Puis Revie reçoit son salut sur le terrain, de la part des supporters des deux camps...

Nous serons ensemble...

Revie avec son costume bleu fétiche ; son costume des jours de match...

Croise les doigts pour son *équipe,* ses *gars.*

Dans le tunnel, je me tourne vers Bremner, me tourne pour voir s'il applaudit son ancien patron, mais Billy fixe ses chaussures. Billy est d'une putain d'humeur de chien depuis le moment où on l'a réveillé ; il a maudit le petit déjeuner, maudit le déjeuner. Il s'en est pris au réceptionniste, au serveur, au chauffeur de l'autocar et à la moitié de cette foutue équipe. Peut-être est-ce la chaleur. Peut-être est-ce Londres. L'événement. Il me suit, traîne cette coupe de vainqueur du championnat dans le tunnel et sur le terrain, devant les visages les plus moroses jamais vus à Wembley. Je me tourne vers Shanks et son équipe de Liverpool, et l'applaudis tandis que nous allons du tunnel à la ligne de touche, l'équipe qu'il a bâtie derrière lui, l'équipe que Revie a bâtie derrière moi...

---

1. Hymne des supporters de Liverpool, signifiant « Tu ne seras jamais seul ». (*N.d.T.*)

Harvey	Clemence
Reaney	Smith
Cherry	Lindsay
Bremner	Thompson, P.
McQueen	Cormack
Hunter	Hughes
Lorimer	Keegan
Clarke	Hall
Jordan	Heighway
Giles	Boersma
Gray, E.	Callaghan

Sous les applaudissements et les acclamations de 67 000 spectateurs, je demande à Bill : « Combien de fois avez-vous vécu ça, monsieur ? »

Mais Shankly garde le silence, la tête droite, le regard fixe...

Rivé sur ce dernier match. Son ultime match...

Rivé sur l'avenir. Rivé sur les regrets...

Les regrets. Les regrets. Les regrets.

Dès le coup d'envoi, Bremner et l'Irlandais marchent sur les pieds de Liverpool, mais c'est Sniffer qui fait couler le premier sang : une entaille de huit centimètres sur le tibia de Thompson. Puis Tommy Smith rend à l'Irlandais la monnaie de sa pièce. C'est ainsi que ça commence...

Charity Shield 1974 ; Liverpool contre Leeds...

Leeds la tricheuse, Leeds la tricheuse, Leeds, Leeds, Leeds...

Tous les coups de pied arrêtés et toutes les touches, avec tous les croche-pieds et tous les coups...

Vous croyez que c'est ce que nous sommes, disent-ils. *Vous affirmez que c'est ce que nous sommes...*

Donc c'est ce que nous sommes, crient-ils. *C'est comme ça que nous sommes...*

Leeds la tricheuse, Leeds la tricheuse, psalmodient-ils. *Leeds la tricheuse, Leeds, Leeds, Leeds...*

Ses yeux dans les tribunes. Derrière mon dos. *Ses* yeux avec ce costume...

Leeds la tricheuse, Leeds la tricheuse, Leeds, Leeds, Leeds.

C'est ainsi que ça commence et c'est ainsi que ça finira ; Bremner et l'Irlandais bottant le cul de Liverpool...

Lui bottant le cul et lui shootant dans les couilles. Surtout de Kevin Keegan...

Keegan qui esquive derrière Hunter et Cherry avec facilité, puis tire un boulet que Harvey relâche, ce qui permet à Boersma de projeter la balle dans le filet, du genou, à la vingtième minute. À partir de ce moment, il n'y a plus que Liverpool ; Heighway et Callaghan décrivent des cercles autour de Hunter et Cherry. Heureusement qu'il y a Paul Reaney à droite et Eddie Gray à gauche, parce que les autres sont complètement à chier...

Vous croyez que c'est ce que nous sommes. Vous affirmez que c'est ce que nous sommes.

Donc c'est ce que nous sommes. C'est ça que nous sommes.

Hors du terrain et de la lumière, dans le tunnel et dans le couloir, à la mi-temps, dans la pénombre et la puanteur de leur vestiaire, je leur dis : « Pendant les quinze premières minutes, vous ne les avez pas laissés respirer. Puis Bremner et l'Irlandais ont décidé de laisser Keegan se balader comme il voulait sur ce putain de terrain et, maintenant, vous perdez, vous perdez à cause de ce con de Keegan et de ces deux clowns, de ces deux clowns et de leur foutue absence de concentration, de leur putain d'absence de responsabilité, de leur foutue abdication de tout putain de sens des responsabilités. »

Tu as construit un transatlantique avec une épave. Tu as joué quarante-deux matchs. Tu en as gagné vingt-six. Tu as eu onze nuls et cinq défaites. Tu as marqué soixante-cinq buts au cours de ces quarante-deux matchs, et tu n'en as concédé que trente-deux. Ces vingt-six victoires et onze nuls t'ont apporté soixante-trois points et le titre de champion de la deuxième division ; la montée en première division...

Tu attends le début de la saison avec beaucoup d'impatience...

Tu es foutrement, foutrement, foutrement impatient.

Une seule petite chose gâche cette période, et cette petite chose est Leeds United sous la direction de Don Revie, vainqueur du championnat de première division ; et histoire de rendre la petite chose pire, bien pire, la presse compare sans cesse Leeds et Derby : les scores vierges, les deux moteurs écossais, Bremner et Mackay, les managers originaires de Middlesbrough, Revie et toi, taillés dans la même étoffe ; la liste est interminable...

Mais tu n'es pas Don Revie et tu ne seras jamais Don Revie. Jamais...

Ce qu'on dit que tu es, c'est ce que tu n'es pas.

Derby County n'est pas Leeds et tu n'es pas Revie...

Tu es un marchand de dynamite résolu à faire voler cette foutue première division en putains d'éclats, tout ce foutu putain de football, parce que c'est ce que tu es...

Brian Howard Clough, trente-quatre ans, manager de première division...

Brian Howard Clough et personne d'autre...

Un transatlantique avec une épave.

Un quart d'heure après le début de la seconde mi-temps, Kevin Keegan pousse l'Irlandais dans le dos et Giles pivote sur lui-même, frappe Keegan au visage du poing droit. *Ils vont brûler le gazon.* Giles, manager-joueur de l'équipe d'Irlande ; John Giles, manager assistant en puissance de Tottenham Hotspur ; John Giles, manager pressenti de Leeds United. *Transformer ce gazon en cendre.* L'arbitre sort son carnet. Keegan lui demande de se montrer clément. L'Irlandais reste sur le terrain mais prend un carton jaune. *Transformer ce terrain en poussière.* Quelques minutes plus tard, Bremner et Keegan se heurtent pendant un coup franc de Leeds. *Ils vont saler cette terre.* Il y a un océan de poings, de coups de pied dans les talons et de coudes dans les côtes. *Ce sol ne sera plus que pierre.* Keegan pivote sur lui-même et frappe Bremner. *À jamais jachère stérile.* Bob Matthewson les fait sortir tous les deux...

Leeds la tricheuse, Leeds la tricheuse, Leeds, Leeds, Leeds...

Ses yeux dans les tribunes. Derrière mon dos. *Ses* yeux avec ce costume.

Bremner et Keegan longent la ligne de touche. C'est un long trajet solitaire jusqu'au vestiaire vide, désert. Bremner et Keegan ôtent leur maillot, le numéro 4 blanc et le numéro 7 rouge ; des maillots qu'ils devraient être fiers de porter, ces maillots qu'ils jettent sur le sol...

Tu crois que c'est ce que je suis, dit Bremner. *Tu affirmes que c'est ce que je suis...*

Des maillots que tous les jeunes gens du pays rêvent de ramasser, d'enfiler...

Dans ce cas c'est ce que je suis, crie Billy. *C'est ça que je suis.*

Mais pas Billy Bremner. Pas Kevin Keegan...

Ses yeux dans les tribunes, derrière mon dos.

Personne ne retient la leçon ; Jordan se bat avec Clemence et McQueen entre, règle le problème comme un putain de train express. *Leeds la tricheuse, Leeds la tricheuse, Leeds, Leeds, Leeds.* Pour couronner le tout, Allan Clarke sort sur une civière, les putains de ligaments déchirés...

Ses yeux avec ce costume, derrière mon dos.

Dix minutes plus tard, Trevor Cherry égalise de la tête ; la seule bonne chose qu'il ait faite de tout l'après-midi. Mais personne ne regarde. Plus maintenant ; maintenant les esprits s'enflamment, les événements et les stylos. Le match se prolonge jusqu'aux penalties ; c'est la première fois que le Charity Shield se termine aux penalties, plus question de charité, plus question de partager. On arrive à cinq penalties à cinq. Harvey et Clemence passent un pacte entre gardiens, s'engagent à marquer le sixième penalty pour leur camp. David Harvey s'avance. David Harvey touche la barre. Ray Clemence ne bouge pas...

Callaghan avance. Callaghan transforme le sixième penalty...

Liverpool remporte le Charity Shield de 1974...

Mais personne ne s'en aperçoit. Plus maintenant...

Maintenant, deux joueurs britanniques ont été expulsés de Wembley...

Les deux premiers joueurs britanniques expulsés de Wembley...

Maintenant, ils vont leur – *nous* – en faire voir de toutes les putains de couleurs. De toutes les putains de couleurs. La télévision et la commission disciplinaire y veilleront. On pourra oublier Rattin [1]. Il y aura des gens qui voudront exclure Leeds et Liverpool de la ligue. Leurs managers aussi. Bremner et Keegan radiés à vie...

Lourdes amendes et pénalités en points...

Dans les émissions. Dans les chroniques...

Dans *ses* yeux. Dans *ses* yeux.

Le stade se vide en silence. Le tunnel. Les couloirs et les vestiaires.

Personne n'est assis près de Bremner dans le car qui quitte Wembley. Je m'installe près de lui. Je lui dis : « Tu paieras ta foutue amende de ta propre putain de poche et, si j'avais mon mot à dire, tu paierais aussi celle de Keegan. »

« Vous avez déjà joué à Wembley, hein, monsieur Clough ? »

« Vous ne pouvez pas me faire ça, dit Bremner. Monsieur Revie payait toujours toutes nos amendes.

– Mais il n'est plus là, hein ? Donc tu la paieras toi-même. »

« Vous avez déjà joué à Wembley, hein, monsieur Clough ? »

Bremner se tourne vers moi et Bremner prononce ses vœux :

De défaite. De haine. De sang. De guerre...

Samedi 10 août 1974.

---

1. Capitaine argentin ayant refusé de quitter le terrain après avoir été expulsé, lors de la Coupe du monde 1966. (*N.d.T.*)

Douzième jour

« Vous avez déjà joué à Wembley, hein, monsieur Clough ? Vous avez déjà joué à Wembley, monsieur Clough ? Vous avez joué déjà à Wembley ? »

Tu n'y as joué qu'une seule fois. Une seule fois, mais tu sais que ça devrait être beaucoup plus, beaucoup, beaucoup plus ; tu étais sûr que ça arriverait, après Munich en 1958[1] *et la mort de Tommy Taylor, son effet sur Bobby Charlton. Tu sais que ça aurait été beaucoup, beaucoup plus sans ton foutu coach, à Middlesbrough, tes putains de dirigeants, qui racontaient aux sélectionneurs que tu étais difficile, que tu disais ce que tu pensais, que tu suscitais les problèmes et la mésentente. Cependant, il leur était impossible de ne pas te sélectionner, parce que tu avais marqué un but d'anthologie dans un match international « B » contre l'Écosse, puis deux autres qui avaient permis à l'Angleterre de l'emporter 4-1. Tu étais sûr, à l'époque, que tu participerais à la Coupe du monde en Suède, tu en étais foutrement certain et tu as été sélectionné en mai 1958, un mois avant le début de la Coupe du monde, pour la tournée en Russie et en Yougoslavie...*

Il n'y avait plus que toi et Derek Kevan pour le numéro 9.

La nuit précédant le départ, tu étais si nerveux que tu n'as pas pu dormir. Tu es arrivé à l'aéroport avec trois heures d'avance. Tu as traîné, tu t'es présenté...

Mais personne n'avait envie de faire ta connaissance. Personne ne voulait partager ta chambre.

---

1. Accident d'avion sur l'aéroport de Munich, dans lequel huit joueurs de Manchester United ont trouvé la mort. (*N.d.T.*)

« Parce que, bon sang, il ne parle que de football. Ça rend dingue. »

Mais Walter Winterbottom, manager de l'équipe d'Angleterre, s'est assis près de toi dans l'avion. « Je veux que tu joues contre la Russie, t'a-t-il dit. Pas Derek. Toi, Brian. »

Tu l'as cru. Mais tu n'as pas joué. L'Angleterre a perdu 5-0.

« Je veux que tu joues contre la Yougoslavie, t'a-t-il dit le lendemain. Toi, Brian. »

Tu l'as une nouvelle fois cru. Mais, une nouvelle fois, tu n'as pas joué. Cette fois, l'Angleterre a fait match nul, 1-1, grâce à ce con de Derek Kevan.

Après le match contre la Yougoslavie, Walter t'a fait asseoir et Walter a mis les choses au point. « Tu ne participeras pas à la Coupe du monde, Brian. Pas cette fois. »

Tu ne l'as pas cru. Tu étais allé en Russie. Tu étais allé en Yougoslavie. Tu n'avais pas eu un seul coup de pied. Pas une touche. Rien...

« J'ai marqué quarante-deux buts en championnat et en coupe la saison passée, as-tu dit à Walter. Ils comptent dans les putains de matchs qu'on joue pour Middlesbrough, mais, apparemment, ça ne vous suffit pas, absolument pas... »

Le manager et les sélectionneurs secouent la tête, l'index sur les lèvres...

« Ne monte pas sur tes grands chevaux, Brian. Sois patient et l'occasion se présentera. »

Tu acceptes d'être patient, pas de problème. Tu acceptes d'attendre l'occasion...

Cinq buts dans le premier match de la saison 1958-59 ; cinq buts contre l'équipe d'Irlande pour le compte de la Ligue de football ; quatre buts le jour de ton vingt-quatrième anniversaire...

Désormais, le public te réclamait et les médias mettaient la pression. Mais tu as dû attendre encore un an avant que l'occasion se présente enfin...

Avant que tu sois sélectionné pour jouer contre le Pays de Galles à Cardiff.

Tu as oublié tes chaussures, renversé ton bacon et tes haricots sur toi tellement tu étais nerveux, nerveux à ce point, parce que c'était ce que jouer pour ton pays signifiait pour toi...

Et, désormais, c'est tout ce qu'il te reste de tes débuts en équipe d'Angleterre à Ninian Park : à quel point tu étais nerveux, foutrement terrifié...

Mais, onze jours plus tard, tu as été sélectionné pour jouer contre la Suède à Wembley...

« Vous avez déjà joué à Wembley, hein, monsieur Clough ? Vous avez déjà joué à Wembley, monsieur Clough ? Vous avez déjà joué à Wembley ? »

Comme tu avais rêvé de ce gazon, de ce stade, de ce maillot, de cet écusson ; des buts que tu marquerais sur ce gazon, dans ce stade, avec ce maillot, avec cet écusson, devant ta maman, devant ton papa, devant ta belle jeune épouse, mais ce jour-là...

Le 28 octobre 1959...

Tu as touché la barre transversale et offert un but à John Connelly, mais ça n'a pas suffi. Tu étais marqué à la culotte et tu ne pouvais pas t'échapper. Tu ne trouvais pas d'espaces...

« Ses trucs de petit club inutiles à Wembley, dans la cour des grands. »

Sur ce gazon, dans ce stade. Pour cet écusson, avec ce maillot...

Les Suédois vous ont mis en pièces ; les Suédois vous ont battus 3-2 ; ce n'était pas suffisant...

Pas suffisant pour toi. Pas suffisant pour la presse. Pas suffisant pour Walter...

« Comment est-ce que je peux jouer avant-centre avec Charlton et Greaves ? lui as-tu dit. On court tous sur le même ballon. Il faut en supprimer un. »

Mais Walter aimait Bobby. Walter aimait Jimmy. Walter ne t'aimait pas...

Walter t'a supprimé et ces deux matchs, contre le Pays de Galles à Cardiff et contre la Suède à Wembley, ces deux matchs ont été tes seules apparitions en équipe d'Angleterre...

« Vous avez joué à Wembley, hein, monsieur Clough ? Vous avez joué à Wembley, monsieur Clough ? Vous avez joué à Wembley ? »

Deux cent cinquante et un putains de buts au sein de la ligue et deux putains de sélections en équipe d'Angleterre.

Vingt-quatre ans, ta carrière internationale terminée et, le lendemain, tu as pris le train pour Brighton avec les gars de Middlesbrough. Tu n'as pas davantage marqué pendant ce match. Le surlendemain, Middlesbrough est allé jouer contre les Hearts à Édimbourg. Pendant six heures, dans un compartiment, en compagnie de Peter, tu as analysé le match de l'Angleterre. Pas de cartes. Pas d'alcool. Seulement des cigarettes et le football, le football, le football...

Le football, le football, le football et toi, toi, toi...

Parce que tu étais sûr, alors, que tu reviendrais...

Que tu reviendrais en tant que manager de l'équipe d'Angle-

terre, le plus jeune manager de tous les temps ; parce que tu étais destiné à diriger ton pays ; à conduire l'Angleterre hors de ce tunnel, sur ce terrain ; à la conduire à la Coupe du monde...

À une deuxième, une troisième, une quatrième Coupe du monde...

Parce que c'était ta destinée. C'était ton destin...

Ni la chance. Ni Dieu. C'était ton avenir...

C'était ta revanche.

Treizième jour

Lit, petit déjeuner et ne tenir aucun compte des journaux. Douche, rasage et ne tenir aucun compte de la radio. Vêtements, voiture, et ne tenir aucun compte des voisins. Au revoir famille, au revoir Derby. Bonjour autoroute, bonjour putain de lundi matin ; le putain de lundi matin qui suit le samedi de la semaine précédente...

Leeds et Liverpool déshonorent Wembley ; échanges de coups de poing entre stars du football...

Voilà toutes les couleurs qu'ils leur feront voir – nous ferons tous voir – jusqu'à plus soif. Il paraît même que des supporteurs font inculper Bremner et Keegan de coups et blessures ; il ne leur manque que l'accord d'un putain de magistrat, d'un putain de juge toujours prêt à pendre...

Bon, je suis là ; prêt et plus que foutrement d'accord...

Les joueurs auraient dû avoir une journée de congé. Pour récupérer du samedi et se reposer en prévision du mardi. Mais pas après samedi. Pas après ce qu'ils m'ont fait subir ; les migraines qu'ils m'ont données et les migraines qui m'attendent ; les réunions du conseil des dirigeants et les conférences de presse ; cette foutue équipe qu'il faut composer pour demain soir et le putain de contrat qu'il faut rédiger pour ce foutu connard d'Irlandais...

Je hais les putains de lundis, depuis toujours, bordel de merde.

Le temps ne s'arrête pas. Le temps transforme. Le temps va vite. Derby ne doit pas s'arrêter. Derby doit se transformer. Derby doit aller vite...

La distribution reste, mais le décor change et la tribune Ley monte, domine les cités ouvrières de Pop Side et de Vulcan Street ;

elle devrait s'appeler tribune Brian Clough parce qu'elle serait restée dans les putains de cartons sans toi, parce que c'est toi qui as rendu l'espoir à la ville, qui as fait augmenter la demande de billets. Toi qui as imaginé une nouvelle tribune capable de faire passer la capacité à 41 000 spectateurs, qui as étudié les plans d'origine et constaté qu'il n'y avait pas assez de place. Toi qui as rendu visite au directeur exécutif de l'aciérie Ley, qui lui as dit que tu voulais une bande de trente-cinq centimètres du terrain qui lui appartenait pour édifier ta nouvelle tribune. Toi qui as promis de construire une nouvelle clôture et de déplacer ses pylônes, toi qui lui as dit d'aller se faire foutre quand il a parlé de compensation ; que sa compensation serait le nom de la tribune et un abonnement à vie. Toi qui projettes encore d'acheter toutes les maisons situées de l'autre côté du stade, parce qu'il n'y a que toi qui vois au-delà de 41 000, qui vois 50 000 entrées, 60 000 entrées, qui vois la victoire du championnat de première division, la Coupe d'Angleterre, la Coupe d'Europe...

Il n'y a que toi qui as l'estomac de faire ce boulot, qui as les couilles...

Personne d'autre, ni Peter, ni Longson, seulement toi...

Toi et ton estomac. Toi et tes couilles.

Il y a seize ans que Derby n'a pas joué en première division et les espoirs sont tels que la demande de billets ne peut être satisfaite. On donne la priorité aux gens qui ne veulent pas s'abonner seulement pour une saison, mais pour deux. En coulisses, il y a également des transformations...

Jimmy Gordon remplace Jack Burkitt en tant que coach et entraîneur...

« Le travail est mâché, dit Jimmy. Les joueurs sont là et la discipline est là. Le boulot du patron consiste à déterminer la méthode de jeu et mon boulot est donc de la mettre en application sur le terrain. »

Le temps ne s'arrête pas. Le temps transforme. Le temps va vite...

Donc Derby se transforme. Derby va vite...

Tu pousses et tu tires ce club, tu le pousses et tu le tires d'un bout à l'autre, jusqu'en haut de la colline, en haut et jusqu'au sommet, et tu n'oublieras jamais ces premières semaines au sommet, ces premières semaines en première division, ce premier samedi...

À domicile contre Burnley, Burnley qui a terminé la saison précédente en milieu de tableau. À domicile devant 29 000 supporteurs. Cela changera avec les résultats. Bientôt, ils seront 40 000 ou plus, 40 000 ou plus pour voir ton *équipe*, tes *gars :*

Green, Webster, Robson, Durban, McFarland, Mackay, McGovern, Carlin, O'Hare, Hector et Hinton.

Tu as de la chance de faire 0-0 et tu aurais perdu sans les réflexes de ton gardien, Les Green, qui sauve un penalty...

Mais la chance n'est pas au rendez-vous. Pas ce jour-là. Jamais...

Vous jouez un bon football méthodique ; au sol, dans les pieds, passes vers l'avant...

Vous n'êtes pas dépassés par les événements. Vous n'avez pas le vertige...

Pas ce jour-là ; pas ce premier samedi, ces premières semaines, ce premier mois : le premier mardi, à l'extérieur à Ipswich, votre première victoire. Match nul à Coventry le samedi suivant. Ipswich à domicile et nouvelle victoire. Nouveaux nuls face à Stoke et aux Wolves. Puis victoire 2-0 à l'extérieur à West Brom...

Puis retour à Hartlepools pour la Coupe de la ligue...

Le temps s'est arrêté, ici. Le temps n'a rien transformé. N'est pas allé vite :

Toujours plus de mauvaises herbes que de gazon sur le terrain de Victoria Ground, toujours aussi lisse qu'une rue pavée ; toujours pas de projecteurs jusqu'à la quatre-vingtième minute. Mais Hartlepools se jette corps et âme dans le match et il y a toujours 0-0 à la mi-temps...

Pendant la seconde mi-temps, McFarland et Carlin marquent, mais Hartlepools revient avant que Hinton ne mette les choses au point avec un penalty...

Voilà le chemin que tu as parcouru. Voilà où tu en es maintenant :

Tu as été désigné manager du mois en août. On te remet un chèque de 50 livres et une bouteille d'un gallon de whisky :

« L'équipe de Derby County est probablement la première, depuis Ipswich sous la direction d'Alf Ramsey et Leeds United sous celle de Don Revie, à produire aussi rapidement un impact sur la première division, a dit le porte-parole du jury. Clough est parvenu à rendre un enthousiasme authentique à une des grandes places fortes traditionnelles du football et à restaurer le prestige footballistique de Derby County et des Midlands. »

Vous battez Everton 2-1 devant les caméras de Match of the Day. *Puis Southampton 3-0 et Newcastle 1-0 à l'extérieur, et vous êtes toujours invaincus. Puis c'est Tottenham et la victoire 5-0 devant un public record de presque 42 000 spectateurs...*

Facile, facile, facile, *psalmodient-ils.* Facile, facile, facile...

Le Tottenham de Jimmy Greaves et d'Alan Mullery. De Bill Nicholson...

« Ils nous ont humiliés, dit Bill Nicholson. Ils ont beaucoup de talent et ils ne se contentent pas de courir : ils savent où courir et quand. Dave Mackay? Si je voulais que tout cela arrive à quelqu'un, ce serait à lui. Avec six Dave Mackay, on n'aurait besoin de personne d'autre. Une source d'inspiration pour tout le monde et un honneur pour le football. Un des plus grands de tous les temps. »

« Je suis heureux pour l'équipe parce que tout le monde a très bien joué, dit Dave Mackay. Pas parce que c'était les Spurs, mais parce qu'on est forcément heureux quand on fait partie d'une équipe qui joue de cette façon. C'est notre meilleur match depuis mon arrivée ici. »

Et toi ? La plus grande gueule du football ? Qu'est-ce que tu dis ?

« Il n'y a rien à dire. J'étais très fier des gars. »

Voilà le chemin que tu as parcouru. Voilà qui tu es. Voilà où tu es...

En première division, au sommet. Tu veux y rester définitivement.

Le soleil ne brille jamais sur Elland Road. Pas sur le terrain d'entraînement. Pas depuis que j'y suis arrivé. Pas étonnant que les gamins ne veuillent pas m'accompagner au stade. Ma femme non plus. Seulement le vent et l'ombre, le brouillard et la pluie ; les merdes de chien et les flaques d'eau, des survêtements violets et des visages violets...

Ils en ont marre de moi et j'en ai marre d'eux...

Mais ils ont fait leur lit. Leur putain de lit :

« Je ne me répéterai pas, je leur dis. Je me fiche de ce qu'on vous a raconté, des petits trucs et des petites tactiques, des petites tromperies et des petites tricheries que votre ancien manager et vos anciens coachs vous ont enseignés, mais ils n'ont pas leur place au sein de mon équipe. Aucune place. Donc ce qui s'est passé samedi à Wembley ne se reproduira pas. En aucun cas. J'ai eu honte d'être associé à vous, à ce club, à la façon dont certains d'entre vous – presque tous – se sont comportés et je ne l'accepterai pas. Pas dans ce club, pas tant que j'en serai le manager...

« Donc, si cela se reproduit, non seulement vous trouverez de quoi payer vos foutues amendes, mais vous trouverez aussi un autre putain de club. »

Tu conduis ton *équipe,* tes *gars, à Elland Road le samedi 25 octobre 1969 pour jouer contre les champions, les champions de la première division.*

Ce ne sera pas comme l'année précédente. Pas comme ces trois défaites en coupe. Cette fois vous êtes vous aussi en première division...

Cette fois ce ne sera pas pareil...

Cette fois il tiendra compte de toi. Cette fois il te respectera.

Mais, soudainement, les choses n'ont plus aussi bien marché. Peut-être avaient-elles trop bien fonctionné, peut-être devenais-tu négligent ; tu es resté la seule équipe de première division invaincue jusqu'au jour où tu as perdu face à Wednesday, puis tu as fait match nul contre Chelsea et Palace, et tu as de nouveau perdu à domicile devant Manchester City. Maintenant, Robson est blessé et les autres membres de l'équipe ne peuvent jouer que grâce aux injections de cortisone...

La cortisone qui masque la douleur, masque cette foutue peur, masque ces putains de doutes...

Derby County n'a pas gagné un match depuis sa victoire 2-0 contre Manchester United...

Manchester United avec Charlton, Best et Kidd...

Mais c'était alors et maintenant c'est Leeds, Leeds, Leeds :

Sprake. Reaney. Madeley. Bremner. Charlton. Hunter. Lorimer. Clarke. Jones. Bates et Gray...

Leeds United, champion 1968-69 de la première division.

45 000 spectateurs sont venus à Elland Road les voir vous battre 2-0 grâce à deux buts typiques de Leeds United : le premier de Clarke après que le juge de touche eut signalé un mauvais lancer de Bremner, le deuxième trois minutes plus tard, après que Bates eut passé à Clarke, qui était hors jeu d'au moins trois ou quatre mètres...

Mais le drapeau reste baissé et le but est accordé.

À la mi-temps, ton *équipe,* tes *gars, protestent. Tu leur dis de fermer leur putain de gueule. Tu leur dis d'écouter et d'apprendre, nom de Dieu :*

« Ils sont impitoyables, expliques-tu. Ils se battent sur tous les ballons. Ils écartent tous les défis. Maintenant, je veux voir votre courage et je veux les voir défendre. »

Pendant la seconde mi-temps, Leeds n'a pas une occasion. Pas une seule. Mais vous ne marquez pas de but. Pas un seul...

Dans le tunnel, Revie te serre la main, Revie dit : « Vous n'avez pas eu de chance.

– La chance n'existe pas, Don, tu réponds. Elle n'existe pas. »

L'Irlandais revisse le capuchon de son stylo neuf, remet le stylo dans la poche de sa veste. Le secrétaire du club prend le nouveau contrat, range le contrat dans son tiroir.

« C'est un plaisir de travailler avec vous, messieurs, dit l'Irlandais.

– De même, je réponds.

– Connerie, fait-il en riant. Vous vouliez que je parte, vous le voulez toujours et vous obtiendrez peut-être ce que vous souhaitez. Mais vous êtes aussi assez intelligent pour comprendre que vous avez besoin de moi maintenant, avec les blessures, les suspensions et le début de la saison. Vous serez bien content de m'avoir samedi, aucun doute.

– Aucun doute, j'admets.

– Mais ce serait vachement ironique si monsieur Nicholson arrivait à un accord avec moi avant, hein, monsieur Clough ?

– Tu lis mes pensées. »

L'Irlandais rit à nouveau. « C'est pas à un vieux singe qu'on apprend à faire la grimace, monsieur Clough. »

Tu n'as pas gagné à nouveau, pas depuis le 4 octobre ; déjà, il y a ceux qui doutent et ceux qui se moquent, sur les gradins et derrière le banc, devant le vestiaire et dans les couloirs, les salles de conférences et les bars, ceux qui avaient raison dès le début, qui savaient que ça ne durerait pas, que ce n'était qu'une trouée dans le ciel, une fausse aurore, tout ce qu'on racontait sur l'Âge d'or, le Retour de Derby County...

Cependant, si les voix sont fortes dans les tribunes et dans les rues, dans les rédactions et les salles de conférences, elles ne le sont jamais autant que celles qui résonnent dans ta tête...

Les voix qui disent la même chose, les voix qui disent que tu t'es planté...

« Tu es lessivé, Brian. Tu es fini, Clough. »

Ce sont les voix que tu entends matin, midi et soir ; tous les matins, tous les midis et tous les soirs. Ce sont les voix que tu dois réduire au silence, les voix que tu dois couvrir :

« Je gagnerai, je ne perdrai pas. Je gagnerai, je ne perdrai pas... »

Le 1er novembre 1969, le Liverpool de Bill Shankly vient au Baseball Ground :

Lawrence. Lawler. Strong. Smith. Yeats. Hughes. Callaghan. Hunt. Graham. St. John et Thompson ; leurs noms sont un poème pour toi, leur manager un poète...

« Gagner. Gagner. Gagner. Gagner... »

Mais tu as été trop longtemps aux pieds du maître ; maintenant, l'élève veut donner une leçon au professeur, en a besoin :

« Gagner. Gagner. Gagner... »

Le premier but est marqué par McGovern au bout d'un quart d'heure ; de la droite de la zone de penalty, il frappe la balle de l'extérieur du pied droit, lui fait contourner un groupe de joueurs et entrer près du poteau opposé.

Le deuxième but est marqué quarante-sept secondes plus tard : Hector prend le ballon dans les pieds de Strong, entre dans les six mètres et le fait passer entre Lawrence et le poteau.

« Gagner. Gagner... »

Pour le troisième, McGovern trouve, à l'intérieur, Durban, qui peut effectuer la passe qui démarque Hinton, lequel, à l'instant où le défenseur arrive, centre au deuxième poteau, où Hector la met au fond.

À la soixante-huitième minute, Hector pivote une nouvelle fois, distance à nouveau Strong, passe à Durban, qui tire devant le but une balle à ras de terre qu'O'Hare talonne au fond des filets. Mais le juge de touche lève son drapeau, 40 000 spectateurs crient à l'injustice, mais pas ton *équipe, pas* tes *gars...*

Tes gars se contentent de continuer et, une minute plus tard, Hector, ayant une nouvelle fois franchi la défense, est en position de réaliser le coup du chapeau avec seulement Lawrence à battre, et passe la balle à O'Hare qui la pousse dans la cage vide.

« Je gagnerai ! »

« Il n'y a pas de honte à être battu par Derby, dit Shankly. Quand ils jouent bien, ils peuvent battre tout le monde. »

Tu vaincras à nouveau Liverpool à Anfield en février, mais il n'y a qu'un match qui occupe ton esprit, qu'une voix qui résonne dans ta tête...

Le retour contre Leeds United et Don Revie.

« Les sanctions qui seront éventuellement prises le seront en privé.

– Donc vous dites que Bremner fera l'objet de sanctions disciplinaires ?

– Je ne dis pas oui. Je ne dis pas non, je réponds. Je dis simplement que tout ce qui sera éventuellement fait le sera en privé.

– Mais, mais, mais... » bredouillent-ils...

Je connais leurs visages, je connais leurs noms et leurs journaux ; l'heure à laquelle ils doivent rendre leur copie et quand la rotative démarre ; ce qu'ils aiment boire, à quel moment ils aiment le boire et quelle quantité ils boivent. Et ils savent ce qu'ils peuvent me demander et ce qu'ils ne peuvent pas, ce qu'ils peuvent écrire et ce qu'ils ne peuvent pas, parce que j'écris pratiquement leurs fichus papiers à leur place, fais leur foutu boulot...

Et c'est pour ça qu'ils m'adorent. Qu'ils m'adorent, putain...
Chaque fois que j'ouvre ma gueule.

Ce devrait encore être les meilleurs jours, semaines et mois de ta vie, mais en coulisses, en haut et en bas, il y a toujours le doute, toujours la peur et toujours les ennuis...

Toujours des ennuis, au-delà de tous les angles, dans tous les couloirs.

En novembre 1969, le secrétaire du club démissionne, incapable de répondre aux exigences de la première division, incapable de répondre aux exigences du président et du conseil, du manager et du manager adjoint.

Du manager et du manager adjoint...

Des erreurs ont été commises. Des comptes ne sont pas à jour. Des contrats n'ont pas été signés...

Lors de la montée en première division, vous vous êtes vu proposer de nouveaux contrats, toi et Peter, des contrats qui ne comportaient pas de clauses incitatives, des contrats qui n'ont pas été signés...

Tu as conduit Derby County en première division...

Tu as été désigné manager du mois...

« Mais je m'intéresse à tous les postes susceptibles de se présenter », dis-tu à la presse, et la presse sait qu'il y a une place vacante à Barcelone. La presse sait que Barcelone s'intéresse à toi. La presse tire sa conclusion. La presse imprime un nouveau gros titre :
Clough et Taylor en pourparlers avec Barcelone.

Tu ne confirmes pas. Tu ne nies pas.

Coventry City s'intéresse à toi. Birmingham City s'intéresse à toi...

« Nous voulons un manager jeune et dynamique, dit le président de Birmingham. Brian Clough entre manifestement dans cette catégorie. »

Birmingham te propose trois fois le salaire que tu touches à Derby. Peter a déjà fait ses bagages et pris son billet pour Birmingham. Ou Coventry. Ou Barcelone...

Mais il y a toujours le doute. Il y a toujours la peur. Toujours l'Oncle Sam...

Sam Longson lit les gros titres. Sam Longson chie dans son froc. Sam Longson vous enferme, toi et Peter, dans la salle du conseil...

Sam Longson vous promet tout ce que vous voulez...

Vous signez, toi et Peter, de nouveaux contrats. Des contrats différents.

« La compréhension, la gentillesse, l'honnêteté et la confiance dont vous avez fait preuve vis-à-vis de Peter et moi depuis notre arrivée à Derby nous placent dans l'impossibilité de quitter le club, dis-tu à l'Oncle Sam. Et j'espère que nos bonnes relations et notre succès (sans oublier notre dur labeur) dureront de nombreuses années. »

L'Oncle Sam te serre contre lui. Plus fort. Ses ailes autour de toi...

« Je ferai tout ce qui sera nécessaire pour que vous restiez, dit-il au fils qu'il n'a pas eu.

– Dans ce cas, bon sang, débarrassez-vous du conseil, de Bradley, Payne, Turner et Bob Kirkland. Ces hommes sont contre nous, contre notre façon de procéder, nous ont mis des bâtons dans les roues. »

L'Oncle Sam acquiesce. L'Oncle fourre des billets dans tes poches...

Le conseil t'accorde un nouveau contrat. Le conseil t'accorde une augmentation (et ce n'était pas trop tôt). Pas à Peter. Mais Peter ne le sait pas. Ne sait pas que ton salaire annuel est de 15 000 livres, le double de celui de l'archevêque de Canterbury...

« Tout ce que je peux dire, c'est que le stade de Derby est plein, mais que les églises sont vides. »

Sous la tribune, après les portes. Je franchis une nouvelle fois ce putain d'angle, prends à nouveau ce putain de couloir, à la rencontre de Syd Owen et de Maurice Lindley. Ils me croisent sans un mot. Puis Syd parle dans mon dos. Derrière sa main. Les dents serrées, Syd dit quelque chose qui ressemble à : *Quand elles sont tenues, les filles de la maison n'ont pas de soupirants...*

Je m'arrête. Je me retourne. « Pardon ?

– Votre téléphone sonne.

– Quoi ? Quand ?

– Il y a un instant, répond Syd. Au moment où on passait devant le bureau. Maurice voulait entrer et décrocher, et il l'aurait fait, mais je lui ai expliqué que vous nous aviez demandé de nous en abstenir, n'est-ce pas ?

– Mais il sonne peut-être toujours, dit Maurice Lindley. Si vous vous dépêchez, vous arriverez peut-être à temps. »

L'angle, le couloir. Je gagne le bureau. J'entends la sonnerie du téléphone. Il sonne, sonne et sonne. Je sors mes clés. Je déverrouille la porte. Je vais jusqu'à la table de travail...

Je décroche...

Personne au bout du fil.

Tu ne fermes pas l'œil de la nuit. Tu attends ce jour depuis le 25 octobre de l'année précédente. Tu as attendu cet événement pendant toute la saison...

Lundi de Pâques : 30 mars 1970 ; Derby County contre Leeds United.

Tu n'as pas perdu depuis QPR en février. Pas depuis que tu as acheté Terry Hennessy, de Nottingham City, 100 000 livres. Tu es en haut, maintenant, pratiquement sûr de finir dans les cinq premiers. Place en Fairs Cup. Tout va bien...

Mais pas aussi bien qu'à Leeds United. Pas aussi bien que pour Don Revie, OBE[1]*...*

Leeds est deuxième de la ligue, en demi-finale de la Coupe d'Europe contre le Celtic, en finale de la Coupe d'Angleterre contre Chelsea et en passe de réaliser un triplé sans précédent...

Leeds, Leeds, Leeds ; en avant tous ensemble :

David Harvey, Nigel Davey, Paul Peterson, Jimmy Lumsden, David Kennedy, Terry Yorath, Chris Galvin, Mick Bates, Rod Belfitt, Terry Hibbitt, Albert Johanneson...

C'est la réserve et les 41 000 spectateurs protestent quand l'équipe de Leeds est annoncée ; les spectateurs du Baseball Ground ont été trompés, veulent qu'on leur rende leur argent et tu le ferais, nom de Dieu, si tu pouvais...

Tu es furieux, tu es enragé et tu cherches Revie. Tu le trouves en conciliabule avec Les Cocker, Lindley et Owen, et tu tires sans sommation :

« Écoutez ce putain de public, tu lui dis. Il est venu voir les champions de la ligue. Il a payé du fric durement gagné pour voir ces putains de champions. Pas cette connerie d'équipe de réserve de Leeds. Vous avez trompé ces gens. La population de Derby. Mon équipe.

– Saisissez la Fédération, répond Revie. Après-demain, on joue la demi-finale de la Coupe d'Europe contre le Celtic et si vous étiez à ma place, vous feriez pareil.

– Jamais, tu rétorques. Jamais. »

Tu alignes ton équipe la plus forte. Tu les bats facilement 4-1, mais le public proteste pendant les quatre-vingt-dix minutes. Il va même jusqu'à applaudir lentement l'équipe de Derby...

Et tu ne lui en veux pas, nom de Dieu. Tu ne peux pas et tu ne veux pas.

---

1. Order of the British Empire. (*N.d.T.*)

La Fédération infligera une amende de 5 000 livres à Leeds et Revie parce qu'ils n'avaient pas présenté leur équipe la plus forte, et ta haine sera aussi tranchante et complète que la saison de Leeds United sera stérile et nue, parce qu'ils termineront deuxièmes derrière Everton, perdront face au Celtic en demi-finale de la Coupe d'Europe et face à Chelsea en finale de la Coupe d'Angleterre...

« Mais si vous aviez été à ma place, dit Revie dans le tunnel, vous auriez fait pareil. »

Tu ignores sa main tendue, tu promets : « Je ne ferai jamais comme vous, Don. »

Deux mois plus tard, Revie est désigné manager de l'année...

Pour la deuxième saison consécutive.

La porte est fermée à clé et la chaise contre elle ; clope entre mes lèvres et téléphone dans ma main :

« Monsieur Nicholson ? Brian Clough à l'appareil.

– Bonjour, monsieur Clough, dit Bill Nicholson. Que puis-je faire pour vous ?

– C'est à propos de John Giles...

– Oui ?

– À propos de son départ chez vous...

– J'espère que vous plaisantez. Après samedi ?

– Samedi ?

– J'étais à Wembley, monsieur Clough. Giles était pire que Bremner. Dix fois pire. Il n'aurait jamais dû rester sur le terrain. Ce n'est pas le genre de joueur que nous apprécions à Tottenham, assurément pas en tant que joueur-manager.

– C'est votre dernier mot, n'est-ce pas ?

– Vous pouvez dire ça, oui. »

Je raccroche. Je sors mon carnet d'adresses. Je décroche le téléphone...

« Brian Clough à l'appareil, dis-je à Huddersfield. Pourrais-je parler à Bobby Collins, s'il vous plaît ? »

Il y a toujours le doute, toujours la peur, toujours les ennuis...

Au-delà de tous les angles. Dans tous les couloirs. Derrière toutes les portes. Dans tous les tiroirs.

Quatre jours après ta victoire sur la réserve de Leeds United, quatre jours après ce match qui te garantit une place en Fairs Cup, une place en Europe, la commission de la ligue et de la Fédération chargée d'étudier les comptes de Derby County rend son rapport ; la commission conjointe de la ligue et de la Fédération a examiné les comptes de Derby County en raison de négligences administratives. De foutues grosses erreurs administratives. Des putains d'énormes erreurs administratives...

Vente de trop nombreux billets. Livres non tenus à jour. Contrats non signés. Paiements illégaux.

La commission conjointe de la ligue et de la Fédération estime que Derby County est coupable de huit chefs de négligence grave dans l'administration du club : défaut de transmission du contrat de trois joueurs à la ligue, variations des paiements contractuels versés aux joueurs pendant la saison, versement de 2 000 livres à Dave Mackay Limited pour des articles promotionels et paiement de l'allocation logement aux juniors, pas à leurs propriétaires...

Tous les détails techniques. Toutes les petites choses...

« Les représentants du club ont reconnu les irrégularités énumérées dans le rapport. De ce fait, la commission considère que le club est coupable des irrégularités dont il est accusé et, à la suite de l'examen des faits, la commission conclut que de graves carences ont affecté l'administration du club et que les membres du conseil doivent en accepter une part de responsabilité. Considérant l'ensemble des accusations, la commission inflige au club une amende de 10 000 livres et décide également de lui interdire de participer à la compétition européenne pendant la saison 1970/71, ainsi que de jouer des matchs amicaux contre des clubs appartenant à toute autre association nationale jusqu'au 30 avril 1971. »

La Fédération et la ligue t'en ont fait voir de toutes les couleurs – et t'ont appliqué les pénalités les plus lourdes de l'histoire du football : une amende de 10 000 livres, une interdiction d'un an de compétitions européennes et la perte de 100 000 livres de revenus européens...

« Une terrible injustice », déclare le maire de Derby.

Mais c'est personnel, tu le sais ; à cause de ce que tu as écrit...

À cause de ce que tu as dit dans les journaux et à la télé :

« Les problèmes sont apparus parce que je n'ai pas hésité à critiquer Alan Hardacker, secrétaire de la ligue. On n'a apparemment pas le droit de dire qu'il a trop de pouvoir. »

Mais tout a un bon côté et ce sont exactement les munitions dont Longson avait besoin :

« Depuis quelque temps, explique Sam Longson à la presse locale, je suis en désaccord avec la politique et l'approche de certains dirigeants. En réalité, j'ai demandé au président de démissionner en novembre dernier et je lui ai dit que nous avions besoin d'un homme plus fort. Il affirme que le conseil est uni, mais, en vérité,

trois de ses membres, messieurs Paine, Turner et Kirkland, ne m'adressent plus la parole depuis environ six mois. »

Longson demande les démissions de Paine, Turner et Kirkland...

Paine, Turner et Kirkland demandent que vous démissionniez, Longson, Peter et toi...

Tu appelles Birmingham City. Birmingham City se frotte les mains...

Il ne peut y avoir qu'un vainqueur.

Harry Paine démissionne. Ken Turner démissionne. Bob Kirkland démissionne :

« Quand je suis devenu dirigeant du Derby County Football Club, écrit Bob Kirkland, j'ai pris certaines responsabilités. Pour exercer ces responsabilités, il est nécessaire d'être tenu informé de toutes les décisions importantes prises au sein du club. J'ai le regret de dire que je n'ai pas été tenu informé, notamment en ce qui concerne les problèmes qui ont motivé l'enquête récente de la Fédération et de la ligue de football. J'affirme que je n'ai eu connaissance de ces problèmes qu'au terme de l'enquête. J'ai estimé qu'il était de mon devoir de rester en place afin de ne pas porter préjudice au résultat de cette enquête, mais, au vu des divisions profondes du conseil qui se sont récemment dévoilées, j'estime que je dois démissionner immédiatement de mon poste de directeur. »

Il y a toujours un vainqueur ; un seul vainqueur...

Brian Howard Clough.

« Tu rentres tôt, dit ma femme. Ça ne te ressemble pas. Tout va bien ?

– Tu veux que je ressorte ? Que j'aille au pub ?

– Ne sois pas ridicule. C'est une bonne surprise.

– Profites-en, dis-je. Je serai absent dans la semaine.

– Tu as suffisamment de chemises, n'est-ce pas ?

– Je me débrouillerai. »

Elle se dirige vers moi. Elle passe les bras autour de mon cou, demande : « Vraiment ?

– Il faudra bien. Je n'ai pas vraiment le choix, hein ?

– Ne dis jamais ça. Nous sommes toujours avec toi. Tu le sais, n'est-ce pas ?

– À ton avis, qu'est-ce qui me permet de rester sain d'esprit ?

– Je ne sais pas, répond-elle en souriant. Je croyais que, d'après toi, c'était le football qui te permettait de rester sain d'esprit.

– Plus maintenant, dis-je. Plus maintenant. »

Quatorzième jour

Cassius Clay devient Mohamed Ali. Les Quarrymen deviennent les Beatles. Lesley Hornby devient Twiggy et George Best devient Georgie Best...

Superstar.

C'est un monde nouveau. Une Angleterre nouvelle...

Suppléments en couleur. Télévision en couleur. Journaux tout neufs. Le Sun. *Les chroniques et les débats télévisés. Les chroniques et les débats télévisés qui ont besoin d'opinions. D'esprits qui ont des opinions. De bouches qui ont des opinions...*

Un esprit et une bouche comme les tiens, grands ouverts.

Grands ouverts, comme tes bras et ton portefeuille.

Ta femme n'est pas emballée. Peter non plus. Mais Sam Longson l'est...

« Vous pouvez apporter énormément au football », affirme l'Oncle Sam.

Été 1970 : Alf Ramsey et l'Angleterre jouent la Coupe du monde au Mexique, ils perdent dix kilos par match et ont du mal à respirer. Tu es dans les studios de la télévision indépendante, tu touches 100 livres par match et tu as du mal à respirer pendant les débats en compagnie de Malcolm Allison : Big Mal et Big Head...

Vous êtes consultants à la télévision ; vous êtes des têtes pensantes de la télévision...

Vous ouvrez votre gueule. Vous ne mâchez pas vos mots...

Vous êtes controversés. Vous êtes sûrs de vous...

Vous vous faites un nom...

Tu te fais un nouveau nom :

Cloughie.

Je suis là depuis une heure, je les regarde accomplir leurs enchaînements, s'entraîner ; là, dans l'ombre de ce terrain, sous ce ciel désespérant. On joue ce soir à Southampton, dernier match soi-disant amical de l'avant-saison...

Et il faut y aller par avion...

Je n'ai pas envie d'y aller ; toutes les fibres de mon être n'en ont pas envie. Je serais prêt à payer pour éviter de le faire.

Bites Yer Legs me rejoint...

« La façon dont on a tiré les corners samedi m'inquiète un peu, dit-il. Il faut qu'on trouve une solution et je me demandais si vous aviez une idée ?

– Vous êtes des putains de footballeurs professionnels, je réponds. Débrouillez-vous. »

Pendant la saison 1969-1970, Derby County a fini quatrième ; quatrième lors de votre première saison en première division. Vous avez joué quarante-deux matchs, vous en avez gagné quinze à domicile et sept à l'extérieur ; vous avez marqué soixante-quatre buts et vous en avez concédé trente-sept ; vous avez cinquante-trois points à la fin de la saison, treize de moins qu'Everton, le champion, quatre de moins que Leeds, le deuxième, deux de moins que Chelsea, le troisième, mais deux de plus que Liverpool et quatre de plus que Manchester United. Derby termine quatrième ; Derby devrait participer aux coupes européennes la saison suivante ; à l'Inter-Cities Fairs Cup...

Cependant Derby n'y prendra pas part. Derby a été suspendu. Mais malgré la suspension des coupes d'Europe ; malgré les conflits au sein du conseil ; malgré ces nuages noirs et ces signes inquiétants, la saison suivante, la saison 1970-1971, suscite de grands espoirs.

Espoirs sur le terrain. Espoirs hors du terrain. Espoirs en haut. Espoirs en bas...

Un nouveau secrétaire du club a été nommé, nommé par toi...

Tu n'as pas consulté le conseil. Tu n'as pas consulté l'Oncle Sam. Tu n'as pas consulté Peter et tu n'as pas consulté ta femme...

Tu leur as simplement annoncé que tu avais nommé Stuart Webb...

Stuart Webb, de Preston North End. Stuart Webb est jeune...

Webby porte des costumes impeccables. Webby aspire à faire des affaires...

Brûle d'ambition. Se consume d'ambition...

Webby veut contrôler totalement l'administration du club, développer les opérations de promotion, revivifier l'association des supporteurs, les Junior Rams[1]*, créer des soirées de remise de prix...*

Il veut faire pour Derby, hors du terrain, ce que tu as fait sur le terrain...

Stuart Webb veut être toi. Stuart Webb veut être Brian Clough...

Webby veut être Cloughie.

On ne peut pas le lui reprocher. Personne ne peut...

Tout le monde veut être toi. Tout le monde t'aime : les pères et les fils, les épouses et les filles. Les jeunes et les vieux, les riches et les pauvres. Parce que les espoirs sont grands chez les pauvres, grands chez les riches...

Les espoirs que tu as suscités. Des espoirs que tu dois concrétiser.

Manchester vient jouer le grand match de l'avant-saison au Baseball Ground ; la finale de la Watneys Cup de 1970. Devant 32 000 spectateurs...

En direct à la télévision. En direct à cause de Manchester United :

Stepney. Edwards. Dunne. Crerand. Ure. Sadler. Morgan. Law. Charlton. Kidd et Best (Stiles sur le banc de touche).

Le seul et unique Manchester United, avec Law, Charlton, Kidd et Best.

Mais c'est ton *équipe,* tes *gars, qui marquent quatre fois, qui tirent inlassablement, qui réalisent des combinaisons à quatre ou cinq avec des passes rapides, c'est* ton *équipe,* tes *gars qui trouvent les espaces, qui percent la défense adverse...*

Inlassablement.

Plus tard, les joueurs de Manchester diront que ce n'était qu'un match amical, un match d'avant-saison comme les autres, un échauffement sans conséquence. Mais tu sais que les matchs amicaux n'existent pas...

Parce que tu sais qu'on ne peut pas allumer et éteindre.

Assis sur le banc, tu vois Denis Law sortir en boitant, Kidd et Best pâlir, Charlton paraître très, très fatigué, puis tu regardes ton *équipe,* tes *gars ; ils se donnent tous à cent pour cent parce qu'ils savent qu'on ne peut pas allumer et éteindre ; parce qu'ils savent que le football est un sport d'habitude ; parce qu'ils savent que l'habitude doit être de gagner...*

Tu as suscité des espoirs. Des espoirs que tu dois concrétiser...

---

1. The Rams (les Béliers) est le surnom donné à l'équipe de Derby County. (*N.d.T.*)

Et vous le ferez ; toi, Peter, Sam et Webby...
L'Âge d'or, enfin.

Salle du conseil du Yorkshire, rideaux tirés. L'heure du jugement pour eux, pour nous tous. Le secrétaire de la Fédération et la commission disciplinaire se sont réunis pendant quatre heures à Londres. Le conseil des dirigeants de Leeds a reçu la décision de la Fédération...

Je me sers un cognac bien tassé et m'assieds près de Bremner.

Manny Cussins prend le document et, sur un ton solennel, le lit à haute voix : « Bremner de Leeds et Keegan de Liverpool seront suspendus trois matchs à dater du 20 août, sauf si les joueurs demandent à être personnellement entendus... »

Cussins se tait et fixe Bremner.

Bremner secoue la tête.

« Bremner de Leeds et Keegan de Liverpool sont également responsables, conformément à la Règle 40 A7, d'avoir nui à la réputation de notre sport en raison de leur comportement après avoir été exclus de l'aire de jeu. Les deux joueurs, leurs managers et un représentant de chacun des deux conseils d'administration sont en outre convoqués au siège de la Fédération, vendredi, où ils rencontreront monsieur Vernon Stokes, président de la commission disciplinaire. »

Cussins glisse le document dans sa poche. Tous les regards sont maintenant tournés vers moi...

J'allume un cigare. Je bois une gorgée de cognac. Je me tourne vers William Bremner et lui dis : « Ils ne vont pas te rater, pauvre connard. »

Malgré les grands espoirs, malgré la Watneys Cup, il y a toujours des nuages noirs et des signes inquiétants ; ils pèsent sur toi, mais davantage sur Peter, qui se fait du souci et a la peur au ventre...

« On manque de rythme, répète-t-il inlassablement. Sans rythme, on reculera. »

La peur au ventre, jour après jour...

C'est ainsi que débute la saison 1970-1971 ; Peter est à nouveau soucieux, froisse son Sporting Life, *fume à la chaîne, se ronge les ongles, fait à nouveau ces rêves, ces cauchemars où tu as tout foiré, où il a tout foiré, ses journées de doute, ses nuits de peur...*

Seulement les doutes et seulement les peurs. Ni secours ni souper.

Peter pense que vous auriez dû partir tous les deux pour la Grèce en mars ; en Grèce pour travailler pour les colonels à 20 000 livres par an plus 10 000 livres à la signature du contrat, le tout net d'impôts. Peter y serait allé, mais il n'y avait pas de poste pour Peter sans Brian. Dans votre chambre secrète de l'hôtel Mackworth, Peter a tenté de te convaincre, t'a supplié d'accepter...

« Je ne touche pas à la dynamite », as-tu répondu et tu n'en as pas démordu.

Peter pense que vous auriez dû aller à Birmingham en avril ; aller à Birmingham et travailler pour Clifford Coombs. Peter y serait allé, mais il n'y avait pas de poste pour Peter sans Brian. Une nouvelle fois, dans votre chambre secrète de l'hôtel Mackworth, Peter a tenté de te convaincre et Peter t'a supplié, tenté de te convaincre et supplié, supplié, supplié...

Barcelone. La Grèce. Birmingham. Coventry. N'importe où, sauf ici...

« Mais je suis heureux ici, lui as-tu dit, lui dis-tu. Tout se passe bien. »

Cependant Peter n'est jamais content de votre sort ; l'herbe est toujours plus verte ailleurs et ce que vous avez n'est qu'une étendue de broussailles et de pierres, que des broussailles et des pierres...

« Nous manquons de rythme, dit et répète-t-il. Et sans rythme, on reculera.

– On s'en est bien tirés la saison dernière, tu réponds. Et si ce n'est pas cassé...

– Et si on recule, dit-il, qui voudra de nous, Brian ? »

Je déteste l'avion et cette bande n'arrange rien ; ils ne bavardent pas et ne blaguent pas, ils ne boivent pas et ne fument pas, ils restent immobiles, les yeux fixés sur le fauteuil qui se trouve devant eux. Sur les consignes de sécurité. Moi...

Je pense à ma femme. Je pense à mes mômes...

Dans le ciel, au-dessus de l'Angleterre, parmi ces foutus oiseaux et ces foutus nuages, personne ne se sent invincible. Pas ici. Même pas moi. Pas sans un verre ou une clope à la main. Ici, tout le monde est mortel, plein de regrets, voudrait être en bas, les pieds sur la terre ferme, arranger les choses, les rendre agréables, les améliorer...

Ils vont dîner, ma femme et mes mômes, regarder un peu la télé...

Je n'ai jamais pris l'avion avec Middlesbrough. Je n'ai jamais pris l'avion avec Sunderland...

Puis ce seront le bain et le coucher, une histoire s'ils sont sages...

Je ne l'aurais jamais pris si nous étions restés à Hartlepools...

Bonne nuit, dormez bien ; j'éteins et faites de beaux rêves...

Je ne le ferais plus jamais, si c'était à moi de décider...

De beaux, beaux rêves.

Observer. Conclure. Remplacer. Observer. Remplacer. Remplacer...

C'est ce que fait Peter ; ce pour quoi Peter est payé ; ce qui lui permet de se sentir utile ; de se sentir nécessaire, important. Stuart Webb a soufflé à l'oreille de Peter ; il lui a parlé d'un jeune garçon de son ancien club, un jeune Écossais de Preston North End. Donc Peter va voir Archie Gemmill et, quatre-vingt-dix minutes plus tard, appelle le Baseball Ground...

« J'en ai vu un, il t'annonce. Ramène-toi avec le chéquier de Longson, vite. »

Tu vas à Preston. Tu vois Alan Ball, père de l'Alan Ball de l'équipe d'Angleterre et manager de Preston North End. Tu acceptes de payer Gemmill 64 000 livres...

Si Gemmill accepte d'entrer dans ton équipe (il acceptera, ils le font toujours).

Peter rentre, nécessaire et important, son travail accompli...

Maintenant, ton boulot commence. Tu vas chez Gemmill. Tu es chez lui depuis deux minutes et tu comprends que le travail vient seulement de commencer ; tu perçois qu'un autre club, Everton, champion de la ligue, est sur le coup ; tu l'entends dans la voix de Gemmill, tu le vois dans ses yeux, tu le sens sur ses vêtements. Et il y a la femme de Gemmill ; Betty t'a vu à la télé et n'apprécie pas ce qu'elle a vu, cette grande gueule, ces opinions. Par ailleurs, Betty est enceinte et opposée à de nouveaux changements dans sa vie...

Deux minutes et tu comprends que tu ne rentreras pas chez toi ce soir. Donc tu retrousses tes manches, tu entres dans la cuisine et tu te tapes la vaisselle.

« Je voudrais vous donner une réponse demain matin, dit Archie Gemmill.

– Parfait. Je pioncerai dans la chambre d'ami, si ça ne t'ennuie pas. »

Le lendemain matin, Betty te prépare des œufs au bacon pendant qu'Archie signe le contrat entre la confiture et le ketchup...

Du travail bien fait, c'est tout toi.

Tu retournes au stade de Preston. Tu annonces la nouvelle à Ball ; Ball n'a pas l'air trop triste. Ball croit qu'il t'a roulé...

« Ce n'est pas le joueur que vous croyez, dit Ball. Votre pote a déconné. »

Tu n'écoutes pas ; tu n'en as rien à foutre. Vous connaissez les joueurs, toi et Peter. Personne ne connaît les joueurs, hormis toi et Peter...

« Vous ne vous faites pas des amis, votre pote et vous », ajoute Ball.

Tu n'écoutes pas, tu n'en as rien à foutre...

Tout ça, pour toi, c'est de l'eau sur les plumes d'un canard.

Tu retournes à Derby. Tu vends Willie Carlin à Leicester. Tu laisses Peter le lui annoncer. Lui tenir la main. Lui tenir le cœur...

Le bourrer de cortisone. Sécher ses larmes...

De l'eau sur les plumes d'un canard.

Il y a 15 000 spectateurs au Dell pour ce foutu match d'hommage à Ted Bates ; la dernière putain de répétition en costume. Clarke, Madeley et Yorath ne sont pas du voyage, donc je fais entrer Terry Cooper et Eddie Gray dès le début, pour voir comment ils tiennent le coup en prévision de samedi. Je fais également jouer Hunter pendant la première mi-temps, alors qu'il sera suspendu samedi, je le fais jouer parce que des digigeants de clubs possibles sont dans les tribunes pour le regarder, ainsi que Cherry, Cooper et Harvey. Virer ces quatre-là pour commencer, se débarrasser de l'Irlandais, acheter Shilton, Todd, McGovern et O'Hare, et la moitié du boulot sera fait...

Mais je suis toujours dans les starting-blocks ; toujours dans les starting-blocks alors que la saison débute dans quatre jours.

Sur le banc, à voix basse, Jimmy Gordon demande : « Qu'est-ce qu'il y a, patron ?

– Comment ça ? Qu'est-ce que tu racontes ?

– Tu ne les regardes même pas. Tu fixes le toit de la tribune.

– Je t'emmerde. Fais ton boulot et je ferai le mien. »

Il n'y a que deux bonnes choses dans ce match : le comportement des joueurs, pour une fois, et le but de Duncan McKenzie, un tir de quinze mètres au ras du poteau opposé. Il manque aussi une pelletée d'occasions, mais il en marque au moins un...

Seulement deux bonnes choses en quatre-vingt-dix minutes de putain de football.

Ce n'est pas suffisant. Jimmy le sait. Je le sais...

Il y a quelque chose qui ne va pas.

Les joueurs le savent aussi. Ils le sentent dans leurs chaussures...

La saison débute dans quatre jours. La saison débute à l'extérieur.

C'est Halloween, en 1970, et Peter a une tête de déterré. Tu sais ce qu'il ressent :

Vous avez joué quatorze matchs au cours de la saison, et vous n'en avez gagné que quatre. Vous avez été battus à domicile par Coventry, Newcastle, Chelsea et Leeds...

Leeds, Leeds, Leeds :

Vous n'avez pas eu seul un seul coup de pied arrêté, pas une seule foutue touche. Et pas davantage de putain de confiance. Seulement de la cortisone. Norman Hunter, l'homme du match, un colosse, la défense de Leeds extraordinaire, avec des buts de Sniffer Clarke et de Peter Lorimer...

Leeds a pris la tête de deux points. Vous avez perdu quatre places...

Vous avez perdu 2-0 contre Arsenal et vous êtes vingtièmes.

À Highbury, Peter est étendu sur une table d'examen. Il avait l'air épuisé, depuis Paddington, dans l'autocar, et ne paraissait pas en meilleure forme, près de toi, sur le banc...

« Je donnerais n'importe quoi pour rester ici, dit-il.

– Allons, tu réponds. Tu emmènes l'équipe demain à Majorque. »

Peter ouvre les yeux. Ses yeux injectés de sang. Peter te regarde...

Tu ne vas pas à Majorque. Pas cette fois. C'est les vacances de mi-semestre des enfants et tu vas passer la semaine avec eux et ta femme.

Tu ne rentreras pas chez toi faire ta valise ; tu n'iras pas à l'aéroport de Lutton ; tu ne partiras pas pour Majorque à trois heures du matin...

Ce sera Peter, avec ses douleurs dans la poitrine, avec ses doutes et ses peurs...

Pas toi. Seulement Peter. Peter et l'équipe.

Je suis le premier dans l'autocar. L'autocar qui nous ramène à l'aéroport. Au moins, il y aura à boire dans cet avion. Cet avion à destination de Leeds...

Leeds, Leeds, putain de Leeds.

Je suis le premier dehors après l'atterrissage. Le premier à nouveau dans l'autocar pour Elland Road. Encore le premier dehors. Les joueurs regagnent leurs voitures en trébuchant dans le noir, ceux qui peuvent marcher. Mais il n'y a ni voiture ni marche pour moi ; un taxi attend, devant Elland Road, afin de nous accompagner, McKenzie et moi, à l'hôtel Dragonara...

Situé près de la gare de Leeds, c'est l'hôtel moderne de luxe le plus proche du stade de Leeds United. Veuillez contacter le directeur pour obtenir les tarifs des réceptions...

Appartenant au groupe Ladbroke...

Je suis assis sur le lit moderne et luxueux de ma chambre d'hôtel moderne et luxueuse. Par la fenêtre moderne et luxueuse, je regarde le béton moderne de Leeds...

Ville des autoroutes, ville de l'avenir.

Je tends le bras par-dessus le lit moderne et luxueux, puis j'allume la radio moderne et luxueuse. Mais il n'y a pas Frank Sinatra. Pas Tony Bennett. Pas Ink Spots et pas davantage de putain de cognac. Je me lève, prends le couloir moderne et luxueux, frappe à la porte d'un footballeur moderne et luxueux...

Bang, bang et encore bang, nom de Dieu...

« Qui est-ce ? crie Duncan McKenzie. Il est une heure du matin.

– C'est Cloughie. Je veux te voir à la réception. »

C'est un bon gars, ce Duncan. Duncan ne discutera pas. Duncan viendra.

« Donnez-moi cinq minutes, crie-t-il. Il faut que je m'habille, patron.

– Bien, mais ne me fais pas attendre plus longtemps. »

La réception est déserte, hormis un terrible foutu courant d'air et une putain de musique horrible que le réceptionniste semble incapable de couper. Je proteste contre la musique et la fermeture du bar, mais je réussis tout de même à obtenir du thé et m'assieds, les pieds sur la table, pour attendre McKenzie...

« Tu as pris tout ton temps, je lui dis. Pire qu'une putain de gonzesse. »

McKenzie s'assied. McKenzie sort ses clopes.

« Je ne veux plus jamais te voir descendre d'avion dans cet état, j'ajoute.

– Qu'est-ce que vous voulez dire ? Quel état ?

– Ne me prends pas pour un idiot, mon gars. Tu étais complètement bourré !

– Mais je ne bois pas, patron. Je n'ai bu que deux sodas.

– Heureusement que je ne t'ai commandé que du putain de thé, hein ?

– Oui, patron, répond-il, puis il écrase sa cigarette et en allume une autre...

– Et donne-m'en une, pendant que tu y es. »

Il me donne une cigarette puis du feu...

Je tire une bouffée et lui demande : « À côté de qui étais-tu, dans l'avion ?

– Je ne m'en souviens pas, répond McKenzie. Trevor Cherry, je crois.

– Qu'est-ce qu'il a dit sur moi ?

– Pardon ?

– Allez, qu'est-ce que ce con de Cherry a dit sur moi ?

– On n'a pas parlé de vous. On a simplement bavardé. D'amis communs. »

Je suis sûr qu'il ment. Je sais qu'ils n'ont parlé que de Cloughie.

« Tu t'es bien adapté, je dis. Ils te font confiance. Qu'est-ce qu'ils disent ?

– Rien.

– Ne me raconte pas de conneries. Tu es censé être mes yeux et mes oreilles dans ce foutu vestiaire. Alors, putain, qu'est-ce qu'ils racontent sur moi ?

– Rien, patron. Franchement. Ils sont simplement inquiets pour leur avenir. Nerveux.

– Évidemment, nom de Dieu. Ce sont des putains de vieillards ; plus de trente ans, tous autant qu'ils sont.

– Ils veulent seulement bien jouer...

– Arrête de parler d'eux, putain, tu veux ? Parlons de moi, hein ? Personne ne comprend ma position. Personne ne comprend la merde dans laquelle Revie les a laissés et m'a foutu ; pas de contrats, sur le déclin tous autant qu'ils sont. L'équipe est à bout de souffle et il le savait. Elle n'a absolument aucune chance de gagner la Coupe d'Europe. C'est pour ça qu'il a foutu le camp et accepté d'entraîner l'équipe d'Angleterre. Tu crois qu'il aurait laissé tomber une équipe capable de gagner la Coupe d'Europe ? La putain de Coupe d'Europe ? Cet homme ? Jamais de la putain de vie. Ils sont à bout de souffle ; il le savait et je le sais. La moitié de ces cons de joueurs le savent ; le savent dans leurs crampons, le savent dans leur cœur. Mais, maintenant, c'est à moi de le leur dire, de leur dire ce qu'ils savent, nom de Dieu, et n'ont pas envie d'entendre. »

C'est un bon gars, Duncan. Duncan ne discutera pas. Duncan acquiescera.

« Heureusement que je t'ai, je conclus. Maintenant barre-toi. »

Duncan se lève. Duncan sourit. Duncan dit : « Bonne nuit, patron.

– Fous le camp avant que je t'embrasse sur le front. »

Mais Duncan ne bouge pas. « Patron, je peux vous poser une question ?

– Si tu me donnes encore une cigarette. »

Duncan m'en tend une, puis demande : « Qu'est-ce que vous avez pensé de mon but ?

– Il était bon », je réponds, et Duncan sourit...

Un large sourire, comme celui du chat de Cheshire...

Exactement comme mon aîné. Exactement comme mon cadet...

« Il compense presque les cent putains d'occasions que tu as laissées passer. Maintenant va te coucher, tu t'entraînes demain matin ! »

C'est la fin de la nuit, le samedi 9 janvier 1971. Tu joues contre les Wolves, à domicile, dans l'après-midi. Allongé près de ta femme, tu ne dors pas...

Tu ne peux pas dormir. Tu ne peux pas rêver...

Tu croyais que tu étais à nouveau sur la bonne voie : nuls contre Liverpool et Manchester City, victoires contre Blackpool et Forest. Mais tu as perdu à domicile contre West Ham et à l'extérieur contre Stoke, match nul 4-4 contre Manchester United à domicile le lendemain de Noël...

4-4 alors que tu menais 2-0 à la mi-temps ; tu en rends ce con de Les Green responsable. Tu en rends ce con de Peter responsable ; c'est Peter qui l'a fait venir de Burton Albion ; c'est Taylor qui l'a continuellement défendu, a payé ses dettes de jeu, désamorcé les procès en recherche de paternité, lui a prêté de l'argent et l'a maintenu dans l'équipe alors qu'il t'a coûté des victoires.

Tu entends la sonnerie du téléphone. Tu te lèves. Tu descends...

« Je ne viendrai pas aujourd'hui, annonce Taylor. Je n'ai pas fermé l'œil. Je me sens foutrement mal. Je crois que j'ai le cancer.

– Sois sur le terrain dans une demi-heure.

– Pas question. J'en ai marre.

– Je veux que tu y sois au plus tard à neuf heures », tu réponds, puis tu raccroches...

Je me sens foutrement mal. Je me sens foutrement mal. Je me sens foutrement mal.

Tu prends ton carnet d'adresses et tu téléphones ; tu rappelles des services rendus, tu joues de ta notoriété ; tu tires des ficelles, tu obtiens ce que tu veux...

Les meilleurs soins possibles pour Peter.

Tu obtiens que le service de radiologie de l'hôpital ouvre pendant le week-end. Tu persuades le meilleur médecin de Derby de venir, de se faire accompagner d'un spécialiste du cancer.

Tu prends Peter au stade. Tu le conduis à l'hôpital...

Puis tu attends, tu attends dans le couloir, tu attends et tu pries pour Pete.

« Il a eu une crise cardiaque, annonce le médecin. Il y a sans doute environ huit semaines.

– Le match contre Arsenal, tu dis à Pete. Tu te souviens comment tu étais ?

– Quand était-ce ? demande le médecin.

– Le 31 octobre. On a perdu 2-0.

– Cela correspond parfaitement, dit le médecin. Maintenant, il faut que vous le raccompagniez lentement chez lui et que vous veilliez à ce qu'il y reste.

– On a un match contre les Wolves cet après-midi, intervient Pete. Je ne peux pas.

– Vous n'avez pas de match. Et vous n'en aurez pas pendant plusieurs semaines, dit le médecin à Pete. Il faut que vous soyez au repos complet. »

Nous remercions le médecin, le consultant, le spécialiste et le service de radiologie. Puis tu raccompagnes Peter lentement, tu l'installes chez lui, tu veilles à ce qu'il ne bouge pas.

De retour au stade, tu vires Les Green, le vieux pote de Peter ; tu le vires après 129 matchs consécutifs en championnat et en coupe ; tu le vires et tu lui dis qu'il ne jouera plus jamais pour Derby et Brian Clough...

Tu mets Colin Boulton dans les buts. Tu perds 2-1...

C'est ta douzième défaite de la saison.

Quinzième jour

Je me réveille dans mon lit, dans mon hôtel moderne et luxueux, dans ma chambre d'hôtel moderne et luxueuse, avec une putain de gueule de bois à l'ancienne que je ne peux reprocher qu'à moi-même...

Qu'à moi-même et à Harvey, Stewart, Lorimer, les frères Gray, Bates, Clarke, Hunter, McQueen, Reaney, Yorath, Cherry, Jordan, Giles, Madeley, Bremner, Cooper, cet abruti de Maurice Lindley et ce con de Sydney Owen.

Deux victoires, un nul, une défaite (aux penalties) et je devrais être satisfait ; en compétition, Leeds aurait obtenu cinq points en quatre matchs, quatre matchs à l'extérieur, et je serais satisfait ; pas extatique, pas sur un nuage, mais pas effondré ; pas fou de joie, seulement satisfait. Mais ce n'est pas en compétition...

La compétition commence samedi. À l'extérieur, samedi, contre Stoke.

Je me lève. Je me lave et je me rase. Je m'habille. Je descends voir si je peux encore prendre le petit déjeuner. Assis dans la salle à manger déserte, je fixe mon bacon et mes œufs, mon thé et mon toast, m'efforce de ne pas vomir à nouveau...

Ce n'est pas la vraie vie. Pas la vie que je voulais...

Les jours enfuis. Ceux d'aujourd'hui...

Pas ma vie.

Janvier 1971 est un mois désespérant ; Peter est toujours chez lui, malade, Sam est toujours en vacances ; il n'y a que toi et Webby, et tu regrettes déjà d'avoir nommé ce con de Stuart Webb secrétaire du putain de club ; les foutues chevilles de ce snob de Stuart Webb n'arrêtent pas d'enfler.

Pendant toute la matinée, les gens sont venus au stade acheter des billets pour le match de coupe contre les Wolves ; on a presque tout vendu ; on a un putain de matelas de billets que les juniors fourrent dans des sacs en plastique et des corbeilles à papier, n'importe où et n'importe quoi pour s'en débarrasser. Et voilà que ce foutu secrétaire tout juste débarqué, ce putain de secrétaire que tu as nommé, te met sur la putain de sellette...

« Les gars du bureau affirment qu'il y avait quatre poubelles de liquide, dit-il. Il y en a trois ici ; où est la quatrième ?

– Comment veux-tu que je le sache, nom de Dieu ?

– Quelqu'un prétend que vous en avez emporté une chez vous, à l'heure du déjeuner, pour la mettre en sécurité.

– Qui t'a raconté ça ?

– Peu importe, répond-il. Ce qui compte, c'est où est l'argent.

– Exactement. Donc cesse de jacasser, nom de Dieu, et cherche-le, bordel de merde !

– Parfait, dit-il. J'y vais et je vais demander l'aide de la police, hein ?

– D'accord, d'accord. Il est chez moi. Je l'apporterai demain.

– Pourquoi l'avez-vous emporté chez vous ?

– Parce que tu refuses de me donner la clé de ce foutu coffre, qu'il est plus en sécurité chez moi que dans ce putain de bureau et que je peux faire ce que je veux parce que c'est moi le putain de patron... pas toi. Tu es secrétaire et tu dépends de moi. »

Stuart Webb secoue la tête. Stuart Webb sort en claquant la porte.

Peter est toujours malade, Sam toujours en vacances...

Soudain, je me sens très seul.

Le taxi me dépose au stade. L'entraînement est terminé, les joueurs sont rentrés chez eux. Mais derrière les portes, sous les tribunes, après le coin, dans le couloir, Bobby Collins m'attend...

Bobby Collins, ancien capitaine de Leeds, désormais manager de Huddersfield...

« Vous êtes en retard, dit-il quand je le fais entrer dans le bureau. Huddersfield Town n'est peut-être pas en première division, monsieur Clough, néanmoins je suis très occupé et, nom de Dieu, je n'aime pas qu'on me fasse attendre. »

J'ouvre un tiroir. J'en sors une bouteille de scotch. « Un verre ?

– Pas pour le moment, merci beaucoup. »

Je m'en sers un et je lui demande : « Vous voulez Johnny Giles, oui ou non ?

– Évidemment, répond-il. Qui ne le voudrait pas ? »

Janvier a été dur, mais février pourrait être pire. Peter est toujours malade, toute cette putain de ville l'est. Rolls-Royce s'effondre. Des milliers de gens sans emploi. La Derbyshire Building Society est au bord de la faillite. Toute la putain de ville. C'est pourquoi il faut que les résultats de Derby County s'améliorent. C'est pourquoi tu gagnes à nouveau quelques matchs, à l'extérieur, à Ipswich et West Ham. Pour toute la ville. Tu perds à Everton pour la coupe, mais tu bats ensuite Palace et Blackpool. C'est pour ça que tu vas aussi faire des courses. Pour toute la putain de ville. Et, cette fois, sans Peter pour te tenir la main. Cette fois, tu retournes à Sunderland, tu vas y chercher Colin Todd...

Tu as entraîné ce gars dans l'équipe des jeunes de Sunderland ; Todd le tout-puissant...

« Il est trop cher, dis-tu à la presse. Il ne nous intéresse pas. »

Tu ne consultes pas Peter. Tu ne consultes pas le président. Tu ne consultes pas le conseil...

Tu es manager. Tu es responsable. Tu es le patron...

Tu recrutes les joueurs. Tu choisis les joueurs. Parce que c'est toi qui coules s'ils ne nagent pas. Personne d'autre. C'est pourquoi tu ne consultes personne. C'est pourquoi tu te contentes d'agir...

Cette fois, tu bats le record de Grande-Bretagne en matière de transfert : 170 000 livres pour un défenseur, 170 000 livres alors que Rolls-Royce s'effondre, toute la ville, toute cette foutue ville...

Mais tu le fais aussi pour elle, pour toute cette foutue ville...

Pour remonter le moral de Derby, de toute cette putain de ville.

Longson est aux Caraïbes. Ce vieux crétin dépourvu de tact. Tu lui envoies un télégramme :

« Signé un nouveau bon joueur, Todd. Commence à manquer d'argent, amitiés, Brian. »

Lors du premier match auquel participe Colin Todd, tu bats Arsenal 2-0 et tu es à nouveau considéré comme un héros. Tu dois ensuite jouer contre Leeds. Revie tente de faire reporter la rencontre à cause d'une épidémie de grippe dans le vestiaire de Leeds United. Tu ne marches pas, bordel, et, putain de surprise, seul Sniffer Clarke est absent du onze de Leeds. Norman Hunter n'est assurément pas absent et finit par écoper d'un carton tandis que Revie et Cocker se lèvent d'un bond, battent des bras, crient et protestent comme si Norman était vraiment foutrement innocent. Mais, à un quart d'heure de la fin, Lorimer marque un putain de but qui donne à Leeds sept points d'avance sur Arsenal et renvoie Derby à ses chères études...

Tu perds face à Liverpool, Newcastle et cette saloperie de Nottingham Forest, tu ne gagnes pas un match pendant tout ce putain de mois de mars...

Peur et doute. Alcool et cigarettes. Pas de sommeil. Tel est mars 1971...

C'est ton pire mois en tant que manager. Le mois où tu te sens le plus seul.

Mais Peter revient enfin et tu remportes enfin une putain de victoire, à domicile face à Huddersfield. Tu perds à nouveau à Tottenham, mais ensuite, tu ne perds plus ; tu bats United à Old Trafford et Everton à domicile...

Mais cela ne suffit pas à Peter, Peter est resté longtemps seul chez lui avec son Raceform, *longtemps seul à réfléchir ; à ruminer et ressasser...*

« Longson t'a augmenté de 5 000 livres, hein ?

– Qui t'a raconté ça ?

– Réponds à la putain de question. J'ai raison ou j'ai tort ?

– Je veux savoir où tu as eu cette foutue information.

– Ça n'a pas la moindre putain d'importance, Brian. Ce qui compte, de mon point de vue, c'est que tu as accepté une augmentation de 5 000 livres, que tu l'as acceptée il y a dix-huit mois, et que tu ne m'en as pas dit un putain de mot. Je croyais qu'on était associés, Brian.

– Pete, écoute...

– Non, Brian, c'est toi qui vas écouter. Je veux ma part du gâteau.

– Pete...

– Je veux ma part du putain de gâteau, Brian. Oui ou non ? »

« Bobby Collins estime que Giles est le joueur qui convient parfaitement à Huddersfield, mais Giles occupera une place importante dans l'équipe qui jouera samedi à Stoke. C'est en ce moment ma priorité. Donc, provisoirement, Leeds United a absolument besoin de Johnny Giles. Si la situation évolue, Bobby Collins sera le premier informé.

« Que pensez-vous du commentaire du père de Kevin Keegan, selon lequel rien de tout cela ne serait arrivé si Johnny Giles n'avait pas donné un coup de poing à Keegan ?

– Il est tout à fait naturel qu'un père prenne le parti de son fils ; je ferais la même chose pour mes deux garçons et j'espère que vous feriez pareil pour les vôtres.

– Mais tenez-vous Giles pour responsable de toute l'affaire ? Croyez-vous qu'il ait commencé ?

– De mon point de vue, la façon dont tout cela a débuté est un mystère. Pour comprendre, il nous faudra attendre le rapport des arbitres. Mais je regrette effectivement ce qui est arrivé à Kevin Keegan.

– Bremner fera-t-il appel ?

– Non.

– Que pensez-vous de la décision de la Fédération de réunir des représentants de la Ligue de football, de l'Association des joueurs professionnels, des juges de touche, des arbitres et des managers en vue d'envisager des moyens d'améliorer les comportements sur le terrain ?

– Je suis tout à fait favorable à un assainissement, vous le savez, messieurs. Mais je ne voudrais pas qu'il se fasse sur le dos de Billy Bremner.

– Avez-vous l'intention de faire jouer Bremner samedi ?

– Évidemment.

– Et vous accompagnerez Bremner à Londres vendredi ?

– Je ne pense pas avoir le choix, hein ? »

Il y a eu plusieurs mauvais mois, mais, au moins, Peter a repris le travail. Il est toujours contrarié, réclame toujours sa part du gâteau, mais, au moins, il a repris le boulot, fait ce pour quoi il est payé. Peter en a encore trouvé un, un vilain petit canard, un fond de rayon des soldes. Il est allé trois fois à Worcester pour voir Roger Davis jouer au sein de la Ligue du Sud. Il a proposé 6 000 livres à Worcester City, mais Worcester a augmenté son prix ; Worcester sait qu'Arsenal, Coventry et Portsmouth sont désormais dans la course...

Maintenant, Worcester veut vendre Roger Davis 14 000 livres.

« C'est vraiment oui ? tu demandes à Pete.

– C'est vraiment oui », répond-il.

Donc tu prends ta voiture et vas retrouver Pete à Worcester, où tu signes Roger Davies pour 14 000 livres...

« J'espère que vous avez raison, dit Sam Longson à Pete après notre retour à Derby. Quatorze mille livres est une grosse somme pour un joueur qui n'appartient pas à la ligue.

– Je vous emmerde », répond Peter qui quitte la pièce et le stade à grands pas.

Tu suis Pete jusque chez lui ; tu frappes à sa porte, tu entres. Tu lui sers un verre ; tu t'en sers un ; tu allumes des clopes et tu le prends dans tes bras.

« Tu ne devrais pas laisser les propos du président te toucher.
– Facile à dire pour toi, ironise-t-il. Le fils qu'il n'a jamais eu, avec ton augmentation de cinq mille livres.
– Bon, écoute, foutu salopard, pourquoi avons-nous acheté Roger Davies ?
– Tu doutes de moi, maintenant ? crie-t-il. Putain, mon pote, merci !
– Merde, Pete, je ne doute pas de toi. Mais je veux que tu m'expliques pourquoi on est allés à Worcester City acheter quatorze mille livres un joueur qui n'appartient pas à la ligue.
– Parce qu'il a vingt et un ans, qu'il fait un mètre quatre-vingts et que c'est un putain de bon buteur.
– Ben voilà. Pourquoi n'as-tu pas dit ça à Longson ?
– Parce qu'il a mis mon jugement en doute ; mis en doute la seule foutue chose que je sache faire : repérer des putains de joueurs. Je ne suis pas comme toi, Brian, et je ne le serai jamais – à la télé, dans les journaux – et, merde, j'en ai pas envie. Mais je n'ai pas davantage envie qu'on me remette en question ou qu'on doute de moi, bordel de merde. J'ai simplement envie d'être apprécié et respecté. Est-ce que c'est trop demander ? Un peu de foutu respect ? Un peu de putain de reconnaissance de temps en temps ?
– Tu déconnes. Quelle est la première chose que tu m'as dite ? Les dirigeants ne remercient jamais, c'est comme ça. On pourrait leur donner le championnat, la Coupe d'Europe, tu sais aussi bien que moi qu'ils ne diraient pas merci. Donc cesse de tenir compte de ce que disent ces salauds et arrête de te plaindre.
– Tu as raison.
– J'en suis sûr.
– Tu as toujours raison.
– Je sais. Donc remettons-nous au boulot et assurons-nous qu'on remportera ce putain de titre la saison prochaine. Pas pour un putain de président ou de conseil des dirigeants. Pour nous, moi et toi ; Clough et Taylor ; et pour personne d'autre. »

À quatre pattes sur le terrain d'entraînement, je cherche ma putain de montre dans l'herbe et la poussière. Mais la lumière baisse et je suis sûr qu'un de ces cons me l'a piquée. Il y a un ballon sur le gazon, près de la clôture. Je le ramasse, le lance en l'air puis le reprends de volée et l'envoie au fond de la cage. Je vais le ramasser. Je recule jusqu'aux six mètres, le lance une nouvelle fois en l'air, le reprends de volée et l'envoie encore au fond des filets, encore, encore et encore, dix fois en tout, sans rater mon coup, pas une seule fois. Mais j'ai les larmes aux yeux, et je ne peux pas m'empêcher de pleurer, debout sur ce terrain d'entraînement, dans le noir, les larmes coulant sur mes foutues joues, heureux, pour une fois dans ma putain de vie, d'être seul.

La saison a été mauvaise ; il faut l'oublier. Mais, ce jour-là, elle est presque terminée. Ce jour-là, c'est le dernier match de la saison 1970-1971. Ce jour-là, c'est aussi le dernier match de Dave Mackay...

1er mai 1971 : West Bromwich Albion à domicile...

West Brom qui a contribué à contrecarrer les ambitions de Leeds United et de Don Revie ; Leeds United et Don Revie qui ont manqué le titre d'un point, derrière Arsenal ; Arsenal qui n'a pas seulement remporté le championnat, mais également la coupe, deuxième club de l'histoire à réussir le doublé...

Tottenham étant la seule autre équipe. Tottenham et Dave Mackay.

À deux minutes de la fin, de la fin de son dernier match, un match que Derby remporte 2-0, Dave Mackay se précipite encore sur une touche, frappe encore avec impatience dans les mains, exige de la concentration et un engagement total...

Il a joué les quarante-deux rencontres de la saison. Absolument toutes.

Puis le coup de sifflet final de ce match ultime retentit et il s'en va, quitte le terrain en courant avec un bref geste de la main aux 33 651 spectateurs venus assister à son départ, entre dans le tunnel et disparaît...

Irremplaçable. Foutrement irremplaçable.

Derby County a terminé neuvième, a marqué cinquante-six buts, en a concédé cinquante-quatre, a fait cinq nuls à domicile et cinq à l'extérieur, a gagné seize rencontres et en a perdu seize...

La symétrie n'étant à aucun prix une putain de consolation...

Parce qu'il n'y a pas de putain de consolation...

Pas de consolation quand on ne gagne pas...

Parce que c'est irremplaçable.

Je ne retourne pas au Dragonara. Pas ce soir. Je retourne chez moi, à Derby. Je passe devant l'hôtel Midland. Je passe devant le Baseball Ground. Mais je ne m'arrête pas. Pas ce soir...

Ce soir, je rentre chez moi où la lumière est éteinte et la porte fermée à clé. Je gare la voiture et j'entre. J'allume et je me prépare une tasse de thé. Je branche le radiateur et je m'assieds dans le rocking-chair. Je prends le journal et je tente de lire, mais il n'y en a que pour Nixon et la démission, démission, démission...

« Je n'ai jamais renoncé. Quitter mon poste avant le terme de mon mandat va à l'encontre de tous mes instincts... »

Je pose le journal et j'allume la télé, mais il n'y a que des documentaires et des reportages sur Chypre, Chypre, Chypre...

Tromperie et opposition ; opposition et haine ; haine et guerre ; guerre et mort.

J'éteins la télé et je débranche le radiateur. Je lave ma tasse et j'éteins la lumière. Je monte l'escalier et je me brosse les dents. Je regarde dans la chambre de ma fille et j'embrasse sa tête endormie. Je regarde dans la chambre de mes fils et mon aîné dit : « Papa ?

– Tu es encore éveillé ? Tu devrais dormir.

– Quelle heure il est, papa ? »

Je regarde ma montre, mais elle n'est pas là. Je réponds : « Je ne sais pas, mais il est tard.

– Tu vas aller te coucher, papa ?

– Bien sûr. Il faut que je travaille demain, n'est-ce pas ? Tu veux venir ?

– Pas vraiment. Mais tu veux bien nous raconter une blague ? Une nouvelle ?

– Très bien. C'est un type qui se promène dans Londres et Londres est frappée par une bombe atomique...

– C'est ça la blague, papa ?

– Oui. Écoute...

– C'est une blague drôle ?

– Contente-toi d'écouter, d'accord ? Donc ce type se promène, Londres est frappée par une bombe atomique et ce type est le seul survivant. Il fait le tour de Londres, de tout Londres, et ça lui prend quatre ou cinq jours, mais il finit par comprendre qu'il est sûrement la dernière personne en vie dans toute la ville et il se sent soudain très, très seul, parce qu'il n'a personne à qui parler. Il n'y a que lui. Il décide donc qu'il en a assez, qu'il n'a pas envie d'être le seul homme en vie, et il monte tout en haut de la Tour de la Poste...

– Donc la Tour de la Poste est intacte, hein, papa ?

– Comment ça ?

– Après la bombe. Elle est toujours debout, toujours là, hein ?

– Oui, elle n'a pas été touchée. Ne t'en fais pas pour la Tour de la Poste. Donc, ce type monte tout en haut de la tour, puis il saute et tombe, tombe, passe devant le seizième étage, le quinzième, le quatorzième, et il entend la sonnerie du téléphone !

– Quand ?

– Quand il passe devant le quatorzième étage !

– Mais tu as dit que tout le monde était mort ?

– Mais ce n'est pas vrai. C'est ça qui est drôle.

– Je ne comprends pas, papa, dit-il.

– Tant mieux, je réponds. Et j'espère que tu ne comprendras jamais. »

Seizième jour

Les temps changent. Les visages changent. Une saison se termine et une autre commence...

Nouvelle saison, nouvel espoir et tu joues ton premier match de la saison 1971-1972 à domicile contre Manchester United ; plus de 35 000 spectateurs et un orage avant la rencontre. C'est aussi le premier match sans Dave Mackay ; en outre, Roy McFarland est blessé.

À la mi-temps, tu es mené 2-0 ; deux buts mous de Law et Gowling, sur des corners de Charlton. Des putains de buts mous. Tu vas dans ce foutu vestiaire et c'est feu à volonté, ça sort par les deux putains de canons :

« Des minables, nom de Dieu, voilà ce que vous êtes. Vous feriez aussi bien de vous rhabiller et de foutre le camp. Des bons à rien, tous autant que vous êtes. C'est le premier jour de cette foutue saison et vous jouez comme ça ; le premier putain de jour ! Si vous perdez aujourd'hui, vous perdrez tous les jours, putain, et ça sera devant un stade vide. Plus de trente-cinq mille spectateurs sont venus vous voir ; ils ont payé, bordel, pour vous voir, avec du bon argent, de l'argent durement gagné ; vous croyez qu'ils reviendront la semaine prochaine ? Est-ce qu'ils vont revenir, bordel de merde ? Maintenant allez leur montrer, à ces trente-cinq mille spectateurs et à cette équipe de vieillards, de soi-disant superstars, ce que vous avez dans le ventre, comment vous gagnez vos gros salaires, et si vous perdez encore au coup de sifflet final, inutile de venir travailler lundi matin, parce que, nom de Dieu, vous n'aurez plus de boulot. Vous vivrez dans le monde réel, tous autant que vous êtes...

« Maintenant, foutez le camp, je ne veux plus vous voir ! »

Cinq minutes plus tard, Hinton envoie la balle dans les six mètres ; Wignall se précipite, lui et Stepney s'élancent de la tête ; le ballon leur échappe et Hector le met au fond. Dix minutes plus tard, Hennessy en dépossède ce con de Georgie Best, passe à Hinton qui centre pour O'Hare, lequel touche la transversale, puis Wignall marque. C'est ainsi que ça se termine, 2-2.

« S'ils continuent de jouer comme ça, ils me feront virer », dis-tu au reste du monde.

Les temps changent, les visages changent, mais le doute demeure. La peur demeure...

Passé tous les coins. Le long de tous les couloirs...

À chaque match, tous les jours, le doute et puis la peur.

Je déteste les joueurs blessés. Je n'ai pas envie d'entendre leurs foutus noms. Je n'ai pas envie de voir leurs putains de gueules. Je n'entre pas dans les salles de soins. Je ne vais pas dans ces saloperies d'hôpitaux. Je ne peux pas les voir en peinture...

« Tu ne viendras pas à Stoke », je dis à Eddie Gray, puis je vois son visage se décomposer ; ce visage qui a supporté tant de souffrances ; qui les a surmontées ; qui a souri malgré elles ; les fractures initiales et les nombreuses opérations ; les verdicts et les confirmations ; la frustration et la dépression ; la convalescence et la thérapie ; l'entraînement et la cortisone...

Je le regarde tomber par terre et ramper sur la moquette jusqu'à la porte.

C'est ici qu'on gagne ou perd le championnat de la ligue ; ici, à Leeds Road, Huddersfield. Pas à White Hart Lane. Pas à Anfield ou Highbury. Pas à Old Trafford devant 50 000 personnes et des millions de téléspectateurs...

Ici, dans cette ville sordide du Yorkshire, en ce samedi sordide de novembre, devant 15 000 habitants sordides du Yorkshire hurlant toutes les injures sordides qui leur traversent l'esprit ; c'est ici qu'on gagne les championnats, qu'on les gagne et qu'on les perd...

Et Derby vient de perdre 2 putains de buts à 1. Tu regardes ce putain de vestiaire sordide, ces putains de joueurs sordides, trempés de sueur et couverts de boue sordide du Yorkshire...

Et tu demandes à Colin Boulton : « Tu veux me faire virer, c'est ça ?

– Non, patron.

– C'est ce qui va arriver, bordel de merde, parce que tu es un connard bon à rien dans les buts. »

Tu demandes à Ronnie Webster : « Tu veux me faire virer, c'est ça ?

– Non, patron.

– C'est ce qui va arriver, parce que tu es une vraie merde. Bon pour la poubelle. »

Tu demandes à John Robson : « Tu veux me faire virer, c'est ça ?

– Non, patron.

– C'est ce qui va arriver, parce que tu es le pire putain de défenseur que j'aie connu. »

Tu demandes à Colin Todd : « Tu veux me faire virer, c'est ça ?

– Mais non.

– Bon, compte tenu de la putain de somme que j'ai payée pour t'avoir, je devais être complètement bourré. Tu ne tiens même pas sur tes putains de jambes. »

Tu demandes à McFarland : « Tu veux me faire virer, hein, Roy ?

– Non.

– Non qui ?

– Non, patron. Je ne veux pas vous faire virer.

– Je ne te crois pas », tu réponds, puis tu te tournes vers Terry Hennessey : « Tu veux me faire virer, hein, c'est ça ?

– Non, patron.

– Dans ce cas, bordel de merde, où tu étais cet après-midi ? Tu aurais aussi bien pu rester chez toi, vu que tu n'as servi à rien sur le terrain. »

Tu demandes à John McGovern : « Tu veux que je me fasse virer, hein, John ?

– Non, patron.

– Tu te souviens de cette cage vide, cette foutue cage vide où tu aurais dû envoyer ce putain de ballon ?

– Oui, patron.

– J'ai l'impression que tu as fait exprès de la manquer, pour que ton manager soit viré.

– Je suis désolé, patron. Je ne l'ai pas fait exprès.

– Je t'emmerde », tu réponds, puis tu te tournes vers Archie Gemmill : « Tu veux que je me fasse virer, l'Écossais ?

– Non, patron.

– Allez, reconnais-le. Tu préférais la troisième division, hein ? Allez, reconnais-le.

– Non, je ne la préférais pas. »

Tu secoues la tête, tu te tournes vers John O'Hare et tu lui poses la même question : « Tu veux que je me fasse virer, c'est ça ?

– Non, patron. »

Tu montres Hinton du doigt et tu demandes à O'Hare : « Tu sais combien de fois il a centré ?

– Je suis désolé, patron.

– Non, ce n'est pas vrai. Si tu l'étais, tu serais en train de t'entraîner. »

Tu demandes à Kevin Hector : « Tu veux que je me fasse virer, c'est ça ?

– Non, patron.

– Ah bon ? C'est pas la foutue impression que j'ai eue. Pas quand ils ont pris la tête, que tu as eu cette occasion – pas une occasion, un putain de but sur un plateau – et que tu es tombé sur le cul. Ça va les faire rigoler, à Huddersfield, pendant toute la putain de saison. »

Tu te tournes vers Alan Hinton et tu lui dis : « Tu as bien joué, Alan. Merci. »

Tu les abandonnes à Peter ; Peter qui va les embrasser et les consoler. Tu sors dans le couloir, tu allumes une clope ; il y a Sam Longson, ton président...

« Vous avez entendu ? tu demandes à l'Oncle Sam.

– On ne peut pas parler aux gens de cette façon, dit Longson.

– Non ? Vous verrez, nom de Dieu. »

« Jones blessé. Gray blessé. Bates blessé. Yorath blessé. Clarke suspendu. Hunter suspendu. Nous sommes dans une situation défavorable », leur dis-je en servant à boire...

À Harry du Yorkshire Post. *À Ron de l'*Evening Post...

« J'aurais aimé pouvoir disposer de toute l'équipe contre Stoke, parce qu'il est essentiel que nous débutions bien la saison. Mais ce n'est pas parce que nous ne disposerons pas de toutes nos forces que je renoncerai à ma politique de jeu ouvert... »

Deuxième tournée...

« L'attaque est ma seule politique... »

Troisième...

« Ce samedi, tous les samedis... »

Et allez-y, continuez, allez-y, le coup de l'étrier...

« Je ne peux pas jouer autrement. »

Surlendemain de Noël 1971, et tu perds face à Leeds. Encore...

Encore, juste au moment où tu commençais à croire ; après avoir perdu à Huddersfield, tu as battu Manchester City à domicile, puis perdu à Anfield, mais battu Everton à domicile. Tu commençais à nouveau à croire ; à repousser le doute et la peur, lentement...

Mais tu vas à Elland Road. Une nouvelle fois. Le doute et la peur. Une nouvelle fois...

Tu as vu le doute et la peur dans les yeux et le cœur de tes joueurs, vu le doute et la peur quand Gemmill a été descendu au début de la rencontre, vu leurs yeux et leur cœur tomber en même temps que lui. Mais aujourd'hui, tu ne jures pas ; aujourd'hui, tu ne cries pas, tu ne griffes pas les murs du vestiaire des visiteurs. Aujourd'hui, tu leur offriras un steak et des pintes sur le chemin de Derby. Tu t'assoiras près d'eux dans le car, tu les prendras par les épaules et tu leur diras que ce sont les meilleurs joueurs du pays, les meilleurs...

Parce que ton *équipe*, tes *gars, ne tirent pas les maillots, ne bousculent pas les adversaires dans les six mètres, ne contestent pas toutes les décisions en feignant d'être innocents et victimes d'une injustice...*

Parce que tes *gars ne mentent pas et* tes *gars ne trichent pas.*

Mais, cette nuit, tu ne dormiras tout de même pas ; cette nuit, dans ton rocking-chair, tu scruteras le programme du championnat et la liste des matchs à venir. Cette nuit, tu ne fermeras pas l'œil parce que, cette nuit, tu verras à nouveau ce match, encore et encore, inlassablement. Mais tu ne verras pas la façon dont Leeds s'est montré plus rusé sur les ailes, tu ne verras pas votre absence de tacles convenables, de présence physique, tu ne verras pas la marge de manœuvre que tu as accordée à Lorimer et à Gray...

Cette nuit, tu verras tout de même ton équipe perdre, mais perdre néanmoins face à des tricheurs.

Tu ne verras toujours pas Gray battre Hennessey ; tu ne verras toujours pas son une-deux avec Bremner ; tu ne verras toujours pas le tir à ras de terre de Gray dans la cage. Tu ne verras pas davantage la transversale de Gray à Bremner ; le centre de Bremner sur Lorimer, qui a marqué. Tu ne verras pas davantage Grey battre Webster et sa passe à Lorimer ; tu ne verras toujours pas Lorimer changer de pied, tirer et marquer le troisième but...

« Leeds a la désagréable habitude de rappeler à Derby le chemin qu'il doit encore parcourir. »

Tu ne dormiras pas. Assis, tu scruteras ce tableau de la ligue et ces matchs à venir, encore, encore et encore, mais tu ne verras que l'expression du visage de Revie au moment où le coup de sifflet a retenti et où les équipes ont quitté le terrain, interminablement...

L'expression de ce visage, la poignée de main et le sourire, et ce terrain...

Ce terrain de défaite. Ce terrain de haine. Ce terrain de sang...

Tu ne dormiras pas, mais ça ne t'empêchera pas de rêver...
De ce champ de bataille.

« Brian à l'appareil, dis-je à Lillian. Est-ce que Pete est là ?

– Brian, il est deux heures du matin. Il dort.

– Ah, désolé. Je n'ai pas de montre.

– Va te coucher, Brian. Je lui demanderai de t'appeler demain matin à la première heure.

– Mais j'ai vraiment besoin de lui parler maintenant.

– Est-ce qu'il s'est passé quelque chose ? demande-t-elle. Ça va ?

– Non.

– Où es-tu ?

– Je suis à Leeds, à cette connerie d'hôtel Dragonara.

– Qu'est-ce que tu fais là-bas ? Rentre chez toi.

– Je ne peux pas. Il faut que j'accompagne Billy Bremner à Londres demain matin.

– Mais tu pourras rentrer directement chez toi ensuite, n'est-ce pas ?

– Non. Nous allons à Stoke demain soir.

– Mais tu seras chez toi dimanche. Ce n'est pas long.

– Dans le temps, je passais chez toi six soirs par semaine, dis-je. Tu t'en souviens ? Vous veniez de vous marier ; tu devais en avoir plus que marre de me voir.

– Non, Brian. Ça n'était jamais le cas.

– On allait toujours voir un match de la Ligue du Nord, Pete et moi, puis on rapportait des frites et du poisson. Tu t'en souviens ?

– Oui, Brian, je m'en souviens.

– Le Rea's Ice-cream Parlour ? Tu t'en souviens aussi ?

– Oui, Brian, répète-t-elle. Je m'en souviens.

– Tout a disparu, maintenant. Les glaciers et les bars.

– Je sais.

– Tu te souviens du jour où on est allés, moi, toi et Pete, voir *Samedi soir, dimanche matin* au cinéma ? C'était une bonne soirée, n'est-ce pas ?

– Le film t'a plu, hein ?

– Je l'ai adoré. “ *Ne te laisse pas abattre par les salauds.* ”

– Tu disais ça tout le temps.

– Et le jour où on est allés écouter un discours de Harold Wilson ? Tu t'en souviens ? C'était dans un des clubs de Middlesbrough. À peine une cinquantaine de personnes ; le futur premier ministre de Grande-Bretagne. Pete en avait eu l'idée. Tu t'en souviens ?

– Je me souviens que tu y es allé. Mais seulement avec Pete.

– Tu sais que je donnerais mon bras droit pour que ce soit à nouveau comme ça. Seulement moi et lui. Les connards d'ici n'auraient pas une chance, si c'était moi et lui, nous deux. Il n'y aurait plus de clans, plus de murmures, plus de complots derrière mon dos. Moi et Pete, on les mettrait au pas, on leur montrerait qui est le putain de patron.

– Je vais aller le réveiller, dit-elle. Il faut que tu lui parles...

– Non. Pas maintenant. Il est trop tard.

– Tu en es bien sûr ? Alors, dans ce cas, va te coucher.

– Mais comment allez-vous ? je demande. Comment est Brighton ? Comment vont les enfants ?

– Tout le monde va bien. Peter est très occupé, naturellement, mais le nouvel appartement est agréable. Jolie vue. Wendy aime son travail et elle s'est très bien adaptée. Mais ce n'est pas la peine que je te raconte tout ça. Va te coucher et Peter t'appellera demain.

– Je ne serai pas là.

– Ne quitte pas. Il descend. Je te le passe.

– Brian ? dit Peter. Qu'est-ce qui ne va pas ? Il est deux heures et demie du matin.

– Donne ton prix, je dis. Tu peux avoir ce que tu veux, mais viens. Ensemble, on mettra de l'ordre ici. On nettoiera, on transformera. On les remettra à leur putain de place. On fera cesser les murmures et les complots, les machinations et les magouilles, les mensonges et les tricheries. Moi et toi, comme avant...

– Brian...

– Demain.

– Brian...

– Je ne m'en tire pas seul, je dis. J'ai besoin de toi, Pete.

– Inutile de te donner des espoirs. Je ne viendrai pas à Leeds.

– Dans ce cas, on est finis tous les deux », je réponds, puis je raccroche.

La défaite face à Leeds a tout fait basculer. Une nouvelle fois. Tu as battu Chelsea, Southampton, Coventry et Forest. Tu as battu Notts County 6-0 en Coupe d'Angleterre. Tu as donné des billets aux mineurs en grève. Tu es Cloughie. Tu peux faire ce que tu veux...

Manager de football une semaine, premier ministre la suivante.

Manchester United est à Nottingham. Frank O'Farrell s'y est rendu pour signer Ian Storey-Moore. Storey-Moore est un ailier gauche ; vingt-huit ans, rapide, direct. Nottingham Forest a accepté l'offre de 200 000 livres d'United. O'Farrell et le secrétaire de Forest doivent finaliser l'accord avec Storey-Moore à Edwalton Hall. Puis Pete apprend que l'accord est en panne, en raison des conditions posées par Storey-Moore...

Pete dit : « Il est à nous, Brian. »

Tu décroches le téléphone. Tu appelles Edwalton Hall. Tu obtiens Ian Storey-Moore...

« Cloughie à l'appareil. Ne bouge pas, j'arrive. »

Vous allez à Nottingham, toi et Peter. Vous lui faites une proposition qu'il ne peut pas refuser ; Ian Storey-Moore jouera à Derby, pas à United...

Ian Storey-Moore signe des formulaires vierges...

Il ne manque que la signature du secrétaire de Forest.

Longson te téléphone. Longson te demande : « Êtes-vous sûrs de votre coup ?

– Il veut jouer à Derby County, tu réponds. Donc je l'ai acheté. »

Tu conduis Ian Storey-Moore à l'hôtel Midland, à Derby. Tu le présentes à ses coéquipiers. Avant la rencontre à domicile contre les Wolves tu fais faire un tour d'honneur à ton nouveau joueur vêtu du maillot de Derby County. Ton nouveau joueur salue le public de la main. Ton nouveau joueur s'installe dans la loge des dirigeants et regarde Derby battre les Wolves 2-1.

Puis tu le raccompagnes à l'hôtel Midland après la rencontre...

Tu l'enfermes dans sa chambre avec sa femme, une jolie chambre...

Tu croises les doigts. Tu espères que ça marchera...

Mais Forest refuse de signer les formulaires de transfert :

« Je suis absolument ébahi et atterré par ce que Nottingham Forest Football Club a fait ce matin. Ils privent le jeu de la dignité qu'il mérite, et je n'accepterai pas que quiconque dans le milieu du football porte atteinte à la réputation de Derby. »

Sir Matt Busby offre un bouquet de fleurs à madame Ian Storey-Moore...

Ian Storey-Moore rejoint Manchester United.

Tu es scandalisé. Tu envoies un télégramme de protestation de quatre pages à Alan Hardaker et au Comité directeur de la Ligue de football. Ton président envoie un deuxième télégramme, où il se désolidarise de toi et de tes protestations...

Tu es scandalisé, foutrement scandalisé...

Scandalisé et une nouvelle fois décidé à avoir ta revanche.

Dix-septième jour

Je ne crois pas avoir dormi ; pas depuis que j'ai raccroché au nez de Peter ; les yeux fermés, je réfléchis. Tout d'un coup, John Shaw, mon vieux pote de Derby, frappe à la porte de ma chambre d'hôtel :

« Tu as envie de compagnie pendant le trajet jusqu'à Londres ? demande-t-il.

– J'ai une place réservée dans le train avec Billy Bremner.

– Tant pis. Je t'y conduis en voiture. Retrouve-le à la Fédération. »

C'est donc ce qu'on fait. On descend à Londres en voiture. La veille de notre premier match.

On descend à Londres en voiture – merci à Billy Bremner –, on parle politique, syndicalisme, socialisme, football, et on regrette que ce ne soit pas un aller simple...

« Je les déteste, dis-je à John. Je déteste être leur patron. Mais qu'est-ce que je peux faire, bordel ? Ils sont dégueulasses et ils trichent. Ils en ont fait un art. Quand ils sont sous pression, quelqu'un se laisse tomber dans les six mètres pour leur donner le temps de se regrouper. Puis l'un d'entre eux a un problème de chaussure, ce qui n'est qu'un prétexte permettant à l'entraîneur de transmettre des messages depuis le banc. Tu n'imagines pas de quoi ils sont capables...

– Il faut que tu reviennes à Derby County, dit John, où tu es à ta place.

– Soit ils me font craquer, soit je les fais craquer. »

C'est le 1er avril 1972 et Leeds United est venu à toi ; 39 000 spectateurs au Baseball Ground pour te voir affronter Revie.

En plus, Don a une nouvelle fois recouru à ses vieux trucs, a raconté à tout le monde que Giles ne jouerait pas ; John exclu parce qu'il pose des problèmes. Mais, surprise, surprise, quinze heures arrivent et Johnny Giles aussi...

Ça ne change rien. Ça ne fait aucune différence aujourd'hui...

Aujourd'hui tu ne perdras pas. Pas aujourd'hui...

Pas sur ce terrain, pas aujourd'hui :

Tu te crées de nombreuses occasions. Robson bouscule Bremner et O'Hare contourne régulièrement Charlton puis marque deux fois, le deuxième tir rebondissant sur Sprake et sur Hunter qui marque contre son camp. C'est la première fois que tu bats Leeds depuis ce jour de Pâques où Revie a aligné sa réserve ; mais, aujourd'hui, ce n'est pas la réserve...

Aujourd'hui, tu as battu Leeds United. Tu as battu Don Revie...

Aujourd'hui, tu accèdes au sommet. Au sommet de la première division :

Brillants, infatigables et totalement impitoyables ; Brian Clough et Derby County ne se sont pas contentés de battre Leeds United au Baseball Ground, ils les ont massacrés...

Vous avez battu Leeds. Vous êtes en haut du tableau. Vous démissionnez...

Toi, Peter et Jimmy. Vous démissionnez tous les trois...

Faute d'un peu plus d'argent...

« Vous me laissez parler, dit Sam Bolton quand nous nous rencontrons. Vous êtes ici pour écouter. »

Bremner de Leeds et Keegan de Liverpool ne peuvent même pas écouter. On les fait attendre devant la Fédération, donc c'est Brian Clough et Sam Bolton contre Bob Paisley et John Smith, face à Vernon Stokes, Harold Thompson et Ted Croker de la Fédération, à Lancaster Gate, dans les Allées du Pouvoir, avec les portraits aux murs :

Sa Majesté la Reine et le duc de Kent, la protectrice de la Football Association et le Président de la Football Association...

Le pouvoir et l'argent ; l'argent et le pouvoir...

Les vice-présidents honoraires, les vice-présidents à vie ; les vice-présidents ordinaires, les lettres qui suivent leurs noms, les titres qui les précèdent ; les ducs, les comtes, les maréchaux de l'armée de l'air, les généraux, les amiraux, les maréchaux de l'armée de terre, les colonels et les conseillers municipaux ; le *Right Honourable* ceci et le *Right Honourable* cela...

Ce sont les hommes qui gouvernent le milieu, qui contrôlent le football britannique...

Ces hommes d'argent ; ces hommes de pouvoir...

L'argent qui permet de nommer les gens. Le pouvoir qui permet de virer les gens...

L'argent qui permet de sélectionner les gens. Le pouvoir qui permet de les laisser tomber...

De leur infliger des amendes et de les suspendre...

« Vous êtes ici pour écouter. »

« Les deux clubs admettent que le comportement de certains joueurs lors du match était déplorable et ne peut être toléré. Ils comprennent tous deux que la réputation de leur club est en jeu, sans parler de l'image de notre sport. La Fédération constate que les deux clubs prennent des mesures disciplinaires fortes à l'encontre des joueurs concernés et ceux qui ont été exclus du terrain seront également sanctionnés conformément à la procédure en vigueur. Ils seront en outre traduits devant la commission disciplinaire de la Fédération pour avoir porté atteinte à l'image de notre sport. »

« Vous êtes ici pour écouter. »

« La discipline nous coûte 30 000 livres par an, hormis le coût du fonctionnement du service chargé de faire respecter cette discipline. Il y a de meilleures façons de dépenser cet argent. »

« Vous êtes ici pour écouter. »

« Nous devons montrer que nous sanctionnerons les mauvais comportements sur le terrain et hors du terrain ; tout le monde reconnaît que cela doit être fait. »

« Vous êtes ici pour écouter. »

« Je ne suis pas pessimiste sur l'avenir du football. Nous avons constaté une légère diminution du nombre de sanctions disciplinaires lors de la saison passée, mais nous devons accentuer cette diminution. Personne n'espère la disparition des fautes sur les terrains de football. Nous tentons de nous débarrasser de la contestation et nous voulons que les règles de discipline soient acceptées. »

« Vous êtes ici pour écouter. »

« Le bilan disciplinaire de Leeds a été bien meilleur cette saison que l'année passée et des efforts considérables ont manifestement été faits en vue de mettre de l'ordre. »

Je cesse d'écouter. Je dis : « Quatre-vingt-quatre joueurs manqueront le premier match du championnat en raison de suspensions infligées la saison dernière. Des joueurs tels que Stan Bowles et Mike Summerbee. Des joueurs tels que Norman Hunter et Allan Clarke. »

« Je vous avais demandé d'écouter, dit Sam Bolton après la réunion. Je vous avais demandé de la fermer, pour une fois.

– Permettez-moi de vous donner un conseil d'ami, monsieur Bolton. Ne me dites jamais ce que je dois faire et je ne serai jamais obligé de vous dire ce que vous devez faire. Maintenant ramenez-moi à Leeds. »

Le 11 avril 1972, le conseil des dirigeants de Derby County accepte vos démissions.

Vous avez perdu face à Newcastle et fait match nul contre West Brom. Tu as fait des mises au point dans le vestiaire. Puis vous allez à Sheffield et battez United 4-0 à l'extérieur...

Vous êtes toujours au sommet, mais vous êtes toujours partis...

Toi, Pete et Jimmy. À Coventry.

Mais, maintenant, Coventry City est frileux ; le président a mis depuis trop longtemps le champagne dans la glace et plus le champagne se réchauffe, plus le président devient frileux.

Trois heures après l'acceptation de vos démissions, vous allez, toi et Peter, au siège des sociétés de Sam Longson. Vous emmenez un dirigeant docile.

« Vous voulez vraiment être le président qui a perdu la meilleure équipe de direction du football ? tu demandes à Sam Longson. Alors que Derby County est en tête du championnat ? Que le titre est à portée de main ? Le premier titre de Derby ? La gloire européenne à l'horizon ? C'est ainsi que vous voulez qu'on se souvienne de vous ? Comme du président qui a tout abandonné ? Est-ce cela que vous voulez, monsieur le président ?

– Faute d'un peu plus d'argent ? » ajoute Pete.

Sam Longson secoue la tête. Sam Longson demande : « Mais il est trop tard, n'est-ce pas ? Vous avez déjà signé avec Coventry. »

Tu prends Sam par les épaules et tu dis : « Il n'est jamais trop tard, monsieur le président.

– Faute d'un peu plus d'argent, ajoute une nouvelle fois Pete.

– Je leur ai dit qu'ils ne pouvaient pas vous avoir, bon sang, fait Longson. Je leur ai dit de laisser tomber. Mais Coventry m'a répondu que vous vouliez quitter Derby...

– Non, non, non, tu réponds. On est chez soi là où on se sent bien ; ici, près de vous.

– Ils diront à Coventry d'aller se faire voir, intervient le dirigeant docile...

– Faute d'un peu plus d'argent », ajoute Pete pour la troisième fois.

Longson s'essuie les yeux, se mouche et demande : « Combien faudrait-il mettre ?

– Nous demandons simplement que vous vous aligniez sur leur proposition. »

Longson sort son chéquier et demande : « À savoir ?

– Cinq mille livres supplémentaires pour moi, trois mille pour Pete et mille pour Jimmy. »

Longson acquiesce, signe les chèques tandis que tu sers à boire.

Dans la voiture, dans l'allée de son garage, Pete demande : « Et si ce vieux crétin s'en aperçoit ? »

Tu cesses de fixer ton chèque et tu lui demandes : « S'aperçoit de quoi ?

– Que Coventry avait renoncé.

– Et alors ? Qu'est-ce qu'il pourra faire ? Nous virer ? »

Il est tard et il pleut des cordes, on est en retard et furieux quand on arrive enfin à l'hôtel, en bordure de la M6, près de Stoke. L'équipe descend de l'autocar puis se dirige vers l'entrée et la réception, la chaleur et la lumière. Je les fais sortir...

« Où vous allez comme ça ? je demande. Sortez, tous. »

Ils descendent les marches de l'hôtel, sous la pluie et dans la nuit.

« Par ici », je leur dis, puis je les conduis à l'arrière de l'hôtel.

Debout en costumes et cravates, sous la pluie et dans la nuit, sur la pelouse de l'hôtel, ils écoutent, ils m'écoutent...

« Demain tout recommence ; c'est le premier match de la saison. J'ai remporté le championnat, vous avez remporté le championnat et vous croyez sûrement savoir ce qu'il faut pour gagner ce putain de championnat. Vous ne le savez pas, parce que vous avez conquis le titre grâce à la tromperie et la manipulation. Cette saison, vous le remporterez à ma façon ; honnêtement et équitablement. La saison dernière, vous avez gagné vingt-quatre rencontres, fait quatorze nuls et perdu quatre fois ; cette saison, vous jouerez quarante-deux matchs et vous n'en perdrez que trois. La saison dernière, vous avez marqué soixante-six buts et vous en avez encaissé trente et un ; pendant cette saison, je veux que vous en marquiez plus de soixante-dix et que vous en concédiez moins de trente. Et si vous jouez à ma façon, non seulement vous remporterez le championnat, non seulement vous le gagnerez honnêtement et équitablement, mais vous parviendrez aussi à conquérir le cœur du public, ce que vous n'êtes jamais parvenus à faire. »

En costumes et cravates, sous la pluie et dans la nuit, ils écoutent :

« Et pas seulement le championnat ; cette saison, nous nous attaquons à tout ce qui se présente. Si Leeds United participe à une compétition, nous jouons pour gagner cette compétition. Il n'y aura pas d'équipe de réserve en Coupe de la ligue, pas d'équipe de deuxièmes couteaux portant le maillot de Leeds, pas sous la direction de Brian Clough. Parce que je n'accepte pas que mon équipe ne soit pas la meilleure. Ce n'est pas ma nature. Je recherche l'excellence dans tous les domaines et cela inclut tous les matchs que nous jouons...

« Tous les putains de matchs sans exception, à partir de demain. Compris ? »

Sur la pelouse de l'hôtel, dans la nuit et sous la pluie, les costumes et les cravates gardent le silence. Donc je répète, plus fort : « D'accord ?

– D'accord, marmonnent-ils et murmurent-ils.

– D'accord qui ?

– D'accord patron », répondent-ils avec leurs costumes et leurs cravates, sous la pluie et dans la nuit...

À voix basse, les dents serrées.

« Très bien, je dis. Maintenant on peut aller bouffer. »

Tu bats facilement Huddersfield 3-0 et tu tiens toujours la tête alors qu'il ne reste que deux rencontres. Tu es maintenant certain de terminer dans les quatre premiers, certain d'une place en Coupe de l'UEFA, certain de ça, au minimum...

Seulement deux matchs ; deux matchs contre Manchester City et contre Liverpool. City, qui est troisième, à l'extérieur ; Liverpool, qui est quatrième, à domicile...

Deux matchs pour barrer la route à Leeds, deux matchs pour remporter le championnat.

Le 22 avril 1972, tu te déplaces à Maine Road, Manchester. C'est le dernier match à domicile de la saison pour Manchester City ; Manchester City qui est dirigé par Malcolm Allison, ton pote de la télé ; Malcolm Allison qui vient d'acheter Rodney Marsh 200 000 livres ; Rodney Marsh qui marque à la vingt-cinquième minute et obtient, en seconde mi-temps, un penalty que Francis Lee transforme. Tu as également des occasions, mais tu as aussi la pression...

Manchester City passe en tête et tu descends à la troisième place :

	M	V	N	P	Bp	Bc	Pts
Manchester City	42	23	11	8	77	45	57
Liverpool	40	24	8	8	64	29	56
Derby County	41	23	10	8	68	33	56
Leeds United	40	23	9	8	70	29	55

Il ne te reste plus maintenant qu'un match de championnat à jouer...

À domicile contre Bill Shankly et Liverpool.

Mais avant Bill Shankly et Liverpool, tu as une autre rencontre : le retour de la finale de la Coupe Texaco contre les Airdrieonians...

Ce n'est pas la Coupe d'Angleterre. Ce n'est pas la Coupe de la ligue. Mais c'est une Coupe.

Tu as fait match nul 0-0 en Écosse en janvier. La rencontre a été foutrement dure et tu sais que le retour sera tout aussi physique ; tu sais aussi que plusieurs de tes joueurs vont être sélectionnés en équipe nationale et qu'il faudra encore que tu joues contre Liverpool...

Bill Shankly et Liverpool.

Tu es contraint d'aligner cinq joueurs de la réserve. Pas par tromperie. Pas par manipulation. Pas comme Don. C'est une nécessité. Une simple nécessité. Roger Davies appartient à cette réserve et marque, ce qui ravit Pete. Mais Airdrie gagne tous les tacles sur les joueurs de Derby et c'est encore une soirée foutrement dure, pourtant tu gagnes 2-1...

Tu as remporté le championnat de deuxième division, la Watneys Cup et, maintenant, la Texaco International League Board Competition 1971-72...

Ce n'est pas la Coupe d'Angleterre. Ce n'est pas la Coupe de la ligue. Mais c'est une Coupe...

« Peu importe ce que Derby gagne, dis-tu à la presse écrite et à la télévision, du moment que nous gagnons, et cela nous placera en bonne position pour Liverpool et le titre. »

Dix-huitième jour

La rencontre contre Liverpool a été reportée au premier mai ; ton jour préféré. Mais tu n'es pas superstitieux ; tu ne crois pas à la chance...

« Pas sur quarante-deux matchs, dis-tu au monde. Cela n'existe pas. »

Mais si tu bats Liverpool, tu auras encore une chance de remporter le titre...

Si Liverpool ne gagne pas son dernier match. Si Leeds perd le sien.

Mais Derby doit d'abord gagner ; battre Bill Shankly, Kevin Keegan et Liverpool, qui a pris vingt-huit points sur les trente derniers possibles ; qui n'a pas été vaincu depuis la mi-janvier ; qui n'a concédé que trois buts depuis, qui a encore un match à suivre, à l'extérieur contre Arsenal, encore un match ; une situation où tu n'es pas ; une situation que tu n'as pas besoin d'affronter.

« Voilà, leur dis-tu dans le vestiaire. La dernière rencontre de la saison. La meilleure saison de notre vie. La saison où nous allons remporter le championnat. Profitez-en. »

C'est un match en nocturne, mais, au moment du coup d'envoi, le soleil brille encore lorsque les équipes sont annoncées et ta sélection fait sursauter les 40 000 spectateurs : tu as remplacé Ronnie Webster, blessé, par Steve Powell, seize ans.

Le score est toujours vierge à la mi-temps. Ton *équipe,* tes *gars, sont épuisés...*

Épuisés par la tension ; la tension que les spectateurs des gradins transmettent aux joueurs sur le terrain ; la tension que les joueurs transmettent à l'arbitre ; l'arbitre au banc, à Peter et Jimmy, à Bill

Shankly et sa Boot Room[1]*, mais pas à toi ; tu passes la tête dans l'encadrement de la porte du vestiaire :*

« Magnifique, dis-tu. La même chose pendant la deuxième mi-temps, s'il vous plaît. »

À la soixante-deuxième minute de ton quarante-deuxième match, Kevin Hector passe à droite à Archie Gemmill ; Gemmill entre dans la surface de réparation de Liverpool et glisse le ballon à Alan Durban ; Durban qui feint de frapper mais laisse à John McGovern ; McGovern qui marque ; McGovern, ton *John McGovern,* ton *gars...*

Celui qu'on met en cause. Celui qu'on hue...

1-0 pour John McGovern et Derby County :

Boulton. Powell. Robson. Durban. McFarland. Todd. McGovern. Gemmill. O'Hare. Hector et Hinton ; Hennessey sur le banc avec Pete, Jimmy et toi ; Cloughie, Cloughie, Cloughie.

	M	V	N	D	Bp	Bc	Pts
Derby County	42	24	10	8	69	33	58
Leeds United	41	24	9	8	72	29	57
Manchester City	42	23	11	8	77	45	57
Liverpool	41	24	8	9	64	30	56

Bill Shankly te serre la main et te dit qu'il y aurait dû y avoir penalty, clairement penalty, quand Boulton a descendu Keegan, mais bien joué tout de même...

Il croit encore qu'il peut remporter le championnat contre Arsenal, tu le vois dans ses yeux. Tu lis en lui comme dans un putain de livre. Mais tu sais...

Tu sais, sais, sais, sais et sais...

Liverpool ne gagnera pas son dernier match et Leeds, deux jours après la finale de la coupe contre Arsenal, perdra face au Wolverhampton Wanderers...

« Mais si l'équipe de Derby ne peut pas le remporter, dis-tu à la presse écrite et à la télévision, je voudrais que le titre aille à Shanks et Liverpool. »

Je n'ai pas dormi. Pas fermé l'œil. Je suis simplement resté assis sur le lit de la chambre d'hôtel. Toute la putain de nuit. À regarder le verre vide posé sur la table de nuit. Près du téléphone qui ne sonne jamais. Sans pouvoir le faire bouger. Pas d'un putain de centimètre. Pas un. À écouter les pas dans le couloir. Dans un sens, dans l'autre. La clé dans une serrure, la poignée d'une porte qui tourne.

---

1. Petite pièce du stade de Liverpool où Shankly réunissait son équipe. (*N.d.T.*)

Mais le soleil brille, maintenant, et le samedi est arrivé. Le premier samedi de la nouvelle saison. Le premier samedi pour de vrai. La police patrouille dans le centre de Stoke par groupes de deux, les bergers allemands tirant sur leur laisse en cuir. Pour de vrai...

Leeds United vient en ville. Leeds United vient en ville...

Le premier samedi de la nouvelle saison ; le premier match de la nouvelle saison.

Debout près de la portière, je regarde l'équipe monter dans l'autocar qui la conduira à Victoria Ground. Harvey et Hunter montent ; Hunter qui est suspendu...

« Vous ne ferez plus ça très longtemps, je leur dis. Bientôt ce sera Peter Shilton et Colin Todd, pas vous deux. »

Harvey et Hunter gardent le silence, se contentent de s'installer dans l'autocar de l'équipe, mais l'Irlandais me demande :

« Vous vous faites encore des amis, monsieur Clough ?

– Je n'ai pas besoin de nouveaux amis, je réponds. J'en ai suffisamment.

– On n'a jamais assez d'amis, dit-il. On ne sait pas quand on risque de perdre ceux qu'on a, hein ? Et alors, vous en seriez où ? De nouveaux amis pourraient se révéler très utiles, à ce moment-là, vous ne pensez pas, monsieur Clough ?

– Je dirais que c'est un comportement qui ne paie pas. Il faut s'occuper des amis qu'on a. Les garder auprès de soi et se foutre du reste. »

L'autocar dans les rues, les poings contre les flancs, la gueule contre la vitre...

Debout dans l'autocar, devant l'équipe, tandis que nous gagnons le stade, je dis : « J'ai une mauvaise nouvelle à vous annoncer, messieurs. Il n'y aura pas de loto d'avant-match aujourd'hui. Pas non plus de carpet bowling. Je sais que vous aimez le loto et le carpet bowling, mais ils appartiennent au passé. Football seulement, désormais, s'il vous plaît. »

Les poings contre les flancs, la gueule contre la vitre...

Les joueurs gardent le silence, avec leur costume du club et leur cravate du club, leurs cheveux longs et leur after-shave entêtant, leur tête et leurs épaules dans leurs livres et leurs cartes.

La gueule contre la vitre.

L'autocar arrive au parking. Nous franchissons en courant, l'équipe et moi, la cohorte de chasseurs d'autographes et d'injures, puis je les laisse aller se changer et gagne le bar ; je ne me fendrai pas d'un discours d'avant-match. Pas aujourd'hui. C'est inutile. J'ai affiché la composition de l'équipe au mur du vestiaire et je les laisse se débrouiller...

Ce sont des footballeurs professionnels, hein ?

J'ai remplacé Hunter par Trevor Cherry et je fais jouer Terry Cooper ; son premier match au sein de la ligue en deux ans, son premier match au sein de la ligue depuis qu'il s'est cassé la jambe sur ce terrain ; l'occasion, pour Cherry et Cooper, de faire leurs preuves...

De faire leurs preuves devant les recruteurs de Leicester et de Forest.

Trois heures moins dix et je vide mon verre. Je descends l'escalier. Tourne à l'angle. Longe le couloir. Je m'immobilise dans l'encadrement de la porte du vestiaire et je les dévisage un par un :

Harvey. Reaney. Cooper. Bremner. McQueen. Cherry. Lorimer. Madeley. Jordan. Giles et McKenzie.

Je les dévisage un par un et je me demande dans quelle mesure ils ont envie de gagner ce match...

Est-ce qu'ils veulent vraiment gagner ce putain de match ?

Je les regarde dans les yeux et je comprends que je peux leur faire gagner ou perdre ce match...

Le gagner ou le perdre en manœuvrant un interrupteur.

Il y a 0-0 à la mi-temps ; à la mi-temps, je manœuvre cet interrupteur...

« Tu veux gagner ce foutu match ? » je demande à l'Irlandais...

« Et toi ? je demande à Bremner. Ta putain de suspension n'a pas commencé. »

Cinq minutes après le début de la seconde mi-temps, Terry Cooper prend un carton jaune, Bremner manque un tacle et Leeds a un but de retard...

Trois à la fin de la rencontre.

La presse écrite attend, la télévision aussi :

« Nous avons joué un bon football qui aurait dû nous permettre de gagner trois foutus matchs, j'affirme. En première mi-temps, nous avons si bien joué que nous aurions pu avoir trois buts d'avance. Je ne dis pas que Stoke ne méritait pas de gagner – je ne dirai jamais ça –, mais ça aurait pu basculer d'un côté ou de l'autre et je regrette beaucoup pour les gars, beaucoup...

« Ils avaient très envie de gagner. »

Je suis le dernier à monter dans le car et le chauffeur me gratifie d'une dose supplémentaire du charme du West Riding. Je m'assieds devant, près de Jimmy, la tête contre la vitre, puis l'équipe se met à m'applaudir, le car tout entier m'applaudit...

Lentement, très, très lentement...

« Je regrette beaucoup pour les gars. »

Exactement comme le putain de large sourire qui apparaît sur mes lèvres, sur tout mon visage.

Leeds est toujours favori à 10 contre 11, Liverpool à 11 contre 8, Derby County à 8 contre 1.

Mais il y a une semaine d'attente et tu n'aimes pas attendre, donc tu pars en vacances ; Peter emmène l'équipe à Cala Millor, à Majorque, où elle passera une semaine au soleil. Tu veilles à ce que la presse sache que c'est là que Derby est allé, à ce que Revie et Leeds sachent que c'est là que Derby est allé ; que les gars se bronzent à Majorque, paris engagés et champagne au frais...

« Ne vous en faites pas, leur dit et leur répète Pete. On va gagner le championnat. »

Tu ne vas pas en Espagne. Pas cette fois. Tu emmènes ton papa et ta maman, ta femme et tes mômes à l'hôtel Island, à Tresco, dans les îles Scilly. Tu feins de ne pas te soucier du championnat, de ne pas t'y intéresser, mais tu ne penses à rien d'autre...

À rien d'autre tandis que tu construis des châteaux de sable sur la plage avec tes mômes...

À rien d'autre ; Liverpool et Shankly pourraient passer. Peut-être. Mais pas Leeds et Revie. Jamais. Pas une nouvelle fois. Pas Revie. Cette équipe-là. Mais tu sais au plus profond de toi, dans les profondeurs les plus obscures, tu sais que Don aura préparé ses dossiers, qu'il aura fait nettoyer son costume bleu fétiche, rempli les enveloppes de billets usagés, bavardé avec l'arbitre, pris des cartons de loto et des boules...

Rien ne sera laissé au hasard.

Le samedi soir, à l'hôtel Island, tu apprends que Leeds a battu Arsenal et remporté la finale de la Coupe du centenaire. Leeds est désormais à une rencontre du doublé Coupe et championnat ; désormais Arsenal ne peut plus faire concurrence à Liverpool.

La semaine dernière, tu étais certain de remporter le titre. Tu le savais...

Désormais, tu n'en es plus aussi sûr et la marée emporte chaque jour les châteaux de sable...

Marées de doute et marées de peur, mers de doute et mers de peur.

Lundi soir, à vingt et une heures, le téléphone sonne à l'hôtel Island...

Liverpool a fait match nul contre Arsenal et Leeds a perdu face aux Wolves...

Tu embrasses ta maman, tu embrasses ton papa, ta femme et tes mômes ; tu offres le champagne aux clients, au personnel, puis tu poses sur la plage pour le Sun...

Sur la plage, dans les marées de champagne, les mers de champagne...

Champagne dans les îles Scilly. Champagne à Majorque. Champagne dans la salle du conseil de Highbury, où le vieux Sam est allé voir Liverpool et Shankly perdre...

« Conserver la direction de l'équipe et remporter le titre, déclare le vieux Sam Longson. Que pourraient demander de plus les habitants et les supporteurs de Derby ? »

Trois bouteilles de champagne. Trois bouteilles de champagne distinctes...

Derby County est champion 1971-72 de la première division...

Ce classement final de la ligue pour toujours sur vos murs...

C'est une belle nuit ; le lundi 8 mai 1972...

Et la peur est morte. Le doute est mort...

Vive Cloughie !

DEUXIÈME TABLEAU

Classement de la première division, 18 août 1974

	M	V	N	D	Bp	Bc	Pts
1 Man City	1	1	0	0	4	0	2
2 Middlesborough	1	1	0	0	3	0	2
3 Stoke City	1	1	0	0	3	0	2
4 Carlisle United	1	1	0	0	2	0	2
5 Liverpool	1	1	0	0	2	1	2
6 Wolves	1	1	0	0	2	1	2
7 Newcastle Utd	1	1	0	0	3	2	2
8 Arsenal	1	1	0	0	1	0	2
9 Ipswich Town	1	1	0	0	1	0	2
10 QPR	1	0	1	0	1	1	1
11 Sheffield Utd	1	0	1	0	1	1	1
12 Derby County	1	0	1	0	0	0	1
13 Everton	1	0	1	0	0	0	1
14 Coventry City	1	0	0	1	2	3	0
15 Burnley	1	0	0	1	1	2	0
16 Luton Town	1	0	0	1	1	2	0
17 Birmingham City	1	0	0	1	0	3	0
18 Chelsea	1	0	0	1	0	2	0
19 Leeds United	**1**	**0**	**0**	**1**	**0**	**3**	**0**
20 Leicester City	1	0	0	1	0	1	0
21 Tottenham H.	1	0	0	1	0	1	0
22 West Ham Utd	1	0	0	1	0	4	0

Je suis venu retourner les pierres...
Pour empiler onze pierres rondes l'une sur l'autre, l'une après l'autre...
Sur la Pierre de la Malédiction.
L'une après l'autre, l'une sur l'autre, je place les pierres...
Mais si l'une d'entre elles glisse, si l'une d'entre elles tombe,
la malédiction échouera...
Cependant j'empile mes pierres. Puis je prononce ton nom...
« Brian. »

Dix-neuvième jour

Le dimanche matin, je me réveille au Dragonara avec encore une foutue gueule de bois d'alcool et de rêves, en me disant que ce sont des putains de mauvais perdants ; Leeds United a toujours été mauvais perdant ; Leeds s'est toujours trouvé des excuses ; a toujours été victime...

Deuxième du championnat et de la Coupe en 1964-65 ; deuxième de l'Inter-Cities Fairs Cup en 1965-66 ; deux buts refusés en demi-finale de la Coupe d'Angleterre contre Chelsea et deuxième de l'Inter-Cities Fairs Cup en 1966-67 ; finalement vainqueur de l'Inter-Cities Fairs Cup et aussi de la Coupe de la ligue en 1967-68, mais vaincu en demi-finale de la Coupe d'Angleterre à cause d'une connerie de Gary Sprake, « Le Maladroit » ; finalement champion de la ligue en 1968-69, mais battu en quart de finale de l'Inter-Cities Fairs Cup ; en 1969-70, il termine deuxième du championnat et de la Coupe d'Angleterre, mais il est sorti de la Coupe d'Europe en demi-finale par le Celtic, en fait porter la responsabilité à « la surabondance de spectateurs », aux « blessures » et à Gary Sprake ; en 1970-71, il est sorti de la Coupe par Colchester, qui joue en quatrième division, et prétend avoir perdu le championnat à cause d'un arbitre, Ray Tinkler, qui a accordé à West Brom un but marqué sur hors-jeu, mais il parvient à remonter la pente et remporte l'Inter-Cities Fairs Cup pour la deuxième fois ; puis, en 1971-72, il est contraint de jouer ses quatre premières rencontres à domicile loin d'Elland Road – parce que le terrain a été envahi après le match contre West Brom ainsi qu'en raison des déclarations de Revie et de son président, Woodward – ; néanmoins, cette saison-là, il remporte la coupe mais perd la dernière rencontre de la saison contre les

Wolverhampton Wanderers, et c'est Derby County qui gagne le championnat...

Derby County et Brian Clough.

« Il n'y a pas eu de félicitations de la part de Revie, je raconte au serveur turc pendant un petit déjeuner très, très tardif. Il estimait que Leeds avait perdu le titre, pas que Derby l'avait remporté. »

Pas de félicitations. Pas de bien joué. Pas de belle victoire. Pas de tant mieux pour vous, Brian...

« Ça me met toujours en fureur, ce qu'ils ont écrit dans les journaux, ce qu'ils ont dit à la télé, que Derby avait remporté le titre par défaut. Par défaut ? Foutus idiots. Comment peut-on gagner le putain de championnat par défaut ? Vous pouvez me l'expliquer, Mehmet ? »

Le serveur secoue la tête et répond : « On ne peut pas, monsieur Clough.

– Exact, bordel, on ne peut pas. Vous le savez et je le sais ; on ne peut pas gagner le championnat par défaut, pas après quarante-deux putains de matchs. C'est impossible. On avait une bonne équipe qui a obtenu le meilleur résultat sur les quarante-deux matchs de la saison, donc on était champions. Pas Leeds. Pas Liverpool. Pas Manchester City...

« Derby County, nom de Dieu, et Brian Clough, voilà. »

Seulement la rancune. La mauvaise volonté. L'hostilité et l'animosité...

Et une enquête policière.

« Rien n'a été démontré, je dis au serveur. Mais il n'y a pas de fumée sans feu et Don sait faire du feu. »

Le serveur sourit et constate : « Le feu est dangereux, monsieur Clough.

– Exactement, Mehmet. Mais il ne faut pas oublier que Revie et Leeds n'avaient besoin que d'un point, d'un seul putain de point pour remporter le titre. Le doublé Coupe et championnat. Ils venaient de remporter la Coupe, n'oubliez pas. Ils avaient battu Arsenal quarante-huit heures plus tôt. Leeds était toujours le favori des books à 10 contre 11, alors que Derby était à 6 contre 1. Et n'oubliez pas Liverpool ; Shanks et Liverpool étaient toujours dans la course. Le public était chauffé à blanc. À Molineux, avant le match contre les Wolves. On a parlé de corruption, vous savez ? »

Le serveur paraît troublé. Il demande : « Les books auraient payé les Wolves ?

– Non, non, non. C'était dans le *Sunday People* ; Sprake, leur ancien putain de gardien, a affirmé que d'anciens joueurs de Leeds

United étaient allés dans le vestiaire de Wolverhampton, qu'ils avaient proposé mille livres aux Wolves pour balancer le match ; qu'ils avaient vu l'arbitre, lui avaient proposé une enveloppe de liquide pour qu'il siffle un penalty dans les six mètres des Wolves et – c'est tout de même foutrement ironique – Leeds s'est en fait vu refuser un penalty apparemment justifié. Une main, une main évidente. Le joueur s'appelait Bernard Shaw, je crois. Un penalty manifeste, paraît-il. Mais vous savez ce que je crois ? Je crois que tous les poulets de Don sont venus se pavaner ce soir-là, à cause des rumeurs et du reste, des rumeurs de trucage, et c'est probablement pour cette raison que l'arbitre y a réfléchi à deux fois avant d'accorder quelque chose à Leeds. L'arbitre n'a pas envie qu'on raconte qu'il a fermé les yeux ou sifflé un penalty parce qu'on lui a glissé une enveloppe sous la table, hein ? Mais, et c'est ce qui m'a vraiment énervé, ensuite, pendant que la Fédération et la police criminelle fouinaient avec le putain de procureur, pendant qu'ils fouinaient tous, Don jouait toujours les victimes dans cette connerie de télé et dans ces foutus journaux : surabondance de public, blessures, suspension, mauvais arbitrage et malchance...

« N'importe quoi et n'importe qui, sauf eux... »

« C'est simplement trop. Nous aurions dû avoir au moins trois penalties. Quand on est confronté à ce type de décision, que peut-on faire ? »

Le serveur semble toujours troublé. Le serveur répète : « La malchance ?

– Malchance ? Malchance mon cul, bordel. La putain de malchance n'existe pas, ni la chance, pas sur quarante-deux matchs. Si Leeds United avait été meilleur que Derby County, Leeds United aurait remporté le titre, pas Derby County. Mais Leeds a perdu neuf rencontres et nous en avons perdu huit, donc Leeds a terminé deuxième et nous avons terminé premiers...

« Champions ! Fin de la putain d'histoire. »

Mehmet le serveur prend ma tasse à café vide et acquiesce.

« Les deux dernières saisons n'ont guère été meilleures, hein ? je dis à Mehmet. En 1972-73, ils ont perdu face à Sunderland, un club de deuxième division, en finale de la Coupe d'Angleterre, puis face au Milan AC en finale de la Coupe des vainqueurs de coupe. Ils auraient pu remporter le championnat l'année dernière, mais depuis que Revie les dirige, ils ont perdu trois finales de coupe et deux demi-finales, trois finales européennes et deux demi-finales, et ils ont “ manqué ” le titre huit putains de fois, ont terminé deux putains de fois deuxièmes. Qu'est-ce que vous en dites, Mehmet ? »

Mehmet hausse les épaules et répète : « La malchance ?

– Malchance mon cul. Je vais vous dire pourquoi. C'est parce que, hors de cette ville, tout le monde les déteste, tout le monde les méprise. Tout le monde ! Vous voyez ce que je veux dire ? »

Mehmet hausse une nouvelle fois les épaules, puis il hoche à nouveau la tête et dit : « Tout le monde.

– Réfléchissez, je reprends, à toutes les fois où Leeds a manqué le titre " de justesse " ou perdu " de justesse " une finale de coupe. Vous savez pourquoi ? Je vais vous expliquer pourquoi. Parce que toutes les équipes qu'ils rencontrent, chaque fois qu'ils jouent, détestent Leeds, méprisent Leeds. Ce lundi soir, à Molineux, devant cinquante mille de leurs supporters, il était impossible que les Wolves ne donnent pas tout face à Leeds, impossible qu'ils balancent le match ; impossible, parce qu'ils détestent Leeds United, qu'ils méprisent Leeds United. Leur gardien, Parkes, des joueurs comme Munro et Dougan, ces joueurs participaient au match de leur vie et je vais vous expliquer pourquoi. Parce qu'il n'y a pas une équipe de notre pays, pas une équipe d'Europe, qui n'a pas envie de battre Leeds United et Don Revie. Pas une. Elles rêvent toutes de jouer contre Don Revie et Leeds United, de battre Don Revie et Leeds United. Je ne rêve que de ça : jouer contre Don Revie et Leeds United, battre Don Revie et Leeds United...

« Vous seriez comme moi, Mehmet, si vous étiez à ma place. »

Mehmet le serveur est troublé. Mehmet le serveur secoue la tête et dit : « Mais vous êtes manager de Leeds United, maintenant, n'est-ce pas, monsieur Clough ? »

Vingtième jour

Tu as remporté le championnat 1971-72 ; tu as battu Shanks et Liverpool ; tu as battu Revie et Leeds...

Vous êtes champions d'Angleterre.

Pendant les mois d'été, les ouvriers sont revenus au Baseball Ground, puisque vous participerez à la Coupe d'Europe ; des travaux ont été effectués sur les tribunes Osmaston et Normanton ; de nouveaux projecteurs, montés sur des pylônes, ont été installés, puisque vos matchs seront diffusés en couleur en Grande-Bretagne et à l'étranger...

Maintenant que vous êtes champions.

Mais tous tes rêves sont des cauchemars et tous tes espoirs sont des enfers, oiseaux et blaireaux, renards et fouines, chiens et démons, loups et vautours, tous tournent autour de toi, les nuages et les orages s'amassent au-dessus de toi, au-dessus des nouveaux projecteurs montés sur pylônes, de tes poches pleines de listes, de tes murs défigurés par les menaces, de tes cigarettes qui refusent de rester allumées, de l'alcool que tu ne peux pas garder.

Fêtes et banquets, réceptions officielles, tournées en autocar découvert, défilés et photos ; dîner destiné à célébrer le championnat, auquel aucun autre club n'ose assister ; et le Charity Shield que tu ne défendras jamais...

Tout cela des pantomimes, tout cela des mensonges...

Tu ne supportes pas les dirigeants et les dirigeants ne te supportent pas :

« La menace qui pèse sur moi vient d'hommes sans visages et sans noms, avec de longs manteaux et de longs poignards, qui agissent derrière des portes fermées. »

Une guerre se prépare ; une putain de guerre civile.

Pas la peine de faire des cauchemars. Pas aujourd'hui...

Chaque jour au réveil, je me demande si je gagnerai encore ; à Hartlepools, Derby et Brighton, je me demandais si je gagnerais encore. Mais aujourd'hui au réveil, je me demande pour la première fois si j'aurai encore *envie* de gagner à nouveau ; si ça m'intéressera encore un jour...

Lundi 19 août 1974.

Je chie. Je me rase. Je fais ma toilette et je m'habille. Je descends. Les garçons sont déjà dans le jardin avec leurs potes, se passent le ballon dans la rosée. Ma fille, assise à table, fait du coloriage. Ma femme pose le petit déjeuner devant moi et éloigne le journal, afin que je ne le voie pas. Je tends le bras et le tire jusqu'à moi...

Pas la peine de faire des cauchemars, c'est ce que j'ai dit à la presse samedi, c'est le gros titre d'aujourd'hui, et c'est ce que je lui répéterai, aujourd'hui et toutes les autres putains de journées...

« Mais qu'est-ce que tu te raconteras à toi-même ? demande ma femme. Dites-le à mon mari ? »

Il y a eu des problèmes toute ta vie, partout où tu es allé, une crise après l'autre, une guerre après l'autre. Cette fois, le problème, la guerre, commence ainsi :

« Alors je n'y vais pas, dis-tu au conseil de Derby. C'est tout simple.

– C'est la tournée de l'avant-saison, objecte Sam Longson. La Hollande et l'Allemagne de l'Ouest ; c'est vous qui l'avez proposée. C'est la raison pour laquelle vous refusez que Derby dispute le Charity Shield.

– Vous remettez ça sur le tapis, hein ?

– Je ne le remets pas sur le tapis. Mais ce n'est pas logique.

– Écoutez, la tournée a été organisée bien avant qu'on remporte le titre.

– Quand vous affirmiez que nous en étions incapables », dit Jack Kirkland...

Pete surnomme Jack Kirkland Le Gueulard de Belper[1] *; il a gagné son blé dans la location de matériel industriel mais croit connaître le football ; il projette de transformer le Baseball Ground en complexe sportif ; il projette d'y consacrer de grosses recettes et le budget affecté au transfert des joueurs, l'argent que tu as fait entrer dans leurs caisses avec les 33 000 spectateurs que tu as attirés, l'argent dont tu as besoin pour augmenter encore les recettes, sinon tu seras viré...*

---

1. Petite ville située une dizaine de kilomètres au nord de Derby. (*N.d.T.*)

Mais Jack Kirkland n'en a rien à foutre ; Jack Kirkland est le frère de Bob Kirkland ; Bob Kirkland que vous avez obligé, toi et Pete, à démissionner...

Désormais, Jack Kirkland, Le Gueulard de Belper, veut obtenir un siège au conseil ; un siège au conseil ainsi que ta tête et celle de Pete au bout d'une pique...

Jack Kirkland veut se venger.

« Impossible de vous satisfaire, hein ? tu lui demandes. Tantôt vous me trouvez arrogant et fourbe, tantôt vous me renvoyez mon humilité et mon honnêteté au visage.

– Si vous ne supportez pas la pression, commence Kirkland...

– Le problème est... » coupe Longson...

Mais on peut être deux à jouer à ce jeu, donc tu lui dis : « Le problème, c'est que ma famille m'accompagne pendant cette foutue tournée ou que je n'y vais pas. »

C'est comme ça que ça marche ; ça tourne en rond jusqu'au moment où Longson en a marre :

« C'est un voyage professionnel, pas des vacances, crie-t-il. Et je vous ordonne de n'emmener en aucun cas votre femme et vos gamins avec l'équipe, en Hollande ou en Allemagne de l'Ouest.

– Vous m'ordonnez ? Vous m'ordonnez ? tu demandes, tu répètes. Vous m'ordonnez ? Mais, bordel de merde, vous vous prenez pour qui ?

– Le président de Derby County. Président avant votre arrivée.

– C'est exact. Vous étiez président de Derby County avant mon arrivée, je m'en souviens ; alors que Derby County était au fin fond de la deuxième division, alors que personne n'en avait entendu parler depuis vingt ans et que tout le monde ignorait qui était Sam Longson, nom de Dieu. Point final. Je m'en souviens. Et sans moi, bordel de merde, vous en seriez toujours là ; au fin fond de cette putain de deuxième division, où personne ne se souvenait de vous et personne n'avait entendu parler de vous. N'oubliez pas que Derby County n'existerait pas sans moi, qu'il n'y aurait pas de titre, de championnat d'Angleterre ; pas sans Brian Clough...

« N'oubliez pas ça, monsieur le président. »

Longson sourit et répète : « Votre famille ne vous accompagnera pas dans un voyage professionnel.

– Dans ce cas, nom de Dieu, je n'y vais pas. »

Et tu n'y vas pas. C'est ainsi que ça commence ; ce problème, cette guerre, cette fois...

Dix minutes après le coup de sifflet final, samedi, j'avais reçu un appel d'Elland Road ; Eddie Gray était sorti pendant le match de la réserve, en boitant...

« Si tu avais été un putain de cheval de course, je t'aurais abattu, nom de Dieu. »

Blessures et suspensions, mauvaises décisions et putain de malchance.

La malédiction de Leeds United.

Les portes. Sous la tribune. Passé l'angle. Le long du couloir. Je suis assis à cette foutue table dans ce putain de bureau, je me demande ce que je vais faire, mercredi, face à ces cons de Queen's Park Rangers, qui je devrais faire jouer, nom de Dieu, qui je ne devrais pas faire jouer, nom de Dieu, qui sera *en état* de jouer, nom de Dieu, quand Jimmy Gordon passe la tête dans l'encadrement de la porte, le pouce levé...

« Tu blagues ? je lui demande.

– Ce n'est pas une blague, répond Jimmy. C'est les soldes du siècle. »

Peter est en tournée d'avant-saison en Hollande et en Allemagne avec l'équipe et les dirigeants. Tu es chez toi, à Derby, avec ta femme et tes mômes...

Août 1972.

C'est à cette époque que le comité directeur de la ligue de football remet son rapport, son rapport sur ton comportement dans le fiasco du transfert de Storey-Moore :

« Le comité a examiné les éléments que Nottingham Forest, Derby County, le joueur et le secrétaire de la ligue ont fournis verbalement et par écrit. Il est apparu que même si le joueur a signé le formulaire de transfert de Derby County, ce document n'a pas été contresigné par Nottingham Forest et que le joueur ne se rappelle pas avoir signé un contrat le liant à Derby County. Il a été démontré que le secrétaire de la ligue avait indiqué au secrétaire du club de Derby County que le joueur ne ferait pas partie de l'effectif de Derby County tant que le formulaire n'aurait pas été rempli par Nottingham Forest. Le comité a donc estimé que Derby County, en annonçant publiquement que le joueur lui appartenait alors qu'il faisait toujours partie de Nottingham Forest, a enfreint la règle 52(a) de la Ligue de football. »

Le Comité directeur de la Ligue de football inflige une amende de 5 000 livres à Derby County...

Parce que c'est Derby County. Parce que c'est Brian Clough...

À cause de ce que tu as dit. À cause de ce que tu as fait...

Parce que tu ne veux pas disputer son Charity Shield...

Parce que tu refuses de la fermer.

C'est ainsi que débute la saison 1972-1973 des champions d'Angleterre :

Pas avec le Charity Shield, pas avec le dîner du championnat, mais avec Peter et les dirigeants en Hollande, jouant contre l'ADO de La Haye, tandis que tu es à Derby en compagnie de ta femme et de tes mômes, avec tes réprimandes et tes amendes...

Tout ce foutu monde en guerre contre toi, toi en guerre contre tout ce foutu monde.

« Une petite minute, nom de Dieu, Clough, dit Sam Bolton.

– On n'a pas une minute, je réponds en me levant.

– Asseyez-vous », ordonne-t-il, et il est sérieux. « Votre foutu cinéma, ça suffit. Ce n'est pas votre fric que vous dépensez, donc vous allez vous asseoir et la fermer jusqu'à la fin de la réunion, et nous vous dirons si nous acceptons ou refusons votre demande de fonds destinés au transfert. »

Je lève les yeux au ciel et je réponds : « Il y a un match mercredi soir.

– Je sais, dit Bolton.

– Très bien. Vous savez combien de joueurs peuvent y participer ?

– C'est votre boulot, Clough, pas le mien.

– Exactement. Maintenant vous parlez raisonnablement, monsieur Bolton. Donc, si mon boulot consiste à savoir combien de joueurs peuvent tenir leur place, c'est aussi mon boulot d'en acheter d'autres, parce qu'on a trois joueurs suspendus, deux blessés pour longtemps et d'innombrables autres moins gravement touchés. N'est-ce pas ?

– Je ne crois pas que qui que ce soit mette vos motivations en doute, intervient Cussins, qui tente toujours d'apaiser les conflits.

– Vraiment ? Nom de Dieu, ce n'est pas l'impression que j'ai.

– Je pense simplement, dit-il, que la façon d'agir de Derby County et la façon d'agir de Leeds United sont probablement très différentes.

– Nom de Dieu, j'espère bien qu'elles le sont, ironise Bolton.

– Qu'est-ce que vous entendez par là ? je demande.

– Allons, Clough, dit Sam Bolton, tout le monde sait comment vous traitiez Sam Longson et les autres dirigeants du conseil de Derby. Vous les aviez tous mis dans votre poche et ils vous mangeaient dans la main, n'est-ce pas ?

– Et alors ? J'ai remporté le titre, hein ? Je les ai emmenés en demi-finale de la Coupe d'Europe. Tout le monde avait oublié Derby quand j'ai pris les commandes du club. C'étaient des hommes d'hier ; Derby County est connu dans tous les foyers aujourd'hui.

– En tout cas, *vous* l'êtes », dit Bolton en souriant.

Je regarde ma montre, mais je n'en ai pas, donc je les mets carrément au pied du mur : « Je veux John McGovern, je veux John O'Hare, et Derby en demande cent trente mille livres...

« Oui ou non ? »

Vous êtes champions d'Angleterre et voici comment vous débutez la défense de votre titre le jour de l'ouverture de la saison 1972-1973 :

Au Dell, vous faites match nul contre Southampton devant le public le moins nombreux de la saison ; le public le moins nombreux de la journée pour voir les champions d'Angleterre, les champions d'Angleterre qui manquent une longue succession d'occasions. La seule bonne chose que tu rapportes à Derby est la prestation de John Robson à l'arrière. Trois jours plus tard, tu fais une nouvelle fois match nul à Selhurst. Dans ce match tout aussi décevant, ton meilleur joueur est une nouvelle fois John Robson.

C'est ainsi que débute la défense de ton titre de champion d'Angleterre, avec des nuls contre Southampton et Crystal Palace. Mais cela ne t'inquiète pas beaucoup...

Pas avec tout ce que tu as à faire et tout ce qui te préoccupe : la télé et ton nouveau contrat avec London Week-End Television, *pour* On the Ball, On the Ball *et les journaux ; les journaux et tes chroniques, tes chroniques dans le* Sunday Express :

La Coupe d'Angleterre devrait être suspendue pendant un an, afin que le pays ait toutes ses chances dans la Coupe du monde. Je pense que je suis le manager le plus à même de gérer George Best ; c'est un génie du football, je suis un génie du football, donc nous devrions être en mesure de très bien nous entendre. En réalité, je quitterai bientôt le football. J'ai envie d'un emploi en dehors du milieu footballistique, qui me permettrait de consacrer davantage de temps à ma famille.

J'envisage de téléphoner à sir Alf et de lui proposer d'échanger nos emplois pendant un an. Malheureusement, le président a refusé de m'accorder le temps qui m'aurait permis d'accompagner l'Angleterre dans sa tournée d'hiver aux Antilles. Je crois que l'emploi suprême consistant à décider pour le football me plairait. Je mettrais un terme à la Ligue de football en mars, afin que l'équipe nationale bénéficie de trois mois de préparation avant la finale de la Coupe du monde.

Un simple coup de téléphone, c'est tout ce qu'il faut. De Jimmy à Dave. Un coup de téléphone et je me mets en route. D'Elland Road au Baseball Ground.

Archer, le secrétaire du club, conduit et je suis sur la banquette arrière en compagnie de Ron, de l'*Evening Post* ; c'est une exclusivité pour Ron, ça risque de faire des jaloux, mais Ron et le *Post* me sont favorables ; il m'a tenu compagnie au Dragonara ; il m'a tenu éloigné de mon lit, mon lit d'hôtel moderne et luxueux ; il n'est pas du genre à refuser un verre, Ron du *Post*.

À l'heure du thé, je suis en compagnie de Dave Mackay dans *mon* ancien bureau ; Dave dans *mon* ancien fauteuil, à *mon* ancienne table de travail, servant à boire dans *mes* anciens verres.

« Tu n'as même pas été tenté de brûler ce foutu bureau, hein, Dave ?

– Oh, si, répond-il. Avec ces putains de joueurs qui parlaient sans arrêt de vous, sans arrêt de vous. Putain de Cloughie par ci, putain de Cloughie par là. Comme si vous n'aviez jamais quitté ce putain de stade, nom de Dieu. On avait l'impression que vous le hantiez.

– Alors pourquoi n'as-tu pas brûlé cette saloperie ? Je l'aurais fait, bordel de merde.

– Ça reviendrait à gaspiller une bonne table de travail », répond-il en riant...

Dans mon fauteuil. À ma table de travail. Dans mon bureau. Ce sale Écossais tiré à quatre épingles.

Du Baseball Ground à l'hôtel Midland, où John et John attendent. N'attendent pas dans le hall. John McGovern et John O'Hare sont au bar...

Ce sont mes gars et mes gars me connaissent.

« Champagne, dis-je à Steve, le barman. Et ne lésine pas sur la quantité, jeune homme. Parce que ce soir, il est sur le compte du Leeds United Football Club. »

Chelsea te bat 2-1 lors du premier match à domicile de la saison ; ton premier match à domicile, où tu défends ton titre devant 32 000 spectateurs. Vous jouez avec frénésie et anxiété, sanctions et contestations ; pas de conservation et pas de pénétration, pas de calme et pas de méthode. Vous avez cessé de croire en vous ; de croire en toi.

Il y a également des problèmes sur les gradins, des bagarres entre supporteurs pour la première fois, des chiens de la police et des voitures de police dans les rues voisines, des troubles et des échauffourées...

Hors du terrain et sur le terrain ; dans la salle du conseil et dans le vestiaire ; en haut et en bas ; passé les coins, dans tous les couloirs.

Tu battras Manchester City et tu monteras à la douzième place du championnat fin août 1972. Mais, avant fin août 1972, la presse a déjà donné un nouveau surnom à Derby County : les Champions Déchus...

Les hommes de l'année passée dirigés par l'homme de l'année passée ; adieu Cloughie.

Peter te prend à part. Peter dit : « Vends John Robson.

– Qu'est-ce que tu racontes ? Il vient d'obtenir la médaille du championnat ; il a joué tous les matchs de la saison dernière sauf un, il n'a pas fait une bêtise cette année.

– Rien à foutre. Il s'agit de cette foutue Coupe d'Europe, Brian. Pas question qu'on se repose sur nos putains de lauriers. Robbo a sa médaille, maintenant débarrassons-nous de lui. »

Pete a posé l'oreille sur le sol, sorti son petit carnet noir, parlé au téléphone ; Leicester City a fait étalage de son liquide ; acheté Frank Worthington 150 000 livres et signé Denis Rofe, un arrière, pour 112 000...

« Que devient David Nish alors ? demande Pete.

– Peut-être qu'il vient à Derby County ? »

Pete acquiesce. Pete te tapote les épaules. Pete dit : « Fais ton boulot, Brian. »

Les journalistes ouvrent leurs micros et prennent leurs verres...

« Je ne pouvais pas priver les supporters de Leeds des joueurs de qualité auxquels ils sont habitués. Comme Allan Clarke, Norman Hunter et Billy Bremner sont suspendus, que Terry Yorath se rétablit de son infection intestinale, qu'Eddie Gray est indisponible à cause d'une blessure à la cuisse lors d'un match de la réserve, que Mick Johnson a été opéré du genou et que Frank Gray a la grippe, nous étions confrontés à une véritable crise en ce qui concernait mercredi soir.

« Je suis donc absolument ravi d'accueillir McGovern et O'Hare, en raison des joueurs et des personnes qu'ils sont. Ce sont tous les deux des joueurs de caractère, de talent, et ils m'apportent leur aide à un moment où les blessures et les suspensions causent de graves problèmes. »

Les journalistes posent leurs verres. Les journalistes décrochent les téléphones.

Tu n'as pas pris rendez-vous. Tu n'as pas téléphoné. Tu ne fais pas la queue et tu ne frappes pas. Tu te contentes d'entrer dans la salle du conseil de Leicester City et d'annoncer : « Je viens acheter votre arrière. »

Len Shipman, président de Leicester City et de la Ligue de football, reste imperturbable. Shipman dit : « C'est une réunion très importante et vous ne pouvez pas entrer comme ça, sans y avoir été invité.

– Très bien, je réponds. J'attendrai dehors, mais vous resterez fauchés. »

Tu t'en fiches ; tu t'en branles. Tu achèteras David Nish 225 000 livres, que ça plaise ou non à Leicester ; que ça plaise ou non à Derby...

Derby County... le club qui dépense le plus !

Ça ne plaît pas à Derby County. Sam Longson dit : « C'est une foutue somme d'argent pour un arrière jamais sélectionné en équipe nationale ; un arrière qui ne pourra même pas participer aux premiers matchs de la Coupe d'Europe. Une foutue somme dépensée sans même en demander l'autorisation.

– Je n'ai pas eu le temps, tu mens. Il y avait d'autres clubs sur le coup.

– Écoutez, Brian, nous avons toujours fait de notre mieux pour fournir l'argent dont vous aviez besoin, Peter et vous. Mais où est la consultation ? Où est la discussion ? Où sont le respect et la confiance ?

– Comme je vous l'ai dit : pas le temps.

– Mais le conseil croit fermement que nous aurions pu obtenir Nish pour beaucoup moins que les deux cent vingt-cinq mille livres que vous avez payées, si nous avions été consultés.

– J'ai téléphoné, n'est-ce pas ?

– Depuis le bar de l'hôtel, dit Longson. Saoul comme une bourrique.

– Nous fêtions la fin d'un travail bien fait.

– Je me mordrai la langue, dit-il. Et je ferai de mon mieux pour ravaler mon orgueil.

– C'est ça, Sam, je dis. C'est ça. »

Il est tard quand je quitte l'hôtel Midland en taxi pour rentrer chez moi. Je lui demande de passer devant le Baseball Ground sur le long trajet qui me ramène à la maison...

« Ils n'auraient jamais dû faire ce qu'ils vous ont fait, dit le chauffeur. Scandaleux.

– C'est moi qui me le suis fait, mon pote. Je n'avais besoin de personne.

– J'en sais rien. Mais ce n'était pas bien, ça j'en suis sûr.

– C'est gentil, dis-je.

– Pas bien, répète-t-il. Tout le monde le sait. Vous pouvez demander à n'importe qui.

– Pas à Leeds. »

Le chauffeur s'arrête devant chez moi. Il se retourne et demande : « Pourquoi êtes-vous allé là-bas, Brian ? Ils ne vous méritent pas. Pas Leeds. »

Kirkland vous arrête, Peter et toi, dans le couloir, devant le vestiaire des visiteurs de Carrow Road ; vous aborde alors que vous venez de perdre face à Norwich City à l'occasion du premier match de David Nish pour Derby County ; Derby County, champion d'Angleterre, désormais seizième ; Jack Kirkland vous arrête et dit : « C'est votre responsabilité.

– Notre quoi ?

– Signer des contrats mirobolants comme celui de Nish, dit Kirkland. C'est votre responsabilité.

– L'apport de joueurs ne doit jamais cesser, dit Peter. C'est le sang neuf du club.

– Dans ce cas, fini les transfusions, ironise Kirkland. C'est votre responsabilité.

– Allez vous faire foutre, crie Peter. Allez vous faire foutre !

– Aucune chance, répond Kirkland avec un clin d'œil. Vous serez partis avant moi, je vous le promets. »

Vingt et unième jour

Ma voiture est restée à Elland Road, donc Jimmy Gordon passe me prendre chez moi à huit heures et demie, puis nous allons chercher McGovern et O'Hare au Midland.

« Bientôt, je pourrai monter une société de transport en commun, blague Jimmy. Le Derby Express.

– J'espère, nom de Dieu. Le plus tôt sera le mieux. »

Quatre jours après avoir perdu contre West Bromwich Albion, club du bas du tableau, en cette journée où vous êtes encore, vous, les champions d'Angleterre, seizièmes ; et où, même si vous avez battu Liverpool, vous avez perdu quatre rencontres sur huit, gagné seulement deux fois et marqué seulement six buts, en cette journée, vous faites vos débuts dans la compétition européenne. Pas de l'Inter Cities Fairs Cup, pas de la Coupe des vainqueurs de coupe, mais de la quête du Saint Graal, la Coupe d'Europe.

Seuls Jock Stein et le Celtic, Busby et United ont bu dans cette coupe ; cette coupe dont tu rêves, qui ferait cesser les cauchemars...

Les doutes et les peurs ; qui t'apporterait ce que tu désires plus que tout...

Parce que c'est ce que tu veux et c'est ce que tu auras.

C'est le 13 septembre 1972 et tu reçois le club yougoslave de Željezničar Sarajevo à l'occasion du tour préliminaire ; deux matchs, aller et retour, le gagnant remporte la mise.

« Oubliez cette connerie de West Bromwich Albion. Oubliez Everton. Oubliez Norwich et oubliez Chelsea, tu dis dans le vestiaire de Derby. Tout le monde peut jouer contre West Bromwich Albion. Contre Everton, Norwich et cette saloperie de Chelsea...

« Mais c'est la Coupe d'Europe. Cette putain de Coupe d'Europe. Un seul club anglais dispute cette coupe. Ce soir, nous sommes cette équipe...

« Pas Liverpool. Pas Arsenal. Pas Manchester United. Pas Leeds United...

« C'est Derby County, bordel de merde, sur le terrain et dans les livres d'histoire...

« Donc vous sortez, vous allez sur ce terrain, vous entrez dans les livres d'histoire et vous en profitez, nom de Dieu, parce que si vous ne le faites pas, vous n'en aurez peut-être plus jamais l'occasion. »

Sous la tribune, après les portes et passé le coin, je suis le couloir, croise Syd Owen, croise Maurice Lindley, quand Syd dit derrière mon dos, à voix basse, derrière sa main et les dents serrées, dit quelque chose qui ressemble à : « Bordel de merde, pourquoi les a-t-il achetés ? »

Je m'immobilise, je me retourne, je demande : « Quoi ?

– Deux joueurs pour la réserve, ajoute Maurice. Pour la réserve.

– Ils n'arrivaient même pas à jouer un putain de match avec Derby County, dit Syd.

– Ce sont des internationaux. Ils ont tous les deux des médailles de champion.

– Des médailles de champion ? demande Maurice. Depuis quand ?

– 1972, nom de Dieu. Et vous le savez.

– Ils ne les ont pas vraiment remportées, n'est-ce pas ? dit Syd. Pas vraiment.

– Qu'est-ce qu'ils ont fait, à votre avis ? Ils les ont trouvées dans une pochette surprise ?

– Oui, c'est ce qu'on pourrait dire, ironise Maurice.

– D'une certaine façon, renchérit Syd.

– Ils vous montreront qu'ils ont tout ce qu'il faut là où il faut.

– Ça ne leur servira pas à grand-chose demain, dit Maurice.

– Quoi ? Qu'est-ce que vous racontez ?

– Ils ne peuvent pas jouer, ajoute Syd. Aucune chance.

– Bien sûr que si. Pourquoi ne pourraient-ils pas jouer, bordel de merde ?

– Parce qu'ils ne sont pas vraiment en forme, hein ? répond Maurice. Pas vraiment.

– Dans ce cas, ils seront parfaitement à leur place ici, hein ? » je réplique, puis je leur tourne le dos et m'éloigne dans ce couloir, vers cet angle du couloir.

« Ce n'est pas tout, ajoute Syd derrière moi, à voix basse, derrière sa main et les dents serrées. L'entraînement... »

Je m'immobilise. Je me retourne. Je demande : « Quel est le problème ?

– Ça part un peu à vau-l'eau, répond Maurice.

– Comment ça, un peu à vau-l'eau ?

– Il y a un match demain, vous savez ? dit Syd. Contre QPR...

– J'ai vu le putain de programme, Sydney. Ne vous inquiétez pas.

– Mais nous nous inquiétons, dit Maurice. Vous n'avez pas dit un mot, Jimmy Gordon et vous, de la façon dont QPR jouera. Pas un mot...

– Don aurait demandé à la réserve de jouer à la manière des Rangers, explique Syd. Et il aurait fait jouer l'équipe première contre elle ; il aurait vérifié un truc ou un autre.

– Connerie, tu réponds. Ce sont des putains de footballeurs professionnels ; ils n'ont pas besoin de ça. Stopper Bowles, c'est tout ce qu'on a besoin de savoir sur QPR.

– C'est de la folie, dit Maurice. De la folie...

– Je crois que vous êtes fou, ajoute Syd. Complètement givré. Je le crois sincèrement.

– Pendant qu'on y est, je leur dis, il y a une ou deux choses qu'il faut que vous compreniez. Premièrement, je n'ai pas à me justifier devant vous. Ni sur le programme et la nature de l'entraînement. Ni sur qui j'achète et qui je fais jouer. Deuxièmement, si ça ne vous plaît pas, si vous ne m'aimez pas, si vous croyez que je suis fou, que je suis givré, dans ce cas, de mon point de vue, la putain de porte est grande ouverte...

« Et je vous emmerde. C'est bien clair ?

« C'est bien clair ? je répète. Hein ? »

Syd Owen se contente de me dévisager. Syd Owen se contente de me fixer. Puis Syd Owen dit : « Vous avez raison, monsieur Clough. Vous n'avez pas à justifier vos actes devant Maurice et moi. Pas devant nous, c'est évident. Mais, demain soir, il y aura quarante mille spectateurs, ici, quarante mille spectateurs devant lesquels vous devrez vous justifier. Ne vous y trompez pas.

– Sans compter les onze hommes que vous enverrez sur le terrain, ajoute Maurice Lindley. Sans les oublier eux. »

Tu bats Željezničar Sarajevo 2-0 à l'aller, au Baseball Ground, sous tes nouveaux projecteurs montés sur pylônes ; tu ne te contentes pas de les battre, tu leur casses complètement le moral parce que tu as dominé de la tête et des épaules, que ta prestation a été magnifique, grâce à Hennessey et McGovern. Foutrement dommage qu'il n'y ait eu que 27 000 spectateurs pour y assister...

Foutrement dommage que tu sois allé ensuite à Old Trafford et que tu aies perdu 3-0 contre une équipe de Manchester United qui n'avait pas été aussi mauvaise depuis des années. Foutrement dommage que tu ne te sois entraîné avec l'équipe qu'une demi-heure pendant la semaine. Foutrement dommage que tu aies passé l'essentiel de cette semaine sur l'autoroute ou dans le train pour Londres, à cause de Week-End Television. *Foutrement dommage que personne ne parle, que les gens ne se parlent pas, ne s'écoutent pas :*

« Mes conditions sont simples. Si on veut m'employer, on m'accepte comme je suis. Si, au bout de cinq ans, on ne peut pas m'accepter comme je suis, alors c'est que le monde entier a perdu les pédales. »

Il y a 60 000 spectateurs, ce soir-là, au Kosevo Stadium pour le match retour, parmi les arbres et les collines de Bosnie Herzégovine, les mosquées et les minarets ; 60 000 fils de Tito avec leurs klaxons et leurs sirènes...

« L'Europe est une aventure, tu dis à l'équipe. Comme un bonus, des vacances. Donc il faut qu'on en profite, nom de Dieu, qu'on en profite et qu'on gagne, bordel de merde ! »

Après un quart d'heure de jeu, Hinton et O'Hare ont porté le score à 2-0, 4-0 sur l'ensemble, et l'équipe joue toujours aussi bien. Mais le Željezničar Sarajevo ne s'incline pas de bonne grâce dans la nuit des Balkans ; ils font des crocs-en-jambe et donnent des coups de pied sur ce terrain rugueux, dans la boue lourde de Yougoslavie ; ils sont pires que Leeds United, pires que les fils de Don Revie...

Les fils de Tito enflamment leurs journaux, les fils de Tito allument leurs fusées...

Mais tu gagnes et leur presse écrit : « Rendez-vous en mai à Belgrade. »

Belgrade. Mai. Finale de la Coupe d'Europe 1973.

Bremner ne frappe pas. Bremner ouvre la porte et dit : « Vous vouliez me voir ?

– Oui. Assieds-toi, Billy. Pose tes fesses, mon gars. »

Bremner garde le silence. Bremner s'installe sur la chaise et attend.

« Tu es suspendu pour les trois matchs à venir, je dis. Peut-être davantage. »

Bremner garde toujours le silence. Bremner se contente d'attendre.

« Je ne sais pas ce que tu en penses, je reprends, mais comme tu es le capitaine et un meneur d'hommes par nature, il serait foutrement dommage que tu ne sois pas présent dans les vestiaires et sur le terrain lors de ces trois matchs. »

Bremner garde encore le silence. Il se contente d'attendre.

« Je voudrais que tu sois là au moins lors des matchs à domicile, je dis. Il me semble aussi important que tu prennes part aux conversations de l'équipe, pendant le déjeuner, dans le vestiaire et sur le banc en ma compagnie. »

Bremner se lève. Bremner demande : « C'est tout ? »

L'Europe t'apporte de l'espoir. L'Europe t'apporte des rêves...

Tu commences à gagner à domicile ; tu bats Birmingham et Tottenham, tu fais match nul contre Chelsea dans la Coupe de la ligue. Tu dois rencontrer Benfica au deuxième tour de la Coupe d'Europe ; Benfica et Eusebio, cinq fois finalistes et deux fois vainqueurs ; tes espoirs et tes rêves se réalisent...

Mais il y a toujours le doute. Il y a toujours la peur. Il y a toujours les problèmes...

Les vendettas puériles et les mauvaises blagues, les médisances et la politique...

Les dirigeants harcèlent le président, l'interrogent sur Peter ; que fait-il, comment le fait-il, combien est-il payé, avons-nous vraiment besoin de lui ?

Puis le président te harcèle à propos de Pete : que fait-il au juste, comment le fait-il, combien le payons-nous au juste, avons-nous vraiment, vraiment besoin de lui, que diriez-vous d'un peu plus d'argent dans votre nouveau contrat, d'un peu plus d'argent dont vous pourriez bénéficier ?...

Si Peter Taylor n'était plus là.

Puis le secrétaire du club harcèle Peter à ton propos, lui raconte que tu ne le soutiens pas dans la salle du conseil, que tu dis du mal de lui et que tu projettes de te débarrasser de lui, que tu n'es jamais là mais toujours à la télé et dans les journaux, que tu vas avoir un peu plus dans le nouveau contrat qu'on pourrait te proposer si Peter n'était plus là, ou qu'il pourrait y avoir un peu plus d'argent à la clé dans le nouveau contrat de Peter...

Si Brian Clough n'était plus là.

Il y a toujours le doute et toujours la peur. Il y a toujours des problèmes, toujours de la tension. Tension et problèmes ; peur et doute ; guerre, guerre, guerre, puis, pile au bon moment...

Comme par magie, voilà Leeds, Leeds, Leeds.

Sous les tribunes. Sous les tribunes. Sous les tribunes. Sous les tribunes. Il y a une moitié de sandwich au fromage sur la table de travail, mon carnet d'adresses ouvert à côté du sandwich...

Tous les managers que j'ai rencontrés, tous les entraîneurs, coachs et recruteurs...

« Choisissez, bordel de merde », leur dis-je au téléphone...

À Forest. Leicester. Birmingham. Everton. Stoke et même Carlisle...

« Harvey. Cooper. Cherry. Giles. Hunter », dis-je à tous ceux qui veulent écouter...

À Ipswich. Norwich. Luton. Burnley. Wednesday et cette connerie de Hull...

« Choisissez, bordel de merde », leur dis-je, et je tente de les convaincre, les supplie...

Tous les managers que j'ai rencontrés, tous les entraîneurs, coachs et recruteurs.

La moitié de sandwich au fromage, mon carnet d'adresses et un verre vide. Sous les tribunes. Sous les tribunes. Sous les tribunes...

« Où est ma putain de montre ? »

Longson a été convoqué à une réunion du Comité directeur de la Ligue de football, une foutue réunion de plus du Comité directeur, une autre putain de réunion où on parlera de toi. Le Comité directeur de la Ligue de football annonce à Longson que le club de Derby County se verra infliger des mesures disciplinaires sévères et des amendes élevées, des mesures disciplinaires plus sévères encore et des amendes plus élevées encore si son manager ne modifie pas ses critiques à la télévision et dans les journaux, ses critiques à la télé et dans ses chroniques, ses critiques de la Fédération et de la Ligue de football...

Longson chie dans son putain de froc. Longson entre à l'hôpital.

Les oiseaux et les blaireaux, les renards et les fouines, les chiens et les démons, les loups et les vautours, tous tournent et se rassemblent avec les nuages noirs et les tempêtes d'hiver tandis que tes nouveaux projecteurs montés sur pylônes craquent et grincent, au-dessus du Baseball Ground, dans le vent et les intempéries, craquent, grincent et menacent de s'effondrer, de tomber.

Le football est alors un soulagement ; un soulagement face aux vendettas infantiles et aux mauvaises blagues, aux médisances et à la politique, un soulagement même si c'est à Leeds, Leeds, Leeds...

Le 7 octobre 1972, tu es dans l'autocar de Derby County, qui se rend à Elland Road, Leeds.

Vous êtes champions d'Angleterre, pas Leeds United; Derby County a terminé premier, Leeds United a terminé deuxième ; vous avez gagné et ils ont perdu ; du vol qualifié, *disent et répètent Don Revie et Leeds, Leeds, Leeds United...*

Vol qualifié. Vol qualifié. Vol qualifié.

Les deux camps ont quelque chose à prouver, et même quelque chose à démontrer, nom de Dieu. Mais quand tu t'immobilises à l'avant de cet autocar, quand tu te lèves et comptes les cœurs, tu perçois le doute et tu sens la peur, le trouble, la tension...

John McGovern n'est pas là aujourd'hui. Ni Terry Hennessey...

Pour les remplacer, tu feras jouer Peter Daniel en milieu de terrain ; une expérience. Mais au fond de ton cœur, tu sais qu'Elland Road ne se prête pas aux expériences, pas du tout...

Sur ce terrain de chagrin et ce terrain de haine ; ce terrain de sang, ce champ de bataille.

L'autocar de Derby s'arrête à Elland Road, on frappe à coups de poing contre ses flancs, on agite des écharpes derrière ses vitres et les joueurs blêmissent, leur cœur se serre et tu as un but de retard...

Un foutu but de retard alors que tu n'es pas encore descendu de ce putain d'autocar.

Deux longues mi-temps et quatre-vingt-dix minutes plus tard, Derby County a perdu 5-0 grâce à deux buts de Giles, un de Bremner, un de Clarke et un de Lorimer...

« Ils n'ont même pas bien joué, dit Pete. Ils ne sont pas tellement bons. »

Mais tu n'écoutes pas ; tu en as marre de lui, de l'équipe, du foot...

De ces terrains de chagrin et de ces terrains de haine, de ces terrains de sang, de ces champs de bataille.

La longue corde. Le poignard affûté. Le pistolet chargé. La presse, venue me voir présenter McGovern et O'Hare, m'écouter débiter mes mensonges et mes turpitudes :

« Je m'en tiens à ce que j'ai dit il y a dix jours, à savoir que personne ne quittera Leeds avant très, très longtemps. Invariablement, quand on parle de transferts, il s'agit des joueurs qu'on a le moins envie de voir partir. Je peux dire en toute franchise que l'idée de transférer ces joueurs ne m'a jamais traversé l'esprit. La nécessité m'a contraint à en engager deux. Je suis parfaitement conscient du fait que Leeds United est champion d'Angleterre et que je ne pouvais pas me permettre de faire venir des joueurs ordinaires. Il faut qu'ils conviennent, en tant qu'hommes et en tant que joueurs, et je suis certain que McGovern et O'Hare sont exactement ce dont notre club a besoin. »

Une question au premier rang : « Avez-vous des nouvelles d'Eddie Gray ?

– Il pourrait être à nouveau indisponible pendant longtemps, je réponds. Et, de toute évidence, on peut s'interroger sur sa forme physique. »

Une question au fond : « Il paraît qu'il y a eu des mots, en coulisse, entre vous et Syd Owen ; pouvez-vous commenter ces allégations ?

– Ces allégations sont scandaleuses, je réponds. Totalement scandaleuses. Aucun différend, absolument aucun, ne m'a opposé au personnel du club. Syd travaille d'arrache-pied depuis que j'en ai pris la direction. Il est totalement honnête, il est dévoué et c'est exactement le type d'homme avec qui je peux m'entendre. »

Une question sur le flanc : « Donc personne ne quittera Elland Road ?

– Il y a du travail pour tout le monde, je réponds. Même pour moi. »

Tu vas voir Benfica au Portugal. Espionner. Tu n'emmènes pas Peter. Tu emmènes ta femme et tes mômes. Tu es heureux de partir. De t'éloigner. Tu en as assez de l'Angleterre. Assez aussi de cette connerie de Derby County ; de ses foutus dirigeants et de ses supporteurs, de ses dirigeants ingrats et de ses supporteurs ingrats :

« Ils ne se mettent à acclamer qu'à la fin, quand on a un but d'avance, dis-tu aux journaux. Je veux les entendre quand on perd. Ils sont consternants. »

Benfica est merdique, lui aussi, et a de la chance de faire match nul...

Tu ne doutes pas. Tu n'as pas peur...

Pas en ce qui concerne les Aigles de Lisbonne...

Tu sais que tu peux gagner...

Tu sais que tu gagneras.

Je n'apprends jamais ; jamais, nom de Dieu. Je n'ai jamais appris, et putain, je n'apprendrai jamais. Je suis à nouveau au bar du Dragonara alors que je devrais être chez moi, à Derby, avec ma femme et mes mômes. Ici, dans ce bar, avec Harry, Ron et Mike ; des types que je ne connaissais pas il y a deux semaines, dont je n'avais jamais entendu parler, qui sont maintenant mes meilleurs potes pour la vie...

« Un nouvelle tournée pour mes amis, je crie. Une autre putain de tournée, barman. »

Sur les fauteuils et sur les canapés du bar du Dragonara...

« Joue *Glad to Be Unhappy*, je crie à Bert, le pianiste. “ *Only the Lonely.* ” »

Sur les tables et sur le plancher...

« “ *In the Wee Small Hours of the Morning.* ” »

Sur les fauteuils et sur les canapés. Sur les tables et sur le plancher. Dans l'ascenseur et dans le couloir. Dans ma chambre d'hôtel moderne et luxueuse, dans mes toilettes modernes et luxueuses...

Parce que je n'apprends jamais, jamais, putain ; je n'ai jamais appris et, putain, je n'apprendrai jamais ; voilà pourquoi je n'ai pas eu le certificat d'études et n'ai pas de diplôme, pas un seul ; pourquoi j'ai marqué 251 buts en 274 matchs mais n'ai été sélectionné que deux fois en équipe d'Angleterre, deux seules putains de fois...

Pourquoi j'ai remporté les titres de deuxième et de première division ; pourquoi j'ai atteint les demi-finales de la Coupe d'Europe et pourquoi un jour, bientôt, je remporterai cette foutue coupe...

Parce que je n'apprends jamais ; jamais, putain. Je n'ai jamais appris et, putain, je n'apprendrai jamais...

Parce que je suis Brian Clough. Face contre la putain de moquette ce soir...

Le futur putain de manager de l'équipe d'Angleterre, la face contre la putain de moquette.

Vingt-deuxième jour

Voilà de nouveau l'Europe ; tes espoirs et tes rêves. Les espoirs et les rêves qui te soutiennent, ici, à domicile contre Benfica...

Derby County contre Benfica au deuxième tour de la Coupe d'Europe.

Tu ne peux pas dormir. Tu ne peux pas manger. Tu ne crois pas à la chance. Tu ne crois pas aux prières, donc tu ne peux que comploter, comploter et manigancer :

Tu as chargé le jardinier de déverser la moitié de la Derwent sur le terrain la veille au soir, transformant ainsi le Baseball Ground en bourbier. Tu as fait transporter Kevin Hector dans le couloir étroit conduisant à la salle de soins. Tu as chargé le médecin du club de bourrer Kevin Hector de cortisone une heure avant le coup d'envoi ; l'heure précédant le moment où les Aigles de Lisbonne sont censés se repaître des Rams de Derby...

La presse ne t'a accordé aucune chance. La presse a prédit ta fin :

Pas de chance, Cloughie, *écrivent-ils tous.* Cette fois, tu ne joues pas dans ta catégorie.

Pete affiche les articles dans le vestiaire ; c'est là que vous pouvez donner le meilleur de vous-mêmes, Pete et toi, dans le vestiaire, sous ces articles, dix minutes avant le coup d'envoi. Tu as demandé à Pete de passer leurs joueurs en revue, d'indiquer qui surveiller et pourquoi les surveiller, ce que tu ne fais en général jamais, ce dont tu te fous en général complètement. Ce n'est pas différent ce soir. Pete regarde le bout de papier qu'il tient à la main puis ton *équipe,* tes *gars, et froisse ce bout de papier...*

« Pas de problème, dit-il. Vous n'avez aucune raison de vous inquiéter. »

Pete a raison ; tu as raison ; c'est une de ces soirées dont tu as rêvé ; une de ces soirées pour lesquelles tu es né, tu as vécu, et malgré tes commentaires, malgré tes critiques, 38 000 spectateurs sont venus partager cette soirée avec toi, cette soirée où tu balaies Benfica et Eusebio de la première minute à la dernière, depuis la minute où McFarland saute plus haut que la défense et marque sur un centre de Hinton, depuis la minute où McFarland remet un autre centre de Hinton et permet à Hector de marquer du gauche dans le coin supérieur, depuis la minute où McGovern s'empare d'un lob de Daniel et marque de la limite des seize mètres, de la première minute à la dernière...

« Incroyable, te dit Malcolm Allison à la mi-temps. Foutrement incroyable. »

Tu te contentes de passer la tête dans l'encadrement de la porte du vestiaire et de leur dire : « Vous êtes formidables, tous autant que vous êtes. »

Boulton. Robson. Daniel. Hennessey. McFarland. Todd. McGovern. Gemmill. O'Hare. Hector et Hinton...

Derby County. Ton *équipe,* tes *gars.*

Cette soirée est tout ce dont tu as rêvé. Tout ce pour quoi tu as travaillé. Tout ce pour quoi tu as vécu. Comploté et manigancé...

Ce soir est la confirmation. Ce soir est la justification...

Ce soir est ta revanche, revanche, revanche...

Ce soir, c'est Derby County 3, Benfica 0...

25 octobre 1972...

Ce soir, tu n'as qu'un mot à dire à la presse après cette rencontre, un mot à ton *équipe,* tes *gars, et ce soir le mot est : « Magique. »*

Il y a une autre de *ses* traditions, une autre de *ses* foutues routines, un autre de *ses* putains de rituels. C'est, ce soir, mon premier match à Elland Road ; à domicile contre les Queen's Park Rangers. Mais nous ne nous retrouvons pas à Elland Road ; nous nous retrouvons à l'hôtel Craiglands, à Ilkley...

Putain d'Ilkley ; au milieu des Moors, un coin complètement paumé.

Petit entraînement léger, petit déjeuner léger ; loto et carpet bowling ; bavardage avec les coachs et conversation avec Don ; puis retour à Elland Road...

« Chaque fois qu'il y a un match à domicile, explique Maurice Lindley. C'est comme ça depuis longtemps.

– C'est la dernière putain de fois, je réponds. Il vaudrait mieux qu'ils passent quelques heures de plus chez eux avec leur femme et leurs mômes, pas assis sur leur cul ici, à se tourner les pouces ou jouer leur putain de salaire, à attendre et ruminer comme une bande de vieilles bonnes femmes.

– C'est une préparation importante, dit Maurice. Elle les aide à se concentrer sur le match.

– C'est une foutue perte de temps et un foutu gaspillage d'argent. Me faire conduire ici avec cette connerie de taxi m'a coûté une putain de fortune.

– Ça ne plaira pas aux gars. Ils n'aiment pas le changement. Ils aiment la régularité.

– Faudra qu'ils fassent avec, dans ce cas », dis-je avant d'entrer dans le restaurant désert, silencieux ; désert hormis les membres de l'équipe première, qui fixent leur soupe à la tomate, attendent leur steak et leurs frites.

Billy Bremner est là, Sniffer et Hunter aussi, alors qu'ils sont suspendus. Je rejoins Billy Bremner, pose un bras sur ses épaules, lui tapote le dos et dis : « C'est gentil d'être venu, Billy. Ça me fait vraiment plaisir. Merci, Billy. »

Bremner ne tourne pas la tête. Billy Bremner se contente de fixer sa soupe et de dire : « Putain, monsieur Clough, je n'avais pas vraiment le choix, hein ? »

Derby se rend à l'Estadio da Luz, à Lisbonne, le 8 novembre 1972, pour le match retour. Vous ne vous entraînez pas. Vous ne vous préparez pas. Vous faites griller des sardines et vous buvez du vinho verde...

ALCOOL À GOGO, *titre* le Daily Mail. *Il a raison :*

Quatre jours auparavant, tu es allé à Maine Road et Manchester United t'a écrasé ; hors-jeux, buts contre ton camp et encore ce putain de Marsh. Tu as concédé cinq buts face à Leeds. Trois contre Manchester United. Et maintenant, quatre contre City...

« Et ils n'ont pas tellement bien joué, a dit Pete. Ils ne sont pas tellement bons.

– Exactement comme toi, tu as répliqué. Parce que c'est toujours ce que tu dis. »

Doute. Peur. Trouble. Tension.

Tu es passé chez lui plus tard. Tu as frappé à sa porte. Tu as appelé par la fente de la boîte à lettres. Tu as attendu qu'il pose ses livres sur l'histoire nazie et ouvre enfin. Puis vous vous êtes donné l'accolade et réconciliés, et vous êtes à nouveau côte à côte à Lisbonne...

À l'Estadio da Luz avec 75 000 supporteurs de Benfica ; avec les murailles et les murailles de corps, les murailles et les murailles de bruit ; les vagues et les vagues de maillots rouges, les vagues et les vagues de maillots rouges du premier coup de sifflet jusqu'au dernier...

Mais ton *équipe,* tes *gars, tiennent bon et Boulton fait le match de sa vie, sauve inlassablement des tirs d'Eusebio, de Baptista, de Jordao, jusqu'à la mi-temps où les Aigles de Lisbonne commencent à s'écraser au sol, le temps jouant maintenant contre eux...*

Les Puissants Rams de Derby, désormais contre eux...

Pas de peur. Pas de doute. Pas de trouble. Pas de tension.

Il y a des sifflets à la fin, mais ils ne te sont pas destinés, ils ne sont pas destinés à Derby County, des sifflets et des coussins lancés sur la pelouse de l'Estadio da Luz, mais ils ne sont pas destinés à Derby County...

En douze saisons de football européen, seul l'Ajax d'Amsterdam est parvenu à empêcher Eusebio et les Aigles de Lisbonne de marquer, seul l'Ajax et, désormais, Derby...

On vous applaudit, toi et Derby. On vous respecte, toi et Derby.

Vous êtes en quart de finale de la Coupe d'Europe, toi et Derby.

L'autocar nous ramène à Elland Road à dix-sept heures trente et il y a déjà des gens, qui attendent pour retirer leur billet, qui achètent leur programme, mangent leur hamburger et boivent leur Bovril. Je me réfugie dans le bureau, dans le couloir et au-delà de l'angle, derrière les portes et sous la tribune. Je m'y réfugie et j'écoute les spectateurs qui montent jusqu'à leur place et s'installent, affûtent leurs poignards et empoisonnent leurs fléchettes, s'éclaircissent la gorge et se mettent à psalmodier, psalmodier, psalmodier...

Leeds, Leeds, Leeds, Leeds, Leeds, Leeds, Leeds, Leeds, Leeds...

Je pose la tête sur la table de travail. Je fourre les doigts dans mes oreilles. Je ferme les yeux. Dans ce bureau. Dans ce couloir. Passé cet angle. Derrière ces portes. Sous la tribune et sous leurs pieds, pieds, pieds...

On frappe à la porte. C'est John Reynolds, le jardinier...

« Voilà, patron, dit-il en me tendant ma montre. Regardez ce qui a refait surface.

– Nom de Dieu, où l'avez-vous trouvée ?

– Elle était derrière les buts du terrain d'entraînement, répond John. Elle était un peu boueuse, mais je l'ai nettoyée. Foutue jolie montre ; elle marche encore.

– Vous êtes un saint, je dis en sortant une bouteille de Martell neuve de mon tiroir. Vous allez vous asseoir et boire avec moi, hein ?

– Allons-y, patron, répond-il en souriant. Purement pour des raisons médicales, évidemment.

– Les rhumes d'été, je blague. Ce sont les pires, hein ? »

Nous levons notre verre, John Reynolds et moi, nous buvons puis John demande : « Puis-je vous dire quelque chose, patron ?

– Vous pouvez me dire ce que vous voulez, John. Je vous le dois.

– Je sais que vous avez l'intention d'apporter des changements, ici, qu'un ou deux joueurs et un ou deux membres du personnel sont peut-être sur le chemin de la sortie, mais à votre place, patron, je ne précipiterais pas les choses. Ne soyez pas trop pressé, surtout ici. Ils n'acceptent pas facilement le changement, donc prenez votre temps. Rome ne s'est pas bâtie en un jour, comme on dit. »

Je fixe John Reynolds. Puis je me lève, tends la main et dis : « Vous êtes un homme bien, John Reynolds, et un foutrement bon jardinier. Merci, monsieur, pour votre conseil, votre amitié et votre gentillesse. »

Tu as envie de ne jamais quitter cet endroit. Tu as envie que cette sensation ne s'arrête jamais...

Les applaudissements des supporteurs de Benfica. Le respect des supporteurs de Benfica...

Ces soirées dont tu rêves, ces soirées que tu es né pour vivre...

Pour boire, boire et boire à elles.

Au restaurant, où vous fêtez la victoire, tu te lèves et tu prends la parole, tu te lèves et tu cries : « Hé, Toddy ! Je ne t'aime pas et je n'aime pas ta foutue bonne femme ! »

Il n'y a plus ni rires, ni applaudissements, ni respect maintenant ; seulement une toux gênée, étouffée. Le lendemain, tu téléphoneras à madame Todd. Le lendemain, tu t'excuseras et tu enverras des fleurs. Le lendemain, tu tenteras d'expliquer.

Mais, ce soir, Longson cache son visage dans ses mains tandis que Kirkland frappe son verre avec son couteau, lentement, lentement, lentement. Tic, tic, tic. Lentement, lentement...

« Je vous briserai, souffle Kirkland, la haine fraîche sur son haleine. Je vous briserai », promet-il...

Tu as envie de rentrer chez toi. Tu as envie de fermer la porte à clé. Tu as envie de tirer les rideaux. Les doigts dans les oreilles, les doigts dans les oreilles...

Tu as envie de ne plus jamais sortir de chez toi.

Je suis terrifié. J'ai peur. J'ai peur et je crève de trouille. Je regrette que mes deux garçons ne soient pas là, qu'ils ne me tiennent pas par la main, ne la serrent pas. Mais ils sont à Derby, au lit sous leurs affiches de Derby County et leurs écharpes de Derby County, pas ici avec moi, ce soir, à Elland Road, ici avec moi devant 32 000 putains d'habitants du Yorkshire...

Rejoignez les buveurs de Tetley, dit l'affiche...

Je prends une profonde inspiration, j'avale ma salive et je suis ce tunnel, suis ce tunnel et entre sur ce stade, entre sur ce stade et parcours la longue, très, très longue distance qui me sépare du banc, mais tandis que je gagne le banc, ce soir, ces 32 000 habitants du Yorkshire réunis à Elland Road se lèvent comme un seul homme et m'applaudissent pendant que je me dirige vers ce banc, et je salue le public de la main, m'incline très légèrement sans cesser de marcher, salue et m'incline puis m'assieds à la place du manager de Leeds United ; Leeds United, champion d'Angleterre...

Rejoignez les buveurs de Tetley, dit l'affiche.

« Bienvenue à Elland Road, monsieur Clough », crie un homme, derrière le banc. « Bonne chance », ajoute un autre, et Jimmy Gordon, vêtu de son survêtement violet tout neuf de Leeds United avec son foutu nom sur les épaules, me pousse légèrement du coude et m'adresse un clin d'œil ; et je regarde ma montre, ma montre que je porte à nouveau au poignet, et pour la première fois, la toute première fois depuis très longtemps, je me dis que ça marchera peut-être.

Ils murmurent. Ils murmurent. Ils murmurent. Ils murmurent. Ils murmurent. Compte tenu de la façon dont vont les choses, il faut que tu continues de gagner, que tu continues de gagner sinon la bande de la salle du conseil te massacrera...

Te massacrera. T'enterrera.

Donc c'est ce que tu fais à Arsenal ; tu les massacres, tu les enterres, 5-0 ; McGovern (21e), Hinton (37e), McFarland (40e), Hector (42e) et Davies (47e).

« Je ne considère en aucun cas que c'était la meilleure prestation de la saison », dis-tu aux journalistes et aux caméras, aux chroniqueurs et aux habitués des débats télévisés. « Elle a eu lieu à Goodison le 29 août, on a perdu 1-0 et vous nous avez crus finis, vous nous avez massacrés, enterrés. C'est à ce moment que le doute s'est installé, le doute et la peur qu'on éprouve quand on joue bien et qu'on perd tout de même. Aujourd'hui, ce doute et cette peur ont été chassés. »

Il y a plus de trois ans que tu as battu Tottenham avec cinq buts d'écart, trois ans que vous avez, toi et Dave Mackay, massacré et enterré Bill Nicholson et Tottenham.

Arsenal ne quitte le vestiaire des visiteurs que quarante-cinq minutes après le match, y reste enfermé à clé...

Massacré et enterré...

Exactement ce qui t'arrivera, tu en es sûr, ce qui t'arrivera si tu commets une erreur, si tu perds...

Si tu ne gardes pas tes foutus yeux rivés sur ce putain de ballon.

Un quart d'heure après le début de la partie, Harvey passe derrière la balle dans l'intention de la saisir au premier rebond, mais le ballon file sous lui et termine sa course dans le filet...

Deux rencontres. Deux défaites. Pas un but.

« La malchance, les gars, je dis dans le vestiaire. Vous ne méritiez pas de perdre, pas ce soir. Il y a des points sur lesquels il faudra travailler demain, des points qu'il faut résoudre avant Birmingham ; mais nous pourrons régler ça sur le terrain d'entraînement et tout sera rentré dans l'ordre samedi. Il est inutile de paniquer et il est inutile de vous faire des reproches. C'est une simple question de confiance.

– Ouais, ouais, ouais, marmonne Syd Owen au fond de la pièce. Je n'ai jamais entendu un tel ramassis de conneries. »

Je me mords la langue, la mords jusqu'au putain de sang, puis je sors, sors dans le couloir affronter les journalistes et les caméras, les vautours et les hyènes, et je leur dis :

« Nous avons manqué de confiance. »

« Ouais, ouais, ouais. Je n'ai jamais entendu un tel ramassis de conneries. »

« Bremner, Clarke et Hunter nous ont gravement fait défaut. »

« Ouais, ouais, ouais. Je n'ai jamais entendu un tel ramassis de conneries. »

« Je regrette vraiment ce qui est arrivé à David Harvey, mais il faut absolument qu'il oublie. »

« Ouais, ouais, ouais. Je n'ai jamais entendu un tel ramassis de conneries. »

« Nous nous sommes créé des occasions, mais nous n'avons pas pu les concrétiser. »

« Ouais, ouais, ouais. Je n'ai jamais entendu un tel ramassis de conneries. »

« C'est un mauvais début, quels que soient les critères, surtout les critères de Leeds. »

« Ouais, ouais, ouais. Je n'ai jamais entendu un tel ramassis de conneries. »

« Mais nous serons là demain matin et nous travaillerons d'arrache-pied. »

« Ouais, ouais, ouais. Je n'ai jamais entendu un tel ramassis de conneries. »

« C'est tout ce qu'on peut faire. Bonsoir, messieurs. »

Puis je m'éloigne, m'éloigne des journalistes et des caméras, des vautours et des hyènes, passe l'angle et suis le couloir jusqu'au bureau, jusqu'au téléphone et à la bouteille :

Si seulement tu pouvais me voir ici. Si seulement tu pouvais m'entendre maintenant...

Ma femme me manque. Mes mômes me manquent. J'ai envie d'être ailleurs. Que ce ne soit pas moi...

Si tu pouvais me serrer dans tes bras ici. Si tu pouvais m'aider maintenant...

Ce que j'ai fait, nom de Dieu. Ce que j'ai dit, bordel de merde...

« Ouais, ouais, ouais. Je n'ai jamais entendu un tel ramassis de conneries. »

Tout ce que j'ai dit et fait.

On t'a proposé de prendre la parole au dîner du prix de la personnalité sportive de l'année, organisé par la télévision du Yorkshire. Ce n'est pas toi le lauréat, on t'a simplement proposé de parler de lui...

Monsieur Peter Lorimer de Leeds United.

Le dîner du prix de la personnalité sportive de l'année se déroule à l'hôtel Queen, à Leeds. Il est filmé par la télévision du Yorkshire, qui l'a organisé en association avec le Variety Club de Grande-Bretagne...

Monsieur Wilson, ancien et futur Premier ministre, en est l'invité d'honneur...

Mais il ne t'impressionne pas, Wilson. Plus maintenant. Ce n'est qu'un foutu socialiste confortablement installé, qui ne cherche qu'à rendre son putain de nid plus douillet, le nid de ses potes plus douillet...

« Nous sommes tous en quête de ce bon vieux Numéro Un, *tu commences par ronronner, tu commences par fredonner*. Pour moi, il n'y a que le Numéro Un qui compte... »

Tu es saoul et tu te lèves pour prendre la parole ; tu es saoul et tu n'en as rien à foutre :

« Très bien, dis-tu à Harold Wilson et à cette salle pleine de smokings. Je suis coincé ici depuis une heure à écouter des tas de conneries, donc, tous autant que vous êtes, vous pouvez bien attendre un peu que je sois allé pisser. »

Tu vas pisser. Tu reviens. Tu dis ce que tu as à dire : « Même si Lorimer tombe alors qu'il n'a pas reçu de coup de pied, même si

Lorimer exige d'être soigné alors qu'il n'a pas été blessé, même si Lorimer proteste alors qu'il n'a aucune raison de le faire... »

Les huées commencent. Les injures commencent...

« Si ça ne vous plaît pas, si vous ne supportez pas, invitez ce con de Basil Brush[1] *la prochaine fois... »*

Les pieds des chaises frottent sur le plancher, la soirée se termine...

« Boum ! boum ! nom de Dieu. »

1. Marionnette représentant un renard, personnage principal du *Basil Brush Show*, caractérisé par sa phrase fétiche : « Boum ! Boum ! » (*N.d.T.*)

TROISIÈME TABLEAU

Classement de la première division, 22 août 1974

	M	V	N	D	Bp	Bc	Pts
1 Man City	2	2	0	0	5	0	4
2 Carlisle United	2	2	0	0	4	0	4
3 Ipswich Town	2	2	0	0	2	0	4
4 Everton	2	1	1	0	2	1	3
5 Liverpool	2	1	1	0	2	1	3
6 QPR	2	1	1	0	2	1	3
7 Wolves	2	1	1	0	2	1	3
8 Newcastle Utd	2	1	1	0	5	4	3
9 Stoke City	2	1	0	1	4	2	2
10 Middlesbrough	2	1	0	1	3	2	2
11 Arsenal	2	1	0	1	1	1	2
12 Derby County	2	0	2	0	1	1	2
13 Leicester City	2	1	0	1	4	4	2
14 Sheffield Utd	2	0	2	0	3	3	2
15 West Ham Utd	2	1	0	1	2	4	2
16 Burnley	2	0	1	1	4	5	1
17 Coventry City	2	0	1	1	3	4	1
18 Chelsea	2	0	1	1	3	5	1
19 Birmingham City	2	0	0	2	3	7	0
20 Luton Town	2	0	0	2	1	4	0
20 Leeds United	**2**	**0**	**0**	**2**	**0**	**4**	**0**
22 Tottenham H.	2	0	0	2	0	2	0

Je te maudis, je te maudis, je te maudis...
Je lance des poignées de soucis fanés sur le poste de télévision et je crie :
« Je suis la dernière personne authentiquement Rusée ! »
Attention ! Attention !
Elle te gobera comme de l'air !
Je lance des poignées de soucis fanés sur le poste de télévision et je jure :
« Puisse ce jour être un souci jusqu'à la fin de ta vie. »

Vingt-troisième jour

C'est un nouveau matin ; un nouveau matin après la défaite de la veille...

Le soleil entre dans ma chambre d'hôtel moderne et luxueuse, à travers les rideaux et sur le plancher, jusqu'à mon lit d'hôtel moderne et luxueux où je n'ai pas fermé l'œil, nom de Dieu, où je suis resté allongé à repasser le match de la veille au soir dans ma tête, à l'intérieur de mon crâne, à revivre toutes les touches et tous les coups de pied arrêtés, toutes les passes et tous les centres, tous les tacles et toutes les actions défensives, inlassablement, interminablement, joueur par joueur, position par position, espace par espace, inlassablement, interminablement, de la première minute à la dernière...

Ce que j'ai vu, ce qui m'a échappé...

Les nombreuses choses qui m'ont échappé, bordel de merde...

Ce n'est qu'un matin comme les autres ; un matin comme les autres où je voudrais ne pas être là.

Tu bats Manchester United 3-1 au Baseball Ground le lendemain de Noël. Manchester United et Tommy Docherty. Tu montes à la septième place et United descend en bas de tableau. Tu as cru que c'était un tournant, un nouveau tournant, comme Benfica, comme Arsenal. Mais tu te trompais une nouvelle fois. Ce n'était pas un tournant.

Tu décroches le téléphone. Tu composes le numéro de Longson. Tu hurles dans l'appareil : « Si Peter Taylor n'est pas au travail vendredi, bordel de merde, je n'irai pas à Liverpool avec cette putain d'équipe. Je me barre, nom de Dieu !

– Qu'est-ce qui ne va pas, grands dieux ? » demande Sam Longson.

L'argent, l'argent, l'argent, voilà ce qui ne va pas ; et c'est toujours ce qui ne va pas quand il s'agit de Peter Taylor : l'argent, l'argent, l'argent...

Tu raccroches. Tu vas chez Longson. Tu supplies Longson de virer Taylor. Tu lances ton verre contre le mur de sa cuisine quand il refuse...

« Je n'arrive foutrement à rien avec vous tous, putains de connards ! tu cries.

– Mais qu'est-ce qui ne va pas ? » demande Sam Longson...

L'argent, l'argent, l'argent, voilà ce qui ne va pas ; c'est toujours ce qui ne va pas quand il s'agit de Peter Taylor ; tout ce dont Peter parle, encore et encore :

« Je veux simplement ma part du gâteau, a-t-il répété. Seulement ma putain de part.

– Tu as ta part, as-tu répondu. Tu as ta part, et largement.

– Pas du tout, bordel. Où est ma veste neuve ? Mon broyeur à ordures ? Où sont mes putains d'actions de Derby County, hein ?

– Tes quoi ? Qu'est-ce que tu racontes, nom de Dieu ?

– Ne me prends pas pour un con, Brian. Webby m'en a parlé.

– Très bien, prends tout ce putain de gâteau si tu veux, si c'est ça qui te préoccupe, bordel de merde, parce que je peux m'en passer, me passer de toutes ces putains de conneries. Mais je vais te dire une chose : tu ne tiendras pas une putain de minute, pas une seule putain de minute seul devant les caméras, la foule, parce que tu n'es même pas capable d'acheter une foutue paire de chaussettes en ville, que tu es terrorisé à l'idée qu'on te reconnaisse, que quelqu'un que tu ne connais pas t'adresse la parole, mais vas-y, si c'est ce que tu veux, si c'est ce que tu veux, bordel de merde, prends-le parce que, je te le dis, j'en ai marre et plus que marre. »

C'était dix jours plus tôt ; la dernière fois que tu l'as vu, que tu as vu Pete ; Webby t'a téléphoné le lendemain et t'a dit que Peter avait des problèmes de chevilles. Dix jours plus tôt...

« De chevilles ? tu as demandé à Webby. De chevilles, nom de Dieu ?

– De chevilles, vous voyez. Un peu gonflées.

– Gonflées ?

– Enflées. »

C'était dix jours plus tôt ; c'est ainsi que débute cette année...

Cette année nouvelle dont tu regrettes l'existence...

Mille neuf cent soixante-treize...
La pire année de ta vie.

Sous les cieux. Sous les cieux bouffis. Sous les cieux bouffis et gris. Sous les cieux bouffis et gris du Yorkshire, je descends du taxi puis je gravis le talus du terrain d'entraînement.

La nouvelle saison a débuté depuis six jours et l'équipe fait déjà l'effet d'avoir besoin d'une semaine de vacances. Mais il n'y a pas de semaine de vacances, pas de jours de vacances, pas maintenant ; Birmingham à domicile samedi, après-demain. Les Queen's Park Rangers trois jours plus tard. Pas de journées de congé...

« Ils arrivent à l'heure, nom de Dieu, dit Syd. Pourquoi pas lui ?

– Il donne le mauvais exemple, ajoute Maurice. Un très mauvais exemple, en fait. »

Jimmy me rejoint au pas de course. Jimmy avec son putain de survêtement violet. Et Jimmy dit : « Je crois que c'est assez pour aujourd'hui, patron. »

Je secoue la tête. Je crie : « On recommence. Depuis le début, bordel. »

Depuis le début : les tours de piste et les haltères, les passes et les tirs, les coups de pied arrêtés et les corners, les tirs au but et les lancers, la préparation des combinaisons et les murs, l'attaque contre la défense et la défense contre l'attaque, des attaques pour affûter et des défenses pour durcir, durcir et endurcir sous ces cieux. Ces cieux bouffis. Ces cieux bouffis et gris. Ces putains de cieux bouffis et gris du Yorkshire.

Bientôt, il y aura d'autres soirées européennes, bientôt il y aura à nouveau du soleil. Personne ne tourne le dos à l'Europe. Personne ne tourne le dos au soleil. Taylor est venu à Anfield, sous la neige, et par cette journée particulièrement désagréable, vous avez fait match nul 1-1.

« C'est ce foutu temps, Pete, tu dis. Nous sommes des créatures des climats chauds, toi et moi. Majorque, voilà ce qu'il nous faut. Putain, on devrait émigrer chaque hiver.

– Et le conseil nous aidera à faire nos valises, ironise Pete, compte tenu de la situation. »

Mais ensuite les choses, ces choses qui avancent toujours, les choses commencent à s'arranger ; Derby connaît un peu de réussite, un peu de réussite qui te réchauffe pendant ces mois longs et sombres d'hiver. Tu bats West Brom en Coupe de la ligue, puis tu fais match nul contre Tottenham en Coupe d'Angleterre, et tu remportes le match retour 5-3 après prolongation...

Tu reviens alors que tu étais mené 3-1 à douze minutes de la fin ; tu reviens grâce à un coup du chapeau de Roger Davies ; tu reviens puis tu bats QPR 4-2 au cinquième tour.

Mais toutes les bonnes choses, ces bonnes choses, ont forcément une fin et tu tombes sur Leeds United en quart de finale de la Coupe d'Angleterre. Cela oblige Derby à affronter Leeds deux fois en deux semaines, une fois en Coupe de la ligue et une fois en Coupe d'Angleterre, et ce ne sont pas n'importe quelles semaines ; tu dois jouer contre Leeds United quatre jours avant ton match contre le Spartak Trnava en quart de finale de la Coupe d'Europe ; puis tu joueras à nouveau contre Leeds quatre jours avant le match retour contre Trnava. Si tu étais superstitieux, tu croirais que la chance t'a abandonné, t'a tourné le dos...

Mais tu n'es pas superstitieux et tu ne le seras jamais.

Si tu étais religieux, tu croirais que Dieu t'a abandonné, qu'il t'a tourné le dos. Mais tu n'es pas religieux et tu ne le seras jamais. Tu ne crois pas en Dieu...

Tu crois au football, à la répétition du football, la répétition dans chaque match, dans chaque saison, dans l'histoire de chaque club, dans l'histoire du sport...

Voilà à quoi tu crois ; et aussi à Brian Howard Clough.

Le poignard affûté et le pistolet chargé. La longue corde. L'autopsie. La conférence de presse. Depuis son retour en première division en 1964, Leeds United n'a jamais perdu les deux premiers matchs de la saison...

« Nous ne sommes pas tristes, je dis à la presse. Il nous faudra simplement travailler plus dur. »

Depuis son retour en première division, en 1964, Leeds United n'a jamais perdu les deux premiers matchs de la saison...

« Certains joueurs nous ont cruellement fait défaut, je leur dis. »

Depuis son retour en première division en 1964, Leeds United n'a jamais perdu les deux premiers matchs de la saison...

« Je suis ravi que Clarke et Hunter soient en mesure de jouer samedi. »

Depuis son retour en première division en 1964, Leeds United n'a jamais perdu les deux premiers matchs de la saison...

« Nous ne sommes pas tristes, je répète à la presse. Il nous faudra simplement travailler plus dur. »

Depuis son retour en première division en 1964, Leeds United n'a jamais perdu les deux premiers matchs de la saison ; la porte et la sortie. Les angles et les couloirs. Le bureau. La longue corde. Le poignard affûté. Le pistolet chargé. La porte. La sortie.

L'hiver est presque terminé et l'Europe est de retour. Mais l'Europe sera terminée, elle aussi, si tu ne gagnes pas ce soir. Car ces deux dernières semaines n'ont pas été faciles...

Pour la première fois en Coupe d'Europe, tu dois jouer le match aller à l'extérieur, à l'extérieur dans la petite ville de province tchécoslovaque qui abrite le Spartak Trnava :

« Le Derby County de Tchécoslovaquie, as-tu blagué, mais ce n'était pas drôle et tu as eu de la chance de ne perdre que 1-0 face aux champions de Tchécoslovaquie, champions tchèques quatre fois ces cinq dernières années, invaincus depuis sept ans sur leur terrain au sein de leur ligue et comportant en tout 164 sélections en équipe nationale...

« Ce n'est pas la chance, as-tu dit à la presse. C'est notre gardien, Colin Boulton. »

Quatre jours avant ce match, Don Revie et Leeds United vous avaient battus 3-2 à domicile dans ton propre championnat ; la défense de Derby, si vantée, talentueuse et onéreuse, concédant deux penalties ridicules et un but stupide alors qu'elle était bourrée de coups de pied et de poing, tirée par le maillot et poussée en touche dans le style de Mick McManus[1]*...*

« Tu mérites un carton, Cherry », tu as crié depuis le banc...

Tacle après tacle, faute après faute, crime après crime...

« McQueen ! tu as hurlé. Tu ne devrais pas avoir le droit de jouer dans cette foutue ligue. »

Tu étais furieux, tu étais scandalisé, tu étais en rage parce que tu savais exactement pourquoi Leeds avait joué ainsi, pourquoi Revie avait demandé à Leeds de jouer de cette façon, parce que Derby avait remporté le championnat et pas eux, vous et pas eux...

Vol qualifié. Vol qualifié. Vol qualifié...

Parce que tu disputes la Coupe d'Europe et pas lui...

« Tu es un monstre, tu as crié et hurlé. Un putain de monstre, Hunter ! »

Tu n'as pas serré la main de Revie après le match, et tu ne le feras plus jamais.

Puis quatre jours avant la rencontre de ce soir, dix jours après ta défaite en Tchécoslovaquie, Leeds te bat une nouvelle fois, te bat 1-0 à domicile en Coupe d'Angleterre...

Terrain de chagrin. Terrain de haine. Terrain de sang. Champ de bataille...

---

1. Célèbre catcheur britannique. (*N.d.T.*)

J'emmerde Lorimer. J'emmerde Revie. J'emmerde Leeds. Je les emmerde tous.

Hinton n'avait pas participé à ces trois derniers matchs. Ce soir, Hinton est là :

21 mars 1973 : Derby County contre Spartak Trnava...

Quart de finale de la Coupe d'Europe, match retour ; presque 36 500 spectateurs au Baseball Ground pour voir...

Voir. Entendre. Humer. Déguster. Toucher, nom de Dieu, et sentir, bordel de merde...

Tension. Tension. Tension. Tension...

Deux buts et tu es sorti de la Coupe d'Europe, tes espoirs et tes rêves enterrés, et même si Hinton est de retour dans ton équipe, ce con de Kuna l'est dans la leur...

Tension. Tension. Tension...

Lignes refaites. Ballon neuf...

Tension. Tension...

Deux buts, sinon dehors...

La tension puis le coup de sifflet et ça commence, enfin, et tu espères un but en début de partie, tu pries même pour qu'il arrive, mais il ne vient pas et tu comprends alors que Trnava est la meilleure équipe que tu aies rencontrée cette année, meilleure que ce foutu Benfica, meilleure que cette putain de Leeds ; elle garde le ballon, elle ne s'en éloigne pas, elle ne s'en éloigne pas et elle ne le perd pas, seconde après seconde, minute après minute, elle ne le perd pas jusqu'au moment où c'est ce qui arrive à Adamec, et Gemmill est là, il l'éloigne en le passant à McGovern, qui centre pour Hector, lequel l'envoie au fond de ces putains de beaux, beaux filets, amenant le score combiné à 1-1 ; égalité à 1-1 pendant deux minutes, seulement deux minutes, jusqu'au moment où Hinton adresse une transversale à Davies, qui est fauché dans la surface, et toute la surface se fige dans l'attente du coup de sifflet, dans l'attente du penalty, toute la surface sauf Hector, qui attaque ce foutu ballon qui rebondit, le reprend de volée à quinze mètres et l'envoie au fond, puis, à partir de ce moment, tu ne peux plus regarder que ta montre, tu ne supportes pas de regarder autre chose...

Pas ce foutu terrain, tu n'as pas la moindre envie de voir ce putain de terrain...

Tu ne regardes pas le terrain quand Hector est fauché, tu ne regardes pas le terrain quand Davies est poussé, ni quand le Baseball Ground tout entier hurle, hurle et hurle pour obtenir un penalty ; ni quand Boulton envoie Martinkovic au tapis et que tout ce putain de stade devient silencieux, silencieux, silencieux dans l'attente d'un penalty en faveur de Trnava, un penalty qui ramènerait le score à égalité 2-2, une égalité qui donnerait à Trnava un but à l'extérieur d'avance, un penalty que l'arbitre ne voit pas, comme toi qui as les yeux rivés sur ta montre, donc le score reste à 2-1 et tu...

Tu te contentes de regarder ta montre, te contentes de regarder ta montre, de regarder ta montre...

Il n'y a qu'elle que tu puisses regarder...

Pas le tacle désespéré de Webster, pas le tacle vital, absolument vital, de Nish...

Tu te contentes de regarder ta montre, de regarder ta montre...

Jusqu'au moment où enfin, enfin, enfin, signor Angonese, l'arbitre italien, regarde sa propre montre, lève le bras droit et lentement, lentement, lentement, signor Angonese, cet arbitre italien très beau, très, très beau, porte son joli, joli, joli sifflet noir à ses lèvres rouges, rouges, rouges, puis siffle, siffle, siffle la fin du match qui envoie Derby County...

Cette saloperie de Derby County, cette foutue saloperie de Derby County en demi-finale...

En demi-finale. En putain de demi-finale de la Coupe d'Europe...

Derby County. Pas Leeds United. Cette saloperie de Derby County !

Dans la soirée, saoul, à la fois ravi et déprimé, tu téléphones à Don, tu téléphones à ce con de Don chez lui, pour t'assurer qu'il est au courant...

« Au cas où vous ne l'auriez pas appris, nom de Dieu, dis-tu.

– Comment avez-vous eu ce numéro ? demande-t-il. Bon sang, il est deux heures et demie du matin. »

Tu raccroches. Tu montes. Dans la chambre, auprès de ta femme...

Puis le téléphone sonne à nouveau et tu fais demi-tour, descends l'escalier, décroches, et c'est ton frère aîné...

« On a perdu notre maman, t'annonce-t-il. On a perdu notre maman, Brian. »

Je rentre tôt chez moi. Je n'en ai rien à foutre. J'embrasse ma femme. J'embrasse mes mômes. Je décroche le téléphone. Je mets un tablier et j'investis la cuisine. Saucisses et purée, choux de Bruxelles, gémissements et protestations des enfants, plein de bonne sauce bien saignante au jus de viande ; il n'y a rien de meilleur. Puis je fais la vaisselle et donne leur bain aux enfants. Je leur lis une histoire, je les embrasse et leur souhaite bonne nuit. Ensuite, je m'installe sur le canapé avec ma femme et je regarde un peu la télé :

Nixon et Chypre. Nixon et Chypre. Nixon et Chypre...

Ma femme va se coucher, mais je sais que je ne pourrai pas dormir, pas encore, pas avant longtemps, donc je reste dans le rocking-chair et je finis par regarder à nouveau ce foutu journal, les tableaux de résultats, j'établis le classement de cette putain de ligue au dos d'un dessin de ma fille, un classement après les deux premiers matchs, un classement qui place Leeds près de la queue, presque à la queue, puis je repasse la liste des rencontres dans ma tête, dans mon crâne :

Si Leeds remporte ce match et que Derby perd ce match ; Derby perd ceci et Leeds gagne cela ; Leeds tire cinq points de ces trois rencontres et Derby seulement trois, ensuite le classement de la ligue sera celui-ci, pas celui-là, et ainsi de suite, et ainsi de suite...

Jusqu'au moment où le soleil entre dans la maison, à travers les rideaux et sur le plancher, et c'est un matin comme un autre, un matin où je n'ai pas envie d'être là...

Où je voudrais ne pas y retourner.

Vingt-quatrième jour

Tu es de retour à Middlesbrough pour la crémation de ta maman...

Fin de tout le bon. Début de tout le mauvais...

Quand on est parti, on est parti ; c'est ce que tu crois...

Fin de tout le bon. Début de tout le mauvais...

Pas de vie après la mort. Pas de paradis. Pas d'enfer. Pas de Dieu. Rien...

Fin de tout le bon. Début de tout le mauvais...

Mais aujourd'hui, pour la première fois de ta vie, juste cette fois, tu voudrais avoir tort.

Les dirigeants m'ont convoqué à l'étage, dans leur salle du conseil aux rideaux tirés, à l'étage, pour m'annoncer leurs mauvaises nouvelles : « La Fédération a ordonné à Clarke de se présenter devant la commission disciplinaire, ainsi que Bremner et Giles.

– Pour quelle raison ? je demande. C'est incroyable.

– C'est un peu un choc, reconnaît Cussins, mais...

– Ce n'est pas seulement un foutu choc, dis-je. C'est un putain de scandale et une injustice. Je n'accepte pas que des joueurs de Leeds United soient mis en accusation par la télévision. Il n'a pas eu de putain de carton, ce con d'arbitre ne lui a même pas adressé la parole, donc ils le convoquent simplement parce qu'ils se sont passés et repassés ce foutu tacle sur Thompson, matin, midi et soir, nom de Dieu.

– Brian, Brian, Brian, plaide Cussins. Calmez-vous...

– Je ne me calmerai pas, bordel de merde. Je viens juste de le récupérer, nom de Dieu, et je refuse de le perdre à nouveau pour deux ou trois matchs supplémentaires à cause de cette connerie de télévision.

– Brian, Brian...

– Non, non et non. Si ça arrive, je veux qu'on interdise l'accès au terrain, à Elland Road, à ces conneries de caméras de télévision. Si c'est le seul moyen de mettre un terme à ces putains d'opérations contre moi, eh bien...

– Je crois que monsieur Revie était souvent de cet avis...

– J'emmerde Don Revie ! je crie. Interdisez-les ! Interdisez la télévision !

– Quand on vit par l'épée, dit Bolton avec un sourire, on périt par l'épée. »

Tu es encore en survêtement, tu es au bar de l'hôtel, à Turin, et tu joues aux cartes avec l'équipe – ton *équipe,* tes *gars – vingt-quatre heures avant le match aller de la demi-finale de la Coupe d'Europe.*

Il y avait une pie sur ta pelouse quand tu es parti pour l'aéroport. Il y en avait également une sur le tarmac quand tu es descendu de l'avion à Turin. Et, maintenant, il y en a une qui vient de heurter la fenêtre du bar de l'hôtel. Mais tu ne crois pas à la chance. Aux superstitions et aux rituels...

Tu crois au football, au football, au football.

Pete descend l'escalier, descend l'escalier en smoking...

« Tu n'es pas prêt ? demande-t-il. Le dîner commence dans une demi-heure.

– Vas-y.

– Mais c'est un dîner organisé pour nous, bon sang. Tous les journalistes italiens et britanniques y assisteront. On est les putains d'invités d'honneur.

– Vas-y.

– Allons, Brian, dit-il. Tu dois prendre la parole.

– Fais-le.

– Quoi ? s'écrie-t-il. Je n'ai jamais pris la putain de parole de ma vie.

– Alors, c'est l'occasion de commencer.

– Allons, Brian, répète-t-il. Tu sais que je ne peux pas.

– Non, je ne le sais pas.

– On va être en retard, insiste-t-il. Arrête tes conneries.

– Vas-y, nom de Dieu, et prends cette putain de parole, pour une fois.

– Ne me fais pas ça, Brian, s'il te plaît...

– Tu voulais une part du putain de gâteau. La voilà.

– Va te faire foutre.

– Non. Tu la voulais, nom de Dieu. Maintenant tu l'as, bordel de merde.

– Je t'en prie, Brian, ne me fais pas ça.

– Qu'est-ce que je te fais ? Hein ?

– Ne fais pas ça, Brian. Pas devant l'équipe.

– Pourquoi ? Tu n'as pas envie qu'elle voie ce que tu es vraiment ? Un putain de gros salaud foireux qui ne peut aller nulle part, qui ne peut rien faire si je ne le tiens pas par la main ? »

Peter prend un verre. Peter te jette le whisky au visage...

« Je t'emmerde ! Je t'emmerde ! »

Tu te lèves d'un bond. Tu te jettes sur lui...

« C'est moi qui t'emmerde ! Gros con ! »

Les joueurs se précipitent. Les joueurs vous séparent.

« Les dîners. Les discours, tu cries. Il n'y a que ça. C'est la putain de part de gâteau qui t'intéresse. C'est de ça que tu parles sans arrêt, nom de Dieu, à cause de ça que tu te plains tout le temps. Maintenant file. Ne sois pas en retard... »

Il se jette une nouvelle fois sur toi, les joues trempées de larmes...

« Vas-y, tu cries. Vas-y, si c'est ce que tu veux.

– Je t'emmerde ! Je t'emmerde ! »

Tu es en survêtement et tu te bats avec Peter au bar de l'hôtel, à Turin, avec ton meilleur pote, ton seul ami, ton bras droit, ton ombre, tu te bats avec Peter vingt-quatre heures avant le match aller de la demi-finale de la Coupe d'Europe...

Le sang d'une pie morte coule sur les vitres du bar de l'hôtel...

Le sang de ton meilleur pote coule sur tes phalanges...

La première fois que tu parles avec quelqu'un depuis la mort de ta maman.

Trois heures et trois coups de téléphone plus tard, monsieur Vernon Stokes, président du comité disciplinaire de la Fédération, annonce à Manny Cussins qu'il a décidé, à la réflexion, qu'il ne serait pas juste de convoquer Clarke, de Leeds, devant le comité, puisqu'il n'a pas été averti pendant le match et que, s'il exigeait la comparution de Clarke, il lui faudrait demander celle de tous les joueurs ayant commis des fautes pendant le Charity Shield.

Je descends affronter la presse, affronter la presse le sourire aux lèvres pour une fois, le sourire aux lèvres lorsque les journalistes m'interrogent sur le tirage au sort de la Coupe de la ligue :

« J'aurais préféré rencontrer Huddersfield à domicile. Ils ont obtenu un résultat formidable au premier tour, ce qui démontre que ce ne sont pas des rigolos. De toute évidence, Bobby Collins a construit une organisation solide.

– Avez-vous réfléchi aux deux rencontres disputées sous votre direction ?

– Écoutez, dis-je, Leeds a perdu trois matchs en douze jours alors que le club était au sommet de la vague et disputait le titre. Ce genre de chose est déjà arrivé.

– Mais vous avez déclaré qu'ils manquaient de confiance ; pourtant ils sont champions d'Angleterre. Comment se fait-il qu'ils n'aient pas confiance ? »

Parce que Don Revie les a persuadés de croire à la chance, de croire au rituel et à la superstition, aux documents et aux dossiers, aux foutues magouilles et à la putain de tricherie, à tout sauf à eux-mêmes et à leurs capacités...

« C'est un cercle vicieux, je dis. Quand Leeds aura retrouvé le chemin de la victoire, la confiance reviendra et rien ne l'arrêtera...

– Dans la course au titre ? demandent-ils.

– Leeds sera là ou à proximité, comme ces dix dernières années.

– Mais vous avez déclaré que vous vouliez remporter le titre dans de meilleures conditions, me rappellent-ils. Cependant, lorsque Leeds a été champion d'Angleterre pour la première fois, en 1969, il n'a perdu que deux matchs au cours de la saison.

– Est-ce une question ou une affirmation ?

– C'est à vous de décider.

– Très bien. Dans ce cas, il nous faudra gagner les quarante matchs à venir, n'est-ce pas ?

– Mais que ressentez-vous vraiment ? demandent-ils. Après les deux premiers matchs du début de saison, les champions d'Angleterre attendent toujours leur premier point et leur premier but.

– Birmingham City aussi est en quête d'un premier point.

– Vous voulez dire que samedi sera une bataille en vue d'éviter la relégation ?

– Non.

– Pouvez-vous nous parler de l'équipe de demain ?

– Il n'y a pas de place pour Bates, Cooper ou Jordan, ça je peux vous le dire.

– Donc il y aura des joueurs déçus au vestiaire ?

– Il y a toujours des joueurs déçus au vestiaire, mais ces trois joueurs savent aussi que je suis ravi de leurs prestations précédentes. Cooper et Bates intégreront la réserve demain, ainsi que Terry Yorath, et continueront l'entraînement. Jordan sera sur le banc...

– Et McKenzie ?

– Le jeune Duncan McKenzie a succombé à la malédiction de Leeds United, je blague. Il est blessé et regardera le match dans les tribunes.

– Devenez-vous superstitieux, Brian ?

– Jamais.

– Direz-vous la même chose demain si vous perdez à nouveau ?

– Écoutez, ma venue ici a simplement amplifié tout cela. Je ne ressens pas la pression et je ne veux pas que l'équipe soit sous pression », je dis aux journalistes et à la télévision, à leurs micros et leurs caméras, leurs caméras et leurs yeux...

Mais il y a quelque chose dans leurs yeux, dans la façon dont leurs regards ne croisent jamais le mien, dans leur façon de me fixer, mais seulement quand je regarde ailleurs ; comme si j'étais malade, nom de Dieu, comme si j'avais le cancer, bordel de merde, et allais mourir...

J'ai l'impression de mourir. J'ai l'impression de mourir. J'ai l'impression de mourir...

Que je suis en train de mourir et que personne n'ose me le dire.

Une demi-heure avant le coup d'envoi, Peter entre au pas de charge dans le vestiaire, le visage rouge, les yeux dilatés et crie : « Il est encore dans le vestiaire de ce putain d'arbitre. Je l'ai vu entrer. Ça fait deux fois.

– Qui y est allé ? je demande. Qui ?

– Haller, leur remplaçant, dit Pete. Je l'ai vu entrer de mes propres yeux, nom de Dieu. C'est la deuxième putain de fois. Ils parlaient boche, bordel de merde.

– Laisse tomber. Ça peut être n'importe quoi.

– C'est ça ! crie Pete. Haller est allemand et Schulenberg, le putain d'arbitre, aussi. Ça ne va pas. Ils mijotent quelque chose, c'est moi qui te le dis.

– Laisse tomber, Pete. Pense au match. À la rencontre. »

Le match aller de la demi-finale de la Coupe d'Europe, le 11 avril 1973...

Le Stadio Comunale, le noir et le blanc, les drapeaux noir et blanc de 72 000 supporteurs de la Juventus ; la Juventus, la Vieille Dame en personne, en noir et blanc :

Zoff. Spinosi. Marchetti. Furino. Morini. Salvadore. Causio. Cuccureddu. Anastasi, Capello et Altafini...

« De foutus salauds », dit Pete alors que tu n'es pas arrivé au banc, que tu ne t'es pas encore assis, alors que personne n'a encore donné un coup de pied dans le ballon. Pendant les vingt premières

minutes, vous supportez les tacles à retardement, les tirages de maillot et les magouilles...

« Nom de Dieu, ils se laissent tomber au pied de l'arbitre. »

Les obstructions, les croche-pieds, les accrochages...

« Plongent et trichent, ces putains de sales Italiens. »

Puis Furino frappe du coude Archie Gemmill au visage. Gemmill lui fait un croche-pied, un petit croche-pied, et Gemmill écope d'un carton...

« Aux chiottes l'arbitre ! Aux chiottes ! hurle Pete. Et cet enculé de Furino alors ? »

Roy McFarland saute en même temps que Cuccureddu sur une balle aérienne. Les têtes de McFarland et de Cuccureddu se heurtent. McFarland écope d'un carton...

« Pour quoi ? Mais pour quoi, bordel ? crie Pete. Pour rien, nom de Dieu, pour rien... »

Gemmill a pris un carton. Pour rien. McFarland a pris un carton. Pour rien...

« À cause de leur pote de l'Axe tordu, un putain d'arbitre boche. »

Comme Gemmill et McFarland avaient déjà été avertis lors de matchs précédents, c'était une des choses qui ne devaient pas se produire ce soir-là ; les deux joueurs seraient suspendus au match retour et c'était exactement ce qui ne devait pas arriver...

« Et ils le savaient, nom de Dieu, dit Pete. Ils le savaient, bordel de merde. »

Mais il s'est écoulé presque une demi-heure, presque une demi-heure et le score est toujours de 0-0 quand Anastasi bat Webster et Todd, bat Webster et Todd puis passe à Altafini, passe à Altafini qui donne l'avantage 1-0 à la Juventus ; 1-0 pour la Juventus, mais deux minutes plus tard, deux putains de minutes plus tard et contre toute attente, O'Hare passe à Hector, Hector entre dans leurs six mètres, semble se préparer à tirer du gauche mais décale le ballon puis tire, tire du droit, et soudain, deux petites minutes plus tard et contre toute attente, c'est...

1-1 ! 1-1 ! 1-1 ! 1-1 !

Salvadore et Morini battus, Zoff sur le cul et le Stadio Comunale silencieux, les drapeaux noir et blanc tombant à terre.

Causio manque une occasion et tire au-dessus de la transversale, Nish dégage un centre en retrait de Marchetti, mais le score reste 1-1 jusqu'à la mi-temps, jusqu'à la putain de mi-temps :

Haller, le remplaçant de la Juventus, quitte immédiatement leur banc et s'engage dans le tunnel en compagnie de Schulenberg, l'arbitre...

« Regarde, dit Pete. Nom de Dieu, est-ce que ça peut être plus flagrant ? »

Et Pete se lève aussitôt, se lance à leur poursuite dans le tunnel...

« Excusez-moi, messieurs, crie-t-il. Je parle allemand. Ça vous ennuie si j'écoute ? »

Mais Haller frappe Pete à la poitrine, l'empêche d'approcher Schulenberg et appelle les vigiles, qui poussent Peter contre la paroi du tunnel et l'immobilisent tandis que les joueurs passent devant l'échauffourée sur le chemin des vestiaires...

Tu ne peux rien faire pour Pete. Rien pour le moment. Pas pour le moment...

Il faut que tu ailles au vestiaire, que tu ailles au vestiaire parce que c'est là que tu gagnes ta paie. C'est là que tu vis, nom de Dieu...

C'est ta place, avec ton *équipe, avec* tes *gars...*

« Elle est du niveau de la troisième division, cette bande, tu leur dis. Gardez la tête sur les épaules. »

Mais c'est à ce moment que les choses se gâtent, parce que tu penses à Peter immobilisé contre la paroi ; c'est à ce moment que tu commets des erreurs, parce que tu penses à Peter immobilisé contre la paroi....

Peter immobilisé contre la paroi de ce tunnel, la tête à l'envers...

Défend-on, à 1-1 ? Attaque-t-on, à 1-1 ?

Mais Derby ne défend pas et n'attaque pas...

Toutes vos têtes à l'envers.

Haller remplace Cuccureddu à la soixante-troisième minute et tout change ; fin de tout le bon et début de tout le mauvais...

À la soixante-troisième minute du match aller de la demi-finale de la Coupe d'Europe, Haller et Causio se passent et se repassent le ballon de part et d'autre de votre point de penalty, se le passent et se le repassent jusqu'au moment où Causio pivote soudain, bat Boulton, et la Juventus mène 2-1 à la soixante-sixième minute.

Mais 2-1 pour la Juventus, ce n'est toujours pas catastrophique ; il vous reste le but de Hector, un but à l'extérieur ; 1-0 pour Derby au match retour au Baseball Ground, et vous passeriez ; vous iriez en finale de la Coupe d'Europe...

C'est ce que tu penses, ce que tu penses à sept minutes de la fin, sept putains de minutes de la fin, quand Altafani dépasse deux de tes joueurs et porte le score de la Juventus à 3-1, 3-1 bordel de merde, et maintenant leurs drapeaux flottent...

Noir et blanc. Noir et blanc. Putain de noir et blanc.

Il y a de meilleures équipes, mais c'est sans importance...

Parce qu'il y a des tricheurs et que les tricheurs ne devraient jamais gagner :

« Putains de tricheurs, ces sales Italiens », tu cries à leurs journalistes et, au cas où ils ne comprendraient pas, tu répètes, plus lentement : « Putains. De. Tricheurs. Ces. Salauds.

– Cos' ha detto. Cos' ha detto ? *demandent-ils.* Cos' ha detto ? »

Tu n'es pas diplomate. Tu n'es pas ambassadeur du football, du football anglais...

« Je ne parle pas aux putains de tricheurs ! » tu cries.

Pas diplomate. Pas ambassadeur. Pas futur manager de l'équipe d'Angleterre...

« Des tricheurs et des putains de lâches ! » tu cries.

Tu hais l'Italie. Tu hais la Juventus...

La Vieille Salope de Turin...

La Putain de l'Europe...

Tu te souviendras de la mauvaise odeur, de la puanteur de Turin ; tu t'en souviendras jusqu'à la fin de tes jours ; la mauvaise odeur de la corruption, la puanteur de la pourriture...

La fin de tout le bon, le début de tout le mauvais...

Et tu te souviendras de cet endroit et de ce mois...

Turin, Italie, avril 1973...

Tout le mauvais...

Tu as perdu ta maman. Tu as perdu ta maman. Tu as perdu ta maman.

Vingt-cinquième jour

Il y aurait eu la superstition. Il y aurait eu la tradition. Il y aurait eu la routine. Il y aurait eu le rituel. Il y aurait eu le costume bleu. Il y aurait eu les dossiers. Le loto et le carpet bowling. Il y aurait eu le contournement des feux de circulation. Le même trajet jusqu'au banc. Il n'y aurait pas eu d'images d'oiseaux. Pas de plumes de paon. Pas d'animaux décoratifs...

Samedi 24 août 1974...

Sous les pieds. Sous la tribune. Passé les portes. Après les coins. Le long des couloirs. Dans le bureau, la porte fermée à clé et une chaise coincée sous la poignée, j'accroche au mur un dessin de ma fille qui représente une chouette ; je l'accroche au-dessus d'un éléphant en porcelaine et d'un cheval en bois ; je l'accroche près de la photo du paon et du miroir...

Le miroir fêlé et brisé.

Il y aurait aussi eu des enveloppes pleines de liquide. Sous la table. Des valises et des cartons de billets. Des centaines et des milliers. Non marqués et dont les numéros ne se suivent pas. Dans un sac en papier brun ou sur le perron d'une porte de derrière. Telle aurait été la mauvaise odeur du samedi de Don. La puanteur du samedi de Don...

Où est l'argent, Don ? Où est-il passé ?

Sous les pieds et sous les tribunes, passé les portes et après les coins, dans les couloirs leurs voix approchent, puis ils frappent à la porte, tournent la poignée...

« Qu'est-ce qu'il y a ? je crie. Qui est-ce ? »

Par le trou de la serrure, Syd et Maurice soufflent : « C'est nous.

– Bates et Cooper ne jouent pas ; Hunter et Clarke sont de retour ; Jordan est sur le banc ; McGovern et O'Hare commencent. Maintenant foutez le camp, je crie. Tous les deux. »

Leurs éclats de rire résonnent et s'éloignent dans les couloirs. Après les coins. Derrière les portes. Sous les tribunes. Sous les pieds des spectateurs qui gagnent leur place et s'installent, affûtent leurs poignards et empoisonnent leurs fléchettes, s'éclaircissent la gorge et se mettent à psalmodier, psalmodier, psalmodier :

Leeds, Leeds, Leeds, Leeds, Leeds, Leeds, Leeds, Leeds, Leeds...

La mauvaise odeur de mon samedi. La puanteur de mon samedi...

Merde, merde, merde. Merde, merde, merde. Merde, merde, merde. Merde, merde, merde. Merde, merde, merde.

25 avril 1973 ; le Baseball Ground ; match retour de la demi-finale de la Coupe d'Europe et les 38 000 spectateurs débordent presque sur le terrain. La foule est si dense, les gens si serrés les uns contre les autres, serrés les uns contre les autres et tendus que le Baseball Ground est une putain de fosse aux lions. Tu remets ta cravate en place. Tu remets tes cheveux en place...

Pas Gemmill, ce soir. Pas McFarland, ce soir...

« Ils nous ont eus à Turin, tu dis dans le vestiaire. Maintenant on les aura ce soir, à Derby. Ici, ce soir, chez nous ! Ici, ce soir, sur notre terrain ! »

Webster envoie Zoff au tapis pendant les premières minutes ; O'Hare tire et Zoff sauve à nouveau ; un coup franc de Hinton contraint Zoff à un nouveau sauvetage...

Mais les lèvres de la Vieille Salope sont serrées, ce soir ; froide et sèche, elle croise les jambes ; elle agace tes joueurs, elle titille tes joueurs, elle les chatouille et les provoque...

Salvadore prend un carton, Spinosi et Altafani aussi...

Vous possédez le terrain, elle résiste.

Enfin, enfin, on aperçoit un morceau de cuisse ; brièvement, on voit un tout petit morceau de jambe sous les jupes de la Vieille Salope ; à la cinquante-quatrième minute, Kevin Hector est fauché. Le sifflet retentit et Derby obtient un penalty. Alan Hinton s'avance. Alan Hinton tire...

À côôôté !

« Bordel de merde ! tu cries. Foutu putain de connard nul à chier. »

Tu boufferas Hinton au dîner, tu le cracheras sur le sol du vestiaire, ce foutu putain de connard de merde, ce foutu putain de connard de merde qui t'a volé la victoire, volé la Coupe d'Europe.

Mais tu ne renonces pas. Pas encore. Tu refuses de renoncer. Pour le moment. Tu ne renonceras jamais...

Tu regardes ta montre. Tu regardes ta montre. Tu regardes ta montre...

Il y a encore le temps. Il y a encore le temps. Il y a encore le temps...

Jusqu'au moment où Roger Davies explose et donne un coup de boule à Morini...

Jusqu'au moment où Roger Davies est expulsé...

« Foutu putain de connard nul à chier. »

Ce foutu putain de connard nul à chier, ce foutu putain de connard nul à chier qui t'a volé la victoire, qui t'a volé la coupe...

Dix hommes sur le terrain et vingt-quatre minutes à tenir.

Vingt minutes avant la fin, tu fais sortir Peter Daniel et entrer John Sims, le buteur de la réserve ; c'est tout ce que tu peux faire...

Boulton sauve un tir d'Anastasi. Boulton sauve un tir de Longobucco...

Tes foutues mains vides, vides, puis le putain de bruit vide, vide du coup de sifflet final, tandis que bras en noir et blanc brandissent le poing...

Que les drapeaux noir et blanc envahissent le terrain...

Des drapeaux à carreaux noirs et blancs...

Qui te tirent vers le bas, te détruisent...

Te détruisent et te noient.

Tu as fait 0-0 contre la Juventus. Tu as obtenu treize corners et vingt-neuf coups francs, mais ce n'est pas une consolation ; pas une consolation que seul Manchester United soit allé plus loin que toi, que seul Manchester United ait atteint la finale...

Que seul Manchester United ait levé cette coupe...

Bu dans cette coupe d'Europe...

Aucune consolation.

Pas une consolation que la Juventus soit battue 1-0 par l'Ajax d'Amsterdam en finale, à Belgrade, le mois suivant. Pas une consolation que l'arbitre portugais, Francisco Lobo, informe l'UEFA qu'on avait tenté de le corrompre avant la rencontre, qu'on lui avait proposé 5 000 dollars et une Fiat s'il permettait aux Italiens de remporter le match retour. Pas une consolation que, cinq ans auparavant, tu perdais à domicile contre Hull City devant 15 000 spectateurs, seizième de la deuxième division...

Ce n'est pas une putain de consolation...

Il n'y a pas de consolation possible.

Ces jours et ces mois, cette année et cette période resteront à jamais en toi, demeureront toujours en toi, toujours en toi, toujours en toi...

Les deux mois les plus noirs de ta vie, des mois qui te hantent et te traquent encore, qui te hanteront et te traqueront toujours, toujours te hanteront et te traqueront...

Mars et avril 1973 ; la fin de tout le bon, le début de tout le mauvais.

J'entre dans le vestiaire et le silence se fait. Je fixe David Harvey. Je fixe Paul Reaney. Je fixe Trevor Cherry. Je fixe John McGovern. Je fixe Gordon McQueen. Je fixe Norman Hunter. Je fixe Peter Lorimer. Je fixe Allan Clarke. Je fixe John O'Hare. Je fixe John Giles et je fixe Paul Madeley...

« Vous gagnerez aujourd'hui, je leur dis. Vous gagnerez. »

Puis je sors du vestiaire, prends le tunnel et entre sur le terrain, gagne le banc où je m'assieds entre Jimmy Gordon et Joe Jordan...

Personne ne dit : « Bonjour, Cloughie. »

Personne ne dit : « Bonne chance, Brian. »

Personne ne prononce un mot; le public est silencieux et comporte 9 000 spectateurs de moins que le jour correspondant de la saison dernière; c'est peut-être à cause du week-end prolongé; c'est peut-être la violence sur les gradins et dans certaines tribunes; c'est peut-être à cause des résultats de Leeds United...

C'est peut-être seulement ma présence.

Le doute et la peur. La puanteur du samedi. Le sifflet...

Birmingham n'a pas l'intention de défendre. Il a l'intention d'attaquer...

À quatre reprises, ils sont à deux doigts de marquer. Par Francis. Par Burns. Par Hatton. Par Kendall. Mais à quatre reprises, ils n'y parviennent pas...

Hunter à l'arrière. Hunter de retour de suspension. Hunter fait la différence...

McGovern a mieux joué. McGovern a moins bien joué...

O'Hare joue bien près de Lorimer. O'Hare joue bien près de Clarke...

Clarke devant. Clarke de retour de suspension...

Clarke fait la différence.

Le ballon dégagé par Birmingham heurte l'arbitre. Le ballon revient sur la trajectoire du jeune défenseur débutant de Birmingham. Clarke est trop rapide pour lui...

1-0! 1-0! 1-0! nom de Dieu!

Je me lève d'un bond et je donne un gros baiser à Allan Clarke. Un baiser qui claque, en plein sur les lèvres...

Personne, en Angleterre, n'aurait pu mieux marquer que Clarkey. C'est une classe supérieure à celle des autres...

Rien à voir avec la chance...

Pas de costume bleu. Pas de dossiers. Pas de loto et pas de carpet bowling. Pas de promenades rituelles autour des feux tricolores, pas de trajet propice jusqu'à ce banc. Pas d'enveloppes pleines de liquide. Pas de magouilles, pas de tricheries...

Seulement du football...

Pas de superstition. Pas de foutu rituel et pas de putain de chance...

Seulement du bon football, propre et honnête.

« Rien ne nous arrêtera, je dis aux journalistes. Désormais, rien ne nous arrêtera. »

QUATRIÈME TABLEAU

Classement de la première division, 25 août 1974

	M	V	N	D	Bp	Bc	Pts
1 Carlisle United	3	3	0	0	5	0	6
2 Ipswich Town	3	3	0	0	4	0	6
3 Liverpool	3	2	1	0	4	2	5
4 Wolves	3	2	1	0	6	3	5
5 Everton	3	2	1	0	5	3	5
6 Arsenal	3	2	0	1	5	1	4
7 Derby County	3	1	2	0	3	1	4
8 Stoke City	3	2	0	1	5	2	4
9 Man. City	3	2	0	1	5	4	4
10 Middlesbrough	3	1	1	1	4	3	3
11 Chelsea	3	1	1	1	6	6	3
12 QPR	3	1	1	1	2	2	3
13 Newcastle Utd	3	1	1	1	7	8	3
14 Leicester City	3	1	0	2	5	6	2
15 Sheffield Utd	3	0	2	1	3	5	2
16 West Ham Utd	3	1	0	2	4	7	2
17 Leeds United	**3**	**1**	**0**	**2**	**1**	**4**	**2**
18 Burnley	3	0	1	2	4	7	1
19 Coventry City	3	0	1	2	4	7	1
20 Luton Town	3	0	1	2	2	5	1
21 Birmingham City	3	0	0	3	3	8	0
22 Tottenham H.	3	0	0	3	0	3	0

Je maudis l'homme que tu es. Je maudis la terre que tu as...
Je vais de pré en pré. Je ramasse pierre après pierre...
J'empile les pierres. Je m'agenouille près des pierres...
« Puissent tous les désagréments, puissent toutes les malchances...
S'abattre sur cet homme. S'abattre sur cette terre. »
Je me redresse près de ces pierres et je prends ces pierres...
Puis je les jette ici. Puis je les jette là.

Vingt-sixième jour

Tu n'es plus en Coupe d'Europe. Tu n'es plus dans la course au titre. Tu ne participes plus aux Coupes d'Angleterre et de la ligue. Désormais, Derby County ne peut plus se qualifier pour la Coupe de l'UEFA de la saison prochaine que si Derby bat les Wolverhampton Wanderers ce soir, puis si Leeds United bat Sunderland, club de deuxième division, demain, en finale de la Coupe d'Angleterre, ou si Leeds bat l'AC Milan en finale de la Coupe des vainqueurs de coupe. Tu bats les Wolves. Tu le fais en une demi-heure...

Tout d'abord, Roy McFarland met un ballon de John O'Hare au fond, puis O'Hare centre pour Roger Davies qui envoie un boulet dans le haut du filet, enfin Davies marque à nouveau en reprenant le rebond d'un tir de David Nish ; le travail est fait en une demi-heure, tu fixes le toit de la tribune, les brins d'herbe du terrain, les aiguilles du cadran de ta montre...

Parce que ce sont les dernières minutes de la saison 1972-1973. Les dernières minutes de votre statut de champions. Le coup de sifflet final va retentir, Bill Shankly et Liverpool seront champions, pas vous...

Mais qui regarde Bill Shankly à la télé ? Qui lit ses chroniques ?

Mike Yarwood[1] imite-t-il Bill Shankly dans son émission ?

Tu sais que tu agaces autant que tu amuses, à la télévision ; On the Ball *et* The Big Match. *Peut-être donnent-ils des coups de pied dans l'écran, peut-être embrassent-ils l'écran, mais tu es sûr que personne n'éteint. Ils regardent, nom de Dieu. C'est aussi le cas de tes chroniques dans les journaux : le* Sunday Express *et le* Sun.

1. Imitateur et comique célèbre dans les années 1960 et 1970. (*N.d.T.*)

Peut-être les froissent-ils et les jettent-ils à la poubelle, peut-être les découpent-ils et les collent-ils au mur, mais tu es sûr que personne ne saute la page. Ils la lisent, nom de Dieu. Même chose pour les dirigeants. Tu sais que tu les agaces autant que tu les impressionnes. Mais tu es sûr qu'ils adoreraient tous que tu diriges leur club, qu'ils t'engageraient presque tous sans la moindre hésitation.

Exactement comme tu agaces et inspires de nombreux managers. Mais tu es sûr qu'ils aimeraient tous être un peu comme toi, être un peu comme toi, qu'ils donneraient leur bras droit pour y parvenir.

Même chose avec ces foutus joueurs ; tu sais que ceux qui te haïssent sont plus nombreux que ceux qui t'aiment. Mais tu sais que pas un seul ne demanderait son transfert, qu'ils aimeraient mieux mourir...

Tu as vu les larmes dans leurs yeux. Entendu leurs appels à la pitié.

Parce que dans un bon jour, dans un bon jour, rien ne peut t'arrêter. Dans un bon jour, tu ne peux pas te tromper ; tu marches sur l'eau, puis tu la transformes en vin...

Exactement comme aujourd'hui ; même après avoir été battu et volé par la Juventus, même après avoir été dépouillé par tricherie de ta Coupe d'Europe, dépouillé par tricherie de ton destin par cette salope en noir et blanc, même après tout ça, tu as tout de même gagné les trois derniers putains de matchs de la saison...

Tu as tout de même marqué neuf buts, tu n'en as tout de même concédé qu'un, tu as tout de même obtenu six points sur six...

Tu as battu Everton 3-1, Ipswich Town 3-0 et les Wolves 3-0.

Mais, maintenant, tout s'arrête. La saison est finie. Rien ne dépend plus de toi...

Tes mains sont vides. Pas de trophées. Ta saison désormais terminée...

Entre les brins, les brins d'herbe...

Dans l'humus. Dans la terre. Dans la boue...

Tout est mauvais, mauvais, mauvais...

Tu te le prends en pleine figure tous les jours. Chaque fois que tu fermes les yeux, tu ne vois que ça : son visage dans la cuisine. Dans l'encadrement de la porte. Dans le jardin. Avec son chapeau. En chemise de nuit. À l'hôpital. Tu regrettes de ne pas avoir fait enterrer ta mère, de l'avoir brûlée. Maintenant, il n'y a pas de tombe, pas d'endroit où aller. Mais si tu l'avais fait enterrer, s'il y avait un endroit, tu irais tous les dimanches...

Mais il n'y a pas d'endroit où aller, sauf ici, ici, ici, ici, ici...

Ici où le public est rentré chez lui, ici où il n'y a pas de public...

Pas de public. Pas de trophées. Personne. Personne ici,
maintenant, maintenant, maintenant...
« J'ai perdu ma maman », c'est tout
ce que tu peux dire et répéter...
Pas d'esprits ici. Pas de fantômes ici.
Pas de saints ici...
« J'ai perdu ma maman »,
c'est tout ce que tu peux
dire et répéter.
Seulement des démons ici.
Seulement des diables maintenant...
« J'ai perdu ma maman. »
Tout ce que tu peux dire.
Des démons et des diables.
Ici, maintenant...
Maintenant, maintenant
que ta maman
est morte.

Vingt-septième jour

Le soleil brille, le ciel est bleu et c'est un beau lundi matin de la fin du mois d'août. Une de ces journées où on a la sensation d'être heureux de vivre et heureux d'être anglais, heureux d'avoir une famille et d'avoir des amis, heureux d'être en bonne santé et d'avoir un emploi ; deux matchs à l'extérieur cette semaine, un à Londres et un à Manchester ; Billy Bremner et Johnny Giles devant la commission disciplinaire de la Fédération ; mais rien ne peut altérer cette sensation...

La sensation de victoire. La sensation de gagner...

Je fais ma toilette et je m'habille ; bon rasage et bon costume ; jolie cravate, chaussures propres. Je prépare mon deuxième costume et je sors ma valise. Je prends mon rasoir et je prends ma brosse à dents. Je descends, rejoins ma famille. Odeurs de bacon frit et de pain grillé. Bruits des œufs qu'on casse et de l'eau qui bout dans la bouilloire. Je m'assieds à table, demande à mon aîné de me passer le sucre et il renverse la salière, répand le sel vers moi, dans ma direction...

Pas de superstition. Pas de foutu rituel et pas de putain de chance.

Je sors la voiture. Je mets ma valise dans le coffre. Je retourne dans la maison. Je dis au revoir à ma femme et à mes mômes. Je leur fais signe quand je sors de l'allée en marche arrière et je leur envoie des baisers. Je ne passe pas prendre Jimmy Gordon ; je ne passe pas prendre John McGovern ou John O'Hare. Je suis seul aujourd'hui, sur la route du Nord. Seul, par ce beau matin de la fin du mois d'août, je vais au travail et j'écoute les nouvelles à la radio...

« Kevin a commencé à aller voir Blackpool il y a deux ans. Il assistait à tous les matchs à domicile. Je ne l'empêchais pas d'y aller, mais je lui disais : " Sois prudent, reste à l'écart des bagarres. " Je regardais Blackpool, moi aussi, mais les bagarres du Kop m'ont dégoûtée et je ne regarde plus. Je trouve que c'est une honte. J'ai pitié de ceux qui sont de vrais supporteurs. Il faut qu'il fassent quelque chose. Il n'avait que quatorze ans. »

J'éteins la radio au moment où je sors de l'autoroute. Les courbes et les changements de direction jusqu'au carrefour de Lowfields Road, puis Elland Road. Virage serré à droite et je freine sec ; un gros chien noir se tient devant l'entrée du parking. Je klaxonne mais le gros chien noir ne bouge pas. Je fais marche arrière. Je regarde le rétroviseur. Je vois ce qui est écrit sur le mur...

CLOUGH DEHORS

Leeds a remporté la Coupe d'Angleterre alors qu'il n'était favori que par la plus petite marge de tous les temps. Mais Bob Stokoe...

Ce Bob Stokoe qui te dominait de toute sa taille, alors que tu gisais sur le terrain gelé, en ce lendemain de Noël glacial, et avait dit : « C'est une putain de simulation. »

Ce con de Bob Stokoe hait Don Revie encore plus que toi et Leeds perd la finale de la Coupe d'Angleterre face à Sunderland, qui joue en deuxième division. Onze jours plus tard, Clarke et Bremner étant suspendus, Giles blessé et Revie apparemment sur le point de rejoindre Everton, Leeds perd la finale de la Coupe des vainqueurs de coupe, en Grèce, face au Milan AC...

On nous a volés, dit Leeds. On a été victimes de tricherie...

Mais Derby aussi. Derby n'est pas en Coupe d'Europe.

« Connaissant ce foutu Leeds, dis-tu, je ne serais pas étonné, nom de Dieu, qu'ils aient perdu ces putains de finales intentionnellement, bordel de merde ! Pour empêcher Derby d'accéder à l'Europe ! »

Leeds United a été reconnu coupable de « mauvais comportements répétés sur le terrain » ; Leeds United a été condamné à une amende de 3 000 livres assortie d'un sursis d'un an...

C'est la goutte d'eau. C'est ce que tu écris dans le Sunday Express *:*

Don Revie aurait dû être personnellement condamné à payer une amende et Leeds United immédiatement relégué en deuxième division après avoir été qualifié de club le plus truqueur de Grande-Bretagne. Mais les esprits confus qui dirigent le football n'ont pas saisi une occasion formidable de faire le ménage dans notre sport d'un seul coup d'un seul. Cependant, le problème du système disciplinaire du football est que ceux qui jugent, étant dirigeants d'autres clubs, ne sont peut-être pas totalement impartiaux. Il me semble que cette amende de trois sous avec sursis est la plus mauvaise idée jamais concoctée par la Fédération, organisation qui n'est pas réputée pour son bon sens. Cela revient à faire souffler un automobiliste ivre dans le ballon, obtenir un résultat positif, lui rendre ses clés, puis lui dire de faire attention en rentrant chez lui !

Du point de vue de la ligue, l'article est la goutte d'eau. Tu es accusé de porter atteinte à la réputation du football. Du point de vue de Longson, cette accusation est la goutte d'eau...

Ton président ne t'adresse plus la parole. Tu es au banc des accusés. Tu n'es pas en Europe. Tu fermes les portes de chez toi à clé. Tu tires les rideaux et tu décroches le téléphone. Tu gravis l'escalier. Tu te mets au lit et tu tires les couvertures sur ta tête...

La saison 1973-1974 débute dans quelques petites semaines, jours et heures.

Ils sont sales et ils sont essoufflés. L'entraînement est presque terminé, les combinaisons presque au point. Le soleil brille encore, mais maintenant il pleut. Ciel noir et bleu, violet et jaune. Pas d'arcs-en-ciel, ici. Pas de sourires. Je croyais qu'il y aurait quelques sourires aujourd'hui. Je croyais qu'il y aurait des rires. Puisque nous gagnons. Mais seul Allan Clarke sourit, rit...

« Vous m'embrasserez chaque fois que je marquerai, hein, patron ?

– Si c'est indispensable pour que tu continues de marquer, je le ferai. Espèce de gros pédé.

– Dans ce cas, en mai, vous aurez mal aux lèvres, blague Sniffer.

– J'espère bien, nom de Dieu. J'espère bien, bordel de merde. »

Mais Harvey, Reaney, Cherry, McQueen ou Hunter ne sourient pas. Lorimer, Giles, Madeley, Jordan ou Bremner ne rient pas...

McGovern ou O'Hare ne sourient pas et ne rient pas.

Tu vois une issue ; un moyen de sortir des échecs sur le terrain, des injustices en dehors...

Jimmy Hill est passé à la BBC et ITV est au pied du mur parce que la Coupe du monde 1974 débutera dans un an. ITV te propose un poste à plein temps à 18 000 livres par an ; 18 000 livres par an et pas de dirigeants à gérer, pas de défaites à supporter...

Pas de victoires et pas de coupes, pas d'applaudissements et pas d'adoration, pas d'amour...

Tu en as envie et tu n'en as pas envie. Tu n'en as pas envie et tu en as envie...

Tu acceptes l'emploi à mi-temps. Tu iras enregistrer l'émission à Londres le jeudi, et tu descendras à nouveau le dimanche pour en enregistrer une autre...

Tu ne consultes pas ta femme. Tu ne consultes pas Peter. Tu ne consultes pas Longson et le conseil. Tu ne consultes personne. Tu es Brian Howard Clough...

Cloughie, *comme te surnomment les millions de téléspectateurs...*

Et Cloughie ne consulte personne, nom de Dieu...

Cloughie leur annonce les choses, bordel de merde.

Conférence de presse du lundi matin ; pas de longue corde ni d'autopsie aujourd'hui, seulement des guirlandes et des accolades, de la reconnaissance et des compliments :

À propos de Birmingham City ?

« Freddie Goodwin ne devrait pas avoir perdu trois matchs avec son équipe, je dis aux journalistes. Il a des tonnes de talent et les joueurs se défoncent pour lui. De loin, de très loin, ce n'est pas la moins bonne formation de la ligue. »

À propos des débuts de John O'Hare ?

« Il a été très présent, du début à la fin, sur tout le terrain, je dis. Vous verrez quand John aura passé quelques semaines ici. »

Et à propos du but d'Allan Clarke ?

« Personne, en Angleterre, n'aurait pu le marquer mieux qu'Allan. C'était un instant de classe pure, qui dépassait tous les autres joueurs. »

Les rumeurs de départ et de transferts ?

« Personne ne part, je dis et redis. Personne ne part, nom de Dieu. »

À propos des perspectives de Leeds United pour la saison ?

« Rien ne nous arrêtera maintenant, je dis à la presse. Rien ne nous arrêtera. »

Et demain soir à l'extérieur, contre les Queen's Park Rangers ?

« Rien n'arrêtera Leeds United, je dis et je répète. Vous verrez. »

L'Angleterre jouera contre la Pologne en octobre à Wembley. L'Angleterre doit battre la Pologne afin de se qualifier pour la

Coupe du monde 1974 en Allemagne de l'Ouest. Ce sera la rencontre la plus importante depuis la finale de la Coupe du monde 1966. À l'occasion de ce match, tu feras partie du panel d'ITV...

Avant d'affronter l'Angleterre, la Pologne jouera un match d'échauffement contre la Hollande ; ce sera un match intéressant à regarder pour toi, en tant que consultant pour ITV.

Le principal consultant. Celui qui amène les gens à allumer leur poste...

Celui qui les persuade de continuer à regarder, nom de Dieu.

Tu annonces à Longson que tu iras à Amsterdam. Tu annonces à Longson que tu emmènes Pete. Tu annonces à Longson qu'il peut considérer cela comme faisant partie de tes vacances...

« Dans ce cas, c'est une affaire privée, dit Longson, et Derby ne paiera pas.

– Bien sûr que non, tu réponds. Je n'en rêverais même pas, nom de Dieu. »

Puis Sam Longson te demande : « Merde, Brian, je m'interroge sur ce à quoi vous rêvez par les temps qui courent.

– Qu'est-ce que vous voulez dire ?

– Rêvez-vous de Derby County ? demande-t-il. Ou bien rêvez-vous de télévision ?

– Qu'est-ce que vous insinuez ?

– Je n'insinue rien, répond Sam Longson. Tout ce que je sais, c'est qu'on ne peut pas servir deux maîtres. On finit par en aimer un et haïr l'autre.

– Si je dois renoncer à tout ça, à la télévision, je démissionnerai, monsieur le président.

– Démissionnez donc, ironise Longson.

– Mais si je le fais, monsieur le président, vous savez que le rideau tombera aussi pour vous. »

Longson se crache dans les mains. Longson les frotte, puis Longson dit : « Parfait, Brian, nous verrons, n'est-ce pas ? »

La femme de ménage fait mon bureau, nettoie sous la table de travail et derrière la porte, elle siffle et fredonne les airs qui lui traversent l'esprit...

« Vous savez qu'un jour j'ai viré toutes les femmes de ménage de Derby ?

– Pourquoi avez-vous fait ça, Brian ?

– Pour rire, parce qu'on avait perdu.

– Au moins, vous aviez une bonne raison, répond-elle. Pas comme monsieur Revie.

– Comment ça ?
– Bah, un jour, monsieur Revie a viré une fille parce qu'elle était habillée en vert.
– Parce qu'elle était en vert ?
– Oh oui. Il croyait que le vert portait la poisse au club.
– Et il l'a virée ?
– Oh oui. Après la défaite face à Sunderland en finale de la Coupe d'Angleterre.
– Comme ça ?
– Oui. Comme ça. »
Le téléphone, sur ma table de travail, se met à sonner. Je décroche. Je dis : « Pas maintenant. »

La nouvelle saison : 1973-1974 ; mais cette nouvelle saison n'est pas un nouveau départ ; pas de début et pas de fin. Les choses ne font qu'empirer ; hors de l'Europe et au banc des accusés ; ton président veut te virer et ta maman est toujours morte ; c'est ainsi que commence la saison 1973-74...

Au deuxième tour de la Coupe de la ligue, tu affrontes Sunderland, ce con de Bob Stokoe et mille putains de mauvais souvenirs. Mais Derby a deux buts d'avance à la mi-temps. Tu joues mieux que les vainqueurs de la Coupe d'Angleterre et tombeurs de Leeds United pendant les trois quarts du match. Tu joues un football d'exhibition.

Puis Sunderland se rebiffe et égalise grâce à deux buts. Il faudra maintenant que tu ailles jouer le retour à Roker Park. Personne ne parierait sur la victoire de Derby.

« Absence totale de professionnalisme ! tu dis dans le vestiaire. Votre cerveau est encore en Espagne, au soleil sur cette putain de plage. La saison a commencé, nom de Dieu...

« Ne quittez pas cette foutue balle des yeux...

« Ne jouez jamais un football d'exhibition...

« Tuez toujours le match...

« Gagnez-le toujours...

« Toujours ! »

En haut de l'escalier. Le long du couloir. Après le coin et passé les portes. Je suis en retard au déjeuner du lundi avec le conseil. Encore en retard. Les membres du conseil m'attendent dans la salle à manger du club, ils ont fini leur pain et leur soupe est froide, leurs légumes sont mous et leur vin bon marché...

Je m'assieds. J'allume un cigare et je demande un cognac, un grand, nom de Dieu...

Je croyais qu'il y aurait davantage de sourires ici. Davantage de rires, maintenant...

« Quelqu'un est mort, c'est ça ? » je demande à la salle du conseil.

Mais la salle du conseil est silencieuse et empeste la cigarette ; cendriers pleins et vin bu. Les serveurs débarrassent la vaisselle et les couverts du club, les nappes en coton blanc.

« À quelle heure l'équipe part-elle pour Londres ? demande finalement Cussins.

– Quand cette fête sera terminée », je réponds en levant mon verre.

Tu joues les deux premiers matchs de championnat de la saison à domicile contre Chelsea et Manchester City, et tu les gagnes tous les deux un à zéro. Tu as quatre points sur quatre. Derby n'a pas gagné les deux premières rencontres de la saison depuis 1961 et c'était en deuxième division. Pas en première.

Tu fais match nul 0-0 à Birmingham en défendant en profondeur, en adoptant les tactiques que tu reproches sans cesse au manager de l'équipe d'Angleterre, ces tactiques négatives que tu déplores sans cesse sur ITV et dans tes chroniques. Il y a aussi eu un penalty très net ; le plus flagrant que tu aies jamais vu :

« Le seul aspect positif de tout cela est la démonstration claire de la discipline des joueurs de Derby, dis-tu au monde entier. Je suis sûr qu'une autre équipe, qui porte généralement du blanc, du moins à l'extérieur, je suis sûr que cette équipe aurait harcelé l'arbitre. »

Tu peux dire ce que tu veux, nom de Dieu. Tu as cinq points sur six...

Tu dis ce que tu veux, nom de Dieu. Deux fois par semaine à la télé...

Cloughie, *c'est toi. Deux fois par semaine. Ce que tu veux, nom de Dieu.*

Je suis allé à la réserve de matériel. J'ai fouillé parmi les chaussettes et les genouillères, les maillots et les shorts, mais j'ai trouvé ce que je cherchais. J'ai ôté mon costume habillé et ma jolie cravate, enfilé mon pantalon de survêtement et ce vieux maillot de gardien de but de Leeds.

Le long des couloirs. Après les angles. Passé les portes et sur le parking. L'équipe et ses entraîneurs sont déjà dans l'autocar, ils m'attendent. J'y monte et m'assieds près de Syd Owen, à l'avant...

« Qu'est-ce que vous pensez de ça, Sydney ?

– De quoi ?

– De ça, je réponds en montrant le vieux maillot de gardien de but de Leeds.

– Je pense que les joueurs doivent être en costume quand ils se déplacent, et que le manager devrait faire pareil.

– Mais qu'est-ce que vous pensez de la couleur, Sydney ?

– Le vert ? demande-t-il. Je trouve qu'il vous va bien, monsieur Clough. »

Tu as cinq points après tes trois premiers matchs. Le quatrième de la saison 1973-74 se déroule à Anfield contre les champions en titre ; contre Kevin Keegan et Liverpool, contre Bill Shankly. Le petit Steve Powell et John McGovern contraignent au début Ray Clemence à sauver plusieurs fois, mais ensuite, il n'y a plus que Kevin Keegan et Liverpool. Phil Thompson, dix-neuf ans, marque son premier but de la soirée et son premier au sein de Liverpool ; le premier but concédé par Derby en 305 minutes de jeu en première division. À la quatre-vingt-cinquième minute, Keegan en marque un deuxième sur penalty...

Vous avez été battus, bien battus, et vous avez subi le jeu...

Derby County passe de la cinquième à la septième place.

Huit jours plus tard, le mercredi 12 septembre, Liverpool vient au Baseball Ground. Entre ces deux rencontres, tu as battu Everton à l'issue d'un match que plusieurs journaux ont considéré comme le plus mauvais de Derby County depuis que tu diriges le club :

« Un match totalement désordonné... le genre de match qu'on a envie d'oublier... Absence totale d'application... Everton volé de deux décisions par un juge de touche. »

Peter punaise ces mots aux murs du vestiaire ; tu ne t'adresses pas à l'équipe, ce soir-là, et quatre jours après une de tes plus mauvaises prestations, tu mets les champions en pièces...

Tu attaques. Tu attaques. Tu attaques...

« Passer ainsi du macabre au sublime, écrivent alors les journaux, signifie que Derby County est magnifiquement dirigé. Personne n'a mis en doute les capacités de ce club, mais quelqu'un doit amener ces joueurs à donner le meilleur d'eux-mêmes... »

Roger Davies met une volée au fond après qu'un tir de Kevin Hector a été repoussé...

« Ce quelqu'un est Brian Clough... »

Roy McFarland reçoit une passe d'Hector et envoie un tir bien ajusté...

« Samedi dernier, il fallait faire les fonds de tiroir pour trouver quelqu'un qui avait joué convenablement. Hier soir, les mouvements fluides et les performances individuelles brillantes auraient pu emplir un livre... »

Puis Nish, Davies et Gemmill réalisent un enchaînement qui permet à Hector de marquer le troisième...

« Même Don Revie et Leeds United, qui ont trois points d'avance sur les Rams et les regardent de haut, auraient été satisfaits de McGovern, Powell et Gemmill. »

Tu as battu les champions de la ligue 3-1 ; battu Kevin Keegan et Liverpool ; battu Bill Shankly ; tu les as battus et tu as mieux joué qu'eux...

Tu les as enterrés et massacrés.

Tu es à nouveau sur le chemin du sommet. À nouveau sur le chemin de ta place...

C'est le mercredi 12 septembre 1973.

Il n'y a pas de sourires dans l'autocar qui roule vers Londres. Pas de sourires et pas de rires. Seulement des murmures et des messes basses, des jeux de cartes et des livres de poche. Bremner n'est pas venu avec nous ; il se rendra seul à Londres le lendemain matin, afin d'affronter la commission disciplinaire de la Fédération mercredi. Je jette de temps en temps un coup d'œil dans l'allée, sur Giles qui est au fond, à la recherche d'indices de doute, d'indices de peur...

Mais il s'en fout complètement.

Il ne sourit pas, il ne rit pas, il murmure et parle à voix basse, comme les autres, joue un peu aux cartes, lit une page de son livre de poche, *L'Exorciste*.

Il n'y a toujours pas de sourires quand nous nous installons à l'hôtel Royal Garden de Kensington. Ni sourires ni rires pendant la réunion de l'équipe et la distribution des emplois du temps du lendemain. Les verres puis le dîner. Pas de sourires et pas de rires. Seulement des murmures et des messes basses...

Ensuite, ils se couchent tôt et je me couche tard...

Très, très tard, et je ne dors pas...

Je ne dors pas, mais je rêve de chiens...

De gros chiens noirs qui aboient :

« Clough dehors ! »

Vingt-huitième jour

Il n'y a pas de début et il n'y a pas de fin. Les choses se contentent simplement d'empirer ; d'empirer de semaine en semaine, d'empirer de jour en jour, d'empirer...

Longson veut un siège au Comité directeur de la ligue, sa place dans l'avion quand l'équipe d'Angleterre va jouer à l'étranger, un mot ou un signe de la main de la part du duc de Kent dans la loge royale de Wembley, dîner et boire un verre avec Hardaker et Shipman...

Longson croyait que tu étais son passeport pour ces endroits, son billet pour le sommet, et il t'a donc donné les clés de sa voiture et celles de son bungalow d'Anglesey, un broyeur pour ta cuisine et un manteau Burberry en daim, des cadeaux pour tes enfants et il y a, dans son portefeuille, la photo du fils qu'il n'a pas eu...

« Il réside dans les yeux, le pouvoir que Brian exerce sur les joueurs, le pouvoir qu'il exerce sur moi. »

Désormais, Longson regrette de t'avoir regardé dans les yeux, d'avoir regardé le fils qu'il n'a pas eu dans les yeux ; le fils dont il ne veut plus ; ce fils à qui il n'adresse plus la parole.

Donc tu dictes et Peter tape :

« En raison de la disparition totale de la communication, du bon sens et de la possibilité d'entretenir une conversation raisonnable avec le président, il nous apparaît désormais impossible de travailler plus longtemps avec monsieur Longson au mieux des intérêts de Derby County. Nous vous serions reconnaissants de bien vouloir nous indiquer le meilleur moyen de résoudre ce problème urgent. »

Vous signez la lettre, vous mettez la lettre sous enveloppe puis vous la postez.

Le soleil ne brille pas, le ciel n'est pas bleu, et c'est un mardi matin désagréable d'août 1974. Absence de sommeil et absence de rêves. Excès de cauchemars et excès d'alcool. Gueule de bois et coup de téléphone chez moi. À ma femme et mes mômes. Pour leur dire que je les aime, qu'ils me manquent et que je voudrais être auprès d'eux...

Là-bas, là-bas, n'importe où sauf ici...

À l'hôtel Royal Garden, Kensington High Street, à Londres.

Il n'y a pas de réaction. Pas de réponse à ta lettre. Pas de début et pas de fin. Les choses se contentent d'empirer, jour après jour, d'empirer, heure après heure, d'empirer...

Jack Kirkland et Stuart Webb, nouveau directeur et nouveau secrétaire, ont les pieds sous la table, maintenant, ta *table. Kirkland et Webby ont dévoilé les plans d'un nouveau stade de 50 000 places, un stade de 50 000 places jumelé à un centre de sports et de loisirs, un stade de 50 000 places qui signifie moins d'argent pour les transferts, moins d'argent pour les joueurs, moins d'argent pour toi.*

Tu protesterais bien auprès du président, mais il ne t'adresse pas la parole. Tu protesterais bien auprès du conseil, mais ses membres ne t'adressent plus la parole ; personne ne le fait plus, sauf Jack Kirkland :

« Je vais vous donner un bon conseil, dit-il. Même si vous êtes très bon, même si vous vous croyez très puissant, le président est le patron, puis viennent les dirigeants et le secrétaire, les supporteurs et les joueurs, et finalement, en bas de cette putain de liste, vient le putain de manager. »

Mais tu as déjà les doigts dans les oreilles et les yeux sur la pendule ; heure après heure, minute après minute, les choses ne font qu'empirer...

Les doigts dans les oreilles, les yeux sur la pendule...

Il n'y a pas de commencement. Il n'y a pas de fin.

Il n'y a personne dans la salle à manger quand je descends. Le petit déjeuner est terminé. Les serveurs débarrassent les tasses et les assiettes. L'équipe est partie. Je m'assieds, vide le fond d'une théière de thé froid, étale un peu de beurre sur un toast froid. Les serveurs, dans l'encadrement de la porte de la cuisine, me regardent...

« Asseyez-vous, je leur dis. Posez vos fesses et bavardons. »

Mais les serveurs restent dans l'encadrement de la porte de la cuisine, à me regarder.

« Je vais vous raconter une histoire, d'accord ? leur dis-je. Un jour, en fin de soirée, Frank Sinatra était dans un bar de Palm Springs, seulement lui et le barman qui nettoyait et se préparait à fermer quand, soudain, la porte s'ouvre et entre une femme qui dit : " Excusez-moi ! Excusez-moi ! Est-ce qu'il y a un juke-box ici ? " Et Frank Sinatra se retourne, la regarde droit dans les yeux et dit : " Excusez-moi ? Qu'est-ce que vous avez dit ? " Et la femme répète : " Est-ce qu'il y a un juke-box ici ? " Frank jette un regard circulaire dans la pièce, se tourne à nouveau vers elle et dit : " Apparemment pas, mais si vous voulez, je peux chanter. " Et la femme répond : " Non, merci. " Puis elle pivote sur elle-même et s'en va. Bon, le barman est très gêné et fait : " De toute évidence, elle ne vous a pas reconnu, monsieur Sinatra. " Mais Frank se contente de hausser les épaules et répond : " Ou peut-être que si. " »

Les serveurs se dirigent vers ma table, qui se trouve près de la fenêtre. Les serveurs ont rassemblé leur courage, maintenant, leurs stylos et leurs bouts de papier...

« Je l'ai rencontré, vous savez, dis-je tout en signant...

– Qui ? demandent-ils.

– Frank Sinatra. »

On t'a dit qu'il n'y avait pas d'argent. On t'a dit de ne pas acheter de nouveaux joueurs. On t'a dit qu'il n'y avait pas d'argent destiné aux transferts. Mais tu perds 1-0 à Coventry et tu comprends que tu dois acheter de nouveaux joueurs. Tu téléphones. Tu vas à Londres. À l'hôtel Churchill.

« Il paraît que tu serais intéressé par une médaille de champion ?

– Qui ne le serait pas ?

– Quelqu'un qui en aurait déjà une. »

Bobby Moore sourit. Bobby Moore ricane. Bobby Moore, capitaine de West Ham et de l'équipe d'Angleterre. Bobby Moore, vainqueur de la Coupe du monde et trésor national.

« Voudrais-tu jouer à Derby County ? » tu demandes.

Bobby Moore allume une nouvelle clope. Bobby Moore rit. « Pourquoi pas ?

– Ça me va », tu réponds, puis tu l'emmènes déjeuner au restaurant.

« Il me semble, commence le maître d'hôtel, à la porte, que la façon dont monsieur Moore est habillé ne convient pas à notre restaurant...

– Écoutez, dis-tu, mon équipe ne descendra plus jamais ici si mon joueur ne peut pas entrer au restaurant, mon joueur qui a

remporté la Coupe du monde pour son pays, mon joueur qui a fait davantage pour ce foutu pays que tous les clients que vous avez reçus dans votre putain de gargote !

– Je ne joue pas encore pour vous, souffle Bobby Moore.

– Ferme-la, tu ordonnes. Tu es mon joueur. Je téléphonerai à Ron tout de suite après le déjeuner. »

Les membres de l'équipe s'entraîneront, recevront leurs frictions et leurs massages, déjeuneront à l'hôtel puis feront une courte sieste. Je reçois la presse de Londres au bar de l'hôtel. Je confirme que Madeley et McKenzie sont toujours blessés et ne joueront pas ce soir. Je reconnais que Yorath sera sur le terrain. J'affirme que je ne m'intéresse pas à Dobson, capitaine de Burnley. Je refuse de parler de Bremner, de Giles et de la commission disciplinaire du lendemain. Je bois quelques verres avec quelques journalistes, puis je déjeune très longuement avec David Coleman. De retour à l'hôtel avec une demi-heure de retard, je monte dans ma chambre, fourre mes vêtements dans ma valise et prends le car à destination de Loftus Road en compagnie de l'équipe.

Tu ne demandes pas de rendez-vous. Tu ne téléphones pas. Tu vas directement à Upton Park. Tu ne fais pas la queue et tu ne frappes pas à la porte de Ron Greenwood. Tu te contentes d'entrer dans son bureau et de lui dire : « Je suis venu bavarder. Vous avez du whisky ? »

Ron Greenwood se lève. Ron Greenwood te sert un whisky.

« Il y a de l'eau ? tu demandes. Je conduis.

– La cuisine est au bout du couloir », répond-il.

Tu te mets en quête de la cuisine. Tu demandes au réceptionniste de te conduire jusqu'à la loge du directeur. Tu poses toutes sortes de questions sur West Ham United, sur Ron Greenwood et Bobby Moore...

Vingt minutes plus tard, tu es de retour dans le bureau de Ron...

« J'ai visité les lieux, tu annonces. C'est joli, n'est-ce pas ? Sympa et propre. Vous ne connaissez pas votre chance de bénéficier d'un aussi bel endroit.

– Heureux qu'il vous plaise, fait Ron Greenwood. Il y a autre chose ?

– Oui. Je veux signer Bobby Moore et Trevor Brooking.

– Vous n'êtes pas sérieux, Brian ?

– Tout le monde a un prix. Et je veillerai à ce que ce soit un foutu bon gros prix, avec un joli putain de gros morceau du gâteau pour vous, Bobby et Trevor.

– Ils ne sont pas à vendre.

– Si on commençait à trois cent mille livres, plus votre part ?

– Ils ne sont pas à vendre, répète-t-il.

– Et quatre cent mille livres pour les deux, plus votre part ?

– Brian, insiste Ron Greenwood, ils ne sont pas à vendre.

– Bon, écoutez, si je ne peux pas avoir Moore, est-ce que je peux avoir Brooking ? Ou alors, si je ne peux pas avoir Brooking, est-ce que je peux avoir Moore ?

– Ils ne sont pas disponibles. Mais je transmettrai votre proposition au conseil.

– Et cinq cent mille livres ? Cinq cent mille livres pour les deux ? Sans oublier votre part du gâteau, en récompense de votre labeur et de votre intervention. On ne peut pas être plus juste, n'est-ce pas, Ron ? »

Ron Greenwood est à nouveau debout, la porte de son bureau ouverte...

« Un autre whisky, peut-être ? tu demandes. Pour la route ? »

Six jours seulement se sont écoulés depuis que les Queen's Park Rangers ont battu Leeds United 1-0 à Elland Road. Ma première rencontre à domicile, après un accueil chaleureux. Six jours, la semaine dernière. J'ai l'impression que ça fait six ans, que c'était dans une autre vie...

« Cette bande est venue sur votre terrain la semaine dernière et vous a battus, dis-je dans le vestiaire des visiteurs de Loftus Road. Elle vous a battus à domicile, devant vos supporteurs ; les champions d'Angleterre, à domicile, devant leurs supporteurs. Elle vous a battus parce que vous n'avez pas su gérer ce con de Gerry Francis. Yorath se chargera de lui ce soir, donc vous pouvez oublier sa présence, parce que vous ne le verrez pas. Mais n'oubliez pas une chose, tous autant que vous êtes : ils vous ont battus chez vous la semaine dernière, devant vos supporteurs. De mon point de vue, il n'y a qu'une seule putain de réaction à ce genre de chose et j'espère que vous n'avez pas besoin que je vous dise ce que c'est, bordel de merde... Hein ? »

Ils lèvent la tête. Cessent de fixer leurs chaussures et leurs protège-tibias.

Regards vides.

« Hein ? »

Ils secouent la tête. Ils hochent la tête...

« Très bien, maintenant sortez et montrez-moi cette putain de réaction ! »

Ils se lèvent. Ils sortent du vestiaire...
Dans le couloir. Le long du tunnel. Sur le terrain...
Le gazon et la terre. L'humus et la glèbe...
La boue collante, collante.

Tout le monde a entendu parler de tes aventures à Londres ; le président, les dirigeants, les joueurs et les supporteurs. Tu t'es arrangé pour que tel soit le cas. Tu n'as peut-être pas eu Bobby Moore, tu n'as peut-être pas eu Trevor Brooking, mais tu as tout de même obtenu ce que tu voulais ; désormais, le conseil ne pourra plus te refuser l'argent destiné aux transferts, donc tu obtiens ta nouvelle signature : Henry Newton, d'Everton, pour 120 000 livres...

Et toutes ces évocations de nouvelles signatures, de voyages à Londres, de Bobby Moore et de Trevor Brooking, tout cela signifie que la conférence réunissant l'équipe n'a pas lieu d'être aujourd'hui...

Samedi 22 septembre 1973, Derby County contre Southampton :

Il y a un penalty à la septième minute et Alan Hinton transforme le penalty lors de sa deuxième tentative. Vingt minutes plus tard, Roger Davies amortit de la poitrine une transversale de Hinton et marque le deuxième but. Dix minutes plus tard, Hinton frappe une nouvelle transversale et, cette fois, Kevin Hector met la balle au fond. Southampton marque un but avant la mi-temps, mais c'est sans importance. Dix minutes après le début de la seconde période, Hector se débarrasse de deux joueurs de Southampton et centre une nouvelle fois pour Hector, qui porte le score à 4-1. Southampton marque à nouveau mais, une nouvelle fois, c'est sans importance. Hector permet à Davies de marquer le cinquième, puis Davies sert Hector pour son coup du chapeau.

C'est la première fois que Derby County marque six buts depuis qu'il a battu Scunthorpe United en avril 1963. Le coup du chapeau d'Hector est également le premier de Derby au sein de la ligue depuis 1969, et Hector a en outre battu le record de Jack Parry dans le cadre du football d'après-guerre avec 107 buts en 287 matchs...

Derby County est maintenant deuxième, Leeds United toujours premier.

C'était un bon match, le meilleur jusqu'ici. Ils ont joué pour leur orgueil et ils ont joué avec leur cœur. Surtout en première mi-temps, quand Lorimer, McGovern, Giles et Yorath se sont passé le ballon sur la longueur et la largeur du terrain, ont déstabilisé la défense des

Queen's Park Rangers si bien que Yorath a marqué et que Terry Venables a arrêté un tir de McGovern sur la ligne. Ensuite, les Rangers ont égalisé au début de la seconde mi-temps, mais c'était tout de même un bon match. Le meilleur jusqu'ici...

« Nous avons magnifiquement joué, ce soir, dis-je aux micros et aux stylos, aux caméras et aux projecteurs, sur le terrain et dans le tunnel. Et quand on met cela en perspective, quand on se souvient que des hommes tels que Bremner, McKenzie, Madeley et Jones ne peuvent toujours pas jouer, c'est formidable. En réalité, nous aurions dû en finir en première mi-temps, tant nous étions supérieurs. Mais, au moins, il n'y a pas de nouvelles blessures. »

C'était un bon match. Le meilleur jusqu'ici. Ils ont joué pour leur orgueil et ils ont joué avec leur cœur. Mais il n'y a toujours pas de sourires dans l'autocar quand nous quittons Loftus Road. Pas de sourires et pas de rires. Seulement les murmures et les messes basses, les livres de poche et les jeux de cartes. Je m'assieds une nouvelle fois près de Syd Owen...

« Vous croyez que je devrais porter ça pour chaque match, Sydney ?

– Porter quoi ?

– Ça, je réponds en montrant mon vieux maillot vert de gardien de but de Leeds United.

– Pourquoi ?

– Je me dis que c'est peut-être le pull qui me porte chance. La couleur qui me porte chance.

– Je pensais que vous ne croyiez pas à la chance, monsieur Clough ? À la superstition ?

– Vous savez ce qu'on dit... Quand on est à Rome...

– Dans ce cas, vous allez le porter demain ?

– Demain ? Qu'est-ce qu'il y a demain ?

– L'audience de la commission disciplinaire de la Fédération. »

Tu as été battu 1-0 par Tottenham Hotspur à White Hart Lane, tu as fait match nul à domicile contre Norwich City et vu Henry Newton à la peine pendant les deux rencontres. Le conseil a refusé à Peter l'autorisation d'écrire dans le Derby Evening Telegraph. *Le conseil a refusé des billets à ta femme et à la femme de Peter pour le match de samedi à Old Trafford.*

C'est jeudi et tu es une fois de plus en retard à la réunion hebdomadaire. En ton absence, Sam Longson a demandé ton licenciement...

« Parce que je n'ai pas respecté les termes de ce foutu contrat ? tu répètes.

– Une clause de votre contrat, affirme Longson, exige que vous vous consacriez entièrement au Derby County Football Club.

– Hypocrites ! Foutus hypocrites ! Quand on m'a invité au panel de la dernière Coupe du monde, il y a trois ans, vous m'avez dit qu'il fallait *que j'y aille. Et à cette époque, je l'ai même emmené avec moi, tu cries, tu gueules en montrant Longson...*

« Et il a foutrement aimé, il a adoré, bordel de merde !

– Si vous l'empêchez de faire de la télévision, intervient Peter, vous le privez d'une part essentielle de sa tâche de manager. C'est injuste. Brian a raison, c'est vous qui l'avez encouragé. Poussé dans cette voie.

– Pas moi, dit Jack Kirkland. Vous ne me ferez pas porter cette responsabilité.

– Très bien, dans ce cas, et ceci ? » demande Longson, qui te tend une feuille.

C'est la note de frais de ton voyage à Amsterdam ; le voyage à Amsterdam qui t'a permis de voir la Pologne jouer contre la Hollande, l'échauffement en vue du match de l'Angleterre...

Le match de l'Angleterre que tu verras et dont tu parleras pour ITV.

« C'est une erreur, tu expliques. Une erreur de bonne foi. Ça, c'est la télé qui paie. »

Cette fois, le conseil te croit. Cette fois, Sam Longson n'obtient pas la majorité des voix pour te virer. Tu as survécu et tu peux continuer le combat...

Mais c'est tout de même Jack Kirkland qui a le dernier mot :

« Restez à l'écart de cette connerie de télévision et écrivez moins dans les journaux, dit-il. Et faites le putain de boulot pour lequel on vous paie. »

C'est le jeudi 11 octobre 1973.

CINQUIÈME TABLEAU

Classement de la première division, 28 août 1974

	M	V	N	D	Bp	Bc	Pts
1 Ipswich Town	4	4	0	0	7	0	8
2 Liverpool	4	3	1	0	6	2	7
3 Carlisle United	4	3	0	1	5	1	6
4 Everton	4	2	2	0	6	4	6
5 Man City	4	3	0	1	7	5	6
6 Derby County	4	1	3	0	4	2	5
7 Stoke City	4	2	1	1	6	3	5
8 Middlesbrough	4	2	1	1	5	3	5
9 Wolves	4	2	1	1	6	5	5
10 Chelsea	4	2	1	1	8	7	5
11 Arsenal	4	2	0	2	5	4	4
12 QPR	4	1	2	1	3	3	4
13 Sheffield Utd	4	1	2	1	5	6	4
14 Leicester City	4	1	1	2	6	7	3
15 Newcastle Utd	4	1	1	2	8	10	3
16 West Ham Utd	4	1	1	2	4	7	3
17 Leeds United	**4**	**1**	**1**	**2**	**2**	**5**	**3**
18 Coventry City	4	0	2	2	5	8	2
19 Luton Town	4	0	2	2	2	5	2
20 Burnley	4	0	1	3	5	9	1
21 Birmingham City	4	0	1	3	4	9	1
22 Tottenham H.	4	0	0	4	1	5	0

Chaque matin au réveil, chaque soir avant de m'endormir...
Je récite le Psaume 109.
Deux fois par jour pendant une année entière.
Si je rate un matin, si je rate un soir...
Je mourrai, pas toi...
Mais je suis un Homme Rusé. Je suis un Homme Intelligent...
Et je ne rate jamais.

Vingt-neuvième jour

Il est plus de deux heures du matin quand l'autocar nous dépose à Elland Road et que le taxi me conduit jusqu'à mon hôtel moderne et luxueux. Le bar est fermé, le piano silencieux. Je monte dans ma chambre et je décroche le téléphone pour appeler ma femme et mes mômes, pour appeler mes frères, pour appeler John, Billy, Colin, les membres de ma famille et les amis qui ne sont pas avec moi ce soir...

Ma maman et Peter.

Je compose le numéro du room-service et je commande du champagne. Puis je sors mes stylos et je sors mes papiers. J'ouvre l'*Evening Post* puis j'étudie les tableaux du championnat et les matchs. On frappe à la porte et le serveur pousse le chariot à l'intérieur...

Le seau et la bouteille.

« Merci beaucoup, dis-je. Maintenant décrochez le téléphone, appelez votre patron et dites-lui que vous ne redescendrez pas avant une heure, parce que Brian Clough vous a prié de lui tenir compagnie, puis allez chercher un verre, posez vos fesses et trinquez avec moi...

« Aux amis absents... je les emmerde tous. »

Personne ne parle lorsque vous vous retrouvez sur le parking du Baseball Ground. Personne ne parle lorsque tu montes dans l'autocar de l'équipe. Personne ne parle sur le trajet jusqu'à Old Trafford. Personne ne prononce un mot ; les joueurs ne parlent pas ; les entraîneurs et les coachs ne parlent pas ; Jimmy et Peter ne parlent pas ; Longson et Webby ne parlent pas ; Kirkland et les autres dirigeants ne parlent pas. Personne ne parle. Personne ne prononce un putain de mot...

Les choses en sont arrivées là; au fil des mois, au fil des semaines, au fil des jours. Désormais, ça ne peut pas être pire ; le mois est là, la semaine est là et le jour approche, l'heure et la minute. Tic-tac, tic-tac, font les aiguilles de ta montre. Tic-tac...

C'est la fin, penses-tu. C'est la fin. C'est la fin.

Vous restez avec l'équipe, toi et Peter, dans le vestiaire, vos femmes dans les tribunes grâce à des billets obtenus en fraude, pendant que le stade se remplit, pendant que le stade se dérobe...

Tic-tac, font les aiguilles de ta montre. Tic-tac.

Tu suis le tunnel avec l'équipe, ton *équipe, et tu sors sur le terrain. Tu marches au bord de la ligne de touche. Tu cherches ta femme dans les tribunes. Tu la vois dans les tribunes. Tu la salues de la main, deux doigts levés. Tu prends ta place sur le banc en compagnie de Peter et Jimmy...*

Tic-tac, font les aiguilles de ta montre.

Quatre petites minutes après le début, Forsyth fait une passe en retrait trop molle à Stepney et Hector l'intercepte puis loge le ballon dans le petit filet. Quatre minutes de match et c'est pratiquement fini, pratiquement fini jusqu'à la soixante-neuvième minute, quand Kidd et Young touchent la transversale. Mais le score reste inchangé jusqu'à la fin...

C'est la fin, penses-tu. C'est la fin.

« Je sais que Don Revie étudie le classement du championnat tous les soirs, dis-tu à la presse et à la télévision. Et je sais qu'il étudiera ce classement, pensera à Liverpool et Newcastle. Mais je sais aussi qu'un club lui sautera aux yeux, que ce club est Derby, et cette fois, je crois que nous serons prêts à recevoir Don Revie et Leeds United quand ils viendront au Baseball Ground le 24 novembre.

– Vous serez toujours là, n'est-ce pas? demandent-ils. Vous serez toujours manager? »

Peter te tire par le bras. Peter t'entraîne à l'écart. Peter dit : « Gagner ici n'arrive pas très souvent. Emmenons nos femmes en haut, dans la salle du conseil.

– Je ne crois pas que ce soit une bonne idée.

– Allez, il insiste. Ça ne se reproduira peut-être jamais. »

Tic-tac, tic-tac, font les aiguilles de ta montre. Tic-tac...

« Très bien, dis-tu, mais je ne reste pas plus d'une demi-heure. »

Peter va chercher les femmes, puis vous montez tous les quatre dans la salle du conseil de Manchester United, la salle du conseil de Manchester United où Longson, Kirkland et tous les pontes de Derby s'en donnent à cœur joie, leur cigare à la main et leur femme à leur bras, s'en donnent à cœur joie jusqu'au moment où tu entres, où le silence se fait dans la salle du conseil de Manchester United...

Tic-tac, font les aiguilles de ta montre. Tic-tac.

Mais les verres tintent, les toux retentissent et les conversations reprennent.

« C'est sûrement la première fois que vous venez ici ? » demande Louis Edwards en ouvrant une nouvelle bouteille de champagne.

Mais Peter te tire déjà par le bras, t'entraîne déjà à l'écart et dit : « Il faudrait qu'on redescende.

– Va te faire foutre. On vient d'arriver.

– Mais ça ne me plaît pas. Je ne m'y sens pas bien.

– On dirait que quelqu'un veut te parler, tu dis, et Peter se retourne, voit Jack Kirkland qui, de l'index, lui fait signe d'approcher.

– Je n'accepte pas qu'on me fasse un putain de signe de l'index, crache Peter.

– Va voir ce que veut ce crétin et on foutra le camp. »

Tic-tac, font les aiguilles de ta montre.

Mais tandis que Peter s'éloigne en direction de Jack Kirkland, Longson se dirige vers toi et devant ta femme, devant tous les invités, Sam Longson demande : « Avez-vous adressé le V de la victoire aux dirigeants de Manchester United ?

– Est-ce que j'ai quoi ?

– Avez-vous adressé le V de la victoire à sir Matt et aux dirigeants de Manchester United ?

– Non.

– Ils disent que vous l'avez fait.

– Je ne l'ai pas fait.

– Il faut que vous vous excusiez.

– Non.

– Je ne vous demande pas de vous excuser, dit Longson. Je vous ordonne de vous excuser.

– Je vous emmerde. »

Le président du Derby County Football Club te regarde dans les yeux tandis que ta femme regarde les démons de la moquette et que tu jettes un coup d'œil sur ta montre...

Elle s'est arrêtée.

Longson pivote sur lui-même et s'en va tandis que Peter revient. Peter aussi a le visage rouge. Peter aussi a les larmes aux yeux. Peter prend Lillian par le bras. Peter l'entraîne hors de la salle du conseil de Manchester United...

Tu te tournes vers ta femme. Tu lui annonces : « On s'en va. »

Personne ne parle dans l'autocar, sur le chemin de Derby ; les joueurs ne parlent pas ; les entraîneurs et les coachs ne parlent pas ; Jimmy et Peter ne parlent pas ; tu ne parles pas ; vos épouses ne parlent pas ; personne ne parle...

Personne ne prononce un putain de mot...

C'est le samedi 13 octobre 1973 et tu comprends que c'est la fin.

Le soleil brille, le ciel est bleu, mais c'est tout de même encore un matin désagréable du Yorkshire, au cul du mois d'août, quand je me réveille avec la gueule de bois dans mon lit d'hôtel moderne et luxueux de ma chambre d'hôtel moderne et luxueuse, tends le bras par-dessus les stylos et les papiers, les classements et les matchs, puis allume la radio moderne et luxueuse.

« Hier, après la mort, samedi dernier, d'un supporter de Blackpool âgé de quatorze ans, qui a été poignardé, monsieur Denis Howell, ministre des Sports, a présidé le Sommet du Football et présenté les projets visant à lutter contre le hooliganisme. Monsieur Howell a ensuite ajouté que les joueurs se verraient également demander de veiller à leur attitude sur le terrain.

« Nous avons indiqué que la Fédération, dans le cadre de sa gestion des mauvais comportements, devait exprimer la gravité de la situation, ainsi que notre détermination à prendre le contrôle de ce problème puis à le résoudre dans l'intérêt du football et du public.

« Dans la matinée, Billy Bremner, de Leeds United et de l'équipe nationale d'Écosse, ainsi que Kevin Keegan, de Liverpool et de l'équipe nationale d'Angleterre, comparaîtront à Londres devant le comité disciplinaire de la Fédération, accusés d'avoir nui à l'image du football en ôtant leur maillot après avoir été expulsés du Charity Shield, à Wembley, au début du mois. »

J'éteins ma radio moderne et luxueuse, je m'allonge à nouveau sur mon lit d'hôtel moderne et luxueux, et je remercie Dieu d'avoir laissé Maurice à Londres et de l'avoir chargé d'accompagner Bremner et Giles...

Merci, mon Dieu, bordel de merde, pour une fois.

Le car vous dépose au Baseball Ground. Tu appelles des taxis pour vos épouses et vous montez ensuite, Peter et toi, dans ton bureau...

« Il veut savoir exactement quel est mon travail, râle Peter. Quel con, tu te rends compte ? Il fait partie du conseil depuis deux putains de minutes et il veut savoir quel est mon foutu boulot. Il me fait la leçon, nom de Dieu, devant les gens. On se voit lundi matin à

la première heure, me dit ce salaud. Bon, je n'irai pas, Brian. Je me barre, nom de Dieu. On ne me fait pas la leçon, bordel de merde. »

Tu ouvres ton bureau. Tu allumes. Tu entres...

La grille de sécurité a été tirée sur le bar.

Tu t'approches de la grille. Tu la secoues...

Elle est verrouillée.

Il n'y a pas d'entraînement, aujourd'hui, et le parking est vide quand le taxi me dépose au stade. Il sera plein bien assez tôt ; dès que la commission disciplinaire de la Fédération aura annoncé son verdict. Je vois John Reynolds sur le terrain d'entraînement. Je gravis le talus au petit trot...

Je lève le poignet où je porte ma montre et je dis : « Elle marche toujours bien, John.

– Tant mieux », répond-il.

J'acquiesce, je souris et je lui demande : « Alors, John, comment ça va ce matin ?

– Je travaille », répond-il, puis il s'éloigne.

Tu fais les cent pas sur la moquette. Dans un sens et dans l'autre, tu fais les cent pas. Les murs sont de plus en plus proches, la pièce de plus en plus torride. C'est l'heure du déjeuner, le dimanche, et tu entends les cloches de l'église, tu sens l'odeur du roast-beef dominical qui cuit. Rôtit. Peter est assis sur ton canapé. Peter fume. Tu décroches le téléphone. Tu appelles Longson chez lui...

« Puis-je avoir l'autorisation de virer Stuart Webb ? Il a fermé le bar à clé.

– Je sais, répond Longson. Stuart a agi conformément à mes instructions.

– Quoi ? Pourquoi ? Qu'est-ce qui se passe ?

– Contentez-vous de continuer de diriger l'équipe », dit-il avant de couper la communication.

Tu raccroches. Très brutalement. Tu casses le combiné...

Peter est assis sur ton canapé. Peter pleure...

C'est le dimanche 14 octobre 1973.

Sous les tribunes. Passé les portes. Après les coins. Le couloir et le bureau. Je déverrouille la porte et j'allume la lumière. Le téléphone sonne. Je me sers un verre, j'allume une clope et je décroche :

« Vous devriez monter, dit Cussins. Le verdict est arrivé. »

Je vide mon verre. J'écrase ma cigarette. J'éteins la lumière et je ferme la porte à clé. Les couloirs et les coins. L'escalier et les portes...

La salle du conseil, les rideaux, les dirigeants silencieux et abattus, moroses et glacials. Les cendriers se remplissent...

« Bremner et Keegan ont été condamnés à cinq cents livres d'amende chacun et suspendus avec effet immédiat jusqu'au 30 septembre, annonce Manny Cussins.

– Le 30 septembre ? je répète. Ça fait plus d'un foutu mois.

– Les spectateurs ont été choqués et scandalisés par ce qu'ils ont vu, ajoute Cussins. La Fédération a été humiliée. Monsieur Stokes et la commission ont estimé qu'ils n'avaient pas le choix.

– Et Giles ?

– John Giles et Tommy Smith ont été réprimandés, dit Cussins. Mais aucune mesure supplémentaire n'a été prise à leur encontre.

– Combien de matchs Bremner manquera-t-il ? demande Percy Woodward.

– Huit, je réponds. Y compris le premier tour de la Coupe d'Europe.

– Huit ? répète Cussins.

– Sans oublier les trois qu'il a déjà manqués, donc ça fait onze en tout.

– On s'en sortira, dit Woodward. C'est déjà arrivé.

– Cent quarante-deux jours de suspension ces dix dernières années, je dis.

– Mais c'est la première fois que Bremner a des ennuis depuis plus de quatre ans, relève Woodward. Monsieur Revie a beaucoup fait pour améliorer la discipline. »

J'allume une cigarette. Je garde le silence.

Puis Sam Bolton dit : « Vous auriez dû être présent.

– À la Fédération ? Pourquoi ?

– Paisley y était avec ses joueurs.

– Et alors, nom de Dieu ? Ce que Bremner a fait n'avait rien à voir avec moi et je n'accepte pas d'y être associé.

– C'est votre joueur, dit Bolton. Votre capitaine.

– Que j'aie été présent ou pas, ça n'aurait foutrement rien changé.

– Pas en ce qui concerne l'amende et la suspension, dit Bolton. Mais ça aurait changé quelque chose du point de vue du joueur et de cette foutue équipe.

– Connerie », je réponds, puis je sors de la pièce.

Passé les portes. En bas de l'escalier. Après les coins. Le long des couloirs. Je déverrouille la porte et j'allume la lumière. Un mot, sur le plancher, sous le battant, signale que Bill Nicholson a téléphoné.

Peter sort de sa réunion avec Jack Kirkland et dit : « Je crois que je n'ai plus ma place ici. C'est comme à Hartlepools, ils essaient de t'atteindre à travers moi.

– Ils croient qu'on a la grosse tête », tu dis en donnant la lettre à Peter...

La lettre qui est arrivée ce matin. La lettre de Longson... Courrier rapide. Recommandée :

Cher Monsieur Clough,

Désormais, tout article publié dans les journaux et tout passage à la télévision devront recevoir l'approbation du conseil. Si vous persistez ou poursuivez, après réception de cette lettre, à manquer aux obligations auxquelles vous vous êtes engagé vis-à-vis du club, le conseil recourra à la seule issue que vous lui aurez laissée. J'ajoute qu'il le fera sans plaisir, mais aussi sans hésitation.

Meilleurs sentiments,

Samuel Longson

« Qu'est-ce qu'on va faire ? demande Peter.

– On en finit, tu réponds. Voilà ce qu'on fait. »

Tu décroches le téléphone. Tu appelles Longson...

« Vous avez obtenu ce que vous vouliez, tu dis. Nous convoquons une réunion extraordinaire du conseil ce soir et nous démissionnons.

– Il n'y aura pas de réunion du conseil ce soir. Je n'irai pas jusqu'à Derby pour deux guignols comme vous. Rédigez vos lettres de démission et remettez-les au conseil demain matin. »

Tu raccroches. Tu jettes un regard circulaire dans le bureau...

Tu regardes Peter. Les journalistes et les potes que tu y as réunis...

*« Tu es journaliste, nom de Dieu, donc tu sais taper à la machine, hein ? » tu demandes au type de l'*Evening Telegraph*, et Gerald Mortimer, du* Derby Evening Telegraph, *acquiesce.*

« Bien tu dis. Écris :

Cher Monsieur Longson,

Je vous remercie de votre lettre, que j'ai reçue aujourd'hui. Je l'ai lue soigneusement et je suis arrivé à la conclusion que cette situation, qui s'ajoute à d'autres événements de ces trois derniers mois, ne me laisse qu'une issue. Je souhaite de ce fait vous informer, ainsi que le conseil des dirigeants, que je présente ma démission de manager de notre club et souhaite qu'elle prenne effet immédiatement.

Meilleurs sentiments,

Brian Clough »

Gerald Mortimer cesse de taper. Le bureau est silencieux. La grille de sécurité est verrouillée...

« Bon, Peter, je dis. À toi maintenant. »

Je rentre tôt à Derby. J'embrasse ma femme et j'embrasse mes mômes. Je ferme la porte à clé et je décroche le téléphone. Je dîne avec ma femme et mes mômes. Je lave la vaisselle et je l'essuie. Je donne leur bain aux enfants. Je leur lis des histoires et je leur souhaite bonne nuit. Je regarde la télévision avec ma femme et je lui dis que je monterai dans un petit moment. Puis j'éteins la télévision et je me sers un nouveau verre...

Je sors mes stylos et je sors mes papiers...

Le classement du championnat et les résultats. Le classement du championnat et les matchs...

Mais les résultats ne changent jamais. Jamais. Le classement ne change jamais...

Jusqu'au moment où il fait presque clair dehors. Encore. Le matin ici, maintenant...

Ça ne marchera pas. Encore ce foutu gros chien noir...

« Clough dehors ! aboie-t-il. Clough dehors ! Clough dehors ! »

Trentième jour

Tu passes toute la nuit à faire la tournée ; de maison en maison, de pub en pub, de club en club ; tu cherches du soutien et tu rassembles des troupes, le cœur lourd de regrets mais la tête vide sous l'effet de l'injustice et de la fureur, de l'injustice et de la fureur, de l'injustice et de la fureur...

Tu as commencé par voir Phillip Whitehead, ton ami et député de la circonscription...

« Ne fournissez pas au conseil l'occasion de vous déstabiliser, t'a-t-il dit. Parce que c'est ce qu'il veut, ce qu'il attend. Ne démissionnez que si vous ne voulez vraiment plus le boulot et que vous êtes convaincu que le sacrifice en vaut la peine... »

L'injustice et la fureur. L'injustice et la fureur...

Puis tu as filé, au volant de ta voiture de fonction, voir sir Robertson-King, président de Derby, dans le pub de Borrowash qu'il fréquente...

« Êtes-vous sûr que ce soit la bonne solution ? a-t-il demandé.

– Non, je n'en suis pas sûr. Mais je ne peux pas continuer à travailler dans cette ambiance. Si vous preniez la présidence...

– Voyons ce qui se passera demain, pendant la réunion du conseil. »

L'injustice et la fureur. Et les regrets...

Maintenant la nuit est le jour, demain est aujourd'hui et le matin de la réunion du conseil est arrivé. Tes enfants te regardent, les yeux dilatés par l'inquiétude, la bouche ouverte sous l'effet de l'inquiétude, à cause de ce qu'ils ont vu, de ce qu'ils ont entendu...

De ce qu'ils sentent mais ne comprennent pas.

Je me lève en retard, je fais ma toilette en retard, je m'habille en retard, je descends l'escalier en retard et je sors en retard. Jimmy passe me prendre ce matin, Jimmy est déjà garé devant la maison et attend, Jimmy la main sur le klaxon, et quand j'ouvre la portière, ses premiers mots sont : « Tu sais pour Bill Nick, patron ?

– Qu'est-ce qu'il y a ?

– Il a démissionné.

– Quoi ?

– Tu ne le savais pas ?

– Non.

– C'est dans tous les journaux, à la radio.

– Pourquoi ?

– Mauvais résultats et joueurs modernes, c'est ce qu'on dit.

– Rien sur les présidents modernes et les dirigeants modernes ?

– On ne les a pas mentionnés, répond Jimmy en riant. Mais, sérieusement, je crois que c'est Rotterdam. Je ne crois pas qu'il ait surmonté. Il a dit à Dave Mackay qu'il était physiquement malade tellement il avait peur. Tu sais que sa fille était dans le stade pendant l'émeute des supporteurs des Spurs ? Dave était présent et, d'après lui, il n'a rien entendu de plus triste que Bill Nick les suppliant, dans les haut-parleurs, de cesser de se battre.

– Je ne suis pas au courant, dis-je à Jimmy. Mais je sais une chose...

– Laquelle, patron ?

– Il ne faut jamais démissionner. Jamais. »

Puis on passe prendre les John. Quatre costauds dans une petite voiture.

Pas de conversation. Pas de bavardage. Pas de plaisanteries. Pas de blagues. Pas de radio. Rien... seulement quatre hommes sur le chemin de Leeds. Sur le chemin de leur travail.

Tu as des rendez-vous prévus avant la réunion du conseil, des rendez-vous que tu as l'intention d'honorer ; donc tu vas à des kilomètres et des kilomètres de Derby pour assister à l'ouverture de la boutique d'un vieil ami, puis tu fais à nouveau des kilomètres et des kilomètres pour rendre visite à des malades âgés dans un hôpital...

À la boutique et à l'hôpital, les clients et les malades, le personnel et les médecins te serrent la main et te disent : « Ne partez pas, Brian. Je vous en prie, ne partez pas. »

Et tu leur serres la main, tu acquiesces, tu les remercies de leur poignée de main et de leurs propos, tu leur dis : « Je n'ai pas envie de partir. »

Ensuite, tu vas au Baseball Ground, tu gares ta voiture de Derby County sur la place réservée au manager de Derby County, tu passes parmi les journalistes et les équipes de télévision, les stylos, les micros, les caméras et les projecteurs, près d'un groupe d'ouvriers de l'équipe de nuit de chez Rolls-Royce qui te donnent des claques dans le dos et te supplient : « S'il vous plaît, ne partez pas, Brian, nom de Dieu. S'il vous plaît, ne partez pas, Brian, merde. »

Tu leur serres la main, tu acquiesces, tu les remercies de leurs claques dans le dos et de leur fidélité, et tu leur dis : « Je n'ai pas envie de partir. »

Puis tu disparais dans le Baseball Ground, tu disparais.

Sous la pluie et sous le soleil, sous les cieux noirs et bleus, mauves et jaunes du Yorkshire, tout devrait être normal aujourd'hui, tout le monde devrait s'entraîner normalement. Le secrétaire du club a publié un communiqué :

« Billy s'entraînera avec ses coéquipiers comme il le fait depuis deux semaines alors qu'il était déjà suspendu. »

Mais la presse et la télévision en veulent tout de même davantage, les stylos et les micros, les caméras et les projecteurs m'attendent quand on s'arrête sur le parking d'Elland Road, quand je claque la portière de la voiture de Jimmy, tire sur les poignets de ma chemise et annonce :

« Je ne dirai pas un mot sur la décision de la Fédération. Pas un mot. »

En haut de l'escalier. Passé les portes. Après les coins. Le long des couloirs ; Pete déjà là ; il fume des clopes et se ronge les ongles dans l'antichambre...

« Où étais-tu ? demande-t-il. Je croyais que tu ne viendrais pas.

– J'avais à faire. Maintenant entrons.

– On doit attendre ici.

– Quoi ?

– Qu'ils débattent de nos démissions.

– S'ils ont quelque chose à dire, ils peuvent me le dire en face, nom de Dieu, tu réponds en te dirigeant vers les portes de la salle du conseil...

– Je t'en prie, non, supplie Pete. Ça ne fera qu'aggraver la situation. »

Donc tu tournes le dos aux portes, tu t'assieds près de lui et tu allumes une cigarette, tu fixes la pendule accrochée au mur, les plantes en pot placées de part et d'autre des portes ; et tu sais que tu as fait une connerie, assis ici, en fumant ta clope et en attendant ton tour, en te souvenant de toutes les foutues choses que tu aurais dû dire, de toutes les putains de choses que tu aurais dû faire, de toutes les foutues putains de choses que tu avais oubliées...

Puis les portes s'ouvrent et Longson crie : « Bon, vous deux, entrez ! »

Mais alors que tu n'as pas encore parcouru la moitié de la distance qui te sépare des portes, alors que tu n'es pas encore assis, tu leur dis : « Acceptez nos démissions.

– Une minute, Brian, dit sir Robertson-King. Nous voudrions que vous réfléchissiez. »

Mais Longson est rapide lui aussi et s'empresse de dire : « Il a démissionné et il veut que nous acceptions sa démission, donc je propose de l'accepter et d'en finir, nom de Dieu !

– Écoutez-moi, lui dis-tu, leur dis-tu à tous, nous avons démissionné uniquement à cause de lui, de lui et de son esprit étroit. Tout ce que j'ai fait, c'était pour le bien de Derby, tout ! Et cela inclut la télévision et les journaux, la télévision et les journaux qui m'ont aidé à placer Derby County dans ce foutu tableau, qui vous a tous placés dans ce putain de tableau. Donc je n'accepte pas qu'il me dise – pas plus lui que la Fédération, la ligue ou n'importe qui – ce que je peux ou ne peux pas écrire, ce que je peux ou ne peux pas dire. Mais si le conseil retire cet ultimatum stupide, bannit ce type de notre vue et nous laisse simplement travailler en vue de remporter le championnat puis la Coupe d'Europe, nous charger de tout ce qui concerne le sport et créer une dynastie footballistique ici, à Derby County, nous reprendrons nos démissions. »

Les membres du conseil hochent la tête. Les membres du conseil marmonnent. Le conseil va voter. Le conseil vous demande, à Peter et toi, de retourner attendre dehors...

Dehors, avec la pendule accrochée au mur. Les plantes en pot de part et d'autre des portes. Les portes qui s'ouvrent rapidement pour qu'ils puissent vous rappeler :

« Vos démissions ont été acceptées à regret », annonce Jack Kirkland avec un sourire...

Seuls sir Robertson-King et Mike Keeling ont voté contre. Mike Keeling démissionne à son tour, ainsi que ta secrétaire.

« N'envisagez même pas d'indemnité, dit Longson. Vous n'aurez rien ! »

Tu te tiens au milieu de la pièce, nu et vaincu, Peter près de toi.

« Laissez les clés de vos voitures sur la table et allez-vous-en immédiatement », aboie Longson.

Au centre de la pièce, nu et vaincu devant les membres du conseil, les yeux rivés sur la table, les doigts dans la bouche, leurs pieds qui bougent, impatients de partir...

« Il n'y en a pas un seul parmi vous qui ait le courage d'arrêter ça ? tu leur demandes. Pas un seul ? »

Mais leurs yeux restent rivés sur la table, leurs doigts dans leur bouche...

« Lâches ! » tu aboies, et tu te tournes vers les portes, les portes et la sortie, la sortie et l'antichambre ; tu traverses l'antichambre et tu prends le couloir, tu suis le couloir jusqu'au salon des dirigeants...

« Je veux que vous quittiez le stade, crie Longson. Tous les deux, tout de suite ! »

Dans la chaleur des projecteurs, sous le regard des caméras et... Action !

Dagues dégainées, pistolets braqués, tu te tiens à une extrémité du salon et Longson à l'autre ; Longson annonce à la presse et à la télévision, aux stylos et aux micros, aux caméras et aux projecteurs que vos démissions ont été acceptées, mais « avec une certaine tristesse ».

« Je suis un peu étonné, dis-tu, que les gens qui veulent m'empêcher de placer des mots les uns derrière les autres soient incapables de le faire eux-mêmes. »

Mais Longson continue de battre des paupières dans la lumière des projecteurs, continue de bredouiller face aux caméras, bat des paupières et bredouille interminablement en parlant d'acceptation et de tristesse.

« Je suis profondément gêné pour le président, dis-tu aux mêmes caméras et aux mêmes projecteurs sans battre des paupières et sans bredouiller. Et profondément honteux pour Derby County. »

Finalement, Jack Kirkland éloigne le président de la chaleur des projecteurs et du regard des caméras, l'entraîne en direction de la salle du conseil, et tandis que Longson s'éloigne, il se retourne, te regarde dans les yeux et crache sur sa main, crache une nouvelle fois sur sa main et t'adresse un clin d'œil...

« Très bien, Brian, on verra, n'est-ce pas ? »

Et tu te fraies un chemin parmi la presse et la télévision, les stylos et les micros, les caméras et les projecteurs, tu te fraies un chemin dans le couloir en direction de la salle de conférences et les portes se ferment devant ton nez, te claquent au nez...

Au nez, au nez, après tout ce que tu as fait pour eux, nom de Dieu, ils te ferment les portes au nez, te claquent les portes au nez, et tu prends le pichet d'eau posé sur la table, tu es sur le point de le lancer sur ces foutues portes, de le balancer sur leurs putains de gueules, mais Peter saisit ton bras, Peter saisit ton bras, pose le pichet sur la table et dit : « Laisse tomber, Brian. Laisse tomber. »

Le mauvais garçon du football britannique ne frappe pas. Le mauvais garçon du football britannique se contente d'ouvrir la porte et de dire : « Vous vouliez me voir ?

– Oui, je réponds. Assieds-toi, William. Prends une clope et un verre aussi, si tu veux. »

Bremner s'assied. Bremner prend une clope. Bremner prend un verre.

« Tu ne participeras pas au match de samedi contre Manchester City. Ni à celui du samedi suivant contre Luton, ni à la rencontre de Coupe de la ligue contre Huddersfield, ni aux matchs de championnat contre Burnley, Sheffield United, Tottenham et Everton, ni au premier tour de la Coupe d'Europe. Cela signifie que le premier match que tu joueras sera la rencontre retour de la Coupe d'Europe, à Zurich.

– J'ai lu le programme, dit Bremner. Je connais la situation.

– Cela fait huit matchs. En plus des trois que tu as déjà ratés. Onze foutus matchs en tout. »

Il me prend une deuxième cigarette. Il me prend un deuxième verre de whisky.

« Je t'ai déjà dit, je poursuis, que si je devais choisir un des membres de l'équipe de Leeds susceptible de manquer des matchs en raison d'une suspension, le dernier nom de cette liste – loin derrière tous les autres noms de cette liste – serait le tien. Clarkey, Giles, Peter Lorimer, Norman Hunter, n'importe qui, sauf toi. Il n'y a pas un foutu joueur, dans cette putain d'équipe, qui pourrait nous faire davantage défaut que toi. »

Bremner écrase sa clope. Bremner vide son verre. « C'est tout ?

– Assieds-toi. Assieds-toi et écoute, d'accord ? »

Bremner se rassied. Bremner me regarde fixement par-dessus ma table de travail.

« Comme je te l'ai dit, je n'ai pas envie de me passer de toi sur le terrain, mais si j'y suis obligé, au moins je ne veux pas me passer de toi hors du terrain. Je ne te demanderai pas de nous accompagner à l'extérieur, sauf si tu en as envie, mais je vais te demander d'envisager d'assister aux matchs à domicile de la Ligue du centre, de regarder la réserve à ma place, de me fournir une paire d'yeux supplémentaire. »

Bremner garde le silence. Bremner se contente de me regarder fixement par-dessus ma table de travail.

« Donc, au lieu de nous accompagner à Maine Road samedi, je poursuis, tu assisteras ici au match de la réserve contre Bolton. À défaut d'autre chose, ce sera une bonne expérience, surtout si, comme je l'ai entendu dire, tu envisages d'entrer dans le management. »

Bremner garde le silence. Bremner se contente de me regader fixement...

Dans les yeux. Dans le silence.

Puis la porte s'ouvre à nouveau. Sans qu'on ait frappé. John Giles se tient dans l'encadrement...

« Mille excuses, blague-t-il. Je ne vous dérange pas, n'est-ce pas ? »

Bremner se lève, Bremner demande : « Puis-je partir, maintenant, monsieur ? »

Vous vous frayez un chemin, Peter et toi, jusqu'à votre voiture du club garée sur l'emplacement réservé au manager, puis vous passez parmi les journalistes et les équipes de télévision, parmi les stylos et les micros, les caméras et les projecteurs, devant le groupe d'ouvriers de l'équipe de nuit de chez Rolls-Royce qui donnent des coups de poing sur le toit de votre Mercedes grise, et vous supplient, supplient et supplient...

« S'il vous plaît, Brian, ne partez pas, nom de Dieu. S'il vous plaît, ne partez pas, merde. »

Mais vous vous éloignez du Baseball Ground, Peter et toi, vous allez jusqu'à un garage où vous faites changer les pneus de votre voiture du club et remplir le réservoir de votre voiture du club sur le compte du club, puis vous allez chez Peter...

Dans le silence de son salon. Le silence et une tasse de thé...

« Qu'est-ce que tu vas faire ? tu demandes.

– Je crois que je vais prendre un putain d'avion pour Majorque, répond-il. Et toi ?

– Je n'en ai pas la moindre putain d'idée... »

C'est le mardi 16 octobre 1973 et vous n'avez plus de boulot.

Trente et unième jour

Sous le ciel gris et bouffi du Yorkshire, ils sont une nouvelle fois sales et essoufflés dans leurs survêtements violets avec leur nom dans le dos. Il n'y a toujours pas de sourires. Il n'y a toujours pas de rires. Seulement les taches sur leurs genoux et les taches sur leur derrière. J'ai renoncé aux sourires, ici. J'ai renoncé aux rires, maintenant.

Maurice et Sydney se tiennent à l'écart, tête contre tête, penchés et tassés sur eux-mêmes, marmonnent et murmurent, marmonnent et murmurent, marmonnent et murmurent.

Jimmy est au milieu, fait une chose ici et une chose là, une blague par-ci, une blague par-là. Mais personne ne sourit. Personne ne rit. Personne, même, n'écoute...

Sauf la presse et les supporteurs. Derrière la clôture. À travers le grillage...

Leurs regards sont sur moi, maintenant, inspectent et examinent, guettent et observent, me fixent, me fixent et me fixent...

Plus de zombies, je pense. *Plus de putains de zombies, Brian.*

Je rejoins Maurice et Sydney. Je prends le sifflet de Sydney. Je prends le gilet de Maurice et j'organise un cinq contre cinq ; moi dans un camp, Clarkey dans l'autre.

Je sais qu'ils veulent tous me tacler, me tacler durement, pour m'abattre, me jeter au sol, sur la terre, pour me voir tomber à nouveau à plat ventre ou sur le cul...

Meurtri et en proie à la douleur, en proie à la douleur et souffrant, souffrant et vexé...

Mais je lis le mouvement et contrôle la passe, contrôle la passe le dos au but, le dos au but je protège la balle contre McQueen, protège la balle contre McQueen et la garde, la garde et me retourne, me retourne et frappe, frappe de volée, frappe de volée dans le coin supérieur, dans le coin supérieur et au-delà de la main de Stewart, au-delà de la main de Stewart qui frôle le ballon, qui le frôle avant qu'il ne touche le filet...

Le putain de filet.

Mais il n'y a pas d'applaudissements. Pas d'adoration. Pas d'amour ici...

Pas de sourires. Pas de rires.

« Deux cent cinquante et un buts, je leur dis une fois de plus. Faites mieux ! »

Mais ils quittent déjà le terrain d'entraînement, retournent au vestiaire, ôtent leur gilet et leur haut de survêtement, les jettent par terre...

Sales et essoufflés, essoufflés et en train de comploter, de comploter et de manigancer.

La presse et les supporteurs. Derrière la clôture. À travers le grillage...

Leurs regards sur moi, qui m'inspectent et m'examinent, me guettent et m'observent, me fixent et me fixent, mais seulement quand je regarde ailleurs...

J'ai l'impression d'être mort. J'ai l'impression d'être mort. J'ai l'impression d'être mort.

John Giles se dirige vers moi. John Giles me dit : « J'aurai une réunion avec l'équipe d'Eire dimanche, puis j'irai voir les Spurs.

– Tu me poses la question ou tu m'avertis, l'Irlandais ?

– Je vous avertis, je suppose.

– Donc ils t'ont téléphoné, Tottenham ?

– Plusieurs fois. J'ai pensé que vous voudriez connaître la bonne nouvelle.

– Croisons les doigts, je dis. Croisons les doigts.

– Et moi qui croyais que vous n'étiez pas superstitieux », fait-il en s'esclaffant...

Comme un gros putain de chien noir.

Tu mets quelques instants à comprendre. À comprendre pourquoi le téléphone sonne. À comprendre pourquoi la sonnette retentit. À comprendre pourquoi la presse et la télévision, les stylos et les micros, les caméras et les projecteurs campent devant chez toi...

À comprendre pourquoi tes trois mômes se cachent dans leur chambre, sous leur lit, les doigts dans les oreilles et les yeux fermés...

Tu as besoin de cet instant pour comprendre que tu n'es plus manager du Derby County Football Club, que tu n'as plus de boulot, plus d'emploi...

Mais tu comprends ensuite que tu n'es pas sans emploi. Que tu as toujours un boulot. Que tu as toujours la télévision. Que tu as toujours ITV. L'Angleterre contre la Pologne. La qualification pour la Coupe du monde...

Le match qu'il faut gagner. Ce soir. La nouvelle la plus importante depuis 1966...

Plus importante que la démission de Brian Clough.

Os. Muscles. Os brisés. Muscles déchirés. Chair et viande. Carcasses et cadavres. La conférence de presse du vendredi midi ; il ne devrait pas y avoir d'autopsies, ici, seulement des prophéties ; pas de bonnes excuses, seulement de l'optimisme ; de la confiance, pas de doute ; de l'espoir, jamais de peur :

« Je regrette seulement, avant notre match contre Manchester City, que Duncan McKenzie ne soit pas en forme, que Paul Madeley ne soit pas en forme, que Michael Jones ne soit pas en forme, qu'Eddie Gray ne soit pas en forme et que Billy Bremner ne soit pas en mesure de jouer.

– Voudriez-vous aussi que Hartford puisse jouer avec vous ? » demandent-ils ; demandent-ils parce qu'Asa Hartford, de Manchester City, aurait dû faire l'objet d'un transfert à Leeds en 1971, transfert que Don a dénoncé pour des raisons médicales...

Un trou dans le cœur ; Hartford, pas Revie.

« Il voudra se faire remarquer face à nous, je réponds. Des tas de joueurs en ont envie. »

Mais ils ne sourient pas. Ils ne rient pas. Ils se contentent de fixer leurs blocs, leurs blocs à spirale, et ils font rentrer et sortir la pointe de leurs stylos à bille, nerveusement, inlassablement...

Rentrer et sortir, rentrer et sortir...

Quelque chose dans leurs yeux, à nouveau...

Carcasses, cadavres et mort.

Le lendemain de ta démission de Derby, l'équipe d'Angleterre est sur le terrain, s'échauffe dans la nuit de Wembley, adresse des signes aux familles et aux amis, pose pour les photos officielles, calme ses nerfs, son estomac et ses tripes.

Tu descends de la tribune, tu t'engages sur le terrain, ce terrain prestigieux de Wembley, tu vas jusqu'au rond central où tu rejoins Roy McFarland, David Nish, Colin Todd, Kevin Hector, à qui tu tends la main et dis : « Ne vous en faites pas, les gars. Ça va marcher. »

Et ils te serrent la main mais te dévisagent, troublés et désespérés, en proie au doute et à la peur, inquiétude dans leurs yeux dilatés, inquiétude sur leur bouche ouverte, à cause de ce qu'ils ont vu, à cause de ce qu'ils ont entendu...

De ce qu'ils ressentent mais ne comprennent pas.

Mais tu es parti. Tu traverses une nouvelle fois le terrain, cette pelouse prestigieuse, tu remontes dans la tribune, tu t'assieds, tu les regardes et tu les juges...

Tu juges l'Angleterre et Alf Ramsey.

Mais ce soir, alors que tu as les yeux fixés sur Al Ramsey, tu éprouves du regret, tu regrettes tout ce que tu as dit, ce que tu as dit à la télévision, à l'occasion d'émissions telles que celle-ci, tout ce que tu as dit qui a blessé Alf, l'a blessé alors que tu le savais.

« Comment se fait-il qu'il ne puisse pas former une équipe alors qu'il dispose de deux mille joueurs ? » as-tu dit à la télévision, lors d'une émission telle que celle-ci, après la défaite de l'Angleterre face à l'Italie l'année dernière...

Ces choses qui l'ont blessé, l'ont blessé, dépouillé et laissé nu ; nu et à vif face aux rumeurs selon lesquelles tu devrais être le prochain manager de l'équipe d'Angleterre, selon lesquelles ce n'est qu'une question de temps, si l'impensable se produisait, si l'Angleterre perdait, si l'Angleterre faisait match nul...

Si l'Angleterre ne se qualifiait pas...

Ce serait alors ton moment. Ce serait ton heure, si l'Angleterre perdait. Si l'Angleterre faisait match nul. Si l'Angleterre ne se qualifiait pas pour la phase finale de la Coupe du monde...

Cet espoir que tu n'oserais pas exprimer. Cet espoir que tu n'oserais jamais formuler :

« L'Angleterre gagnera facilement, tu déclares à la nation tout entière sur la télévision indépendante. Le gardien polonais est un clown, un vrai clown. »

L'Angleterre domine effectivement la première mi-temps, bien installée dans le camp polonais, mais ce clown, ce vrai clown, sauve inlassablement des tirs de Madeley, Hughes, Bell, McFarland, Hunter, Currie, Channon, Chivers, Clarke et Peters.

Puis dix minutes après le début de la seconde mi-temps, la Pologne sort enfin de son camp et attaque. Hunter manque son tacle et Lato s'engage sur le flanc gauche, pénètre sur le flanc gauche et peut passer à Domarski dont le tir passe sous Shilton...

Et c'est le silence, le silence absolu... Dans les tribunes et sur le terrain, le silence...

Sauf toi, dans la cabine, à la télévision, dans ton émission, où ta bouche s'ouvre et se ferme. Mais personne n'écoute. Même pas toi...

Dans la cabine. Tu juges l'Angleterre. Tu juges Alf Ramsey...

Ramsey qui se balance d'avant en arrière sur le banc, en bas.

Mais dix minutes plus tard, l'Angleterre a égalisé après que Peters a été victime d'une faute dans la surface et que Clarke a converti le penalty le plus important de l'histoire du football anglais. Cependant l'Angleterre a besoin de marquer à nouveau, de marquer à nouveau pour gagner, pour gagner et se qualifier, et Alf, qui se balance d'avant en arrière, Alf fait entrer Hector. Les débuts d'Hector dans ces deux minutes ultimes. Hector dont le tir est détourné avant la ligne et qui entend ensuite le coup de sifflet final...

Le coup de sifflet final et la fin d'une époque.

C'est la première fois que l'Angleterre ne parvient pas à se qualifier pour la Coupe du monde depuis qu'elle a disputé cette compétition pour la première fois, en 1950. La première fois depuis 1950 que l'Angleterre ne participera pas à la Coupe du monde, n'ira pas en Allemagne de l'Ouest. Pas en 1974. Pas après cette soirée...

Cette soirée qui met un terme à tout. Met un terme à tout. Tout.

Depuis la cabine, tu vois John Moore traverser le terrain et prendre Norman Hunter par les épaules, Norman Hunter qui se fait des reproches, et tu vois Harold Sheperdson faire de même puis entraîner Hunter hors du terrain...

« Hunter a perdu la Coupe du monde ! Hunter a perdu la Coupe du monde ! »

Puis tu te tournes vers Ramsey et tu vois Ramsey s'éloigner dans ce long, long tunnel, cette longue, longue, longue nuit, et tu éprouves une nouvelle fois des regrets...

Des regrets, des regrets, des regrets...

Des regrets non seulement à cause de ce que tu as dit, de ce que tu as dit à la télévision et qui l'a blessé, tu le sais, mais aussi à cause de ce que tu as pensé...

Ces choses que tu as pensées et dont tu as rêvé, dont tu as rêvé et que tu n'as pas osé espérer...

Que l'Angleterre perde. Que l'Angleterre fasse match nul. Que l'Angleterre ne se qualifie pas...

Qu'Alf Ramsey perde son poste de manager de l'équipe d'Angleterre...

Que tu prennes le poste de manager de l'Angleterre...

Mais ce soir, tu éprouves des regrets, des regrets et de la haine, de la haine envers toi-même.

Tu descends de la cabine, tu traverses le terrain, cette pelouse prestigieuse, tu prends le tunnel et tu entres dans le vestiaire de l'Angleterre.

« Si ça peut vous consoler, dis-tu à Alf, vous êtes sûrement l'homme le moins chanceux de l'histoire du football, parce que vous auriez pu mettre six ou sept buts à cette bande. »

Mais quand Ramsey, assis sur le plancher du vestiaire, lève la tête, lève la tête et te fixe, il ne te reconnaît pas et ses yeux n'expriment que la souffrance...

La souffrance et la peur.

Je n'apprends jamais ; je n'apprends jamais, nom de Dieu. Je n'ai jamais appris et je n'apprendrai jamais, bordel de merde. Le piano-bar de l'hôtel Dragonara, deux heures du matin, complètement bourré ; complètement bourré en compagnie de ces messieurs de la presse locale : ces ordures et ces pisse-copie, Harry, Ron et Mike...

À nouveau quelque chose dans leurs yeux...

Harry, Ron et Mike étaient à l'entraînement ; Harry, Ron et Mike étaient là au déjeuner ; Harry, Ron et Mike sont toujours avec moi à deux heures du matin, au piano-bar de l'hôtel Dragonara, écoutent mes anecdotes, rient à mes blagues, me servent des verres...

Quelque chose dans leurs yeux.

Je me lève. Je m'assieds. Je me lève à nouveau. Je pointe mon verre en direction du bar et je crie : « Vous n'avez donc pas de chez vous où rentrer ? »

Mais Bert, le pianiste, se contente de sourire et enchaîne aussitôt sur *It's a Lonesome Old Town.*

« Je ne comprenais pas à quel point tu me manquais », j'essaie de chanter, mais je crie...

Harry me fait rasseoir. Mais je me lève, pointe mon verre sur le pianiste et crie : « Joue *Hang My Tears Out to Dry* ! Joue *Hang My Tears Out to Dry* ! Joue *Hang My Tears Out to Dry* sinon tu seras viré, nom de Dieu !

– Asseyez-vous, dit Ron. Allez, Brian, mon vieux, asseyez-vous...

– *Un verre pour ma chérie,* chante Mike. *Et un autre...*

– Ta gueule ! je lui dis, je lui dis à tous. Ce n'est pas la bonne putain de chanson.

– Brian, disent-ils. Brian, s'il vous plaît...

– Je veux *Hang My Tears Out to Dry*, je dis au bar, à l'hôtel, à Leeds tout entière. C'est tout ce que je veux. *Guess I'll Hang My Tears Out to Dry*. Putains de branleurs, tous autant que vous êtes ! »

Mais il n'y a plus personne ici. Personne au piano-bar...
Harry, Ron et Mike sont rentrés chez eux...
Bert le pianiste est rentré chez lui, lui aussi...
Il n'y a plus que moi, nom de Dieu...
Plus que moi, bordel de merde...
Cloughie.
Le barman prend mes jambes, le serveur prend mes bras, mais personne ne me ramène chez moi.

Trente-deuxième jour

L'Angleterre a fait match nul. L'Angleterre est éliminée de la Coupe du monde. La presse et la télévision veulent la démission de Ramsey. La presse et la télévision veulent que tu sois nommé. Mais tout ce que tu veux, ce matin, c'est de la compagnie. Ne pas être seul dans un hôtel élégant de Londres. Pas aujourd'hui, le 18 octobre 1973.

Tu quittes la capitale. Tu retournes en voiture à Derby. Il y a un homme sur le pas de ta porte. Un homme que tu ne connais pas. Il dit : « Brian, je veux vous aider à retrouver votre emploi. »

Il s'appelle John. John écrit des pièces de théâtre. Des pièces sur la guerre du Kippour.

« Entrez donc, tu dis. Asseyez-vous et prenez un verre. »

Tu lui donnes un grand scotch à l'eau. La sonnette retentit...

« Brian, souffle ta femme, c'est la police, mon chéri. »

Tu poses ton whisky sans eau. Tu te diriges vers la porte.

« Bonjour, George. Voulez-vous entrer ? tu demandes à l'inspecteur George Stewart.

– Pas aujourd'hui, Brian. J'ai jugé bon de venir vous avertir.

– De quoi, George ? »

De la tête, George montre la Mercedes. « Vous savez que vous n'êtes pas assuré, n'est-ce pas ?

– Et quoi encore ? Je viens de rentrer de Londres !

– Je regrette de devoir vous annoncer que monsieur Kirkland a résilié votre assurance.

– Il a fait quoi ? Le putain de con !

– Oui, dit George. Et il ne faudrait pas que vous tombiez sur un de nos gars qui ne saurait pas qui vous êtes, ou qui se foutrait de

qui vous êtes, ou bien qui voudrait simplement se faire un nom, ou encore qui ne vous apprécierait pas.

– Bien compris, George », tu réponds, puis tu lui claques la porte au nez.

« C'est scandaleux, dit John. Foutrement diabolique.

– C'est surtout foutrement gênant. Il faut que j'aille à Birmingham.

– Pour un emploi ?

– J'espère. Je dois participer à un match de bienfaisance, ce soir.

– Je vous conduirai, dit John. Ça me fera plaisir.

– Dans ce cas, je vais boire un autre verre », dis-tu à John alors que ta femme sort de la pièce pour aller chercher les mômes...

Préparer leur dîner. Leur donner leur bain. Les coucher...

Essayer de mener une foutue vie normale.

Plus tard, beaucoup plus tard, John te raccompagne chez toi, après le match de bienfaisance et la boîte de nuit : le Talk of the Midlands, où tu as partagé la vedette avec ce con de Mike Yarwood et demandé à la population de Derby de te soutenir...

La population de Derby qui t'a applaudi debout, nom de Dieu...

John te raccompagne chez toi et demande :

« Irez-vous au match ? »

Tu ouvres les yeux. Tu demandes : « Lequel ?

– Derby contre Leicester, répond-il en riant. Samedi. »

Tu secoues la tête. « Je n'ose pas.

– Quoi ? Cloughie a peur ? »

Tu acquiesces. « C'est exact.

– Écoutez, dit-il, si vous faisiez un tour d'honneur samedi après-midi, vous recevriez un accueil enthousiaste. La télévision sera là. Vous passerez dans toutes les émissions d'information. Pensez à l'impact en termes d'image. L'impact sur le public.

– Je ne peux pas. Ils risquent de me flanquer à la porte.

– Ils ne vous flanqueront pas à la porte. Vous avez créé cette équipe. Vous êtes un héros.

– Je n'ai pas de foutu billet.

– Laissez-moi faire, dit John. Je m'occupe de tout. »

Samedi revient, bienvenu ou pas, il revient, comme toujours, bienvenu ou pas, désiré ou pas, un nouveau jour du jugement...

L'occasion d'être sauvé, l'occasion d'être damné.

Je suis seul à l'avant du car, sur l'autoroute en direction de Manchester, et je connais le résultat d'aujourd'hui alors que nous ne sommes même pas arrivés...

Pas de mystère. Pas aujourd'hui. Pas ici. Pas à Maine Road.

Il n'y a pas eu de match dont je n'aie pas connu le résultat alors que mon équipe ne s'était pas changée, avant que le premier coup de sifflet ait retenti, que le premier coup de pied ait été donné dans le ballon ; je connais le résultat, je connais la réponse...

Parce que je regarde leurs yeux, je regarde leur cœur...

Pas de mystère. Pas aujourd'hui. Pas un autre jour. Pas là...

Pas dans leurs yeux. Pas dans leur cœur...

Pas de mystère, ici. Juste des réponses...

Dans les yeux. Dans les cœurs...

Parce que, dans nos yeux et dans nos cœurs, nous avons déjà perdu, nous sommes déjà damnés.

C'est samedi à l'heure du déjeuner. Tu es à l'hôtel Kedleston Hall, ton nouveau quartier général, et tu déjeunes avec John, son pote Bill Holmes, ton pote Dave Cox et Peter...

On a l'impression que Peter est mort deux fois au cours de ces deux derniers jours.

Vous fumez, vous buvez et vous mangez ; vous vous envoyez de l'alcool derrière la cravate, vous vous envoyez du courage derrière la cravate...

Vous riez et blaguez plus que vous ne parlez.

Puis John regarde sa montre. Puis John dit : « C'est l'heure, Brian. »

Tu vides ton verre. Tu tapotes le genou de Pete. Vous vous levez. Tu sors du restaurant de l'hôtel Kedleston Hall. Tu entres dans le parking. Tu montes dans la Rolls-Royce. Sur le siège avant de la Rolls-Royce dorée. Tu tournes la clé. Tu lances le moteur et tu t'engages dans les rues de Derby. Pete sur la banquette arrière, toi au volant. Dans les rues désertes aux maisons barricadées protégées par des renforts de police, désertes hormis les policiers et les manifestants avec leurs banderoles. Les manifestants qui ont boycotté le match, dont les banderoles exigent : RENDEZ-NOUS CLOUGHIE !

Les rues désertes, barricadées, jusqu'au Baseball Ground.

Il est trois heures moins cinq quand tu gares la Rolls-Royce et que le policier demande : « Combien de temps avez-vous l'intention de rester, Brian ?

– Cinq minutes, pas davantage.

– Donc vous ne vous garez pas pour regarder le match ?

– Croyez-le ou non, dis-je, je passe simplement dire bonjour. »

Le policier te laisse garer la Rolls, te laisse abandonner Peter sur la banquette arrière afin que tu puisses avancer parmi les manifestants, parmi les caméras et les projecteurs, entrer dans le stade grâce à ton abonnement d'emprunt, puis tu te diriges vers l'entrée des joueurs, mais le vigile t'arrête et met en échec ton projet de tour d'honneur, donc tu cours sous la tribune principale, puis tu montes l'escalier et tu suis la rangée jusqu'à ton siège d'emprunt, tout près de la loge des dirigeants...

Et tu t'immobilises, debout, les bras levés...

Exemplaire dans ton costume gris neuf...

Les bras levés...

Exemplaire et de retour.

Les joueurs interrompent leur échauffement, les joueurs de Derby County et les joueurs de Leicester City, tandis que le public de Derby applaudit son héros...

Applaudit, adore et aime son héros.

Près de toi, Sam Longson se lève, et les dirigeants ainsi que les abonnés placés derrière la loge des dirigeants l'applaudissent...

Mais c'est trop peu et trop tard. Beaucoup trop tard...

Les véritables applaudissements, la véritable adoration, le véritable amour sont pour toi...

« Cloughie ! Cloughie ! Cloughie ! »

Puis l'arbitre siffle et tu pars, tu repars. L'escalier. Puis les tourniquets. Le même vigile...

La rue déserte. Ta Rolls-Royce dorée, et tu t'en vas...

Tu descends à Londres. Au Parkinson Show. *À la télévision...*

Tu ne te retournes pas. Tu ne te retournes pas...

Samedi 20 octobre 1973.

SIXIÈME TABLEAU

Classement de la première division, 1er septembre 1974

	M	G	N	P	Bp	Bc	Pts
1 Liverpool	5	4	1	0	9	2	9
2 Ipswich Town	5	4	0	1	8	3	8
3 Everton	5	3	2	0	8	5	8
4 Man. City	5	4	0	1	9	6	8
5 Carlisle United	5	3	1	1	6	2	7
6 Stoke City	5	2	2	1	7	4	6
7 Middlesbrough	5	2	2	1	6	4	6
8 Wolves	5	2	2	1	7	6	6
9 Sheffield Utd	5	2	2	1	8	7	6
10 Derby County	5	1	3	1	4	4	5
11 Newcastle Utd	5	2	1	2	10	10	5
12 QPR	5	1	3	1	4	4	5
13 Chelsea	5	2	1	2	8	10	5
14 Arsenal	5	2	0	3	6	6	4
15 Leicester City	5	1	2	2	7	8	4
16 Burnley	5	1	1	3	8	9	3
17 Luton Town	5	0	3	2	3	6	3
18 West Ham Utd	5	1	1	3	4	9	3
19 Leeds United	**5**	**1**	**1**	**3**	**3**	**7**	**3**
20 Tottenham H.	5	1	0	4	3	5	2
21 Birmingham City	5	0	2	3	5	10	2
22 Coventry City	5	0	2	3	5	11	2

Le dernier des Hommes Rusés est ici...
J'ai les cheveux de ton peigne. J'ai les poils de ton siphon...
Ce soir je les brûlerai. Ce soir je les enterrerai.
Toutes les bêtes du terrain ici aussi...
Les oiseaux et les blaireaux. Les renards et les fouines...
Les chiens et les démons. Les loups et les vautours...
Qui viennent te dévorer, te manger.

Trente-troisième jour

Le jour de la semaine où on se sent le plus foutrement seul, le putain d'endroit où on se sent le plus seul ; sous les tribunes, passé les portes, après les coins, la salle de bains et les toilettes du couloir. La porte de la salle de bains est verrouillée, le miroir de la salle de bains est brisé. Un mouchoir gris et sale est enroulé autour des doigts de ma main droite, et lorsque je regarde à nouveau ce miroir, il y a des fissures noires sur mon visage, des fissures noires horribles sur mon visage...

Leeds United a perdu hier. 2 putains de buts à 0 contre Manchester City à Maine Road ; Leeds United n'a obtenu que trois points en cinq matchs et n'a marqué que trois buts. À ce stade, l'année précédente, Leeds United avait battu Everton, Arsenal, Tottenham, les Wolves et Birmingham City ; à ce stade, l'année précédente, Leeds avait obtenu dix points en cinq matchs et marqué quinze buts : six de Lorimer, quatre de Bremner, deux de Jones, un de Giles, Madeley et Clarke...

À ce stade, l'année dernière, quand ce con de Don Revie était manager de Leeds United et que j'étais manager de Derby County ; alors que Don était au putain de sommet et que j'étais deuxième ; à cette période de l'année où Alf Ramsey était encore manager de l'équipe d'Angleterre.

J'ouvre les robinets. Je me lave le visage. J'ouvre la porte de la salle de bains. Je prends le couloir. *Son* couloir. Je passe le coin. *Son* coin. Je m'engage dans le tunnel. *Son* tunnel. Je sors dans la lumière et sur le terrain. *Son* terrain. *Sa* pelouse...

Son terrain de chagrin. *Son* terrain de sang. *Son* terrain de sacrifice. *Son* terrain de massacre. *Son* terrain de vengeance. *Son* terrain de victoire !

Je ne devrais pas être là. Je devrais être chez moi avec ma femme et mes mômes, à trancher le rôti et biner le jardin, promener le chien et laver la voiture. Pas ici. Pas dans cet endroit...

Cet endroit de haine et de rancœur...

Éclaboussé par leur morve.

Il se remet à flotter. J'écrase ma clope. Je vide mon verre. Je quitte ce terrain, cette pelouse. Ce tunnel puis ce couloir. Ces coins, ces portes, puis je sors d'Elland Road.

Sur le parking du stade, dans l'ombre des tribunes, quatre jeunes gars en jean et chaussures montantes shootent dans un couvercle de pot de confiture...

« Bonjour, les gars, je crie.

– Bonjour, monsieur Clough.

– Ça va, aujourd'hui, les gars ?

– Ça va, merci. Et vous ?

– Je survis », je réponds, puis je traverse le parking, le parking jusqu'aux huttes sur pilotis qui se dressent au pied du talus du terrain d'entraînement. Les huttes sont fermées à clé et il faut donc que je donne un bon coup de pied dans la serrure avant qu'elle cède...

« Qu'est-ce que vous faites ? demandent les jeunes.

– Vous allez voir », je réponds, puis j'ouvre la porte d'une des huttes. J'y entre et j'en sors un des énormes sacs contenant les ballons des jours de match. J'ouvre le sac, envoie un ballon aux gamins...

« Et voilà, je leur dis. Cadeau de Leeds United.

– Merci, crient-ils en chœur.

– De rien, les gars. »

Puis je descends les marches de la hutte, traverse le parking jusqu'à ma voiture, et un gamin attend près de la portière.

Il demande : « Qu'est-ce que vous vous êtes fait à la main, monsieur Clough ?

– Je l'ai coincée quelque part, hein ?

– Comment vous vous y êtes pris ?

– Je l'ai fourrée là où il ne fallait pas, voilà.

– Au moins, c'était pas votre putain de nez, blague-t-il.

– Tu as peut-être raison, je dis. Mais il est inutile de jurer, pas le dimanche. File chez toi et lave ta grande gueule. »

Trente-quatrième jour

Les scènes ont changé, les décors se sont une nouvelle fois transformés. Le rideau tombe et un autre se lève. Tu as tiré ta dernière révérence au Baseball Ground. Tu es allé à Londres. Tu es passé au Parkinson Show. *Tu as été dans les journaux, dans tous les journaux, en première et en dernière page...*

Jamais absent des journaux. Jamais absent de la télévision...

Debout, dans ton costume gris neuf, les bras levés...

Cloughie, Impeccable.

Sans doute Jimmy Gordon, Judas James Gordon, est-il provisoirement responsable de l'équipe, sans doute a-t-il composé l'équipe de samedi, mais ce sont les joueurs de Derby, tes *joueurs, qui ont battu Leicester City 2-1. « Pour Brian et Peter, ont-ils dit. Pour Brian et Peter. »*

Pas pour Jimmy. Pas pour le foutu conseil et pas pour ce con de Longson.

Mais Longson n'est pas resté silencieux. Longson a réagi. Longson dans les journaux. En première et en dernière page. Longson à la télé et les choses se sont envenimées ; beaucoup, beaucoup envenimées parce que Longson a fait toutes sortes d'allégations te concernant ; des allégations sur les frais ; des allégations sur les transferts ; des allégations sur les salaires des joueurs et les bonus ; des allégations sur les billets et le liquide ; sur l'argent, l'argent, l'argent...

Toujours l'argent noir, noir...

Pas des allégations de l'ensemble du conseil. Seulement de Longson.

Tu es rentré de Londres hier au volant d'une voiture de location. Tu as embrassé ta femme. Tu as embrassé tes mômes. Tu as pris ton déjeuner dominical. Puis tu as passé le reste de la journée à téléphoner à tes amis, tes amis qui sont venus boire ton alcool et te tenir la main, tes amis qui sont avocats, tes amis qui ont étudié la déclaration de Longson paragraphe par paragraphe, ligne par ligne, phrase par phrase, mot par mot, tes amis qui t'ont aidé à démentir cette déclaration paragraphe par paragraphe, ligne par ligne, phrase par phrase, mot par mot. Allégation par putain d'allégation.

Aujourd'hui tes amis qui sont avocats lanceront une procédure en diffamation. Ils porteront plainte. Pas seulement contre Longson, contre l'ensemble du conseil...

« Je les dresserai contre Longson, dit John. J'ouvrirai une brèche entre eux. Ils s'entretueront, vous verrez. Ils s'entretueront. »

Tu te lèves. Tu fais ta toilette. Tu t'habilles...

Tu descends. Tu gagnes la cuisine...

À nouveau debout dans ton costume gris neuf...

Cloughie, Impeccable...

Au chômage.

Sans doute le soleil brille-t-il dehors, sans doute le ciel est-il bleu, mais je suis sous les couvertures de mon lit, les classements et les matchs dans la tête ; samedi prochain, si Leeds bat Luton, Leeds aura cinq points. Cinq points pourraient hisser Leeds à la onzième ou la douzième place si Leicester perd face aux Wolves, West Ham face à Sheffield United, QPR face à Birmingham, Chelsea face à Middlesbrough, Tottenham face à Liverpool et si Arsenal fait match nul contre Burnley, Carlisle contre Stoke, Ipswich contre Everton. Le problème est Derby contre Newcastle. Si Derby et Newcastle font match nul, les deux équipes auront six points, et si Leeds bat Luton, Leeds n'aura tout de même que cinq points. Le meilleur résultat serait la défaite de Derby. Dans ce cas, Newcastle aurait sept points tandis que Derby et Leeds en auraient cinq. Ensuite, tout dépendrait du goal-average. Donc, Leeds devra battre Luton avec trois buts de différence pour passer devant Derby ; battre Luton qui a été promu en tant que deuxième du championnat de seconde division derrière Middlesbrough, la saison dernière...

Les classements et les matchs dans la tête, les doutes et les craintes parce que si Leeds perdait face à Luton, si Tottenham battait Liverpool, Birmingham QPR et Coventry Manchester City, Leeds serait dernier de la première division...

Ma femme fait frire du bacon, les mômes mangent leurs céréales...

Leeds serait dernier de la première division...
Je me sers une tasse de thé, j'y mets quatre sucres...
Dernier de la première division...
Quatre baisers, au revoir...
Au revoir, nom de Dieu.

Les joueurs de Derby, tes *joueurs, ont adressé une lettre au conseil. Voici ce que les joueurs de Derby,* tes *joueurs, ont écrit dans leur lettre au conseil :*

Chers Messieurs Longson et dirigeants du Derby County Football Club,

Pendant les événements de la semaine passée, les opinions des joueurs soussignés sont restées cantonnées au vestiaire. Toutefois, nous soutenons désormais unanimement monsieur Clough ainsi que monsieur Taylor et demandons leur retour en tant que manager et manager assistant du club.

Il était absolument vital que nous gagnions face à Leicester samedi, pour nous ainsi que pour le club et les supporteurs. Ce match appartient désormais au passé, de sorte que personne ne pourra dire que nous avons agi sans réfléchir et cédé à l'émotion.

Nous avons organisé une réunion des membres de l'équipe première et il a été clairement indiqué que personne n'était tenu d'y assister. Mais tout le monde était présent. Nous avons ensuite décidé de rédiger cette lettre et, de même, personne n'a été contraint de la signer. Mais, une nouvelle fois, tout le monde l'a fait.

Meilleurs sentiments,

Colin Boulton. Ron Webster. David Nish. John O'Hare. Roy McFarland. Colin Todd. John McGovern. Archie Gemmill. Roger Davies. Kevin Hector. Alan Hinton. Steve Powell.

Les larmes coulent sur tes joues face à ce que les joueurs de Derby, tes *joueurs, ont écrit à ton propos, grosse putain de boule dans la gorge et le téléphone dans la main :*

« Je suis ébahi, dis-tu au Daily Mail *en exclusivité. Quoi qu'il arrive, je serai toujours reconnaissant aux joueurs, à* mes *joueurs, de m'avoir rendu ma confiance en la nature humaine. »*

La femme de ménage qui nettoie le bureau, sous la table de travail et derrière la porte, ne siffle pas et ne fredonne pas les airs qui lui traversent l'esprit, aujourd'hui...

Je lui demande : « Comment ça va, aujourd'hui, Joan ?
– J'ai connu mieux, Brian. J'ai connu mieux. »
Je demande : « Pourquoi ?
– À cause de l'état de cette fichue salle de bains du couloir, voilà pourquoi.
– Qu'est-ce qu'il y a ?
– Il fallait le voir pour le croire, dit-elle. Le miroir cassé. Du sang dans le lavabo. De la pisse partout sur le sol.
– Non ?
– C'est moi qui vous le dis, Brian, on nous paie pas assez pour nettoyer tout ça. »
Mon visage est rouge, ma main toujours bandée quand je dis : « Je suis désolé.
– Pourquoi ? demande-t-elle. C'est pas de votre faute, hein, Brian ? Ce n'est pas vous qui avez frappé le miroir, saigné dans le lavabo puis pissé par terre parce que vous avez perdu, hein ? »

Tu as confiance en la nature humaine, mais tu n'as toujours ni boulot ni voiture. Tu dois prendre un taxi pour retrouver les joueurs de Derby, tes *joueurs, et déjeuner avec eux à l'hôtel Kedleston Hall, ton nouveau quartier général. Tu dois payer le taxi de ta poche. Les joueurs de Derby sont troublés et attendent, la tête entre les mains ; les joueurs de Derby sont déprimés et inquiets, leurs visages sont défaits ; les joueurs sont terrifiés et furieux, ont les yeux dilatés, qui leur sortent de la tête...*

« C'est un foutu scandale, dit Roy McFarland, Roy le Rouge, *comme le surnomme la presse. La façon dont ils vous ont traité après tout ce que vous avez fait pour eux. La semaine dernière a été la pire de ma putain de vie, c'est moi qui vous le dis. Faire match nul contre la Pologne puis apprendre que vous n'étiez plus mon patron : la pire semaine de ma vie. Je ne suis pas resté après le match de l'équipe d'Angleterre, je ne suis pas retourné à l'hôtel avec les gars ; j'ai repris ma voiture et je suis rentré directement à Derby. »*

Yeux qui s'emplissent de larmes, alcool, colère qui grandit et voix qui s'étranglent...

« Qu'est-ce qu'on peut faire, patron ? te demandent-ils tous.
– Vous en avez assez fait. Cette lettre était formidable. Elle m'a beaucoup aidé.
– Mais on peut sûrement faire plus ? demandent-ils tous. Forcément, patron ?
– Je vais vous dire ce qu'on va faire, tu réponds. On va organiser une putain de fête ce soir.

– *Une fête ? Quel genre de fête ?*

– *Une putain de grosse fête. Rentrez chez vous, prenez vos femmes, vos gamins, vos plus belles sapes et rejoignez-moi ce soir à l'hôtel Newton Park.* »

Il ne devrait pas y avoir d'entraînement aujourd'hui. Il ne devrait pas y avoir de joueurs aujourd'hui. Ils devraient tous être chez eux avec leur femme et leurs mômes, leurs maîtresses et leurs animaux de compagnie. Mais Jimmy m'a dit qu'ils venaient tous de toute façon, qu'ils venaient chercher les voitures offertes par le club, les putains de voitures neuves que le club leur offre. Mais après samedi, après Maine Road, ils ne méritent pas que le club leur offre une putain de bicyclette, donc j'ai annulé leurs jours de congé et je leur ai dit de venir à neuf heures, le lundi matin, s'ils voulaient leurs foutues voitures offertes par le club...

« Les foutues occasions que vous avez manquées, tous autant que vous êtes, samedi ! je leur dis. Nom de Dieu, pour chaque match, on devrait vous obliger à venir au putain de stade à pied et vous laisser rentrer chez vous de la même façon, pas vous offrir des foutues voitures, bordel de merde. Mais vous ne trouveriez pas le chemin, tellement vous êtes cons. »

Je leur tourne le dos. Je les abandonne à Jimmy. Je sors du terrain d'entraînement. Je descends le talus. Je passe devant les huttes sur leurs pilotis. John Reynolds, le jardinier, et Sydney Owen se tiennent en haut des marches d'une des huttes. Ils contemplent la serrure brisée et la porte ouverte...

« Sûrement des gamins », je fais en passant près d'eux.

Sydney dit quelque chose qui ressemble à : « Foutue grande gueule, encore une fois.

– Quoi ?

– J'ai dit : Dans ce cas, ils étaient grands », répond Sydney.

Au moins, Maurice n'est pas là aujourd'hui. Maurice est en Suisse, où il assiste au match qui oppose Zurich à Genève. Pour espionner Zurich. Pour préparer son dossier. Pour rédiger son rapport. John Giles n'est pas là, lui non plus. L'Irlandais est à Londres avec l'équipe de l'Eire. Pour rencontrer Tottenham. Pour donner son prix. Le moyen de foutre le camp.

Voilà à quoi les joueurs pensent, aujourd'hui, pendant l'entraînement...

Pas à Stoke City. Pas à QPR. Pas à Birmingham ou Manchester City...

Pas aux occasions qu'ils ont manquées ; aux risques qu'ils doivent prendre...

Contre Luton. Contre Huddersfield et contre Zurich...

Ce con de Johnny Giles, voilà à quoi ils pensent...

Ce con de Johnny Giles et leurs conneries de Vauxhall...

« Quel modèle tu auras, patron ? m'a demandé Jimmy en début de matinée.

– Je n'en suis pas, hein.

– Pourquoi ?

– Je n'ai pas été invité, hein ?

– Pourquoi ? insiste-t-il.

– Ils croient peut-être que je ne resterai pas assez longtemps pour avoir besoin d'une putain de voiture neuve.

– Nom de Dieu, fait Jimmy, j'espère que tu blagues.

– J'aimerais bien, je réponds. J'aimerais bien. »

Tu laisses les joueurs de Derby, tes *joueurs, jusqu'au soir. Tu vas voir Mike Keeling. Mike Keeling croit que le conseil s'est retourné contre Longson. Il croit qu'il y a peut-être, maintenant, une brèche entre eux...*

« Ils s'entretuent, dit-il. Ils sont en train de s'entretuer !

– Je parie que vous regrettez d'avoir été trop foutrement prompt à démissionner, hein ?

– Et vous ? demande-t-il. C'est ce que vous pensez, Brian, hein ?

– Vous le savez, tu réponds. Vous le savez, nom de Dieu.

– Pour une fois, dit-il, on parviendra peut-être à revenir en arrière.

– Vous le croyez vraiment, Mike ? Vraiment ?

– Je ne peux rien promettre. Mais je crois vraiment que nous avons une chance, oui.

– Comment puis-je vous aider ? Vous aider pour que ça arrive ?

– Un rameau d'olivier, Brian. Un rameau d'olivier quelconque m'aiderait.

– J'ai réfléchi et j'ai pensé que s'ils me reprenaient, et quand je dis " ils ", je ne pense pas à ce salaud de Longson, mais si le conseil nous reprenait, moi et Peter, je serais prêt à laisser tomber la télé et les journaux.

– Vraiment ? Vous renonceriez à tout ça ? À la télévision et aux journaux ?

– Évidemment, nom de Dieu. Si ça signifiait que je peux avoir à nouveau mon vrai travail. »

Je finis mon verre. Je finis ma clope. Je sors du bureau. Je ferme la porte à clé. Je m'assure qu'elle l'est effectivement. Je prends le couloir, je passe le coin, je gravis l'escalier, je passe un autre coin et je m'engage dans le couloir conduisant à la salle à manger des dirigeants. J'entends leurs voix du Yorkshire derrière les portes, leurs voix fortes du Yorkshire...

J'entends mon nom, mon nom et seulement mon putain de nom...

J'allume une nouvelle clope et j'écoute. Puis j'ouvre la porte de la salle à manger et leurs voix du Yorkshire se taisent soudain. Silence dans la salle à manger. Leurs yeux sur leurs assiettes. Leurs couteaux et leurs fourchettes.

Sam Bolton lève la tête. Sam Bolton a son couteau à la main et me demande : « Qu'est-ce qu'il y a, nom de Dieu, entre John Giles et ces salauds de Tottenham Hotspur ?

– Aucune idée.

– Vous n'êtes pas au courant ?

– Je ne sais que ce que j'ai lu dans les journaux.

– Vous êtes son manager, nom de Dieu, dit Bolton. Il ne vous en a pas parlé ?

– Il est à Londres, n'est-ce pas ?

– Et il ne vous a même pas téléphoné ? À vous, son putain de manager ?

– Qu'est-ce qui vous soucie tant ? je lui demande, je leur demande. Il n'y a pas deux foutues minutes, vous vouliez qu'il parte, non ? »

Ils n'ont pas retrouvé leurs voix du Yorkshire, tous autant qu'ils sont. Yeux toujours baissés sur leurs assiettes. Leurs couteaux et leurs fourchettes.

« Bon, croisons nos foutus doigts », je dis...

Mais personne ne rit. Personne ne sourit. Personne ne prononce un putain de mot.

Je pose mon verre. J'écrase ma clope. Je me tourne vers la porte. La sortie...

« Une dernière chose, dit Bolton. Nous n'apprécions pas beaucoup d'être avant-avant-derniers.

– Avant-avant-avant-derniers.

– Et nous n'apprécions pas beaucoup les managers qui ne trouvent pas de solution, Clough. »

Tu emmènes ta femme et tes mômes à l'hôtel Newton Park, près de Burton-upon-Trent. Tu emmènes ta femme et tes mômes parmi les joueurs de Derby, tes *joueurs, accompagnés de leurs femmes et de leurs mômes. Peter et Lillian viennent aussi. C'est théoriquement un dîner d'adieu, en tout cas c'est ce que tu as dit à ta femme et à tes mômes, à Peter et Lillian...*

Mais personne ne veut dire adieu. Personne ne veut dire au revoir.

Donc le champagne coule à flots, trente bouteilles, que tu paies, tandis que les gamins chahutent et que les épouses pâlissent, que les blagues et les histoires commencent, les souvenirs et les récits...

Les blagues et les histoires, les souvenirs et les récits des matchs et des Coupes ; des matchs et des Coupes que vous avez remportés ; les souvenirs et les récits que personne n'a envie de voir arriver à leur terme.

« Si je ne joue pas pour le patron, dit quelqu'un, je n'ai pas envie de jouer du tout.

– Moi non plus, font les autres, moi non plus.

– Je crois qu'on devrait boycotter ce putain de club », ajoute quelqu'un...

Puis quelqu'un d'autre : « On pourrait s'entraîner dans le putain de parc, avec le patron.

– On devrait tous prendre l'avion et filer à Majorque, dit un autre, probablement toi, en débouchant une bouteille de champagne et en en commandant une autre, en buvant un verre et en s'en servant un autre, en écrasant une clope et en en allumant une autre...

– On le fait, disent-ils tous. Allez, putain, on le fait ! »

Tous les joueurs debout, maintenant. Tous les joueurs en route pour l'Espagne...

*« *Y viva España*, chante tout le monde. On part tous pour le soleil de l'Espagne... »*

Mais les épouses se lèvent, font asseoir leurs maris, leur serrent la main fort, très fort...

Et c'est ton épouse qui serre le plus fort.

La conférence de presse se prolonge. La conférence de presse concerne l'Irlandais et Tottenham Hotspur. La conférence de presse ne concerne pas le match contre Manchester City ; pas les occasions manquées par Leeds ; pas la situation de Leeds. Néanmoins, Manny Cussins est venu ; pour montrer qu'il me soutient ; qu'il me fait confiance.

Cependant la presse ne s'intéresse pas à Manchester City. La presse n'a pas envie de savoir pourquoi les champions d'Angleterre sont à une place et un point de la zone de relégation. La presse ne s'intéresse qu'à l'Irlandais et Tottenham Hotspur...

Merci à ce con de Johnny Giles, nom de Dieu.

« Sur un plan personnel, je crois que nous regretterions tous de le perdre, parce que c'est un très bon joueur, dit Manny Cussins. Nous tenons tous à lui du fait qu'il nous a beaucoup apporté, mais nous examinerons avec attention tout ce qui concerne son avenir.

– Leeds United a-t-il reçu une demande ou une proposition relatives à Giles de la part de Tottenham Hotspur ?

– Nous n'avons eu aucun contact avec Tottenham Hotspur, répond Manny Cussins en m'adressant un bref regard. Je crois que monsieur Clough nous aurait avertis si Giles avait été sollicité.

– Est-il exact, Brian, me demandent-ils, qu'il n'y ait pas eu de négociation entre vous et Tottenham ? »

Tu es sur le parking de l'hôtel Newton Park en compagnie des joueurs de Derby, tes *joueurs, de leurs femmes et de leurs mômes, de ta femme et de tes mômes...*

Personne n'a envie de monter en voiture. Personne n'a envie de rentrer chez soi...

Personne n'a envie de dire bonne nuit. De dire adieu. De dire au revoir...

De dire que c'est la fin, puis de lâcher prise.

Le coin. Le couloir. Il y a une pile de lettres et une liste de messages téléphoniques sur la table de travail du bureau. Je les pousse dans la poubelle et je me sers un verre. Je m'incline en arrière, le fauteuil sur deux pieds, et j'allume une nouvelle clope ; la quarantième de la journée...

Il y a des voix. Il y a des voix. Il y a des voix dans le couloir...

La voix de Don ; je jurerais qu'on dirait la voix de Don, dans le couloir...

Je me penche en avant. Je pose mon verre. J'ouvre la porte...

La voix a disparu, mais pas l'écho...

Es-tu là, Brian ?

Enfin, ce soir-là, la tête pleine de champagne et la poitrine pleine de cigarettes, tu décroches le téléphone et Keeling t'annonce : « Ils ont essayé d'avoir Bobby Robson.

– Bobby Robson ? Vous blaguez.

– Longson et Kirkland ont contacté Ipswich en début de matinée.

– Il n'acceptera jamais le boulot. Pas Bobby.

– Il semblerait que vous ayez raison.

– Qui est le suivant sur leur liste ? Alf Ramsey ?

– Ça ne m'étonnerait pas, répond Keeling en riant. Alf ou Pat Saward.

– Pat qui ?

– Pat Saward, répète Keeling en riant à nouveau. Brighton l'a viré cet après-midi.

– Brighton ? tu demandes. Dans quelle putain de division jouent-ils ? »

Trente-cinquième jour

Jimmy passe me prendre ce matin, passe me prendre au volant de sa Vauxhall Victor 1800 offerte par Wallace Arnold Sales and Service Limited et Leeds United AFC...

« McQueen et Hunter ont eu une Magnum, Bates une Magnum break, s'enthousiasme Jimmy. Reaney, Jones, Stewart et Duncan ont eu la Victor 2300 ; c'est celle de ton pote irlandais. Bremner, Lorimer, Harvey et Joe Jordan ont déjà la VX 4/90s. Trevor Cherry, Terry Cooper, Madeley et Clarkey ont choisi celle-ci, comme moi.

– C'est mignon, dis-je. Une grande famille, hein ?

– Va te faire foutre, blague-t-il. Tu en auras une et tu le sais.

– Ah bon ? Qu'est-ce que John McGovern et John O'Hare ont eu ? »

Jimmy cesse de rire. Jimmy répond : « Ils n'étaient pas là.

– Je te l'ai dit. Ils nous haïssent.

– Qui te hait ? demande Jimmy. Allez, qui te hait ?

– Les joueurs, Syd Owen et Lindley, tous les coachs et les entraîneurs, le conseil, l'équipe de jardiniers, l'équipe médicale, le personnel administratif, les femmes de ménage, les cuisiniers ; tous autant qu'ils sont, ils nous haïssent, ils nous haïssent et nous méprisent.

– Dans ce cas, pourquoi ai-je eu une voiture ?

– Il doit y avoir chez toi quelque chose qu'ils savent et que j'ignore.

– Tu es parano, patron, dit-il. Tu es parano, c'est tout. »

En début de matinée, la tête pleine de maux et la poitrine pleine de douleurs, tu décroches le téléphone et Keeling te dit : « Ils essaient d'engager Dave Mackay.

– Dave Mackay ? Vous vous foutez de ma gueule ?
– Malheureusement non, Brian. Malheureusement non.
– Il n'acceptera jamais le boulot. Pas Dave.
– Longson est allé le voir à Northampton hier soir.
– À Northampton ?
– Mackay assistait au match des jeunes de Forest.
– Il n'acceptera jamais. Pas Dave. Pas à Derby.
– Il semblerait que ce soit pratiquement fait, Brian.
– Vous blaguez ? Pas Dave Mackay.
– Si, dit Keeling. Dave Mackay. »

Sous la tribune, dans les profondeurs, de l'autre côté des portes, ces portes, passé le coin, ce coin, le long du couloir, ce couloir. Je suis dans le bureau et je débouche une nouvelle bouteille. Je débouche une nouvelle bouteille et j'allume une nouvelle cigarette. J'allume une nouvelle cigarette et j'incline le fauteuil en arrière. J'incline le fauteuil en arrière, sur deux pieds, et je ferme les yeux. Je ferme les yeux et j'incline le fauteuil...

De plus en plus...

J'incline le fauteuil et je sens que les pieds commencent à glisser. Je sens que les pieds commencent à glisser, et c'est ce qui finit par arriver. C'est ce qui arrive et je bascule. Je bascule et me cogne la tête contre le mur. Je me cogne la tête et tombe sur le plancher...

De plus en plus...

Sous les tribunes et derrière les portes. Au-delà des coins et dans le couloir, je suis par terre. Cognac renversé et cigarette éteinte.

Tu es allé chez Archie Gemmill. Toi et Roy McFarland. Archie Gemmill et sa femme vous ont offert du thé et des gâteaux secs. À toi et Roy McFarland. Roy McFarland téléphone à Dave Mackay...

« Nous te respectons tous beaucoup, Dave, et tu es notre pote, dit Roy à Dave, mais je t'en prie, ne viens pas ici, ne viens pas à Derby... »

Roy écoute. Puis Roy dit : « Ce n'est pas juste... »

Roy écoute à nouveau, puis Roy dit : « Nous voulons que Brian revienne et nous croyons que nous pouvons... »

Roy écoute. Roy éloigne le combiné de son oreille. Roy raccroche...

« Qu'est-ce que Dave a dit ? demande Archie Gemmill. Qu'est-ce que Dave a dit ?

– Qu'est-ce que tu crois que Dave Mackay a dit, nom de Dieu ? Il m'a dit d'aller me faire foutre. Il m'a dit qu'il avait serré la main de Longson et qu'il avait pratiquement signé.

– Qu'est-ce qu'on va faire maintenant ? demande Gemmill. Qu'est-ce qu'on va faire maintenant ?

– On va aller voir Longson et le conseil, répond Roy. En personne. »

Roy enfile sa veste et Archie va chercher la sienne. Puis ils sortent au pas de charge de l'appartement, descendent l'escalier dans l'intention d'aller chercher le reste de l'équipe, de l'emmener au Baseball Ground, de mettre les choses au point avec Longson et le conseil. En personne.

Tu es allé chez Archie Gemmill. Maintenant tu es seul sur le canapé, dans l'appartement de Gemmill, avec une cigarette et un verre, la lumière et le radiateur éteints, à te demander ce que tu vas faire du reste de la journée.

Mardi 23 octobre 1973.

Sous les tribunes, passé les portes et après le coin, j'entends les pas dans le couloir, les voix...

Il y a des voix. Il y a des voix. Il y a des voix derrière la porte...

« Hibou tu es et hibou tu resteras, soufflent-elles. Et tous les oiseaux de la terre te piqueront de leur bec, te piqueront de leur bec, te piqueront de leur bec... »

Il y a des voix et il y a des pas. Des pas dans le couloir.

Manny Cussins ne frappe pas. Manny Cussins ouvre la porte du bureau, lance un journal sur la table de travail et dit : « Je n'aime pas qu'on me fasse passer pour un imbécile. »

Je regarde le journal. Le *Yorkshire Post*. La photo de Johnny Giles.

« Allez, ajoute Cussins. Lisez ça »

Je prends le journal. Le *Yorkshire Post*. La photo de Johnny Giles :

Monsieur Nicholson a téléphoné à monsieur Clough la semaine dernière. Il lui a demandé l'autorisation de me rencontrer et monsieur Clough a accepté. De toute évidence, je suis intéressé par le poste que propose Tottenham – il faudrait être fou pour ne pas l'être. J'ai très envie de me lancer dans le management, mais si ces contacts ne donnent rien, je serai tout aussi heureux de continuer à jouer.

Je pose le journal. Le *Yorkshire Post*. La photo de John Giles.

« Il y avait des gens, en haut, dans la salle du conseil, dit lentement Manny Cussins, qui ne voulaient pas de vous. Qui disaient que vous n'apporteriez que des ennuis. La grosse tête et une trop grande gueule. Qui disaient que vous seriez trop impatient de tout régenter. Qui disaient que vous seriez incontrôlable. Que vous n'en aviez que pour la place de Numéro Un, Brian Clough d'abord et Leeds United après. Qui disaient que vous ne correspondiez pas du tout à Leeds United. Mais je leur ai opposé des arguments. Je les ai persuadés que Brian Clough était l'homme qu'il fallait à Leeds United, que le club avait besoin de lui, et ça n'a pas été facile. Mais je leur ai dit que vous aviez l'expérience, l'expérience de la victoire en championnat, de la compétition européenne ; je leur ai dit que vous aviez de l'ambition, l'ambition de remporter d'autres championnats, de lever la coupe d'Europe ; je leur ai dit que votre expérience et votre ambition susciteraient la loyauté de vos joueurs, de tout le club, et que cet ensemble, votre expérience et votre ambition, leur loyauté et leurs qualités apporteraient à notre club les titres et les coupes qu'il mérite et espère...

« Et vous êtes ici ; pas à Brighton, pas en troisième division. Ici, à Leeds United, en première division, en Coupe d'Europe...

« Et c'est moi, Brian, qui vous ai amené ici, moi... »

Je regarde une nouvelle fois le journal. Le *Yorkshire Post*. La photo de John Giles.

Manny Cussins ne dit pas au revoir. Manny Cussins ouvre la porte et dit lentement, d'une voix étouffée : « Vous feriez bien de ne pas oublier qui sont vos amis. »

Le conseil de Derby County refuse de voir les joueurs. Le conseil de Derby County refuse de recevoir les joueurs. Mais les joueurs ne s'avouent pas vaincus. Les joueurs organisent un sit-in...

Le siège de Derby.

Tu es rentré chez toi. Tu as fermé la porte à clé. Tu as tiré les rideaux. Tu es chez toi et tu regardes la télévision, tu regardes...

Le siège de Derby...

Alan Hinton parade devant le Baseball Ground. Alan Hinton a posé un samovar sur sa tête. Alan Hinton dit aux caméras et aux micros...

« Maintenant, c'est la seule coupe que nous remporterons. »

Tu es chez toi. Porte fermée à clé et rideaux tirés. Tu écoutes la radio :

Rumeurs selon lesquelles le conseil est à l'hôtel Midland. Rumeurs selon lesquelles il est sur le point d'annoncer le nom du nouveau manager de Derby County...

Tu éteins la radio. Dans le noir. Tu allumes la télévision...

Colin Boulton et Ron Webster courent dans les rues devant le Baseball Ground. Colin Boulton et Ron Webster frappent du poing le toit de la voiture de Jack Kirkland...

Ce salaud de Kirkland dit à Boulton et Webster, aux caméras et aux micros, à toute cette saloperie de Derby : « Vous aurez un nouveau manager demain matin. »

Tu éteins la télé. Porte fermée à clé, rideaux tirés. Tu es chez toi...

Dans le noir.

Sous les tribunes et derrière les portes, passé le coin et dans le couloir, je ne suis toujours pas sorti du bureau, je n'ose toujours pas sortir du bureau ; les pieds et les voix, derrière la porte, murmurent, murmurent et murmurent, inlassablement, les poings frappent, frappent et frappent le battant, inlassablement, le téléphone sonne, sonne et sonne, inlassablement...

« Êtes-vous là, Brian ? Êtes-vous encore là ? »

Je n'ouvre pas. Je ne décroche pas. Je reste simplement les pieds sur le bureau, une clope dans la gueule et un verre dans ma main indemne...

« Êtes-vous là, Brian ? Êtes-vous encore là ? »

La porte s'ouvre et Bolton entre. Bolton entre, lance une nouvelle lettre sur la table et dit : « Vous ne décrochez donc jamais ce foutu téléphone ? Montez à la direction. »

Il y a eu des manifestations dans le centre de Derby. Il y a eu des rassemblements dans les salles de jeu de Derby. Ce soir, le comité directeur du Mouvement de protestation de Derby County se réunit pour la première fois. John et son pote Bill Holmes font passer la corbeille dans la salle. Ils récoltent 150,53 livres.

« Désormais, le conseil de Derby County va devoir nous écouter, déclare Bill Holmes. Le conseil de Derby County ne peut pas ignorer la demande massive de transfert déposée par la totalité de l'équipe première. Le conseil de Derby ne peut pas ignorer la colère de trente mille manifestants. »

Tu es assis sur l'estrade et tu as envie de croire Bill Holmes. Cependant Bill Holmes est un supporter de Nottingham Forest et il n'y a que 300 personnes dans la salle.

Mais Mike Keeling arrive. Mike te prend à part. Mike te donne de l'espoir...

« J'ai vu Bill Rudd, annonce Mike, et Bill dit qu'il envisagera de vous reprendre, Peter et toi, si vous êtes prêts à marcher droit. Je

lui ai répété tout ce que vous m'aviez indiqué, que vous étiez disposés à renoncer à vos chroniques dans les journaux et à vos passages à la télévision s'ils acceptaient votre retour, et Bill a dit que cela lui convenait.

– C'est formidable. Foutrement formidable.

– Il y a mieux, ajoute Peter. Bill croit qu'il sera désormais en mesure de persuader Innes et même Sidney Bradley.

– Formidable, tu répètes. Foutrement formidable.

– Il ne reste que Longson et Kirkland, dit Keeling. Bill a tenté de les joindre pendant toute la journée pour leur annoncer qu'il voulait une nouvelle réunion du conseil...

– Mais ?

– Mais il n'a pas pu leur parler, n'a pas pu les joindre. Ils ne sont pas chez eux, ils ne sont pas au stade et ils ne sont pas à l'hôtel Midland.

– Alors où sont-ils, nom de Dieu. Où sont-ils ?

– À Nottingham, répond Mike. Il croit qu'ils sont à l'hôtel Albany.

– Il les a appelés ? tu demandes. Est-ce que Bill a essayé ?

– Il a effectivement essayé, répond Mike. En réalité, il y est allé.

– Et ?

– Il faudra qu'on espère, et qu'on prie pour qu'il ne soit pas arrivé trop tard, n'est-ce pas ? »

Tu te mords la lèvre. Tu fermes les yeux. Tu hoches la tête...

Tu ne crois pas en Dieu, mais tu crois à l'espoir.

Je prends le couloir. Photos aux murs. Trophées dans les vitrines. Le couloir puis le coin. Le coin et le pied de l'escalier. Puis l'escalier et Syd ; Syd qui dit quelque chose qui ressemble à : « Hier, dans l'escalier, j'ai rencontré un homme qui n'était pas là. Aujourd'hui encore, il n'était pas là. Je voudrais que cet homme s'en aille[1].

– Pardon ? » je fais.

Syd s'arrête au pied de l'escalier. Syd se tourne vers moi et Syd dit : « Par ici, on raconte que si on croise quelqu'un dans l'escalier, il y aura une dispute ou une séparation, et qu'on ne rencontrera pas cette personne au paradis.

– Ne vous inquiétez pas, Syd, je réponds. De toute façon, je ne pensais pas que je vous y verrais.

– Et je ne pensais pas que vous croyiez en Dieu ou au paradis.

---

1. Allusion à *The Little Man Who Wasn't There*, poème de Hughes Mearns. (*N.d.T.*)

– Après avoir passé trente-quatre jours ici, Sydney, j'ai changé d'avis.

– Pourquoi ? demande-t-il en souriant.

– Si un enfer tel que cet endroit existe, il doit bien y avoir un paradis quelque part. »

Syd rit, maintenant. Rit vraiment. Syd dit : « Si vous croyez que c'est l'enfer maintenant, vous verrez ce que ce sera quand vous aurez perdu contre Luton à domicile samedi, à l'extérieur contre Huddersfield Town, puis que vous aurez été sorti de la Coupe d'Europe au premier putain de tour par Zurich.

– Et ce serait le paradis pour vous, n'est-ce pas, Sydney ?

– Non », répond-il, puis il tourne le dos, franchit un angle, prend un autre couloir.

Je gravis le reste de l'escalier, je suis le corridor jusqu'aux portes de la salle du conseil. J'entends à nouveau leurs voix fortes du Yorkshire, j'entends à nouveau mon nom. J'ouvre la porte...

Il y a Bolton. Il y a Cussins. Il y a un homme que je ne connais pas.

« Vous avez pris votre temps, dit Bolton. Qu'est-ce que vous foutiez ?

– On était sur le point de lancer un avis de recherche, ajoute Cussins.

– Je regrette, je réponds, je parlais avec Syd Owen.

– Bon, je veux vous présenter quelqu'un dont la conversation, je n'en doute pas, sera beaucoup plus agréable que celle de cet abruti de Syd Owen, dit Bolton. Voici Martin Hughes.

– Heureux de faire votre connaissance, monsieur Clough, dit Martin Hughes.

– Moi de même.

– Martin dirige Mercedes dans le Nord, annonce Cussins.

– Mercedes ?

– Il paraît que c'est ce que vous aimez, dit Bolton. Les Mercedes.

– J'en avais une à Derby, oui.

– Nous ne pouvons pas accepter que Leeds United fasse moins bien que Derby County, n'est-ce pas ? blague Cussins. Martin va vous conduire à sa concession et s'occuper de vous, enfin si vous n'êtes pas trop débordé. »

Je secoue la tête. Je hoche la tête. Je sors mes clopes.

« Et souriez, si vous voulez, conclut Bolton. Qu'est-ce que vous croyiez ? »

Tu as fermé les yeux, tu as hoché la tête et, pour une fois dans ta foutue vie, tu as effectivement prié ; tu as prié et prié, puis tu as prié encore un peu, mais voilà ce que ça te rapporte, voilà ce que te rapportent toutes tes putains de prières, tous leurs rassemblements et toutes leurs manifestations, tous leurs sit-in et toutes leurs grèves...

Le conseil de Derby s'est rendu à Nottingham. Le conseil avait un contrat destiné à Mackay. Mackay voulait attendre la fin du match de Forest contre Hull. Cinq minutes après le coup de sifflet final, Mackay a signé le contrat. Maintenant, Mackay est manager de Derby County...

Dave Mackay. Pas toi.

Je rentre à Derby au volant de ma Mercedes-Benz bleue flambant neuve. Je fais monter ma femme et mes mômes dans ma Mercedes-Benz bleue flambant neuve. Nous nous promenons aux alentours de Derby dans ma Mercedes-Benz bleue flambant neuve. Nous passons devant le Baseball Ground et devant l'hôtel Midland dans ma Mercedes-Benz bleue flambant neuve. Nous nous arrêtons manger des *fish and chips* dans ma Mercedes-Benz bleue flambant neuve. Puis nous rentrons à la maison dans ma Mercedes-Benz bleue flambant neuve.

« Êtes-vous là, Brian ? Êtes-vous encore là ? »

J'aide ma femme à donner le bain aux enfants et à les coucher. Je regarde un peu la télé avec ma femme avant qu'elle aille au lit. Puis je m'installe dans le vieux rocking-chair avec un verre et je souris, parce que je suis sûr que nous battrons Luton à domicile, samedi. Je suis sûr que nous battrons Huddersfield Town en Coupe de la ligue. Je suis sûr que nous battrons Zurich lors du premier tour de la Coupe d'Europe. Je suis sûr que nous progresserons au classement. Je suis sûr que nous obtiendrons de bons résultats dans les coupes.

« Êtes-vous là, Brian ? Êtes-vous encore là ? »

Je ferme les yeux, mais je ne dors pas. Je ne dors pas, mais je rêve. Je rêve de villes désertes après la bombe A. De villes désertes où je suis le seul homme en vie. Le seul homme en vie capable de marcher et marcher dans ces villes. Marcher et marcher, jusqu'au moment où j'entends la sonnerie du téléphone. J'entends la sonnerie du téléphone, cherche l'appareil et finis par le trouver. Je le trouve, décroche et écoute la voix qui me demande : « Êtes-vous là, Brian ? Êtes-vous encore là ?

– Oui, je réponds. Je suis encore là.

– Qui regrette, maintenant, Brian ? ironise la voix dans le combiné. Qui regrette, maintenant ? »

Trente-sixième jour

Tu es toujours chez toi. Ta porte est fermée à clé et tes rideaux sont toujours tirés. Dans le noir. Tu passes la moitié du temps au lit, l'autre moitié sur le canapé. Tu montes et tu descends l'escalier. Tu ne réponds pas au téléphone et tu décroches le téléphone. Tu te couches et tu te lèves. Tu allumes la radio. Tu éteins la radio. Tu montes et tu descends une nouvelle fois l'escalier. Tu t'assieds sur le canapé et tu te lèves. Tu allumes la télévision. Tu éteins la télévision. Parce que Dave Mackay est désormais manager du Derby County Football Club. Pas toi...

Parce que c'est aujourd'hui le premier jour de Dave Mackay à ce poste. Ton poste...

Mercredi 24 octobre 1973.

Il y a eu des explosions de colère, hier soir, à Nottingham, les supporteurs de Nottingham Forest accusant Mackay de trahison, de partir après n'avoir fait que la moitié du boulot. Il y a eu des propos pleins de colère dans les journaux de ce matin, les joueurs de Derby County disant qu'ils ne joueraient pas pour Dave Mackay, qu'ils ne s'entraîneraient pas pour Dave Mackay. Qu'ils ne travailleraient pas pour Dave Mackay...

Les joueurs de Derby, tes *joueurs, disant qu'ils se mettraient en grève :*

« Pour faire revenir Cloughie ! »

Maintenant, il y a des explosions de colère au Baseball Ground, des explosions de colère lorsque Dave Mackay vient prendre son poste, ton *poste, est accueilli par des banderoles et des manifestants...*

« On veut Cloughie ! psalmodient-ils. On veut Cloughie ! »

Derrière la porte, derrière les rideaux, tu montes le volume de la télévision, de la radio :

« Barre-toi, Mackay, crient-ils. Tu n'as rien à faire ici ! »

Mais Dave Mackay a du cran. Dave Mackay a des couilles...

« Qui est-ce ? répond Mackay sur le même ton. Dites-lui de venir faire un essai. Je crois qu'il pourrait être utile à l'aile. »

La presse et la télévision adorent. Les caméras et les projecteurs. Les supporteurs. Les carnets d'autographes et les stylos. Les manifestants eux-mêmes rient.

« Ce poste est mon destin, dit Dave Mackay aux caméras et aux projecteurs, aux banderoles et aux manifestants. J'ai beaucoup de choses à prouver, mais je n'ai pas peur. On voit le verre à moitié plein ou bien on le voit à moitié vide. Je le vois à moitié plein et j'ai envie de boire un coup. »

Tu éteins la télévision. Tu éteins la radio...

Tu pousses par terre les documents qui couvrent le lit...

Tu tires les couvertures sur ta tête.

Je suis le premier levé, ce matin, je descends l'escalier et je monte dans ma Mercedes-Benz bleue flambant neuve. Je suis le premier à passer la porte, ce matin, à tourner à l'angle, à longer le couloir et à crier : « William ! William ! »

Mais Billy Bremner ne s'arrête pas. Billy Bremner ne pose pas son sac et ne se retourne pas.

Dans le couloir, je crie à nouveau : « Billy ! »

Bremner s'arrête. Bremner pose son sac et se retourne.

Je le rejoins. Je lui demande : « Tu viens ce soir ?

– Où ? demande Bremner.

– Ici. Pour le match de la réserve contre Blackburn.

– Pourquoi ?

– Je te l'ai expliqué. Ce que tu peux apporter sur le banc m'intéresse.

– Donc il faut que je vienne ? demande Bremner. Vous me l'ordonnez ?

– Bien sûr que non. Je te le demande, parce que je crois... »

Mais Bremner secoue la tête, dit : « Mais il y a *Only a Game*, ce soir.

– Quoi ?

– À la télé, ce soir. *Only a Game* ; l'Écosse contre le Brésil. On va boire un coup entre amis. Vous ne voudriez pas que je rate ça, n'est-ce pas ? »

Je lui tourne le dos. Je franchis l'angle du couloir, que je suis jusqu'au bureau. Je me sers un verre et j'allume une clope. Je sors mon carnet. Je décroche le téléphone et je passe quelques appels. Beaucoup de putains d'appels. Puis je raccroche. Je range mon carnet d'adresses. J'écrase ma clope. Je termine mon verre et je me change. J'enfile mon vieux maillot vert de gardien de Leeds United. J'ouvre le tiroir de la table. J'en sors un sifflet. Je ferme la porte à clé. Je m'assure qu'elle l'est effectivement. Je suis le couloir. Je tourne. Je traverse la réception et je sors sur le parking. Je trotte entre les trous et les flaques. Je passe devant les huttes sur pilotis. Je gravis le talus. J'entre sur le terrain d'entraînement...

Salauds. Salauds. Salauds.

Je siffle. Je crie : « Jordan, Madeley, Cooper, Bates, Yorath et Gray, vous jouerez ce soir le match de la réserve. On s'y retrouvera. »

Je leur tourne le dos et Syd Owen ainsi que Maurice Lindley sont là, debout, qui attendent, marmonnent et murmurent tête contre tête. Maurice a une grande enveloppe à la main. Il me la tend. « Voilà.

– Qu'est-ce que c'est ?

– Le dossier du FC Zurich, répond-il. La totale.

– Contentez-vous de me dire s'ils ont gagné.

– Oui, 3-0 à l'extérieur.

– Est-ce qu'ils sont bons ?

– Oui.

– Merci, dis-je en lui rendant son enveloppe. C'est tout ce que j'ai besoin de savoir. »

Je descends le talus au petit trot. Je passe devant les huttes. Entre les trous et les flaques. Je traverse le parking et j'entre à la réception. Sam Bolton s'y trouve, attend...

« Comment trouvez-vous la voiture ? demande-t-il.

– Très bien. Merci.

– Parfait, dit-il. Maintenant changez-vous et montez. »

Tu es toujours au lit, toujours sous les couvertures. En bas, le téléphone sonne, sonne et sonne. Tu ne te lèves pas. Tu ne décroches pas. Ta femme le fait...

« Brian ! crie-t-elle en bas de l'escalier, c'est un certain Mike Bamber, de Brighton. »

Tu sors la tête de sous les couvertures. Tu te lèves. Tu descends. Tu portes le combiné à ton oreille...

« Monsieur Clough, je m'appelle Mike Bamber, dit Mike Bamber, et je suis président du Brighton and Hove Albion Football Club. Je me demandais si nous pourrions parler d'un poste vacant dont je dispose ici.

– Brighton ? Ils sont en troisième division, hein ?

– Malheureusement, répond Mike Bamber. Mais je crois que vous êtes exactement l'homme capable de remédier à cela...

– J'y réfléchirai peut-être, réponds-tu. Et, si je me décide, je vous contacterai. »

Tu raccroches. Tu regardes ta femme...

« Un boulot est un boulot, dit-elle.

– En troisième division ? Sur la Côte sud ?

– Les mendiants n'ont pas le choix. »

Mike Bamber et Brighton and Hove Albion attaquent Leeds United en justice. Mike Bamber et Brighton and Hove Albion ont déposé plainte contre Leeds United. Mike Bamber et Brighton and Hove Albion exigent des dommages et intérêts pour rupture de contrat. Mike Bamber et Brighton and Hove Albion demandent des dommages et intérêts à Leeds United, qui m'aurait incité à rompre mon contrat. Mike Bamber et Brighton and Hove Albion affirment que Leeds United a accepté de payer une indemnité de 75 000 livres pour m'avoir. Mike Bamber et Brighton and Hove Albion affirment également que Leeds United a promis de jouer un match amical contre eux au Goldstone Ground, leur stade. Mike Bamber et Brighton and Hove Albion veulent leur match. Mike Bamber et Brighton and Hove Albion veulent leur argent...

« Ils n'auront rien, crie Sam Bolton. Rien, nom de Dieu. Comme tous les présidents et les dirigeants qui nous appellent depuis le début de la matinée, posent des questions sur Joe Jordan, posent des questions sur Paul Madeley, posent des questions sur Terry Cooper, posent des questions sur Mick Bates, posent des questions sur Terry Yorath et posent des questions sur Frankie Gray...

« Ils n'auront rien, dit Bolton, parce qu'on ne leur donnera rien, nom de Dieu. »

Tu revois les joueurs de Derby, tes *joueurs lors d'un déjeuner à l'hôtel Midland. Seulement toi, Peter et les joueurs,* tes *joueurs.*

La direction de Derby refuse toujours de recevoir les joueurs. Les joueurs sont effondrés. Les joueurs sont amers. Les joueurs sont vexés. Ces joueurs sont jeunes. Ces joueurs sont sensibles. Ces joueurs sont loyaux. Tu comprends cela...

« J'ai joué avant-centre à Derby County toutes les semaines », leur dis-tu...

Ils comprennent cela. Ils le savent. Ils te disent : « Nous ne nous entraînerons pas. Nous ne jouerons pas. Tant qu'ils ne vous auront pas repris, patron. »

Tu les remercies un nombre incalculable de fois. Tu commandes un nombre incalculable de bouteilles. Tu leur dis : « Nous nous reverrons chez moi, pour fêter ma réintégration... »

Mais ce soir les joueurs de Derby, tes *joueurs, doivent rencontrer Dave Mackay...*

« Ça ne résoudra rien, n'est-ce pas ? dit Roy McFarland.

– Mais c'est ton manager maintenant, dit Pete. Pas nous, Roy. Dave. »

Tu te tournes vers Peter. Tu fixes Taylor. Tu cries : « Quoi ? Quoi, bordel ?

– Merde, Brian, regarde les choses en face. Il faut tourner la page. C'est fini.

– Non, bordel de merde. Et le mouvement de protestation ?

– Brian, Brian, Brian...

– Vas-y, tu dis. Laisse tomber si tu en as envie, comme toujours. Mais je ne laisse pas tomber, je ne laisserai pas tomber ces gars. Pas après tout ce qu'ils ont fait pour nous, pas après tous les putains de risques qu'ils ont pris pour nous. Jamais...

– Exactement, dit Peter. Et c'est pour ça qu'on ne devrait pas leur demander de prendre de nouveaux risques. Ne pas s'entraîner, ne pas jouer ! Les sit-in et les grèves ! Ce sont de foutues ruptures de putains de contrats. Ils n'auront plus de club et plus de boulot ; on leur interdira de jouer ailleurs. Ils seront au chômage, exactement comme nous.

– Va te faire foutre. Tu es un lâche. Tu es un dégonflé. »

Mais Taylor se contente de hausser les épaules. Il écrase sa clope et se lève. Puis Peter serre la main de tous les joueurs de Derby...

« Merci pour tout, dit-il. Et bonne chance pour samedi, je le pense vraiment. »

Un quart d'heure avant le début du match de Ligue du centre contre Blackburn, Elland Road est vide. Vide à l'exception des dirigeants, des managers et des recruteurs...

Freddie Goodwin, de Birmingham City, est là. Alan Brown, de Forest, aussi. Le manager de Leicester. D'Everton. De Stoke. De Villa. D'Ipswich. De Norwich. De Luton. De Burnley. De Coventry. De Wednesday. De cette putain d'équipe de Hull et même de Carlisle, ils sont tous venus devant cette vitrine, venus aux soldes...

« Choisissez, nom de Dieu, je leur ai dit. Tout doit disparaître ! »

Les portes. L'escalier. L'angle et le couloir. Je me dirige vers la salle du conseil. Vers la salle du conseil et le chaos :

Un homme gît sur le plancher du couloir, devant la salle du conseil...

Cet homme est Harry Reynolds, ancien président de Leeds United...

Des gens ouvrent son col, des gens desserrent sa cravate...

Des gens appellent un médecin, une ambulance...

Mais Harry Reynolds est mort.

Le taxi te dépose chez toi. Roy McFarland et Henry Newton t'aident à gagner la porte. Ta femme t'allonge sur le canapé...

« N'écoutez pas Peter, tu dis à Roy et Henry. Il a peur, c'est tout. Il se dégonfle. »

Ta femme attend que Roy et Henry soient partis. Que tu aies dormi. Une bonne tasse de thé. Puis ta femme t'annonce que Stuart Dryden, de Nottingham Forest, a téléphoné. Stuart Dryden n'est peut-être que membre du conseil de Nottingham Forest, d'après ta femme, mais Stuart Dryden est un visionnaire. Stuart Dryden a un rêve...

Il croit que Nottingham Forest peut être promu de deuxième division en première division ; que Nottingham Forest peut remporter le championnat de première division ; que Nottingham Forest peut remporter la Coupe d'Europe ; pas une fois, pas deux, mais encore et encore...

Stuart Dryden croit que tu es l'homme capable de réaliser ce rêve...

« Que vous êtes le seul homme capable de faire de ce rêve une réalité », te dit Stuart Dryden au milieu de la nuit. Dans un bureau de Nottingham. En secret.

« Vous me proposez le poste ? tu demandes à Stuart Dryden.

– J'aimerais pouvoir, bon sang. Mais je ne fais partie du conseil que depuis une semaine.

– Je suis intéressé. Et Peter aussi. Mais nous ne posons pas notre candidature.

– Cependant, il faut que vous m'aidiez à vous faire venir ici, dit Dryden.

– Comment ?

– En téléphonant au club demain matin à onze heures et en vous renseignant discrètement sur le poste. Je veillerai à être là et à prendre l'appel.

– Je ne mendierai pas, nom de Dieu. Je ne mendierai pas, bordel de merde.

– Il ne s'agit pas de mendier. Il s'agit de se renseigner discrètement.

– Mais qui peut dire que je ne serai pas de retour à Derby demain, à cette heure ?

– Ils ont engagé Dave Mackay, dit Stuart Dryden. Ils ont engagé notre putain de manager à votre place.

– On ne sait jamais. Ils pourraient changer d'avis. Derby me reprendrait, Mackay reviendrait chez vous et tout le monde serait content.

– Mais nous ne voulons pas reprendre Mackay, dit Stuart Dryden. C'est vous que nous voulons. »

Le match de la réserve a lieu et Leeds bat les Blackburn Rovers 3-0, mais c'est sans importance. Plus maintenant. Maintenant qu'Harry Reynolds est mort. Plus maintenant que Don Revie est arrivé, comme par magie :

« Harry Reynolds est l'homme qui m'a donné ma chance, dit Don Revie. Sans lui, il n'y aurait rien eu. Personne n'aurait pu faire davantage pour un club de football que monsieur Reynolds. Sans son intervention, il y a de nombreuses années, je serais sûrement allé à Bournemouth. J'ai envers lui une dette que je ne peux exprimer par des mots. Sa disparition m'attriste beaucoup et je lui dois tout ce que j'ai fait au cours de ma carrière de manager. Quand je pense au dévouement et à la volonté qui ont marqué sa carrière de président pendant les premières années où l'équipe a été placée sous ma direction, à ses voyages avec moi dans tout le pays pour recruter des joueurs et convaincre des jeunes prometteurs de faire une carrière à Leeds, je m'aperçois qu'il était unique... »

J'ai fermé la porte du bureau à clé. Coincé la chaise sous la poignée. Les doigts dans mes oreilles, les doigts dans mes oreilles, les doigts dans mes oreilles...

Les autres dirigeants, les managers et leurs recruteurs sont partis...

Mais pas Don Revie. Don Revie est toujours là. Sous la tribune. Après le coin. Il arpente les couloirs. Frappe aux portes...

« Êtes-vous là, Brian ? Êtes-vous encore là ? »

Tu es au lit près de ta femme. Tu entends le réveil sur la table de nuit. Tu as fermé les yeux, mais tu ne dors pas. Tu n'as pas envie de devenir manager de ces crétins de Nottingham Forest. Tu n'as pas envie de devenir manager de cette saloperie de Brighton and Hove Albion. Tu n'as même pas envie d'être manager de l'équipe d'Angleterre...

Tu veux être manager de Derby County. Voilà le boulot que tu veux...

Le boulot de Derby, c'est le seul boulot que tu veuilles.

Ton ancien boulot...
Retrouver ton ancien boulot, voilà ce que tu veux, tout ce que tu veux...
Tout ce que tu as toujours voulu et tout ce que tu veux maintenant...
Maintenant que tu n'as plus d'emploi, maintenant qu'il est trop tard...
Le réveil fait tic-tac, tic-tac...
Maintenant que tu es au chômage...
Encore au chômage.

Trente-septième jour

Je ne peux toujours pas dormir, donc j'ouvre à nouveau les yeux ; je suis toujours dans mon lit moderne et luxueux de ma chambre d'hôtel moderne et luxueuse, avec une gueule de bois à l'ancienne et une migraine à l'ancienne ; mon téléphone moderne et luxueux sonne, sonne et sonne...

« Chérie ? C'est toi, ma chérie ? je demande. Quelle heure est-il ?

– Ce n'est ni votre femme ni votre minette, dit la voix dans un rire. Et il serait temps que vous alliez au boulot, putain de gros fainéant. Moi, en tout cas, bon sang, j'y suis... »

Alan Brown, manager de Nottingham Forest. Alan Brown, ami de Peter...

« Alan ? Qu'est-ce que je peux faire pour vous ?

– Je n'ai pas vraiment eu l'occasion de parler avec vous hier soir, répond Alan, puisque vos dirigeants tombaient comme des mouches, mais ce que j'ai vu sur le terrain m'a plu.

– Qui vous a plu ?

– Terry Cooper. Il nous conviendrait très bien, à condition...

– À quelle condition ?

– À condition que sa jambe soit complètement guérie et que le prix soit acceptable.

– Ne vous faites pas de souci pour sa foutue jambe, je réponds. Et ne vous faites pas davantage de souci pour son putain de prix.

– Très bien, dit Alan. Donc vous me tiendrez au courant, n'est-ce pas ?

– Je verrai le conseil. Ensuite, je vous donnerai les chiffres par téléphone.

– Je les attendrai avec impatience, Brian. Avec impatience. »

Je raccroche mon combiné moderne et luxueux. Je me lève. J'entre dans ma salle de bains moderne et luxueuse, j'ouvre les robinets modernes et luxueux de ma baignoire moderne et luxueuse, puis mon foutu téléphone moderne et luxueux se remet à sonner et sonner. Donc je mets une serviette de bain moderne et luxueuse autour de ma taille, traverse la chambre moderne et luxueuse, décroche une nouvelle fois mon téléphone moderne et luxueux...

« Ne me dites pas qu'ils vous ont déjà viré ? »

Freddie Goodwin, manager de Birmingham et compagnon de misère...

« Freddie ? Que puis-je faire pour vous par cette belle matinée du Yorkshire ?

– Vous pouvez nous vendre Jordan, répond-il. Voilà ce que vous pouvez faire pour nous.

– Considérez que c'est acquis. Considérez que c'est acquis. »

Je laisse mon téléphone moderne et luxueux décroché, je regagne la salle de bains moderne et luxueuse, je me glisse dans l'eau glaciale de ma putain de baignoire moderne et luxueuse...

Treize jours d'ici le premier tour de la Coupe d'Europe...

Leeds United à quatre places de la lanterne rouge de la première division.

Vous regardez, Peter et toi, Derby County jouer contre West Ham United. Pas sur le banc. Pas sur la touche. Pas dans la loge des dirigeants. Vous n'êtes même pas à Upton Park, Peter et toi. Vous regardez, toi et Peter, Derby jouer contre West Ham dans les studios de cette connerie de London Week-End Television.

C'est presque la mi-temps et Derby a fait très bonne impression, mené pratiquement toutes les actions face à une défense de West Ham apparemment très faillible. Roger Davies a eu beaucoup d'espace pour récupérer puis distribuer le ballon et, profitant d'une de ses têtes, prolongement d'une passe de Boulton, Hector part et n'a plus que Mervyn Day à battre, mais le tir est arrêté, la balle passe près du poteau et vous vous rasseyez, toi et Peter. À votre bureau. Pas à Upton Park. Pas sur la touche. Pas sur le banc.

Tu regardes la composition de l'équipe : Boulton, Webster, Nish, Newton, McFarland, Todd, McGovern, Gemmill, Davies, Hector, Hinton. Remplaçant : O'Hare. Manager : Mackay...

Vous n'êtes pas à Upton Park. Vous n'êtes pas sur la touche. Vous n'êtes pas sur le banc...

Vous êtes dans les studios de London-Week-End Television.

Tu desserres ta cravate. Tu déboutonnes ton col. Tu étouffes toujours. Tu te lèves. Tu leurs dis que tu vas aux toilettes. Tu sors du studio. Tu prends le couloir. Tournes à un angle. Descends un escalier. Dehors, tu trouves une cabine téléphonique...

« Écoutez, Mike, dis-tu à Mike Keeling, pouvez-vous localiser Mike Bamber ? Le président de Brighton. J'ignore totalement où il est, mais il faut que je lui parle... »

Leeds United est en deuil. Costumes sombres, cravates noires, drapeau en berne. Conseil trop occupé par son chagrin pour me recevoir. Portes fermées, lèvres serrées...

Mais pas John Giles. L'Irlandais m'adresse un clin d'œil. L'Irlandais demande : « Je vous ai manqué ?

– Comme un trou dans le crâne. »

L'Irlandais sourit. « Je prends ça comme un compliment, monsieur Clough.

– Prends-le comme une référence, si tu veux. »

L'Irlandais sourit. « Je ne manquerai pas de la transmettre aux Spurs.

– Ils veulent toujours de toi, hein ? »

L'Irlandais siffle. « C'est la question à un million de dollars, hein ?

– Mais tu les as vus ? Tu as négocié avec eux ? »

L'Irlandais acquiesce. « On a rompu le pain, oui.

– Mais est-ce que tu l'as trempé ? Ton pain ? »

L'Irlandais hausse les épaules.

« C'est le début, monsieur Clough. C'est le début.

– Mais tu veux ce putain de boulot, hein ? »

L'Irlandais hausse une nouvelle fois les épaules. L'Irlandais demande : « Qui peut le dire ?

– Il n'y a rien pour toi ici. Tu le sais ? »

L'Irlandais rit. « Je n'en suis pas absolument sûr.

– Je te le dis carrément. Il n'y a rien pour toi ici. »

L'Irlandais sourit. « Ce n'est pas ce que mon petit doigt m'a soufflé.

– Comment ça, bordel de merde ? »

L'Irlandais m'adresse un nouveau clin d'œil. « Les choses peuvent changer, monsieur Clough.

– Qu'est-ce que tu racontes, nom de Dieu ? Qu'est-ce que tu sais ? »

L'Irlandais se lève. « À un de ces jours, monsieur Clough...

– Quoi ? Qu'est-ce que tu sais, bordel de merde ? »

L'Irlandais ouvre la porte. « Ou peut-être pas. »

Mike Keeling localise Mike Bamber. Bamber est dans la loge des dirigeants à Hereford. Il regarde Hereford United battre Brighton and Hove Albion 3-0. Mike Bamber sort de la loge des dirigeants. Au pas de course. Bamber prend l'appel de Keeling...

« Brian demande que vous fassiez passer l'autocar de l'équipe par Londres quand vous retournerez à Brighton. Brian vous retrouvera au Waldorf. »

Mike Bamber et l'équipe de Brighton font un détour de trente kilomètres pour passer au Waldorf ; le Waldorf où LWT te loge...

« Qu'avez-vous fait de l'équipe ? tu demandes à Bamber, au bar.

– Elle attend dans l'autocar, répond-il. Donc il faudra que ce soit bref.

– Bien. J'ai décidé de prendre votre proposition en considération.

– C'est formidable, s'écrie Mike Bamber. Vous devriez venir à Brighton, dans mon hôtel, ce soir ou demain matin à la première heure. Nous déjeunerons...

– Je ne peux pas aller à Brighton. Pas ce soir. Pas demain.

– Bon, fait Bamber. Lundi ?

– Pas davantage lundi. Mais pourquoi ne viendriez-vous pas à Derby ?

– Parfait, dit-il. Donnez-moi simplement l'heure et l'endroit.

– Mardi pour déjeuner. À l'hôtel Midland, Derby. »

Mike Bamber tend la main. Bamber dit : « À mardi. »

Le premier tour de la Coupe d'Europe a lieu dans treize jours et Leeds United est dix-neuvième du championnat de première division. Le FC Zurich a mieux démarré la saison ; le champion de Suisse est invaincu ; il n'est pas à trois places du dernier club de la première division...

Les journalistes expriment des doutes. Les journalistes expriment des craintes :

« Vous avez des blessés et vous avez des suspensions », disent-ils.

Je réponds : « Je sais que nous avons des blessés. Je sais que nous avons des suspensions.

– Dans ce cas, pourquoi tentez-vous de vendre Jordan à Birmingham ? »

J'explique : « Écoutez, Freddie Goodwin a assisté au match de la Ligue du centre, hier, et après la rencontre, Freddie m'a demandé si quelques-uns de nos joueurs étaient disponibles. Je lui ai répondu ce que je réponds à tout le monde : personne ne part pour le moment !

– Pour le moment ? Et Johnny Giles ? »

Je dis : « La balle est dans le camp des Spurs. En ce qui nous concerne, nous ne pouvons qu'attendre la suite. Giles n'a pas posé sa candidature pour le poste, c'est donc aux Spurs de prendre l'initiative. S'ils veulent qu'il devienne leur manager, j'imagine qu'ils me contacteront et nous verrons à ce moment-là. S'ils veulent effectivement qu'il devienne leur manager...

– Mais Joe Jordan ? Et Terry Cooper et Forest ? Terry Yorath et Everton ? Jordan et Cooper joueront-ils samedi ? Et Yorath ? »

Je répète : « Nous avons des blessés, nous avons des suspensions et la date limite des transferts, en ce qui concerne la Coupe d'Europe, est passée. Il ne reste que treize jours. Donc je vous le dis : tout le monde sera encore ici dans treize jours.

– Tout le monde ? demandent-ils. Vous croyez que *vous* serez encore ici dans treize jours ? »

Derby a fait match nul 0-0 à West Ham, dans la première rencontre de Dave Mackay en tant que manager de Derby County. Longson était de retour à la télé...

« J'ai réussi à les gérer », a dit Longson à Match of the Day.

Tu le regardes, sur ton lit du Waldorf, allongé sur ce lit avec le costume que tu portes à l'antenne, la cravate que tu portes à l'antenne, et tu vides ton bar...

Mais tu ne regardes pas vraiment Longson, tu ne regardes pas vraiment Match of the Day *; tu penses aux bruits et aux rumeurs, les bruits et les rumeurs selon lesquels la Fédération va à nouveau te mettre en accusation, te mettre en accusation une nouvelle fois à cause de tout ce que tu as dit et écrit, tout ce que tu as dit et écrit l'été dernier sur Leeds United et Don Revie ; les bruits et les rumeurs selon lesquels la Commission disciplinaire va t'exclure, te bannir à vie ou te suspendre pour plusieurs saisons ; les bruits et les rumeurs selon lesquels on a demandé à Forest de ne pas t'embaucher, selon lesquels aucun club ne voudra t'embaucher, aucun club...*

Pete écrase sa clope. Pete, assis dans un fauteuil, se lève. Pete éteint la télé...

« Je regardais, nom de Dieu, tu dis. Rallume.

– Quand on aura parlé.

– C'est parti. Qu'est-ce que j'ai fait, cette fois, maman ?

– Il faut que je sache si tu as vraiment l'intention d'accepter le boulot de Brighton.

– Comme dit ma femme, quand on est mendiant, on n'a pas le choix.

– On n'est pas des mendiants, dit Pete. Pas encore.

– Moi, j'en serai un, tu réponds. L'accusation d'atteinte à la réputation du jeu risque de mettre fin à ma carrière.

– En as-tu parlé à Bamber ? » demande Pete.

Tu secoues la tête. Tu vides ton verre. Tu allumes une nouvelle clope.

« Il va falloir que tu l'avertisses, dit Pete. Que tu l'avertisses vite.

– Pourquoi ? Pour qu'il puisse courir se réfugier dans les montagnes, comme tous les autres ?

– Allons, Brian. Ce n'est pas bien de ne pas l'avertir et tu le sais. »

Tu te sers un nouveau verre et tu le vides. Tu allumes une nouvelle clope et tu la fumes...

« J'ai une femme, trois mômes et pas de putain de boulot, tu dis. J'ai peur, Pete.

– Et tu me traites de putain de lâche ? ironise Pete. Tu es un vrai dégonflé et tu sais quoi ? Je l'ai toujours su, nom de Dieu.

– C'est à des kilomètres, cette connerie de Brighton.

– Lâche.

– Tu as vu où ils sont ? tu demandes. En bas du tableau de la putain de troisième division.

– Tu es manager de football, dit Pete. C'est ton boulot de les sortir de là.

– Avec un public moyen de six mille spectateurs ? Ce n'est pas possible.

– Qu'est-ce que tu vas faire ? demande Pete. Conduire un taxi ? Acheter un pub ?

– Je t'emmerde !

– Une grande gueule et rien dans le pantalon, dit Pete. Voilà le vrai Cloughie !

– Je t'emmerde ! tu cries, et tu lui lances un oreiller...

– Une grande gueule et rien dans le pantalon, répète-t-il en riant. Pas de putains de couilles !

– D'accord, d'accord. J'accepterai ce putain de boulot si ça te persuade de la fermer.

– S'ils te prennent, dit-il. Et si tu n'es pas suspendu. »

Sous les tribunes, passé les portes, après les coins et au bout des couloirs, il y a des larmes dans les yeux de Terry Cooper ; Terry Cooper qui est à Leeds United depuis quatorze ans, qui a joué plus de 300 matchs ; Terry Cooper qui a obtenu un nombre incalculable de médailles et dix-sept sélections de plus que moi en équipe nationale ; Terry Cooper qui ravale ses larmes et me demande à nouveau : « Soixante-quinze mille livres ? »

Je vide mon verre. Je m'en sers un autre. J'allume une clope et j'acquiesce.

« C'est tout ce que je vaux, pour vous ? Soixante-quinze mille livres ? »

Je finis mon verre. Je finis ma clope et j'acquiesce une nouvelle fois.

« Et mon jubilé ? demande Terry Cooper.

– Quel est le problème ?

– Je suis ici depuis quatorze ans. J'ai joué trois cent vingt-sept matchs pour notre club, dit Terry Cooper. J'ai marqué le but de la victoire, contre Arsenal, à Wembley, le but de la victoire qui a permis de ramener la coupe ici en 1968. Notre première.

– C'était autrefois, je dis. On est en 1974. »

Trente-huitième jour

Tu ne peux pas lâcher prise. Tu ne peux pas tourner le dos. Parce que personne ne veut s'entraîner pour lui. Personne ne veut jouer pour lui. Ils te l'ont dit, cent fois. De vive voix et par téléphone. Personne ne veut jouer pour lui...

Ils veulent jouer pour toi. Ils veulent travailler pour toi...

Pas pour Dave Mackay. Pas pour Sam Longson...

C'est toi qu'ils veulent...

Cloughie.

Ce soir, Derby County va à Roker Park et joue contre Sunderland en match retour de la Coupe de la ligue. Mais personne ne veut aller avec lui. Personne ne veut jouer pour lui. Ils te l'ont dit, mille fois...

Si Derby perd ce match, si Mackay perd ce match, qui sait ?...

Personne ne veut jouer pour lui. Personne ne veut travailler pour lui...

Ils veulent jouer pour toi. Ils veulent travailler pour toi...

Pas pour Dave Mackay. Pas pour Sam Longson...

C'est toi qu'ils veulent...

Cloughie.

Donc si Derby perd ce match, si Mackay perd ce match, qui sait ? Qui sait ce que pourra apporter demain matin ?

Cloughie, debout et impeccable...

Cloughie de retour ?

Je suis le dernier levé, ce matin, je descends l'escalier puis monte dans cette Mercedes-Benz bleue neuve. Le dernier à franchir les portes et à me mettre au travail, après les coins et dans ce couloir, l'entraînement terminé mais les joueurs toujours là; les joueurs toujours là et désireux de me parler; désireux de me parler parce que John Giles n'a pas chômé, ce matin...

L'Irlandais a expliqué à l'équipe pourquoi il veut aller à Tottenham; pourquoi il veut quitter Leeds. Joe Jordan, lui non plus, n'a pas chômé. L'Écossais a exposé à l'équipe son opinion sur sa place dans la réserve, son opinion sur son transfert à Birmingham City. Terry Yorath n'a pas davantage chômé. Le Gallois a dit à l'équipe ce qu'il pense de son départ pour Everton. Mais c'est surtout Terry Cooper qui n'a pas chômé. L'Anglais leur a annoncé qu'il avait été vendu à Forest; il leur a parlé de son jubilé et de ses doutes. Maintenant, ils sont tous inquiets. Ils ont tous peur. Ils sont tous en colère. Ils veulent tous me parler...

« Êtes-vous là, Brian? Êtes-vous encore là? Êtes-vous là-dedans ou quoi? »

Sous la tribune, passé les portes, après le coin et dans le couloir, j'ai fermé cette foutue porte à clé et coincé cette putain de chaise contre elle...

Doute et peur. Doute et peur. Doute et peur.

Je me sers un verre. J'allume une nouvelle clope. J'annule la conférence de presse du vendredi midi. Je dis à Harry, Ron et Mike que je leur parlerai par téléphone :

« Vous êtes à dix-huit places de la première...

– Je sais.

– Vous marquez en moyenne un but par match...

– Je sais.

– Mais vous faites toujours jouer Jordan et McKenzie avec la réserve...

– Je sais.

– Vous faites jouer O'Hare à l'avant alors qu'il ne peut pas participer à la Coupe d'Europe...

– Je sais.

– Dans douze jours l'Europe...

– Je sais.

– Vous parlez de vendre Terry Cooper et Joe Jordan, du départ de Giles pour Tottenham, vous parlez d'embaucher d'autres joueurs qui ne pourront pas participer à la Coupe d'Europe...

– Je sais.

– Qu'est-ce que vous allez faire? demandent-ils. Qu'est-ce que vous allez faire, Brian?

– Je vais laisser passer l'orage, je réponds.

– À votre avis, qu'est-ce que Don Revie aurait...

– Je m'efforce de ne pas penser à Don Revie. Mais ça aurait été pareil.

– Cependant il n'aurait pas acheté McKenzie, disent-ils. Il n'aurait acheté ni McGovern ni O'Hare. Il n'aurait pas essayé de vendre Cooper, Giles et Jordan...

– Don est parti. Et maintenant, seule la victoire peut changer les choses.

– Et si vous ne gagnez pas ? demandent-ils. Qu'est-ce qui changera, dans ce cas ? Qui partira ?

– Rien ne changera.

– C'est indispensable, disent-ils. Il faut que quelqu'un...

– Rien ne changera. Comme je l'ai dit, je laisserai passer l'orage... »

L'orage. L'orage. L'orage.

Mike Bamber et Harry Bloom, vice-président de Brighton, viennent à Derby en voiture. À l'hôtel Midland. Pour vous voir, toi et Peter.

Mais tu n'y es pas. Il n'y a que Pete...

Bill Wainwright, directeur du Midland, téléphone chez toi, où tu es au lit...

« Servez-leur de la bière et des sandwichs, tu dis. J'arrive. »

Mais tu n'arrives pas. Tu as deux heures de retard. Tu portes toujours ton vieux survêtement bleu...

Peter est furieux, foutrement furieux. Bamber et Bloom aussi...

« Vous n'êtes vraiment pas gêné, dit Mike Bamber, de nous faire venir jusqu'ici, puis d'arriver avec deux heures de retard.

– J'ai été retenu » je leur dis.

Ils restent furieux, Bamber et Bloom, mais ils restent aussi au pied du mur...

« Cependant je n'ai pas fait tout ce chemin pour me disputer avec vous, dit Bamber. Donc voici ce que nous proposons... »

Mike Bamber vous offre, à Pete et toi, 7 000 livres chacun si vous signez à Brighton et un salaire annuel supérieur à ce que vous gagniez à Derby...

Pete sourit déjà. Pete a déjà fait ses comptes. Taylor est déjà d'accord.

« Mais ce sont des salaires de première division, fais-tu remarquer à Bamber...

– Vous êtes des managers de première division, réplique Bamber.

– Êtes-vous sûr que vous pouvez vous le permettre ?

– *Êtes-vous sûrs que vous valez ces sommes ?*
– *J'en suis sûr, tu réponds.*
– *Dans ce cas, moi aussi, dit Bamber. Moi aussi.* »

Sous la tribune, le fardeau sur mes épaules. Passé les portes, le fardeau sur mes épaules. Après le coin, le fardeau sur mes épaules. Dans le couloir, le fardeau sur mes épaules. Ce fardeau sur mes épaules quand je pousse la porte de la salle à manger du club. La soupe est encore de la queue de bœuf. La viande, de l'agneau. Les légumes mous et le vin bon marché. Leurs costumes sont sombres et leurs cravates toujours noires...

« Évidemment qu'il ne veut pas partir, affirme Bolton. C'est Leeds United !

– Mais j'ai besoin de joueurs qui pensent à remporter des coupes et des médailles, je réponds. Il se préoccupe davantage de son foutu jubilé que de Leeds United.

– Il joue ici depuis quatorze ans, dit Cussins. Il mérite cette distinction.

– Je n'ai jamais dit le contraire, je lui réponds, je leur réponds à tous. J'ai joué, pas vous ; aucun d'entre vous, pas un seul d'entre vous. J'ai été blessé ; pas vous. J'étais fini, lessivé, et on serait morts de faim, nom de Dieu, sans l'argent de mon jubilé. Tout ce que je dis, c'est que la moitié de votre putain d'équipe joue des matchs de jubilé, cette saison...

– C'est exagéré, dit Woodward. C'est loin d'être la moitié de l'équipe.

– Cooper, Giles, Paul Madeley, Paul Reaney, Norman Hunter et Peter Lorimer, je lui réponds, je leur réponds à tous. Ça fait six joueurs de l'équipe première qui jouent un putain de match de jubilé cette saison et ça rend leur vente très, très difficile.

– Dans ce cas, cessez d'essayer de vendre ces types ! crie Bolton. Merde, mon vieux, ils sont champions d'Angleterre. Champions de cette putain de ligue.

– Pas cette saison, je lui réponds, je leur réponds à tous. Ce sont des vieillards.

– Connerie, dit Woodward. Putain de connerie.

– Ah oui ? je lui demande, je leur demande à tous. Vous les regardez jouer, hein ?

– On pourrait dire que ce ne sont pas les joueurs, dit Bolton.

– Ah oui ? je lui demande à nouveau, je leur demande à nouveau à tous. Dans ce cas, qui cela pourrait-il être ?

– On pourrait dire que c'est leur manager, affirme Bolton. On pourrait dire que c'est vous. »

Tu devrais lâcher prise. Tu devrais tourner le dos. Mais tu ne peux pas lâcher prise. Tu ne peux pas tourner le dos. Tu devrais penser à Brighton, penser à l'avenir. Mais tu ne peux pas t'empêcher de penser à Derby, au passé...

Tu ne peux pas cesser d'y penser, d'y penser et d'y penser, de penser à eux :

Derby County a fait match nul face à Sunderland. Ils ont remonté un penalty. Ils ont remonté un but de retard. Ils sont remontés et ont fait match nul 1-1. Mais 1-1 ne suffit pas. Pas face à Sunderland. Les joueurs de Derby, tes joueurs, le savent. Les supporteurs et les journalistes le savent. Longson et le conseil le savent et, surtout, Dave Mackay le sait...

Puis Mackay a perdu le putain de tirage au sort. Pour les joueurs de Derby, tes joueurs, c'est une autre raison d'être furieux. Maintenant, Derby doit jouer à nouveau contre Sunderland demain soir, à Roker Park ; le vainqueur de ce match jouera à domicile contre Liverpool au prochain tour de la Coupe de la ligue. Mais, mais, mais...

Si Derby County perd demain soir. Si Derby County n'atteint pas le tour suivant de la Coupe de la ligue. Si Derby County ne joue pas à domicile contre Liverpool...

Si Derby perd ce match, si Mackay perd ce match, qui sait ?

Les joueurs ne veulent pas jouer pour lui. Les joueurs ne veulent pas travailler pour lui. Ils veulent jouer pour toi, tes joueurs. Ils veulent travailler pour toi...

Pas pour Dave Mackay. Pas pour Sam Longson...

C'est toi qu'ils veulent, tes joueurs...

Ils veulent Cloughie, debout, exemplaire et de retour.

Donc tu ne peux pas encore lâcher prise. Tu ne peux pas tourner le dos maintenant. Tu ne peux pas cesser d'y penser, d'y penser et d'y penser, de penser à eux. Mais, mais, mais...

Tu as accepté la proposition de Brighton. Tu as serré la main de Bamber. Demain matin, tu prendras l'avion à l'aéroport d'East Midlands à destination du Sussex...

Mais tu détestes les avions, nom de Dieu. Tu détestes vraiment ça, bordel de merde. Tu as trouvé ton prétexte et tu as la trouille ; ton carnet d'adresses et ton téléphone dans les mains...

Tu appelles Phillip Whitehead, ton député. Tu lui demandes ce que tu dois faire...

« Tout le monde veut votre retour, répond-il. Mais c'est votre carrière. »

Tu appelles Brian Moore. Tu lui demandes ce que tu dois faire...

« Tout le monde, à ITV, voudrait que vous travailliez ici à plein temps, répond-il. La proposition tient toujours et vous le savez. Mais, au plus profond de vous-même, vous êtes manager de football. Je le sais et vous le savez. Donc je ne peux pas vous dire ce que vous devez faire, Brian, sauf suivre votre instinct. »

Tu appelles Mike Keeling. Tu lui demandes ce que tu dois faire...

« Personne ne veut que vous partiez, répond-il, mais, au bout du compte, c'est à vous de décider. »

Tu appelles John Shaw. Tu lui demandes quoi faire, nom de Dieu...

« Les habitants de Derby veulent que vous restiez, répond-il. Les habitants de Derby et les supporteurs du Derby County Football Club, ils veulent tous que vous restiez, ils se battront jusqu'à ce que vous retrouviez votre place, et vous savez que, comme tous ceux qui participent au mouvement de protestation, je ferai tout mon possible pour que cela arrive. Tout notre possible. Mais, en attendant, vous devez aussi faire vivre votre femme et vos enfants... »

Tu ne peux pas lâcher prise. Tu ne peux pas tourner le dos. Parce que tu ne peux pas t'empêcher d'y penser. Tu ne peux pas t'empêcher de penser, penser et penser à eux...

Tu raccroches. Tu demandes à ta femme ce que tu dois faire...

« Parle à Peter, répond-elle. Confie-lui tes doutes. Vois ce qu'il dira. »

Tu bois un verre. Puis un deuxième. Et tu appelles Peter ; Peter fait sa valise en sifflotant : « Oh, I do like to be beside the seaside... »

« Je ne peux pas le faire, tu lui dis. Je ne peux pas, Pete.

– C'est une proposition formidable, répond Peter. C'est mieux que ce que nous avons.

– Ce n'est pas une question d'argent. Je ne peux simplement pas le faire.

– Dans ce cas on est finis, crie-t-il, hurle-t-il, s'emporte-t-il, gueule-t-il... Toi et moi, on est finis, bordel de merde ! »

Trente-neuvième jour

Le samedi revient, avec la puanteur du samedi ; la sueur et la boue, l'embrocation et la graisse ; la vapeur d'eau et le savon, l'écoulement et le shampooing. Le doute et la peur. Le doute et la peur. Le doute et la peur...

« On pourrait dire que c'est leur manager. On pourrait dire que c'est vous... »

Je sais que personne ne veut jouer pour moi. Enfiler son maillot pour moi. Mettre ses crampons pour moi. Suivre le tunnel. Entrer sur le terrain pour moi...

« On pourrait dire que c'est leur manager. On pourrait dire que c'est vous... »

Ni Harvey ni Stewart. Ni Reaney ni Madeley. Ni Cherry ni Yorath. Ni Hunter ni McQueen. Ni Jordan ni Jones. Ni Cooper ni Lorimer. Ni Bates ni les Gray. Ni Giles ni Bremner. Ni Allan Clarke ni Duncan McKenzie. Ni même John McGovern et John O'Hare. Plus maintenant. Pas ce samedi...

Le samedi 7 septembre 1974.

Sous les pieds et sous la tribune, derrière les portes et après les coins, je reste hors du vestiaire et de la salle du conseil ; au bout des couloirs, je demeure enfermé dans mon bureau avec mes animaux d'ornement et mes images d'oiseaux, je me sers des verres et j'allume des clopes, j'écoute leurs pas, j'écoute leurs voix...

« On pourrait dire que c'est leur manager. On pourrait dire que c'est vous... »

Je me sers un nouveau verre et j'allume une nouvelle clope ; un verre, une clope ; un verre, une clope. Pas et voix supplémentaires, coups frappés à la porte, battant secoué...

« Patron, crie Jimmy, patron, les joueurs t'attendent dans le vestiaire.

– Pour quoi faire ? je réponds. Pour murmurer et marmonner derrière mon dos ? Pour faire comme si je n'étais pas là et se foutre de ma gueule ? Pour comploter et...

– Ils veulent seulement savoir qui joue, dit Jimmy. C'est tout, patron.

– Harvey. Reaney. Cherry. McGovern. McQueen. Hunter. Lorimer. Clarke. O'Hare. Giles et Madeley, je réponds. Yorath sur le banc.

– Donc tu ne descends pas ? demande-t-il. Même pas pour leur dire un mot ?

– Pas aujourd'hui. On se retrouve sur le terrain... »

Les pas de Jimmy s'éloignent et résonnent dans le couloir et après le coin ; s'éloignent, résonnent et se cachent dans le bruit des milliers de pieds qui montent jusqu'à leur place, qui s'installent pour assister à ce spectacle, à cette dernière...

« Êtes-vous là, Brian ? Êtes-vous encore là ? »

Je termine mon verre et j'éteins ma clope. Je déverrouille la porte et je l'ouvre. Je la pousse et la referme à clé. Je prends le couloir, tourne au coin, passe devant le vestiaire et m'engage dans le tunnel. Les équipes sont sur le terrain. J'entre dans la lumière du stade. Dans le silence. Je prends la direction du banc. Je m'assieds. Dans ce silence...

« Comment allons-nous vivre, Brian ? Comment allons-nous vivre ? »

Les 26 450 zombies du Yorkshire réunis à Elland Park sont silencieux aujourd'hui. Les 26 450 zombies du Yorkshire sont silencieux jusqu'au moment où un putain de gros chien noir aboie : « Barre-toi, Clough ! Tu n'es pas Don, nom de Dieu, et tu ne le seras jamais, bordel de merde. »

Hier soir, Derby County a été battu par Sunderland. Battu par un coup du chapeau de Vic Halom. Battu 3-0 et éliminé de la Coupe de la ligue. Derby n'a pas joué particulièrement mal, Derby n'a pas joué particulièrement bien ; mais la différence entre Derby et Sunderland, selon la presse, la différence c'est que les joueurs de Sunderland sont prêts à faire tout ce que leur manager leur demande...

Marcher sur l'eau ! Se jeter dans les flammes !

Tout ce que ce con de Bob Stokoe leur demande ; ils étaient suspendus à ses lèvres, buvaient ses paroles, exactement comme ton *équipe, exactement comme* tes *gars...*

Mais les joueurs de Derby County ne faisaient pas ce que Dave Mackay leur demandait. Les joueurs de Derby County ne buvaient pas les paroles de Dave Mackay. Ils n'écoutaient pas du tout Dave Mackay...

Maintenant, Derby County ne jouera pas à domicile contre Liverpool au tour suivant...

La presse n'est pas enthousiasmée. Les supporteurs ne sont pas enthousiasmés...

« On veut Cloughie ! On veut Cloughie ! On veut Cloughie ! »

Mais, ce matin, tu n'es pas de retour à Derby. Ce matin, Peter et toi, vous vous êtes embrassés et réconciliés à l'aéroport d'East Midlands. Maintenant, toi et Peter, vous êtes au Goldstone Ground, à Brighton ; vous avez pris l'avion en début de matinée, on vous attendait à l'aéroport et on vous a conduits à l'hôtel Courtlands...

Petit déjeuner au champagne. La Rolls-Royce jusqu'au terrain. Le tapis rouge...

Tu es maintenant sur le point de devenir le nouveau manager du Brighton and Hove Albion Footbal Club ; dévoilé et annoncé. Mais il y a encore du temps, encore du temps...

Tu desserres ta cravate. Tu déboutonnes ton col. Tu trouves un prétexte. Tu prends un couloir. Tu tournes à un coin. Tu trouves un téléphone. Tu appelles John Shaw...

« Toute la presse sportive de ce foutu pays est ici, tu dis. Est-ce que je dois signer ? Est-ce que je dois ?

– C'est ta carrière, Brian, répond-il. Je ne peux pas te dire ce que tu dois faire.

– Mais si je pouvais revenir. Si je pouvais revenir...

– Nous faisons de notre mieux. Nous faisons tout notre possible pour que ça arrive.

– Je sais, tu dis. Je sais.

– Et si l'équipe continue d'avoir des résultats comme celui d'hier soir, qui sait ?

– Tu as raison. Qui sait ? Ce n'est peut-être qu'une question de temps...

– C'est le seul problème, dit John Shaw. Savoir combien de temps ça prendra...

– Très bien. Je signerai, mais je viendrai à la réunion de ce soir.

– À ce soir, dit John. À ce soir. »

Tu raccroches. Tu trouves un miroir. Tu boutonnes ton col et remontes ta cravate ; tu as ta cravate de World of Sport, *le sourire aux lèvres et des phrases toutes prêtes à l'intention des caméras et des micros, de ton public :*

« C'est ce qui est arrivé de mieux à Brighton, dit Mike Bamber. Maintenant, nous avons vraiment un avenir...

– Et permettez-moi de vous dire, tu l'interromps, que ce président et ses dirigeants se sont mieux débrouillés pour me vendre Brighton que moi à essayer de vendre Derby County...

– Vous l'avez fait une fois, disent les journalistes, êtes-vous sûr de pouvoir recommencer ?

– Je suis impatient de m'y mettre, tu réponds. Parce qu'il y a beaucoup de travail, si j'ai bien compris, et que je sais que ce sera plus difficile ici qu'à Hartlepools ; plus difficile ici, parce que Hartlepools n'espérait rien. Plus difficile aussi qu'à Derby, parce qu'il y avait la tradition. L'histoire. Nous avons une réputation, Peter et moi, ils ont des espoirs, mais il n'y a pas de fées au bout de la jetée de Brighton...

– Quelle est votre opinion sur l'équipe de Brighton ? demandent-ils.

– Il n'y a que seize professionnels, ici. Un seul gardien de but, un seul entraîneur, une seule secrétaire, un seul jardinier ; en réalité, un de chaque. Cela nous place dans la majorité, Peter et moi, pour une fois, parce qu'il y aura deux dirigeants.

– Quel type de personnel et de joueurs avez-vous l'intention de faire venir ?

– Ceux qui ne coûtent pas cher, tu réponds. Et ceux qui ont du charbon sur la figure.

– Que répondez-vous à ceux qui affirment que faire venir Clough et Taylor à Brighton revient à engager McAlpine pour décorer un restaurant routier ?

– Qu'est-ce que vous avez contre les restaurants routiers ? tu leur demandes. Inutile d'aller au Ritz. Inutile d'aller au Savoy. En Grande-Bretagne, c'est dans les restaurants routiers qu'on mange le mieux. »

Et tu es toujours le meilleur foutu manager de Grande-Bretagne, les caméras et les micros le savent ; les caméras et les micros t'aiment toujours, t'adorent et t'applaudissent quand tu t'inclines et t'en vas...

Mike Bamber vous présente l'équipe de Brighton, à Peter et toi, dans un hôtel de Lewes. L'équipe est nerveuse. L'équipe a peur...

Elle est nerveuse et elle a peur de toi.

Les joueurs cachent leur nervosité et leur peur derrière leurs blagues et leur bravache, leurs blagues banales et leur bravache banale. Tu les hais. Tu les méprises. Leur nervosité et leur peur, leurs blagues et leurs rodomontades...

Tu ôtes ta veste. Tu lèves le menton...

« Allez, cognez ! tu dis. Montrez-moi que vous avez des putains de couilles ! »

Je ne suis pas Don Revie et John McGovern n'est pas Billy Bremner. Le public veut ma peau et le public veut la peau de John McGovern...

« Fais sortir ce type, dit Jimmy. Il a assez souffert, nom de Dieu.

– Je ne le ferais pas sortir même si on perdait 5-1. »

Mais Leeds ne perd pas 5-1 face à Luton. Leeds United fait match nul 1-1 contre Luton ; Luton Town, qui vient d'être promu ; Luton qui est deux places devant Leeds au goal-average. Mais 1-1 ne suffit pas. Pas contre Luton Town. Les joueurs de Leeds, *ses* joueurs, le savent. Les supporteurs et la presse le savent. Cussins, Bolton et tous les putains de dirigeants de Leeds le savent, je le sais, nom de Dieu...

Le coup de sifflet retentit. Le coup de sifflet final. Le match se termine...

Le rideau tombe sous les moqueries et les huées des 26 450 zombies du Yorkshire, qui couvrent les haut-parleurs...

Les haut-parleurs qui passent *Who's Sorry Now ?*

Je me lève. Je m'éloigne du banc. Je gagne le tunnel, je passe devant la porte du vestiaire, je suis le couloir jusqu'à la presse ; la presse, la presse, la presse, la presse...

« Qui regrette maintenant, qui... »

« Notre match était à deux doigts d'être un match superbe », je dis...

« Qui a le cœur lourd après avoir trahi toutes les promesses... »

« C'était un problème de confiance et la confiance est ma responsabilité... »

« Qui est triste et a de la peine, qui pleure... »

« Je la suscite ou je la détruis et, jusqu'ici, je n'ai pas été capable de la susciter. »

« Tout comme j'ai pleuré à cause de toi... »

« Si nous étions restés à 1-0 pendant quelque temps et si nous avions marqué un autre but, nous nous serions épanouis. »

« Jusqu'à la fin, exactement comme un ami... »

« Je vous jure que c'est passé à ça, dis-je en plaçant mon pouce et mes doigts à un centimètre l'un des autres. Je vous le jure, rien que ça. Je vous le jure... »

« J'ai tenté de t'avertir... »

« La situation générale ne m'inquiète pas... »

« Tu as fait ce que tu voulais, maintenant il faut que tu paies... »

« L'inquiétude ne se justifie que si on ne voit pas de moyen de l'améliorer. »

« Je suis heureux que tu regrettes... »

« Je suis heureux d'être le manager de Leeds et pas celui de Luton. »

« Jusqu'à la fin, exactement comme un ami... »

« Je suis heureux d'être le manager... »

« J'ai tenté de t'avertir... »

« Je suis le manager... »

« Tu as fait ce que tu voulais, maintenant tu dois payer... »

« Montez, crie Bolton dans le couloir. Tout de suite ! »

« Je suis heureux que tu regrettes maintenant. Je suis heureux que tu regrettes maintenant. Je suis heureux... »

SEPTIÈME ET DERNIER TABLEAU

Classement de la première division, 8 septembre 1974

	M	G	N	P	Bp	Bc	Pts
1 Liverpool	6	5	1	0	14	4	11
2 Ipswich Town	6	4	1	1	9	3	10
3 Man. City	6	4	1	1	11	8	9
4 Stoke City	6	3	2	1	9	4	8
5 Everton	6	3	2	1	8	6	8
6 Sheffield Utd	6	3	2	1	10	8	8
7 Carlisle United	6	3	1	2	6	4	7
8 Middlesbrough	6	2	3	1	7	5	7
9 Wolves	6	2	3	1	8	7	7
10 Derby County	6	1	4	1	6	6	6
11 Newcastle Utd	6	2	2	2	12	12	6
12 Chelsea	6	2	2	2	9	11	6
13 Burnley	6	2	1	3	9	9	5
14 Leicester City	6	1	3	2	8	9	5
15 QPR	6	1	3	2	4	5	5
16 Arsenal	6	2	0	4	6	7	4
17 Birmingham City	6	1	2	3	6	10	4
18 Luton Town	6	0	4	2	4	7	4
19 Leeds United	**6**	**1**	**2**	**3**	**4**	**8**	**4**
20 Coventry City	6	0	3	3	7	13	3
21 West Ham Utd	6	1	1	4	5	11	3
22 Tottenham H.	6	1	0	5	5	10	2

J'étais un Homme du Yorkshire, j'étais un Homme Rusé...
Et je te maudissais !
Par ce qui est donné, puis ce qui est perdu...
Je t'ai maudit !
Perdre puis recevoir, recevoir puis reperdre...
Jusqu'au moment où tu as perdu. Jusqu'au moment où tu es parti...
Je t'ai maudit, Brian.
Je t'ai jeté un sort, Cloughie.

Quarantième jour

Tu regrettes maintenant, tu regrettes maintenant, nom de Dieu, tu regrettes maintenant...

Tu as cru que tu n'en sortirais pas. Tu as cru que Mike Bamber ne te laisserait jamais partir. Tu as cru qu'il t'enfermerait dans ta chambre de l'hôtel Courtlands, à Brighton. Puis tu as cru que Peter n'accepterait pas de rentrer avec toi. Qu'il ne retournerait pas à Derby avec toi. Pas ce soir. Ensuite, tu as cru que tu ne trouverais pas de voiture. Pas cette fois. Pas pour aller à Derby. Que tu ne trouverais pas de chauffeur. Et puis le trajet a duré une éternité. Circulation. Mauvais temps. Tu as cru que tu ne réussirais pas. Cru que la réunion serait terminée à ton arrivée. Mais tu es là, de retour à Derby. Tu es à la réunion, au King's Hall, à Derby...

Le King's Hall bourré. Tout le monde debout. Le King's Hall plein d'espoir...

Tu montes sur la scène. Tu lèves les bras. Tu retiens tes larmes...

« Nous avons accepté le poste parce que nous étions sans emploi, dis-tu au King's Hall, à Derby. Nous sommes des hommes de football et le poste était vacant. »

Tu es venu dire au revoir. Tu es venu dire merci...

« Je vous remercie de tout ce que vous faites, tu déclares. Et n'oubliez pas de soutenir Roy McFarland... »

Tu te mets à pleurer. Tu ne peux pas t'arrêter. Tu donnes le micro à Pete et Peter dit : « Je crois qu'il serait préférable de se calmer, maintenant. Mais merci pour votre soutien. »

Cependant le Mouvement de protestation de Derby County n'est pas d'accord. Le Mouvement de protestation n'a pas envie de se calmer. Le Mouvement de protestation veut toujours ton retour...

« C'est incroyable, tu dis à John Shaw. Si je peux revenir à Derby, je le ferai.

– Mais on ne reviendra pas, intervient Taylor. Plus maintenant. Pas maintenant que nous avons signé à Brighton. Nous devrions tous aller de l'avant et cesser de donner de faux espoirs aux gens. Au Mouvement de protestation, aux joueurs, à la population de Derby. Ce n'est pas bien ; pas bien vis-à-vis d'eux et pas bien vis-à-vis de Dave...

– J'emmerde Dave Mackay, tu dis. Je l'emmerde.

– Tu ne penses pas ça. Tu lui fais du mal et tu te fais du mal, c'est tout. La moitié des gens qui protestent, qui demandent ton retour, ne le font que pour obtenir de la publicité gratuite pour leurs entreprises, se mettre en avant pour assurer leur promotion.

– Je t'emmerde ! Je t'emmerde !

– Ouvre les yeux, mon vieux. Regarde autour de toi. Personne ne s'intéresse à toi. Personne ne s'intéresse à Derby County. À un putain de petit club de football.

– Je t'emmerde !

– On a démissionné, Brian. On a un nouveau boulot. Le moment est venu d'aller de l'avant. »

Tu t'en vas au pas de charge. Tu claques les portes. Tu marches dans les rues de Derby. Tu trouves un taxi. Il te raccompagne chez toi gratuitement. Tu ouvres la porte. Tu montes l'escalier au pas de course. Tu te jettes sur le lit et tu tires les couvertures sur ta tête...

« Qu'est-ce que j'ai fait ? tu cries et hurles. Qu'est-ce que j'ai fait, nom de Dieu ? »

C'est le jeudi 1er novembre 1973.

Quarante et unième jour

Je le vois depuis l'autoroute. À travers le pare-brise. *Êtes-vous là, Brian ?* Tombé du sommet de Beeston Hill. En tas contre les talus de la voie de chemin de fer et de l'autoroute. *Êtes-vous encore là ?* Les projecteurs et les tribunes, leurs doigts et leurs poings levés, leur violence, *sa* violence. *Des zombies, des putains de zombies.* Pas de mômes à l'arrière, aujourd'hui. Seulement Arthur Seaton, Colin Smith, Arthur Machin et Joe Lampton, aujourd'hui...

Vous laissez ces salauds vous abattre, soufflent-ils. *Ces zombies...*

« Fermez vos putains de gueules », je leur dis, puis j'allume la radio, à fond :

« J'ai eu tort de ne pas agir d'une façon plus tranchante et plus droite... c'est un fardeau que je porterai jusqu'à la fin de mes jours... »

Nixon. Nixon. Nixon. Radio allumée :

« Monsieur Evel Knievel est tombé lors de sa tentative de franchir le canyon de la Snake River à moto, mais il est indemne grâce à son parachute... »

Parachute. Parachute. Parachute. Radio allumée :

« Par ailleurs, toujours dans le domaine du sport, Leeds United, qui n'est jamais descendu sous la quatrième place au cours de ces dix dernières années, occupe encore, ce matin, la dix-neuvième place du championnat, et son manager, Brian Clough, se trouve dans une situation de plus en plus difficile... » ;

J'éteins la radio en sortant de l'autoroute au volant de ma Mercedes-Benz bleue neuve. Il n'y a pas de paradis et il n'y a pas d'enfer. Les courbes et les carrefours jusqu'au croisement de

Lowfields Road et d'Elland Road. *Pas de paradis et pas d'enfer.* Virage serré à droite, puis ce putain de portail. *Pas d'enfer. Pas d'enfer. Pas d'enfer.* Pas de putain de gros chien noir, aujourd'hui. *Seulement d'autres gens. D'autres endroits. D'autres fois.* Les lettres sur le mur...

CLOUGH DEHORS !

Brighton and Hove Albion, automne et hiver 1973. Hôtels et boîtes de nuit, le Courtlands et le Fiesta Club, le meilleur, toujours le meilleur...

« Oh, tu n'aimes pas le bord de la mer... »

Champagne et huîtres, saumon fumé et caviar...

« Tu n'aimes pas le bord de la mer... »

Sorties ; Dora Bryan, Bruce Forsyth et Les Dawson...

« Tu n'aimes pas te balader sur la prom, prom, prom. »

Mais ce n'est pas une vie pour toi, une table près de la fenêtre, une putain de table pour une personne...

« Où l'orchestre de jazz joue... »

Ta femme te manque. Tes mômes te manquent. Derby te manque...

« Tidly-dom-pom-pom ! »

Le soleil brille, la pluie tombe. Le ciel est noir et bleu, violet et jaune. Pas d'arcs-en-ciel, ici, rien que l'entraînement. Ce devrait être un jour de congé, un jour de repos pour les joueurs. Mais nous avons fait match nul contre Luton Town, samedi, à domicile. Mais nous sommes dix-neuvièmes du championnat de première division, nous avons marqué quatre points et quatre buts en six matchs. Mais nous jouons demain soir contre Huddersfield au deuxième tour de la Coupe de la ligue, à l'extérieur. Il n'y a plus de jours de congé, plus de jours de repos sous ces cieux bouffis du Yorkshire...

« Fini les conneries, je leur dis. Formons deux équipes, tout de suite ! »

Vêtus de leur survêtement violet avec leur nom sur le dos, ils enfilent leur gilet, attendent le coup de sifflet et c'est parti, parti, parti...

Pendant des heures et des heures, je cours et je crie, et personne ne m'adresse la parole, personne ne me passe le ballon, mais je comprends leur jeu, je comprends leurs déplacements, donc, quand l'Irlandais prend la balle dans sa moitié de terrain et se prépare à passer, je me dirige vers lui, le bloque et l'Irlandais est contraint de se retourner, de passer à Hunter, une mauvaise passe courte, et je suis sur cette passe courte, mauvaise, délibérément mal orientée, alors que Hunter et Giles arrivent, Hunter et Giles arrivent, mes yeux sur le ballon, mon esprit sur le ballon, et Hunter est là, Giles est là et...

Craaaaaaaaaaaaaaaaaaaaaaaaaaaaaaaaaaaaaaaaaac...

Noir et bleu, violet et jaune ; silence et extinction des feux...

« Debout, Clough ! C'est une putain de simulation... »

Je suis par terre, dans la boue, les yeux dilatés, et le ballon a disparu. Je vois leurs visages au-dessus de moi, qui me regardent. Ce sont des lunes sales. Ce sont des lunes essoufflées...

« Comment vivrons-nous, Brian ? Comment vivrons-nous ? »

L'Irlandais dit : « On appelle ça un ballon suicide, monsieur Clough. »

C'est le cœur de la nuit, novembre 1973. Le cœur de la nuit de Derby. Tu as roulé à travers cette nuit. De Brighton à Derby. Tu te gares dans London Road, devant la salle de gymnastique Barry McGuinness. Tu prends le sac en plastique sur le siège du passager. Tu verrouilles la portière de la voiture. Tu entres dans la salle de gymnastique...

Les joueurs de Derby lèvent la tête. John Shaw et Barry McGuinness lèvent la tête...

« J'incendierai ce restaurant, Barry, et j'enlèverai tes mômes, John, tu dis, si vous portez préjudice à la foutue carrière de ces putains de joueurs. »

John et Barry blêmissent. John et Barry acquiescent.

« Et je veux que vous rentriez chez vous, tous autant que vous êtes. Au lit, tout de suite ! »

Les joueurs acquiescent, tes *joueurs, et se lèvent. Ils se préparent lentement à partir. David Nish est le dernier. Toujours le dernier, nom de Dieu. David Nish s'attarde...*

« Magne-toi, David, tu cries. Traîner tes foutus pieds t'aurait coûté dix putains de livres il y a quelques semaines. »

Tu ouvres le sac en plastique. Tu en sors trois bouteilles de bière brune et trois verres...

« J'ai apporté une bière pour moi et une pour chacun d'entre vous, tu dis à John et Barry. Maintenant, messieurs, qu'est-ce que vous allez faire pour moi ?

– Vous venez de tout foutre en l'air, marmonne John. Les joueurs étaient venus nous annoncer qu'ils étaient prêts à se mettre en grève pour que vous reveniez. »

Tu te sers ta bière brune. Tu la bois d'un trait. Tu t'essuies la bouche...

« Allez au Baseball Ground, tu dis à John et Barry. Voyez Tommy

Mason. Il joue dans la réserve. Un bon gars. Il ne montera jamais. Dites-lui de mettre cette foutue réserve en grève. Ensuite, cette putain d'équipe première suivra. »

Je suis seul sous la douche, je suis seul dans le bain. Je suis seul dans le vestiaire, assis sur ce banc, sous les patères, ma serviette autour de ma taille et sur mes jambes, mes jambes meurtries mais pas cassées, pas cassées mais douloureuses. *Combattre toujours* au-dessus de la porte, de la sortie.

Tu n'aimes pas conduire, donc tu persuades Bill, du Midland, ton vieux pote Colin ou John Shaw de faire les allers et retours, de Brighton à Derby et de Derby à Brighton. Aujourd'hui c'est Bill, le pied au plancher, pendant que tu enfiles ton survêtement sur la banquette arrière...

Tu as rendez-vous avec Bamber dans ton bureau de Goldstone Ground...

Mais tu es à nouveau en retard, à nouveau en retard, et il attend une nouvelle fois, attend une nouvelle fois...

Lui en costume-cravate, toi en survêtement et crampons...

Tu mets tes crampons sur la table de travail, tes mains sur la nuque et tu lui dis : « Monsieur le président, je suis claqué. J'ai arrêté pendant trois semaines et l'entraînement m'a tué.

– Vous êtes un foutu menteur, Brian, répond Bamber en riant. Il a plu comme vache qui pisse, ici, pendant toute la matinée et vos foutus crampons sont propres comme un putain de sou neuf.

– Bien joué ! Vous m'avez eu ! »

Sous la tribune, passé les portes, après les coins et dans les couloirs, les pas arrivent, les voix arrivent, les coups frappés à la porte arrivent...

« Patron ? disent John McGovern et John O'Hare. Vous vouliez nous voir ?

– Oui. Asseyez-vous. Un verre ? Une clope ? »

John McGovern secoue la tête. John O'Hare secoue la tête.

« Bon, écoutez, je leur dis, je ne peux pas vous faire jouer parce que vous ne méritez pas de leur prendre leur place. Il faut que je vous laisse en dehors. Vous comprenez pourquoi, hein ? Vous comprenez ma position ? »

John McGovern acquiesce. John O'Hare acquiesce.

J'allume une nouvelle clope. Je me sers un nouveau verre.

Je leur propose le paquet ouvert, la bouteille...

Ils secouent une nouvelle fois la tête. Ils se lèvent. Ils s'en vont.

Retour à la case départ ; John Shaw est allé chez Tommy Mason ; John a bu du thé avec la propriétaire de Tommy ; John a entendu Tommy approcher dans la rue, de retour de l'entraînement ; Tommy a vu John ; Tommy a cru que c'était son jour de chance ; Tommy a cru que tu voulais qu'il te rejoigne à Brighton ; John a annoncé la mauvaise nouvelle, puis John a annoncé la bonne nouvelle ; Tommy a accepté de mettre l'équipe de réserve en grève. Mais Webby a entendu des rumeurs de complots, des rumeurs de grèves ; donc Webby a menacé, menacé de porter plainte ; les rumeurs de complots, les rumeurs de grèves ont cessé...

Retour à la case départ ; retour au plan B ; Opération Boule de neige...

Tu es seul chez Mike Keeling. Mike Keeling et John Shaw sont de l'autre côté de la rue, en compagnie d'Archie Gemmill et de Colin Todd, chez Gemmill.

« Quand vous entendrez les mots " boule de neige ", disent Shaw et Keeling à Gemmill et Todd, vous devrez vous mettre en grève, vous et le reste de l'équipe.

– Est-ce que c'est le patron qui vous a chargé de me dire ça ? demande Gemmill.

– Non, répond Keeling. Il est manager de Brighton, maintenant. C'est moi qui te le dis.

– Le feras-tu ? s'enquiert John Shaw.

– Seulement si le patron me le demande. »

Mike Keeling et John Shaw traversent la rue, entrent chez Keeling où tu attends seul. Keeling et Shaw te répètent les propos de Gemmill...

« Envoyez-moi le gamin. »

John Shaw traverse une nouvelle fois la rue. John Shaw revient avec Gemmill...

« Te mettrais-tu en grève pour que je revienne ? tu demandes.

– Oui, patron.

– Le ferais-tu sans que je te le suggère ?

– Non. Je ne ferais grève que si vous me disiez de le faire. »

Et c'est la fin du plan B ; la fin de l'Opération Boule de neige.

Mais, ce même soir, tu vois à nouveau tes *joueurs de Derby et leurs épouses ; tu les retrouves à l'hôtel Midland, puis tu les invites dans le tien...*

Pour reconnaître enfin la défaite. Pour dire enfin au revoir. Mais les joueurs refusent de reconnaître la défaite. Les joueurs refusent de dire au revoir...

Ils ne reconnaîtront jamais la défaite. Ils ne diront jamais au revoir.

Les joueurs de Derby rédigent le premier jet d'une lettre destinée à Dave Mackay :

Nous, joueurs soussignés, refusons de nous présenter au Derby County Football Club avant 13 heures, le samedi 24 novembre, pour les raisons suivantes :

a) Opposition à la direction actuelle.

b) Refus de réintégrer monsieur Brian Clough et monsieur Peter Taylor.

Puis ta femme entraîne les épouses à une réunion du Mouvement de protestation, tandis que tu ouvres une nouvelle caisse de champagne et allumes un nouveau cigare...

Personne ne reconnaît la défaite. Jamais. Personne ne dit au revoir. Jamais...

Les résultats sont défavorables à Mackay. Les résultats te sont favorables...

Seul John O'Hare se présentera à l'entraînement demain matin.

Le long des couloirs et passé les coins. L'escalier et le long d'un autre couloir. La salle du conseil du Yorkshire, rideaux tirés, je bois du cognac français, je sens le goût de la moquette du Yorkshire.

« Vous ne vendez pas Cooper et vous n'achetez pas Todd, répète Bolton. Vous ne vendez pas Harvey et vous n'achetez pas Shilton.

– Si, nom de Dieu.

– Non, bordel de merde, crie Bolton. Ni Harvey. Ni Cooper. Ni pour soixante-quinze mille livres. Ni pour cent soixante-quinze mille livres. Pas alors que vous avez marqué quatre putains de points sur douze. Pas alors qu'on est dix-neuvièmes de ce foutu classement.

– C'est ce que vous pensez tous ? Tous autant que vous êtes ? »

Le conseil du Yorkshire me fixe. Le conseil du Yorkshire acquiesce.

« Et Bob Roberts ? je demande. Où est Bob Roberts ?

– Bob est en vacances, répond Bolton avec un sourire. Bob ne peut pas vous aider en ce moment. »

Sur cette moquette du Yorkshire, derrière ces rideaux du Yorkshire, dans cette salle du conseil du Yorkshire, c'est à cet instant que je le vois, clairement, dans ses yeux, dans ses yeux et dans leurs yeux...

C'est le début de la fin, la fin, la fin...

Dave Mackay en a marre ; il en a assez des rumeurs ; il en a assez des menaces. Il a perdu face à QPR. Il a perdu face à Ipswich Town. Il a perdu face à Sheffield United. Dave Mackay n'a pas encore gagné et il doit maintenant affronter Leeds United, Arsenal puis Newcastle...

Dave Mackay en a marre ; il en a marre des résultats ; il en a marre de la campagne de la BBC ; il en a marre des joueurs de Derby, de tes *joueurs...*

Dave Mackay a fini par péter les plombs. Dave Mackay a ôté ses gants. Leur a soufflé dans les putains de bronches. Dans des termes sans équivoque :

« Clough ne reviendra pas, leur a-t-il dit. Si ce n'est pas moi, ce sera quelqu'un d'autre, mais ça ne sera pas ce con de Brian Clough. Si vous ne voulez pas jouer pour moi, vous pouvez remplir votre demande de transfert et foutre le camp. Et si vous décidez tous de le faire, tant pis ; j'alignerai cette putain de réserve. C'est à vous de choisir : restez ou partez. »

Puis Dave Mackay les prend à part, un par un, joueur par joueur et un par un ; joueur par joueur, ils font la paix avec Dave Mackay. Après tous les autres, Roy McFarland accepte la paix et serre la main de Dave devant le vestiaire. Puis Roy téléphone au Mouvement de protestation de Derby County et met un terme à ses activités.

Mais tu espères toujours, envers et contre tout, qu'il se passera quelque chose aujourd'hui, parce que Dave Mackay et Derby County rencontrent Don Revie et Leeds United à domicile...

C'est le samedi 24 novembre 1973.

Aujourd'hui, Brighton est opposé à domicile à Walton & Hersham, un club amateur, en Coupe d'Angleterre. Mais tu ne penses pas à la coupe, tu ne penses pas à Walton & Hersham. Tu es distrait. Tu n'es pas concentré. Tu ne penses qu'à Derby County, tu ne penses qu'à Leeds United. Tu sais que c'est le match décisif, décisif pour Dave Mackay. Tu sais qu'il n'est qu'à une défaite du licenciement ; un licenciement qui pourrait te permettre de revenir. Distrait et pas concentré, tes pensées sont au Baseball Ground tandis que Brighton, au Goldstone Ground, perd...

Perd 1-0, perd 2-0, 3-0 puis 4-0...

Brighton a perdu 4-0 face à un club amateur en Coupe d'Angleterre.

Tu es dans ce vestiaire défait. Tu fixes l'équipe défaite ; ton équipe de Brighton défaite qui n'ose même pas soutenir ton regard...

Qui ne peut pas enfiler ses maillots, lacer ses crampons...

Qui ne peut pas enfiler ses foutus maillots ou lacer ses putains de crampons sans toi...

Cette foutue équipe défaite de Brighton, à laquelle tu fous une trouille bleue...

Larmes sur les joues. Larmes sur les maillots. Larmes sur les tiennes...

Derby County a fait match nul 0-0 face à Leeds United.

Le poignard affûté et le pistolet chargé. La longue corde.

L'autopsie. La conférence de presse :

« Il faut que nous y allions et que nous gagnions sur le terrain, dis-je aux journalistes. Cela résout tout, une foutue victoire sur le terrain. »

Mais il y a quelque chose dans leurs yeux...

« Il n'était pas question de me limoger. Le conseil veut être informé de tout ce qui se passe dans le club, et à juste titre. J'ai répondu à toutes ses questions. Ma politique a toujours consisté à travailler avec le président du club, les dirigeants ainsi que tous ceux qui sont impliqués dans le club, et cela demeurera ma politique.

Pas de questions, aujourd'hui, seulement quelque chose dans leurs yeux...

« La proposition de Forest n'était pas assez élevée. Il me semble que Terry vaut davantage. Nous croyons qu'il peut encore apporter quelque chose à Leeds. L'offre de Forest n'était pas à la hauteur de notre évaluation le concernant. Du prix que nous demandons pour Terry Cooper. »

Leur façon de me regarder, leur façon de me fixer, mais seulement quand je regarde ailleurs...

« Je suis absolument convaincu, comme je ne l'ai jamais été au cours de ma vie, que les joueurs me soutiennent entièrement. Que les joueurs sont derrière moi. »

Comme si j'étais malade, comme si j'avais le cancer et que j'étais en train de crever, mais que personne n'osait me le dire...

« La situation est excellente et claire. »

Au moment où tu crois que les choses ne peuvent pas s'aggraver, elles s'aggravent à nouveau, nettement ; Brighton and Hove Albion perd 8-0 à domicile face aux Bristol Rovers ; c'est la pire défaite de ta carrière, aussi bien come joueur que comme manager.

Tu mets le plus jeune joueur dans la voiture et tu vas à Londres. Dans les studios de LWT, tu fais asseoir le plus jeune joueur sur tes genoux. Devant les caméras de télévision. C'est ta défense. Ce jeune homme est ta défense. Ce jeune homme est ta protection...

« Les joueurs de Brighton sont une honte, dis-tu à Brian Moore et ses caméras. Ils ne connaissent pas leur métier et ils se soustraient à toute responsabilité morale...

« À toute responsabilité morale. »

J'écrase ma clope. Je vide mon verre. Je ferme le bureau à clé. Je vérifie qu'il l'est effectivement. Je prends le couloir. Je passe devant les trophées. Devant les photos. Je franchis les portes et je sors sur le parking. Je gagne ma Mercedes-Benz bleue neuve...

Deux jeunes garçons se tiennent près de la voiture, avec leurs chaussures montantes et leur jean, leur écharpe autour du cou, leur écharpe autour des poignets, les mains dans les poches...

« Ça va, ce soir, les gars ? » je demande.

Ils acquiescent et battent des paupières. Ils se poussent du coude.

« Vous étiez là samedi, hein ? »

Ils acquiescent à nouveau. Ils se balancent d'un pied sur l'autre.

« Qu'est-ce que vous en avez pensé ?

– C'était nul, répond l'un d'entre eux, et l'autre a un rire étouffé.

– Pourquoi, d'après vous ?

– À cause de ce John McGovern, répond celui qui parle. Il n'est bon à rien.

– Il a remporté le championnat avec Derby, je dis. Laissez-lui un peu de temps. »

Le jeune garçon le moins bavard demande : « Vous allez faire venir tous les joueurs de Derby ici ?

– Ne croyez pas toutes les bêtises des journaux, les gars. Et ne vous inquiétez pas : ça s'arrangera. Vous verrez. »

Ils acquiescent à nouveau et battent des paupières.

Je sors mes clés de voiture. J'ouvre la portière.

« Vous allez où ? demandent-ils.

– Chez moi. Ne vous bourrez pas trop la gueule ce soir, hein, les gars ? »

Ils sourient. Ils rient. Ils me font signe de la main...

« Salut, je leur dis. Salut les gars. »

Quarante-deuxième jour

Derby County fait match nul contre Arsenal. Derby County bat Newcastle. Derby County bat Tottenham. Dave Mackay a commencé à gagner. Dave Mackay continue à gagner. Leeds United continue aussi à gagner. Don Revie continue à gagner. Mais Brian Clough ne cesse pas de perdre.

Le seul bon résultat que tu obtiennes provient du Comité disciplinaire de la Fédération ; la Fédération estime que tu n'es pas coupable d'avoir porté atteinte à l'image du football, malgré tout ce que tu as dit et écrit sur Leeds United, malgré tout ce que tu as dit et écrit sur Don Revie...

Ce que tu as dit et écrit, inlassablement, encore et encore.

Cette décision ouvrira des portes, crois-tu ; ouvrira de meilleures portes. Parce qu'un autre bon résultat survient sous la forme d'une autre défaite de l'Angleterre dirigée par Alf Ramsey, l'Angleterre qui perd 1-0 face à l'Italie ; la pression est désormais plus forte sur Alf Ramsey et la Fédération...

Ces résultats ouvriront d'autres portes, crois-tu. Ils ouvriront de meilleures portes.

Les choses ne sont jamais telles qu'on dit qu'elles sont. Les choses ne sont jamais telles que tu veux qu'elles soient. Les choses se contentent d'empirer de jour en jour, d'heure en heure. Puis les choses se disloquent. Les choses s'effondrent...

Je me lève. En silence. Je prends mon petit déjeuner. En silence. Je sors de la maison. En silence. Je vais travailler. En silence. Je me gare. En silence. Je traverse le parking. En silence. Je gravis le talus. En silence. J'entre sur le terrain d'entraînement. En silence...

Pas de sourires. Pas de rires. Pas de plaisanteries. Pas de blagues. Pas de conversations. Pas de bavardage. Pas ici.

Debout au bord du terrain d'entraînement, je les regarde répéter et répéter. Jimmy me rejoint. Jimmy dit : « Je pensais remballer maintenant, patron ?

– Bien », je réponds, puis je demande : « Qu'est-ce qu'ils répétaient ? »

Jimmy sourit. Jimmy dit : « Des combinaisons avec des mannequins, patron.

– J'aurais pu servir à quelque chose, pour une fois », je dis, puis je descends le talus. Je passe près de Syd et de Maurice. En silence. Les huttes, puis je traverse le parking. Flaques et trous. En silence. J'arrive à la réception...

« Le salon des joueurs dit Bolton. Dans dix minutes. »

Tu raccroches. Tu comprends que c'est fini. Aucune chance de revenir en arrière...

L'assemblée générale annuelle de 1973 du Derby County Football Club a eu lieu. Mike Keeling a présenté une pétition de 7 000 signatures exigeant ta réintégration. Le conseil disposait d'une contre-pétition comportant 22 000 signatures.

Il y a encore eu des slogans contre Jack Kirkland. Encore des slogans contre Sam Longson ; la réunion s'est terminée dans les insultes et le chaos, Longson tenant un micro contre son oreille et fixant le vide, les vigiles se saisissant de Keeling et le jetant dans l'escalier.

Mais c'est fini, maintenant, et tu le sais. Il n'y aura pas de retour en arrière. Pas maintenant.

Le salon des joueurs, Elland Road. Sous la tribune ouest, donnant sur le couloir central. Deux portes fermées à clé et un bar vide. Plafond bas et moquette poisseuse. Miroirs, miroirs aux murs. Sortant du bain, en costume de deuil noir, les joueurs arrivent ; les joueurs et les dirigeants iront directement à l'enterrement de Harry Reynolds, aussitôt après ; ce tribunal des joueurs, cette comédie, ce premier enterrement, *le mien*...

« Écoutez, écoutez, écoutez, commence Manny Cussins. Le conseil s'est réuni hier soir parce que nous estimons qu'il y a une certaine agitation dans nos rangs, que les choses ne marchent pas très bien...

– Peu importent ces conneries, dit Bolton. Nous voulons savoir ce qui se passe. »

Tête baissée, les doigts et les ongles entre les lèvres et les dents, les joueurs gardent le silence.

Je retourne ma chaise et je m'assieds. Je pose les bras sur le dossier et je demande : « Écoutez, les gars, si nous recommencions depuis le début et tentions d'améliorer la situation ? »

Tête baissée, les doigts et les ongles entre les lèvres et les dents, ils demeurent silencieux.

« Peut-être, si monsieur Clough voulait bien sortir, intervient John Giles, peut-être nous sentirions-nous un peu plus disposés à parler librement. »

Je me tourne vers l'Irlandais. L'Irlandais sourit. L'Irlandais m'adresse un clin d'œil...

Salaud. Salaud. Salaud. Putains de salauds. Tous autant qu'ils sont...

Je n'attends pas. Je me lève. Je tourne le dos. Je m'en vais...

« Nous ne sommes pas satisfaits de la gestion de l'équipe... »

Je les laisse se débrouiller. Sous la tribune, passé les portes et après les coins, je marche...

« On ne le voit jamais, et quand il est là, il ne nous dit rien... »

Je prends le couloir qui conduit au bureau. Je trouve Jimmy près de cette porte...

« Nous n'avons pas le droit de mentionner le nom de monsieur Revie... »

« C'est terminé, j'annonce à Jimmy. Il m'est devenu impossible de diriger ce club. »

« Ce que je veux savoir, monsieur Cussins, c'est pourquoi vous l'avez nommé, après tout ce qu'il avait dit sur nous ? »

« Qu'est-ce que tu vas faire, patron ? » demande Jimmy.

« Ce n'est pas seulement moi qui l'ai nommé, les gars... »

« Je démissionne. Mais je veillerai à ce que tu conserves ton emploi. »

« Alors, quel est votre avis, les gars ? »

« Je ne resterai pas ici sans toi, dit Jimmy. Pas question, nom de Dieu. »

« Ce que les gars essaient d'expliquer, monsieur Bolton, c'est simplement qu'il n'est pas assez bon... »

« Très bien, je dis. Il faut que tu rentres chez toi et que tu calcules de combien de blé tu auras besoin... »

« Pas assez bon pour Leeds United. »

« ... Parce que c'est ce que je vais faire, nom de Dieu. »

Tu n'es pas au travail. Tu es en l'air. À neuf mille mètres d'altitude. En route pour New York. En route pour voir Ali-Frazier II au

Madison Square Garden. Tous frais payés. Grâce au Daily Mail *; le* Daily Mail *qui te présentera à Ali :*

Ali contre Clough – la rencontre des grandes gueules –, Ego contre Ego.

Tu t'en fiches. À neuf mille mètres d'altitude. En route pour New York City. Sur un vol charter en compagnie du Victoria Sporting Club. Le Victoria Sporting Club qui s'empare de tous les échantillons d'alcool du chariot et te les lance...

« Prenez tout ce qui vous fait envie, Brian, crient-ils. Prenez-en autant que vous voulez, mon vieux. »

En l'air, saoul et terrifié. Tu sors le journal, le Daily Mail :

Clay et moi, on ne se fera pas de cadeaux, a dit Frazier. Je l'appelle toujours Clay ; sa mère l'a nommé Clay. Quand on fréquente ce type depuis longtemps, on a forcément beaucoup de haine dans le cœur quand la cloche sonne, mais autrement, on le regarde et on rigole. Il y a quelque chose qui ne va pas, chez ce type. Je comprends maintenant qu'il lui manque quelques cases.

En l'air, saoul et terrifié, c'est ainsi que 1974 commence pour Cloughie...

Saoul et terrifié, en l'air, mille neuf cent soixante-quatorze.

Je les regarde descendre les marches du car de l'équipe, toujours en costume noir et cravate noire, avec leurs livres de poche et leurs jeux de cartes, mais, ce soir, je ne prends pas la peine de compter les cœurs.

Ce soir a 30 000 yeux mais pas de cœur. Trente mille yeux plus deux : Don est dans le public. Don est dans les tribunes. Don en costume noir. En cravate noire. Son costume funéraire. Son costume de deuil. Présent à mon dernier match comme il l'était à mon premier :

Huddersfield Town contre Leeds United...

Cette fois, ce n'est pas un match amical. Cette fois, c'est le deuxième tour de la Coupe de la ligue de football.

Huddersfield est en maillot à rayures verticales bleu marine et blanc, short blanc et chaussettes blanches : Poole. Hutt. Garner. Pugh. Saunders. Dolan. Hoy. McGinley. Gowling. Chapman et Smith...

Contre...

Leeds United en maillot jaune, short jaune et chaussettes jaunes : Harvey. Reaney. Cherry. Bates. McQueen. Hunter. Lorimer. Clarke.

Jordan. Giles et Madeley. Pas McKenzie. Pas McGovern. Pas O'Hare...

C'est Leeds United, les champions d'Angleterre. Mais ce n'est pas mon équipe. Pas la mienne. Ils obtiennent un penalty et Lorimer le transforme. L'arbitre exige qu'il soit rejoué et Lorimer le rate. Ils ont un but de retard à onze minutes de la fin, un but de retard sur une équipe de troisième division, un but de retard jusqu'au moment où Lorimer envoie une reprise de volée au fond des filets alors qu'il reste une minute. Il faudra rejouer à Elland Road dans deux semaines. Mais je n'y serai pas. Je ne serai pas leur manager...

Parce que ce n'est pas mon équipe. Pas la mienne. Pas cette équipe, et elle ne le sera jamais...

Avec leurs maillots jaunes sales, leurs shorts jaunes sales, leurs chaussettes jaunes sales...

C'est son équipe. *Son Leeds*. Son putain de sale Leeds, et il le sera toujours...

En costume noir. En cravate noire. Avec son costume funéraire. Son costume de deuil...

Pas mon équipe. Jamais. Pas la mienne. Jamais. Pas cette équipe. Jamais...

Ce n'est pas Derby County et je ne suis pas Donald Revie.

Derby continue de gagner. Leeds continue de gagner. Brighton continue de perdre. Mais tu n'y es jamais ; du dimanche au jeudi, tu n'y es pas...

Tu serres la main de Mohamed Ali, tu serres la main de Frank Sinatra. Tu n'es pas sur la dernière page des journaux, tu es sur la première.

Tu es aussi de retour dans les rues de Derby, où tu fais campagne pour Phillip Whitehead ; Phillip Whitehead, député travailliste de Derby nord ; Phillip Whitehead qui t'a soutenu à Derby ; Phillip Whitehead, ton ami, que tu veux aider et que tu assistes à plein temps :

« Mais comment pouvez-vous le faire alors que vous êtes manager de Brighton ?

– Pas de problème, tu réponds. J'y vais le vendredi et je suis de retour ici, à Derby, le samedi soir... »

Sous la neige fondue et la bruine. Dans les cités et dans les rues. En campagne :

« Je suis Brian Clough, dis-tu aux électeurs de Derby, leur cries-tu dans le mégaphone. Et je crois que vous devriez tous voter pour le parti travailliste. »

Sous la neige fondue. Sous la bruine. Dans les cités. Dans les rues. Tu es le joueur de flûte.

« Je suis Brian Clough et je veux que vous alliez tous au bureau de vote puis donniez votre voix à Phillip Whitehead, votre candidat travailliste. »

Sous la neige fondue et sous la bruine, dans les cités et dans les rues, tu aimes ça ; le porte à porte, les discours dans des salles bourrées...

« Une part du putain de gâteau pour tous ! tu dis. C'est ce que dit Brian Clough.

– Quand reviendrez-vous à Derby, Cloughie ? crie quelqu'un pendant une séance de questions, et toute la salle applaudit, tape des pieds...

– Élisons d'abord Phillip, tu réponds. Ensuite, on verra. »

Lors des élections législatives de février 1974, Phillip Whitehead conserve son siège avec une majorité de mille deux cents voix, contrairement à toutes les prévisions. Tous les paris...

C'est ce qui arrive à Derby. En février 1974. Exactement ça.

Les dix kilomètres qui séparent Leeds Road, à Huddersfield, d'Elland Road, à Leeds, semblent très longs ; les plus longs de ma putain de vie. Pas de livres de poche ce soir. Pas de jeux de cartes. Pas de foutus cœurs, ce soir. Personne ne rit. Personne ne blague. Personne ne parle. Pas un mot jusqu'au moment où Manny Cussins dit :

« Pourrais-je vous voir, Brian ?

– Me voir ?

– Oui, marmonne-t-il. Autour d'un verre ? Chez moi. »

Tu es à nouveau dans les airs. Tu es dans les airs à destination de l'Iran, où tu as été invité par le shah en personne ; le shah d'Iran qui veut que tu diriges son équipe nationale...

Toi, Bill et Vince du Sunday Mirror. *Première classe d'un bout à l'autre.*

Le shah te propose 500 livres par semaine pour diriger l'équipe iranienne, le double du salaire que tu touches à Brighton, un appartement somptueux avec piscine privée, des voitures de luxe et des chauffeurs à ta discrétion, des vols à destination de l'Angleterre chaque fois que tu en auras envie, l'école américaine pour tes trois enfants...

Tu donnes des pommes et des oranges aux chevaux du shah et tu secoues la tête ; ce n'est pas pour toi, pas ce pays, pas cette équipe nationale.

Mais le téléphone sonne sans cesse et les propositions se succèdent. Aston Villa. Queen's Park Rangers. Mais pas l'Angleterre. Pas pour toi. Pas l'Angleterre. Pas encore.

Les voyages aussi se succèdent, les concerts et les séances de photos...

Les émissions de variété et les commentaires à la télévision, les chroniques dans les journaux...

Mais ça ne suffit pas ; c'est très loin de suffire...

Derby continue de gagner. Leeds continue de gagner...

Mais pas Brighton. Pas toi. Pas encore.

Manny Cussins sert à boire. Manny Cussins allume les cigares...

Manny Cussins dit ces cinq mots : « Ça ne marche pas, hein ?

– Qu'est-ce qui ne marche pas ? Je ne suis ici que depuis cinq putains de minutes, comment est-ce que ça pourrait déjà marcher ?

– Les joueurs sont mécontents de vous, dit-il. Les joueurs et les supporteurs.

– Qu'est-ce que vous voulez y faire ?

– Si ça ne marche pas, marmonne-t-il, il faudra que nous nous séparions. »

L'année dernière, à cette époque, tu tentais d'atteindre la finale de la Coupe d'Europe. Maintenant, tu tentes de maintenir Brighton en troisième division ; tu tentes et tu échoues...

« On a tout foutu en l'air, dit Taylor.

– Non, tu réponds. C'est toi.

– Je t'emmerde !

– Tu n'es jamais là. Tu es toujours en déplacement, à regarder untel et untel.

– Je ne suis jamais là, nom de Dieu ? Et toi ?

– Quoi, moi ?

– Les joueurs ne te voient jamais, bordel de merde...

– Ils me voient le vendredi et le samedi...

– Oui, dit Taylor, quand tu débarques de ces putains de studios de télé pour leur foutre une trouille de tous les diables, et ensuite tu retournes directement sur ces putains de plateaux de télé, où tu les dénigres publiquement.

– Le vendredi et le samedi, tu insistes.

– Ça ne suffit pas, Brian, dit Taylor. Ça ne suffit pas.

– Tu as raison. Ça ne suffit pas ; se bagarrer ici, en bas du tableau de la troisième division, après tout ce qu'on a connu, ça ne suffit pas...

– C'est fini, Brian, souffle Taylor. C'est fini et il faut que tu lâches prise. Il faut qu'on recommence, qu'on recommence ici. C'est comme ça qu'on reviendra, c'est le seul moyen. Mais il faut d'abord que tu cesses de t'accrocher au passé, Brian. Il faut que tu cesses, Bri.

– Je ne peux pas, tu réponds. Je ne peux pas, Pete. »

Quarante-troisième jour

Je me réveille dans ce lit d'hôtel moderne et luxueux, dans cette chambre d'hôtel moderne et luxueuse, et la première chose que j'entends est le son de ma putain de voix :

« Il est ridicule de laisser entendre que je m'efforcerais délibérément de détruire une équipe... Je n'ai pas l'habitude de détruire... Personne, dans notre pays, ne veut plus que moi que Leeds continue de réussir... C'était une réunion destinée, comme on dit, à " assainir l'atmosphère ". J'ai prononcé quelques mots, le président a parlé, puis les gars ont dit ce qu'ils avaient à dire... Le président a demandé si je m'opposais à ce qu'il s'adresse à eux et je suis de toute évidence favorable à tout ce qui peut contribuer à restaurer la confiance... Il a été décidé que tout le monde ferait de son mieux afin que nous puissions gagner quelques matchs. C'est ce dont nous avons le plus besoin. C'est ainsi que nous pourrons reprendre confiance et, ensuite, les réunions telles que celle-ci ne seront plus utiles... »

J'éteins la radio moderne et luxueuse, puis je brise cette radio moderne et luxueuse en mille morceaux et je m'en vais. Un message m'attend à la réception.

Tu as été dans ce désert pendant trop longtemps ; cette semaine de sept jours d'ivresse et de solitude où l'unique bruit est celui de ton nom répété inlassablement : Cloughie, Cloughie, Cloughie...

Maintenant, c'est le tour de quelqu'un d'autre. C'est le tour de Ramsey.

En février 1974, la Fédération a créé une sous-commission chargée d'élaborer « l'avenir de notre politique concernant la promo-

tion du football international, sous la direction de sir Harold Thompson, Bert Millichip, Brian Mears, du Dr Andrew Stephen et de Len Shipman... »

Le 3 avril 1974, l'Angleterre fait match nul contre le Portugal à Lisbonne...

« Le voyage a été très long et je suis fatigué, dit Alf Ramsey. Pas d'autopsie. »

Le 18 avril 1974, Ramsey annonce la composition de son équipe en vue des rencontres internationales à domicile et de la tournée en Europe de l'Est...

« Si vous posez des questions stupides, dit-il, vous obtiendrez des réponses stupides. »

Le 19 avril 1974, Ramsey est convoqué à Lancaster Gate afin d'assister à la remise du rapport de la commission Thompson, pour entendre : « La constatation unanime de la nécessité de remplacer sir Alf Ramsey à la tête de l'équipe d'Angleterre. »

Ramsey reçoit 8 000 livres et une maigre retraite. Ramsey part en vacances...

« Je fais toujours confiance à l'Angleterre, dit-il, aux Anglais et au football anglais. »

Le 1er mai 1974, la Fédération met officiellement fin au contrat d'Alf Ramsey et, en attendant la nomination de son successeur, charge Joe Mercer d'assurer l'intérim...

Au bord de la mer, tu attends que le téléphone sonne, que l'appel arrive...

Mais le téléphone ne sonne pas, l'appel n'arrive pas et une nouvelle saison se termine.

Brighton a joué trente-deux matchs sous notre direction. Brighton en a gagné douze avec nous, a obtenu huit résultats nuls et en a perdu douze. Brighton a marqué trente-deux buts et en a concédé quarante-deux avec nous. Brighton a obtenu trente-deux points sur quarante-trois. Brighton termine dix-neuvième de la troisième division...

C'est la plus mauvaise place de ta carrière de manager, plus mauvaise que lors de ta première saison à la tête de Hartlepools United, plus mauvaise que lors de ta première saison à Derby County...

Derby County et Mackay, qui ont terminé troisièmes du championnat de première division...

Tu es toujours dans ce désert, cet endroit d'ivresse, de ténèbres et de solitude où il n'y a pas d'autre bruit que celui de ton nom répété inlassablement : Cloughie, Cloughie, Cloughie.

Le centre de Leeds. Un parking à plusieurs étages. Il fait deux appels de phares. Il porte ses lunettes de soleil. Il a son chapeau sur la tête. Son col est relevé...

« Il paraît que vous partez, souffle Sniffer.

– Qui raconte ça ?

– Les joueurs, les journaux. Tout Leeds.

– C'est ce qu'ils veulent tous, hein ?

– Pas tous.

– On pourrait pourtant croire le contraire.

– La réunion d'hier, dit Sniffer, ce n'était pas bien.

– Tu le leur as dit, hein ?

– J'étais trop foutrement furieux pour parler, dit Sniffer. Ces gens avec leurs poignards, ces gens que ça faisait jouir ! J'aurais pu dire quelque chose que j'aurais regretté. Mais ça m'a laissé un goût amer dans la bouche. Je ne peux pas me le sortir de la tête. Ce n'était pas bien.

– Merci.

– Il n'y a pas que moi qui ressente ça, dit Sniffer. Joe Jordan et Gordon McQueen. Terry Yorath et Frankie Gray. McGovern, O'Hare et Duncan McKenzie, évidemment. Mais aussi Paul Reaney. Trevor Cherry et tout. Personne n'a dit un mot contre vous.

– Mais personne n'a dit un mot en ma faveur, n'est-ce pas ?

– Comment auraient-ils pu ? demande Sniffer. Ils sont jeunes, nouveaux ou...

– Ne te fais pas de souci.

– Mais je m'en fais, répond-il. Et je voulais simplement que vous sachiez que je vous soutiens et que tous les gars vous soutiennent aussi.

– Merci. Mais il est trop tard. Je dois voir Cussins aujourd'hui.

– Dans ce cas, dit Sniffer, je veux vous accompagner.

– Déguisé ? je demande. Tu en es sûr ? »

Sniffer ôte ses lunettes de soleil et son chapeau, dit : « J'en suis sûr, patron. »

Le 4 juillet 1974, Don Revie a été nommé manager de l'équipe d'Angleterre... »

« C'est moi qui ai fait le premier pas, pas eux, dit Don Revie. J'ai téléphoné, pas eux. Parce que j'avais envie de diriger l'équipe d'Angleterre... »

Il y avait une liste finale et il y avait des entretiens : Ron Greenwood (West Ham), Jimmy Adamson (Burnley), Jimmy Bloomfield (Leicester City), Gordon Jago (QPR), Bobby Robson (Ipswich) et Don Revie de Leeds...

Tu n'étais pas sur la liste finale, tu ne participais pas aux entretiens, tu ne figurais même pas sur la liste précédente.

« Tu aurais dû leur téléphoner, dit ta femme.

– Je ne mendierai pas.

– C'est ce que Revie a fait.

– Je ne mendierai pas, nom de Dieu. Je ne mendierai jamais, bordel de merde. »

« Je regretterai beaucoup de quitter Leeds, dit Revie. Et le premier résultat que je regarderai, le samedi, sera celui de Leeds United. Mais on veut atteindre le sommet, quand on est ambitieux, et le poste de manager de l'équipe d'Angleterre est nécessairement l'ambition ultime de tout manager de premier plan... le rêve de tout manager. »

« Rien à foutre, dis-tu à ta femme. Partons en vacances. »

Je quitte Elland Road. Virage serré à droite, puis le portail. Le stade. Le parking de la tribune ouest. Le gros chien noir. Les lettres sur le mur. La place réservée du manager de Leeds United. Les journalistes. Les caméras et les projecteurs. Les supporteurs. Les carnets d'autographes et les stylos. Je coupe le moteur. J'ouvre la portière. Je tire sur les poignets de ma chemise. Je prends ma veste sur la banquette arrière. Je l'enfile. Je ferme la voiture à clé...

Les collines derrière moi. Les églises et les cimetières...

Je regarde les journalistes. Les caméras et les projecteurs. Les supporteurs. Leurs carnets d'autographes et leurs stylos. Pluie sur nos cheveux. Sur nos visages...

« Barre-toi, Cloughie ! crient-ils. Tu n'es pas assez bon pour nous ! »

L'escalier. Les portes. Le hall d'entrée. Le silence...

Personne ne dit : « Bonjour, monsieur Clough. » Personne ne dit : « Salut patron »...

Les coins et les couloirs, les photos aux murs et les trophées dans les vitrines, les fantômes d'Elland Road, Syd Owen et Maurice Lindley qui pivotent sur les talons...

« Les paons hurlent, hurlent et hurlent... »

« Bonjour, Sydney, je claironne. Bonjour, Maurice. »

Le couloir. D'autres photos. D'autres trophées. D'autres fantômes. D'autres bruits de pas et d'autres voix. Le couloir jusqu'au bureau. Jimmy devant la porte. Jimmy qui attend. Jimmy qui sourit. Jimmy qui dit : « Trois mille cinq cents livres.

– Tu en as parlé avec ta femme ? je demande. Tu lui as expliqué ce que se passe ?

– Elle est au courant. »

J'ouvre la porte. Je m'assieds. Je nous sers un verre. Je dis : « Et ?

– Et elle croit que c'est la meilleure solution.

– Même si tu ne peux pas trouver d'autre boulot ? Même si tu es au chômage ?

– Je ferai n'importe quoi, dit Jimmy. Du moment que je ne me retrouve pas au fond d'une mine.

– Ça ne serait sûrement pas pire que ça, dis-je. Impossible.

– En tout cas, blague Jimmy, on ne s'y sent jamais seul. C'est l'avantage de la mine. »

Nous sourions. Nous levons nos verres. Nous trinquons...

« Cul sec, je dis. Ensuite, allons chercher cette foutue hache. »

Tu es à plat ventre sur une plage d'Espagne : Majorque, Cala Millor...

Un homme en costume marche sur la plage. Un homme qui a roulé le bas de son pantalon. Il a ses chaussettes et ses chaussures à la main.

Cet homme en costume s'arrête près de toi. Cet homme que tu ne connais pas. Son ombre est froide. Il sort son mouchoir. Il s'essuie le front. La nuque...

« Vous êtes difficile à trouver, monsieur Clough », dit-il.

Tu ne te retournes pas. Tu restes simplement allongé. À plat ventre, tu demandes : « Pourquoi moi ?

– Ils ont vu ce qui s'est passé quand vous avez quitté Derby, dit-il. Ils veulent un manager pour qui les joueurs seraient prêts à faire grève. Marcher sur l'eau, se jeter dans les flammes. Ils veulent un manager capable de susciter ce type de loyauté. »

Tu te retournes. Tu lui dis : « Il n'y a pas de réponse à ça.

– Et alors ? demande-t-il. Le boulot est à vous si vous le voulez... »

Tu bats des paupières face au soleil. Il y a du sable dans ta bouche, du sable...

« Sur un plateau, ajoute-t-il. Ça vous intéresse ? »

Leur salle du conseil du Yorkshire, derrière leurs rideaux. Samuel Bolton absent, aujourd'hui. Percy Woodward. Roberts. Simon. Seulement Manny Cussins, Sniffer et moi...

« Il faut que vous lui donniez davantage de temps, supplie Sniffer, s'adressant à Cussins.

– Il n'y a plus de temps, répond Cussins.

– C'est ridicule, dit Sniffer. Il n'est ici que depuis cinq minutes.

– Les joueurs ne veulent pas de lui.

– Connerie, fait Sniffer. L'Irlandais ne veut pas de lui, c'est tout.
– Il n'y a pas que lui qui a parlé, hier.
– Ce n'était pas bien, insiste Sniffer, d'agir ainsi dans le dos du manager.
– C'était le seul moyen de savoir ce qu'ils pensaient, affirme Cussins.
– Mais les joueurs ont toujours des intérêts à défendre ; ce serait pareil dans n'importe quel club. Et dès que les dirigeants font ça, le manager n'a aucune chance. Aucune.
– Tu devrais être avocat, pas footballeur, fait Cussins avec un sourire.
– Je voudrais être manager, un jour, répond Sniffer. Mais permettez-moi de vous dire une chose : si des dirigeants me traitaient un jour comme vous avez traité monsieur Clough, je leur dirais où ils peuvent se mettre leur foutu boulot.
– Je comprends, répond Manny Cussins, et, même, je suis d'accord. Mais le conseil a pris sa décision et Leeds United est une institution démocratique...
– Quoi ? s'écrie Sniffer. Vous engagez le meilleur manager et vous le virez alors qu'il n'est pas là depuis cinq minutes ?
– Je ne peux rien faire de plus, déclare Cussins.
– Soutenez-le et laissez-le continuer son travail.
– Il est trop tard, dit Cussins. Il est trop tard. »

Sniffer me regarde. Sniffer lève ses mains ouvertes...

Je souris et je lui adresse un clin d'œil. Je lui serre la main et je le remercie. Il me demande si j'ai envie d'un verre d'adieu. Je réponds pas ce soir. Pas ce soir...

Je sors de cette salle du conseil du Yorkshire puis je prends ce long, long couloir. On entend le bruit d'une pendule, quelque part, des rires dans une autre pièce derrière une autre porte...

J'ouvre cette porte : réunion du Fonds du jubilé de Norman Hunter. Je regarde les hommes réunis dans cette pièce et je montre Norman Hunter du doigt. « Vous qui vous occupez de ce garçon, dis-je, faites de votre mieux pour récolter la plus grosse somme possible, parce que personne, dans ce putain de club, ne le mérite plus que lui. »

Tu raccroches le téléphone. Tu retournes sur le balcon...

Béton et sable blancs ; ciel et mer bleus...

Tes garçons avec un ballon, en bas, sur la plage.

Tu t'immobilises derrière ta femme. Ta belle, belle femme. Tu poses les mains sur ses épaules. Elle fait tourner les glaçons dans son verre. Elle a pris le soleil...

« Tu ne l'as pas fait ? dit-elle.

– Si.

– Que va penser Peter ?

– Il pensera ce que je lui dirai de penser. »

Elle secoue la tête. Elle dit : « Pourquoi, Brian ? Après tous les propos que tu as tenus ?

– À cause de tous les propos que j'ai tenus.

– Mais tu les hais. Tu le hais. Et ils te haïssent.

– L'eau a coulé sous les ponts, maintenant.

– Mais c'est un endroit si détestable. Si violent.

– Le retour en première division ? La Coupe d'Europe ?

– C'est stupide, dit-elle en souriant. Tu le regretteras.

– Peut-être. Mais je suis sûr que je regretterais si je refusais.

– Donc tu ne peux pas être gagnant, n'est-ce pas ?

– J'espère que si. Bon sang, j'espère que si. »

Ce soir-là, je rentre directement chez moi. Ce soir-là, je mets au point mes plans. Ce soir-là, je passe mes coups de téléphone. À mon pote des impôts. À mon comptable. À mon avocat. Je passe mes coups de téléphone et je mets au point mes plans.

En prévision du grand match de demain.

Puis je vais à Derby en taxi. À l'hôtel Midland. Où je retrouve John Shaw, Bill Holmes et le reste du Mouvement de protestation. *Les gens qui veulent toujours mon retour.* Les gens qui n'ont pas assisté aux matchs de Derby County depuis ma démission, il y a un an. *Les gens qui veulent toujours mon retour.* Les gens qui n'ont pas assisté aux matchs de Derby depuis mon départ...

Les gens qui veulent toujours de moi.

Quarante-quatrième jour

C'est le dimanche 21 juillet 1974 et ton avion est en retard, tes bagages ont disparu. Une Mercedes gris métallisé attend sous la pluie. Un homme de petite taille sous un grand parapluie. Un homme de petite taille, aux cheveux blancs, qui porte des lunettes de soleil. Un petit homme en veste de cashmere, qui fume un cigare cubain...

« Monsieur Clough, dit Manny Cussins, président de Leeds United AFC Limited. Heureux de faire votre connaissance. »

Tu lui serres la main. Tu demandes : « Le rationnement est de retour ?

– Pas dans le Yorkshire », répond-il.

Tu suis le président de Leeds United sur la banquette arrière de sa Mercedes gris métallisé. Tu acceptes ses cigares. Tu acceptes son cognac.

« Bien entendu, dit Cussins, votre président joue les mendiants. »

Tu souris. Tu lèves ton verre. « C'est son droit.

– Il nous attend tous les deux ce soir à Brighton. Pour qu'on l'invite à dîner dans son hôtel.

– Il est déçu, tu expliques. Il me perd, n'est-ce pas ?

– Pas seulement vous, dit Cussins. Peter Taylor aussi. »

Tu jettes un coup d'œil sur ta montre et tu termines ton cognac.

« Je lui ai dit que c'était vous deux ou aucun des deux. »

Tu jettes un nouveau coup d'œil sur ta montre. Tu tends ton verre.

« Pas un centime de plus, je leur dis, et pas un centime de moins.

– Vingt-cinq mille livres pour quarante-quatre jours de travail ? s'écrie Bolton. C'est du vol.

– Pas du tout. Je veux aussi un engagement aux termes duquel Leeds United paiera mes impôts sur le revenu pendant les trois années à venir.
– Quoi ?
– Plus la Mercedes.
– Foutez le camp ! crie Bolton. Pour qui vous vous prenez ?
– Brian Clough, je réponds. Brian Howard Clough. »

Au bord de la mer. Tu es dans les toilettes de l'hôtel Courtlands, à Hove. Les directeurs de deux clubs de football t'attendent au bar. Slim Whitman chante Happy Anniversary. *Tu as ton équipier. Ton seul ami. Ton bras droit. Ton ombre. Tu le tiens par le col dans les toilettes de l'hôtel Courtlands, à Hove...*

« Ce n'est pas vieillir, c'est devenir meilleur... »

« Ça ira, tente-t-il de dire. Ne bougeons pas. Donnons-nous encore un an.

« Tu m'apportes chaque jour tant de bonheur... »

« C'est la troisième division, Pete. On n'a gagné que trois putains de matchs la saison dernière. »

« Tout ce que tu es renforce mon amour... »

« Mais n'oublie pas qui est venu nous chercher quand on n'avait pas de putain de boulot, quand tu risquais d'être suspendu, nom de Dieu. Qui était là quand tout le monde esquivait, quand on ne nous rappelait pas. Qui nous a soutenus sans défaillance ? Sans s'immiscer. Soutien total. De l'argent pour les transferts... »

« Je remercie le ciel de t'avoir rencontrée... »

« Oui, et les joueurs que tu me colles sur les bras ne savent pas jouer, nom de Dieu... »

« Soyons sûrs que notre bonheur est grand... »

« Donne-toi du temps, Brian. Donne-toi... »

« Parce qu'on ne rencontre pas tous les jours un amour comme le nôtre... »

« Tu ne les vois jamais jouer, nom de Dieu... »

« Et au fil des années nous nous rappellerons... »

« Les meilleurs hôtels. Un autocar Mercedes neuf pour les déplacements de l'équipe. Qu'est-ce que tu veux de plus ? »

« Notre anniversaire à notre façon... »

« La première division, l'Europe ; je veux une nouvelle chance en Coupe d'Europe. »

« Donc, chérie, joyeux anniversaire... »

« Encore une saison, dit-il. Une seule. »

« Une nouvelle année d'amour a passé... »

« La proposition est sur la table, tu dis. Allons à Leeds. »
« Merci pour toutes les journées que tu m'as données... »
Il ferme les yeux. Il secoue la tête. Il ouvre la bouche...
« Ma chérie, joyeux anniversaire... »
« Pas cette fois, Brian, dit Peter. Cette fois, tu es seul. »

Ils m'aiment à cause de ce que je ne suis pas. Ils me haïssent à cause de ce que je suis. Ils m'aiment. Ils me haïssent. Dans l'ombre des tribunes. Sur les marches d'Elland Road. Sous la lumière des projecteurs et sous la pluie, Manny Cussins cherche les mots, tente de trouver les mots...

« Monsieur Brian Clough et Leeds United sont parvenus à un accord aux termes duquel ses fonctions au sein du club prendront fin dès ce soir. Il n'y a pas de réussite possible si l'équipe ne se sent pas bien... Une majorité de joueurs éprouvaient des difficultés à travailler avec le nouveau manager. Ils critiquaient la tactique, l'entraînement, etc., de monsieur Clough... Et il y avait un certain mécontentement... Mais je crois que nous sommes assez grands pour reconnaître que nous pouvons nous tromper... Monsieur Clough a reçu une compensation raisonnablement substantielle, cependant Leeds United et monsieur Clough se sont entendus pour ne pas en dévoiler le montant... C'était un accord moral que nous avons décidé d'honorer... Et nous espérons annoncer demain le nom du nouveau manager.

– Mais pourquoi s'en va-t-il ? demandent les journalistes. Il n'y a pas de réponse à notre question.

– Peut-être parce que Don Revie nous a trop gâtés... L'arrivée d'un nouveau manager après treize ou quatorze ans de succès... C'est une tâche très difficile...

– Que pensez-vous, Brian, demandent les journalistes, de Leeds United et de monsieur Cussins ? »

Dans l'ombre des tribunes, sur les marches d'Elland Road. Je les aime, je les hais. Sous la pluie, sous la lumière des projecteurs, je trouve les mots...

« Nous nous séparons en excellents termes et je n'ai que de l'amitié pour monsieur Cussins. Tout va bien, mais je crois que c'est une journée très triste pour Leeds et aussi relativement triste pour le football. Donc, en ce moment, tout est un peu triste... Je ne crois pas que les joueurs aient posé de problème. Il est très important qu'ils continuent à faire leur travail. Il est important qu'ils remportent le championnat, la Coupe d'Europe et la Coupe d'Angleterre. S'ils y parviennent, ce sera bon pour le football... Mais, quoi qu'il arrive dans les semaines à venir, monsieur Cussins a été absolument magnifique dans le cadre des relations que j'ai entretenues avec lui... Je ne suis resté que sept semaines, mais elles me font l'effet de sept années... Et j'espère que mon successeur aura la tâche plus facile... Deux ou trois joueurs sont venus me voir aujourd'hui dans mon bureau, afin de m'assurer de leur soutien total. Ce ne sont pas les joueurs qui m'ont licencié... Je suis très affecté d'être licencié de Leeds United. Mais une accumulation de difficultés en est la cause : blessures, suspensions, mauvais résultats, conseil des dirigeants, quelques joueurs et ainsi de suite... Mais le successeur de Don Revie, quel qu'il soit, se serait heurté à l'hostilité des joueurs. Même s'ils constituent la meilleure équipe du pays, ils sont désormais dans une situation difficile... Cependant je crois qu'ils avaient le meilleur remplaçant possible de Revie... »

« Comment allons-nous vivre, Brian ? Comment allons-nous vivre ? »

« Et j'espère être de retour dans le milieu dans quatre ou cinq jours.

– Mais avez-vous eu tout ce que vous vouliez vraiment, Brian ? » me demandent-ils.

Pourparlers. Je l'emmerde. Prolongation. Serrage de boulons. Judas. Pause dîner. Tu déboutonnes ton col. Tu desserres ta cravate. Tu t'excuses. Tu saisis ta chance. Tu trouves un téléphone. Tu passes tes appels. Tu rends leurs pistolets inutilisables. Tu l'emmerdes. Tu les emmerdes tous. C'est une putain d'occasion que tu ne laisseras pas passer. Aucune chance. Pas cette fois. Minuit passé. Six heures de pourparlers. Aucun résultat. Suite au bar. Hors du sous-sol. L'escalier de la salle du bar. Cussins et Bob Roberts gravissent les marches devant toi, se triturent les mains et secouent la tête, se confient à voix basse des complications inattendues, murmurent qu'ils voulaient tous les deux Clough et Taylor et que, désormais, ils s'interrogent ; Revie à la radio ; Revie à la télé, disant que Clough est un choix idiot, appelant à des groupes de protestation et des pétitions, appelant à la nomination de ce putain de Johnny Giles. Tu passes entre Cussins et Roberts, entre Bamber et Taylor. Tu montes les marches deux par deux. Tu entres dans la salle du bar. Les journalistes et la télé attendent. Ils ont été avertis. Projecteurs des caméras, micros...

« Messieurs, tu annonces, je viens d'être nommé manager de Leeds United. »

John et Bill me conduisent dans les studios de la télévision du Yorkshire. De *Calendar*. Pour l'émission spéciale intitulée *Au revoir monsieur Clough*, avec Austin Mitchell, Brian Clough et l'invité spécial de la soirée, présent à la demande du public et aussi arrogant qu'on peut l'être, le Don...

« Quand vous êtes arrivé, quand vous êtes arrivé, quand vous êtes arrivé, dit Revie, les avez-vous réunis dès le premier jour ?

– Non.

– Pourquoi ?

– Parce que je ne jugeais pas qu'une réunion soit nécessaire le premier jour.

– Donc vous preniez le poste de manager dans un nouveau club...

– Oui.

– Et vous n'avez pas réuni vos joueurs, vos entraîneurs et votre personnel administratif...

– Non.

– Vous ne vous êtes pas présenté, vous n'avez pas fait leur connaissance, vous ne leur avez pas expliqué ce que vous pensiez et ce que vous vouliez faire ?

– Allons, lui-dis-je. Le jour de mon arrivée, je rentrais de vacances et je me suis entraîné avec eux pendant deux heures. »

Don Revie secoue la tête. Don Revie tripote les boutons en cuivre de son blazer. Il dit : « Mais il y avait beaucoup de nervosité et d'appréhension parmi les joueurs et le personnel, il y a eu de toute évidence des réunions et des discussions entre les joueurs et les dirigeants, et ce n'était sûrement pas sans raison. Je n'approuve pas ce type de comportement de la part des joueurs ; c'est inacceptable et les dirigeants ont tort de les écouter... Mais Brian ne se rend pas service. Il a critiqué de très nombreuses personnes dont les succès sont visibles et je crois que c'est une très mauvaise chose pour le monde du football professionnel.

– Mais écoutez, Don, je dis, quand on reprend le poste d'un homme qui est resté quinze ans...

– Treize, rectifie Don.

– Treize ans, oui, merci, et qui est considéré comme le roi, la figure paternelle, l'homme qui faisait tout fonctionner, il est impossible, en sept semaines, totalement impossible, de le remplacer...

– Mais pourquoi tenter de le remplacer, Brian ? Vous leur avez parlé de gagner le championnat mieux et différemment, mais ce que nous avons fait pendant onze ans est parfaitement visible...

– Ouais, je fais, ouais...

– Parfait. Les quatre ou cinq premières années, nous avons joué pour obtenir des résultats. Mais les quatre ou cinq dernières années, nous avons été l'équipe la plus spectaculaire, et nous avons toujours battu des records dans les journaux nationaux et à la télévision...

– Et dans le domaine de la discipline, Don ? Là aussi vous avez battu des records.

– Nous l'avons battu une fois.

– Vous l'avez battu ces deux ou trois dernières années.

– Non, non, non. Ce n'est pas vrai. Tout n'était pas bien à cent pour cent, je suis d'accord. Tout n'était pas parfait. La discipline sur le terrain. Et l'année dernière, nous avons remis les choses en ordre.

– Ça l'était. Vous étiez au sommet.

– Mais, oui, oui, quand vous, Brian, voyez-vous, quand vous parliez de prendre la direction de Leeds et qu'il y avait tout ça, que vous étiez soucieux à l'idée de me remplacer, ceci et cela...

– Effectivement...

– Oui, effectivement. Mais pourquoi, pourquoi avez-vous quitté Brighton pour Leeds alors que vous l'aviez tellement critiqué, alors que vous aviez dit que nous aurions dû être relégués en deuxième division, que nous devions faire ceci et que nous ne devions pas faire cela ? Pourquoi ? Pourquoi avez-vous accepté le poste ?

– Parce que je croyais que c'était le meilleur poste du pays.

– C'est de toute évidence le meilleur.

– Je prenais la direction des champions d'Angleterre.

– Ouais, vous preniez la direction des champions d'Angleterre. Vous preniez la direction du meilleur groupe de joueurs que vous aviez jamais vus.

– Je ne connaissais pas les joueurs, Don.

– Comment ça ?

– Je ne les connaissais pas aussi intimement que vous. Mais je savais que vous étiez champions d'Angleterre et je prenais la direction des champions d'Angleterre. Et je voulais participer à la Coupe d'Europe cette année. Je crois que vous y teniez aussi beaucoup. Je voulais la remporter. Je voulais faire quelque chose que vous n'aviez pas fait. Quand je l'ai dit, je crois que je l'ai dit à Trevor Cherry, en fait, et à pratiquement tous les autres joueurs, et il m'a répondu : “ Que pouvez-vous faire que le patron n'ait pas fait ? ” Vous êtes le patron, Don, il faisait allusion à vous. J'ai dit que je voulais gagner le championnat, mais que je voulais le gagner mieux. Il n'y a pas d'autre réponse à cette question, puisque que vous aviez remporté le championnat.

– Ouais, admet Don, mais vous ne pouviez pas le gagner mieux.

– Pourquoi ?

– Non, non, non...

– Mais c'est le seul espoir que j'avais...
– Mais nous n'avions perdu que quatre matchs.
– Je peux n'en perdre que trois.
– Non, non, non...
– Je ne pouvais pas donner d'autre réponse et je voulais remporter la Coupe d'Europe. Je crois qu'il vous a été très difficile de décider, Don – je ne le sais pas, parce que nous n'en avons pas parlé –, mais je crois qu'il vous a été très difficile de décider entre la direction de l'équipe d'Angleterre et une nouvelle Coupe d'Europe.
– C'est tout à fait vrai, reconnaît Don. Parce que j'étais très proche des joueurs et de tout le monde, à Elland Road...
– Très bien, dis-je. C'était ce que je voulais faire et je voulais le faire mieux que vous. Pouvez-vous comprendre ça ?
– Oui, mais...
– Merci, dis-je. Merci, Don. »
Le générique passe, la musique retentit ; *Je vois clair maintenant.*

Sur l'autoroute, leurs doigts et leurs poings, leur violence deviennent de plus en plus petits ; John conduit ma Mercedes bleue neuve, Bill débouche une nouvelle bouteille de champagne. Mais le soleil ne brille pas, la pluie ne fait que tomber ; le ciel bleu est noir, les jaunes sont violets, et je suis à l'arrière, les pieds sur la banquette, leur chèque de 25 000 livres à la main...
Je ne crois pas en Dieu. Je ne crois pas à la chance. Je crois au football...
« Je viens de gagner à la loterie, je crie. À la loterie, putain ! »
Je crois à la famille et je crois en moi : Brian Howard Clough...
C'est le jeudi 12 septembre 1974 et je regrette que vous ne soyez pas là.

Argument II, suite

En mai 1979,
Margaret Hilda Thatcher et le parti conservateur ont remporté
les élections législatives,
et Brian Howard Clough et Nottingham Forest ont remporté
la Coupe d'Europe...
Ni Milton. Ni Blake. Ni d'Orwell...
D.U.F.C.

Welcome to Elland Road : LUFC in Pictures de John et Andrew Varley (1999).
Winning Isn't Everything : A Biography of Sir Alf Ramsey de Dave Bower (1998).
With Clough de Peter Taylor (1980).

Je voudrais remercier les personnes suivantes de leur assistance et de leur soutien : Mme Scriven et le personnel de Balne Lane Library, Wakefield ; Andrew Vine et David Clay du *Yorkshire Post* ; Sarn Warbis et Richard Hall ; François Guérif, Agnès Guéry, Daniel Lemoine et l'équipe de Payot & Rivages, Paris ; Luca Formenton, Marco Tropea, Cristina Ricotti et l'équipe d'Il Saggiatore, Milan ; Shunichiro Nagashima ; Kester Aspden, Andy Beckett, Gordon Burn, Giuseppe Genna, Peter Hobbs, Eoin McNamee, David Mitchell, Justin Quirk, Ian Rankin, Cathi Unsworth, Martyn Waites et Tony White ; William Miller, Junzo Sawa, Hamish Macaskill, Peter Thompson et l'équipe de l'English Agency Japan ; Stephen Page, Lee Roy Brackstone, Angus Derby Cargill, Anna Pallai, Ian Bahrami, Kate Ward et l'équipe de Faber and Faber Limited. Enfin, je voudrais remercier ma famille et mes amis, en Grande-Bretagne et au Japon, et plus particulièrement mon père, Basil Peace.

Achevé d'imprimer en avril 2008
sur les presses de Normandie Roto Impression s.a.s.
à Lonrai (Orne)
N° d'imprimeur : 08-1416
Dépôt légal : mai 2008

Imprimé en France

Sources et remerciements

Une fois de plus, ce roman est une fiction fondée sur des faits. Les faits proviennent des sources suivantes :

A Kind of Loving de Stan Barstow (1960).
Biting Talk de Norman Hunter (2004).
Bremner ! de Bernard Bale (1998).
Champions Again : Derby County 1967/75 de Gerald Mortimer (1975).
Christie Marly's Own Double-Entry de B. S. Johnson (1973).
Clough : A Biography de Tony Francis (1987).
Clough : The Autobiography de Brian Clough (1994).
Cloughie : Walking on Water de Brian Clough (2002-2003).
Don Revie : Portrait of a Footballing Enigma d'Andrew Mourant (1990).
Hard Man, Hard Knocks de Terry Yorath (2004).
His Way : The Brian Clough Story de Patrick Murphy (1993).
In a League of their Own de Jeremy Novick (1995).
La solitude du coureur de fond d'Alan Sillitoe (1963).
Leeds United Match Day Magazine and Programmes, 1974-75.
Marching on Together d'Eddie Gray (2002).
Ma vie sportive de David Storey (2002).
Only a Game ? d'Eamon Dunphy (1976).
Peter Lorimer : Leeds and Scotland Hero de Peter Lorimer et Phil Rostron (2002).
Psycho Mike and the Phantom Ice Rink de Don Watson.
Room at the Top de John Braine (1957).
Samedi soir, dimanche matin d'Alan Sillitoe (1961).
Selected Poems de Tony Harrison (1984).
Sniffer : The Life and Times of Allan Clarke de David Saffer (2001).
The Elland Road Encyclopaedia de Paul Harrison (1994).
The Football Managers de Johnny Rogan (1989).
The Glory Game de Hunter Davies (édition 2001).
The Goalkeeper's Revenge de Bill Naughton (1961).
The Ice Age de Margaret Drabble (1977).
The Leeds United Story de Martin Jarred et Malcolm Macdonald (2002).
The Official FA Year Books, 1966-76.
The Real Mackay de Dave Mackay et Martin Knight (2004).
The Unforgiven : Don Revie's Leeds United de Rob Bagchi et Paul Rogerson (2002).
The Yorkshire Post, juillet-septembre 1974.
There Was Some Football Too... 100 Years of Derby County de Tony Francis (1984).
Une pièce au soleil de John Braine (1958).